Inhalt und Grenzen familienrechtlicher Verträge

Familienrechtliche Untersuchungen

Herausgegeben von Andreas Roth

Band 7

PETER LANG
Frankfurt am Main · Berlin · Bern · Bruxelles · New York · Oxford · Wien

Jana Traulsen

Inhalt und Grenzen familienrechtlicher Verträge

Unter besonderer Berücksichtigung der Figur der gestörten Vertragsparität

PETER LANG
Europäischer Verlag der Wissenschaften

Bibliografische Information Der Deutschen Bibliothek
Die Deutsche Bibliothek verzeichnet diese Publikation in der Deutschen Nationalbibliografie; detaillierte bibliografische Daten sind im Internet über <http://dnb.ddb.de> abrufbar.

Zugl.: Kiel, Univ., Diss., 2006

D 8
ISSN 1619-036X
ISBN 3-631-55445-1

www.peterlang.de

„Und so frage ich dich: Willst du meine Vertragspartnerin werden?“

Quelle: Frankfurter Allgemeine Zeitung vom 4. Mai 2004

Mein herzlicher Dank gilt meinem Doktorvater Professor Dr. Jörn Eckert für die Anregung des Themas, die Betreuung und die schnelle Erstellung des Gutachtens. Ganz besonders danke ich auch meinem Zweitkorrektor Professor Dr. Werner Schubert, der Professor Dr. Eckert im Rahmen des Rigorosums vertrat.

Meiner Mutter Susanne Traulsen und meinem Freund Nicolas Karck danke ich herzlich für das Korrekturlesen der Arbeit.

Ich widme die Arbeit meiner Mutter und meinem verstorbenen Vater Dr. iur. Reinhart Traulsen.

Kiel, im März 2006
Jana Traulsen

Inhaltsverzeichnis

Abkürzungsverzeichnis

a.A.	anderer Ansicht
AcP	Archiv für die civilistische Praxis
AG	Amtsgericht
AGB	Allgemeine Geschäftsbedingungen
AnwBl	Anwaltsblatt
BeurkG	Beurkundungsgesetz
BGB	Bürgerliches Gesetzbuch
BGBl	Bundesgesetzblatt
BGHZ	Entscheidungen des Bundesgerichtshofs in Zivilsachen
BNotO	Bundesnotarordnung
BT-Drucks.	Bundestagsdrucksache
DNotZ	Deutsche Notar-Zeitschrift
DRiZ	Deutsche Richterzeitung
DVBl.	Deutsches Verwaltungsblatt
EheG	Ehegesetz
FamRZ	Zeitschrift für das gesamte Familienrecht
FF	Forum Familien- und Erbrecht
Fn.	Fußnote
FPR	Familie, Partnerschaft, Recht
FS	Festschrift
FuR	Familie und Recht
h.M.	herrschende Meinung
HEZ	Höchstrichterliche Entscheidungen, Sammlung von Entscheidungen der Oberlandesgerichte und der obersten Gerichte in Zivilsachen
HS	Halbsatz
JA	Juristische Arbeitsblätter
JR	Juristische Rundschau
Jura	Juristische Ausbildung
JuS	Juristische Schulung
JZ	Juristenzeitung
KG	Kammergericht
MDR	Monatsschrift für Deutsches Recht
MittBayNot	Mitteilungen des Bayerischen Notarvereins
MüKo	Münchener Kommentar
NJW	Neue Juristische Wochenschrift
NJW-RR	Neue Juristische Wochenschrift – Rechtsprechungsreport Zivilrecht

NotBZ	Zeitschrift für die notarielle Beratungs- und Beurkundungspraxis
OLG	Oberlandesgericht
RG	Reichsgericht
RGRK	Reichsgerichtsrätekommentar
RGZ	Entscheidungen des Reichsgerichts in Zivilsachen
Rn.	Randnummer
RNotZ	Rheinische Notar-Zeitschrift
Rspr.	Rechtsprechung
SchlHA	Schleswig-Holsteinische Anzeigen
VersR	Versicherungsrecht, Juristische Rundschau für die Individualversicherung
Vorb.	Vorbemerkung
ZfA	Zeitschrift für Arbeitsrecht
ZFE	Zeitschrift für Familien- und Erbrecht
ZfF	Zeitschrift für Familienforschung
ZNotP	Zeitschrift für die NotarPraxis
ZPO	Zivilprozeßordnung
ZRP	Zeitschrift für Rechtspolitik

1. Teil: Einleitung

„Nichts ist riskanter als die Eingehung einer Ehe" – konstatierte *Hahne*[1], Vorsitzende Richterin des XII. Senats des BGH, in ihrem Vortrag auf der Jahresversammlung des Rheinischen Notarvereins in Düsseldorf am 8. November 2003. „Nur eines ist riskanter als die Eingehung einer Ehe - die Beurkundung eines Ehevertrages" entgegnete *Münch*[2]. Wie treffend *Münch* mit dieser Äußerung die aktuelle Rechtsentwicklung beschrieb, soll diese Arbeit aufzeigen.

Nachdem zunächst mögliche Inhalte familienrechtlicher Verträge dargestellt werden, werden anschließend vor allem deren Grenzen untersucht. Die Diskussion um die Grenzen der Ehevertragsfreiheit – von *Elisabeth Koch* bezeichnet als „die Freiheit des freien Fuchses im freien Hühnerstall"[3] – wird farbig, leidenschaftlich und oft polemisch geführt. Sie berührt Grundfragen der geltenden Zivilrechtsordnung und hat Bedeutung über das Familienrecht hinaus. Es geht um das Spannungsverhältnis zwischen Vertragsfreiheit, Inhaltskontrolle und rechtsmissbräuchlicher Ausübung der Vertragsfreiheit. Gleichzeitig werden Grundthemen menschlicher Existenz berührt wie Vertrauen, Verantwortung, „Liebe – Freiheit – gute Sitten[4]".

Eheverträge, Trennungs- und Scheidungsfolgenvereinbarungen werden vor allem anhand von § 138 BGB und § 242 BGB kontrolliert. Kontrovers diskutiert wurde stets die Rechtsprechung des BGH aus den Jahren 1992 und 1996, wonach die Eheschließungsfreiheit dem Mann gestattete, vor der Heirat mit seiner schwangeren Partnerin ehevertraglich alle Scheidungsfolgen auszuschließen und den Vertragsschluss zur Bedingung für die Eheschließung zu machen[5]. Der BGH erklärte weiter, die Scheidungsfreiheit erlaube es dem Mann, die Fortsetzung einer zerrütteten Ehe vom ehevertraglichen Ausschluss des Versorgungsausgleichs und des nachehelichen Unterhalts abhängig zu machen[6].

Eine neue Richtung erhielt die Diskussion durch die Entscheidungen des BVerfG vom 6.2.2001[7] (1 BvR 12/92) und vom 29.3.2001[8] (1 BvR 1966/92) zur Inhaltskontrolle von Eheverträgen. Das BVerfG übertrug darin seine im

---

1 *Hahne*, DNotZ 2004, 84.

2 *Münch*, ZNotP 2004, 122 (131).

3 Auf dem Fachkongress zum 50-jähigen Bestehen der FamRZ vom 22.-24.4.2004 in Bonn.

4 *Coester-Waltjen*, FS 50 Jahre BGH, 2000, S. 985.

5 BGH, FamRZ 1992, 1403 = BGH, NJW 1992, 3164; BGH, FamRZ 1996, 1536 = BGH, NJW 1997, 126.

6 BGH, FamRZ 1997, 156 = BGH, NJW 1997, 192.

7 BVerfG, FamRZ 2001, 343 = NJW 2001, 957 = FF 2001, 59 = FuR 2001, 163 = MDR 2001, 392.

8 BVerfG, FamRZ 2001, 985 = NJW 2001, 2248 = FF 2001, 128 = MittBayNot 2001, 485.

Hinblick auf Wettbewerbsverbote für Handelsvertreter[9] und Bürgschaften einkommens- und vermögensloser Familienangehöriger[10] entwickelten Grundsätze zu den Grenzen der Vertragsfreiheit und zur Figur der gestörten Vertragsparität auf Eheverträge. Für deren Kontrolle setzte es die Artikel 2 I und 6 II und IV GG als neuen Maßstab an. Das BVerfG führte aus, die Artikel 2 I in Verbindung mit Artikel 6 IV GG gewährten Schutz vor unangemessener Benachteiligung durch den Ehevertrag. Einen Ehevertrag, der nicht Ausdruck einer gleichberechtigten Lebenspartnerschaft, sondern Ergebnis einer auf ungleichen Verhandlungspositionen basierenden einseitigen Dominanz eines Ehepartners sei, müssten die Zivilgerichte auf seinen Inhalt kontrollieren und ggf. mit Hilfe der zivilrechtlichen Generalklauseln korrigieren. Werde der Ehevertrag vor der Ehe und im Zusammenhang mit einer Schwangerschaft geschlossenen, gebiete dies auch der Anspruch der werdenden Mutter auf Schutz und Fürsorge aus Artikel 6 IV GG. Eine Grenze von Freistellungsvereinbarungen zum Kindesunterhalt bilde Artikel 6 II 1 GG, der vor verantwortungsloser Ausübung des Elternrechts schütze.

Den Entscheidungen des BVerfG entspricht eine deutliche Tendenz in der aktuellen Rechtsentwicklung zur Betonung des Schwächerenschutzes und der Inhaltskontrolle stark belastender Verträge. Das Pendel schwingt von Freiheit und Eigenverantwortlichkeit zunehmend zur Forderung nach Gleichheit und Schutz des Schwächeren. Vielerorts begreifen es Gesetzgebung und Rechtsprechung als eine ihrer Hauptaufgaben, Instrumente zu entwickeln, um unterlegene Vertragspartner zu schützen und eventuelle Übervorteilungen zu kompensieren.

Auch in der Literatur findet sich eine starke Strömung hin zur umfassenden Inhaltskontrolle von Eheverträgen. Aufgestellt wurden etwa folgende Thesen:

- Beim Abschluss von Eheverträgen seien Frauen ihren männlichen Partnern gegenüber generell strukturell unterlegen. Jeder Ehevertrag sei deshalb richterlich zu kontrollieren[11].
- Die schwangere Frau sei dem Mann beim Abschluss eines Ehevertrages situationsbedingt unterlegen. Der Richter dürfe hier nicht „unfair zu Gretchen" sein[12].
- Der in den Beschlüssen des BVerfG vom 5.2.2002[13] und vom 20.5.2003[14] formulierte Anspruch aus Artikel 6 I in Verbindung mit Artikel 3 II GG auf gleiche Teilhabe am gemeinsam Erwirtschafteten definiere die Grenzen der Privatautonomie auch im ehelichen Güterrecht[15].

9 BVerfG, NJW 1990, 1469 = BVerfGE 81, 242.
10 BVerfG, NJW 1994, 36; NJW 1994, 2749; NJW 1996, 2021.
11 *Schwenzer*, AcP 196 (1996), 88 ff.
12 *Büttner*, FamRZ 1997, 600 ff.; *ders.*, FamRZ 1998, 1 (5).
13 BVerfG, FamRZ 2002, 527 = NJW 2002, 1185.
14 BVerfG, NJW 2003, 2819 = FF 2003, 176.
15 *Maier*, NJW 2002, 3359 (3364 f.).

- Der gesetzliche Güterstand sei verfassungswidrig, weil er die gleiche Teilhabe während der Ehe gerade nicht herbeiführe, sondern erst im Scheidungsfall einen Ausgleich schaffe[16].

Seit den Entscheidungen des BVerfG ist unsicher, wie weit die Ehevertragsfreiheit noch reicht. Insbesondere ist fraglich, wann über die entschiedenen Einzelfälle hinaus ein Verstoß gegen §§ 138, 242 BGB in Verbindung mit Artikel 2 I GG, Artikel 6 II und IV GG vorliegen soll. Anerkannte Maßstäbe fehlen, die Rechtsunsicherheit ist erheblich[17]. In der Literatur proklamieren einige Autoren das „Ende der Vertragsfreiheit“[18] oder als Konsequenz ein „Nein“ zur Ehe[19]. Andere bemängeln, das BVerfG betreibe Sozialpolitik mit Mitteln des Familienrechts[20]. Wieder andere schätzen die Bedeutung der Entscheidungen als gering ein[21]. Nach wie vor hat auch die Beratungspraxis keine klaren Maßstäbe, welche vertraglichen Freiräume ihr bei der Formulierung von Eheverträgen und Scheidungsfolgenvereinbarungen noch bleiben. Das BVerfG gab ihr einen „ordentlich großen Laib Brot zu knabbern“[22], wenn nicht gar „mehr Steine als Brot“[23].

Die der Rechtsprechung des BVerfG nachfolgende instanzgerichtliche Rechtsprechung ist ausgesprochen uneinheitlich. Nachdem einige Oberlandesgerichte die Vertragsfreiheit betonten und die Grundsätze des BVerfG nur restriktiv umsetzten, schoss vor allem das OLG München mit seinem Urteil vom 1.10.2002[24] über das Ziel hinaus. Obwohl die Position der haushaltsführenden und kindesbetreuenden Frau weit stärker war als die der werdenden Mutter in der Entscheidung des BVerfG vom 6.2.2001, sah das Gericht die Grundrechte der Frau verletzt. Es erklärte den Ehevertrag mit dem sehr gut verdienenden und vermögenden Ehemann insgesamt für unwirksam. Im Hinblick auf ihr Recht auf gleiche Teilhabe am gemeinsam Erwirtschafteten sei die Frau aus ihrer Rolle als gleichberechtigter Ehegatte verdrängt und unangemessen benachteiligt worden.

---

16 *Dauner-Lieb*, FF 2002, 151 (153); *Scholz*, FamRZ 2002, 733.

17 Vgl. *Dauner-Lieb*, AcP 201 (2001), 295 (308); *dies.*, FF 2002, 151 (152); *Wachter*, ZNotP 2003, 408.

18 Vgl. schon *Grziwotz*, FamRZ 1997, 585.

19 *Rauscher*, FuR 2001, 155 (157); vgl. schon *Grziwotz*, MittBayNot 1999, 85 (386); *ders.*, MDR 1998, 1327 (1331).

20 *Rauscher*, DNotZ 2001, 751 (762).

21 *Langenfeld*, DNotZ 2001, 272 (276).

22 *Bergschneider*, FamRZ 2001, 1337 (1340).

23 *Goebel*, FamRZ 2003, 1513 (1514).

24 OLG München, FamRZ 2003, 35 = NJW 2003, 592 = MittBayNot 2003, 136 = DNotI-Report 2003, 4; vgl. näher Seite 154.

Die Revisionsentscheidung des BGH als erste höchstrichterliche Umsetzung der Grundsätze des BVerfG ließ 16 Monate auf sich warten. Der Ausgang war ungewiss. Mit seinem Urteil vom 11.2.2004[25] stellte der BGH dann die richterliche Kontrolle von Eheverträgen mithilfe seiner Kernbereichslehre wieder auf ein dogmatisches Fundament. Seine beiden Beschlüsse vom 6.10.2004[26] und sein Urteil vom 14.1.2005[27] führten diese Linie fort. Obwohl der BGH somit ein System schuf, das Einzelfragen beantwortet und die Ehevertragsfreiheit nicht über Gebühr einschränkt, bleiben viele Fragen offen.

Im zweiten Teil dieser Arbeit werden zunächst Begrifflichkeiten erläutert, im dritten Teil dann die Regelungsgegenstände und Regelungsmöglichkeiten familienrechtlicher Vereinbarungen dargestellt. Der vierte Teil der Arbeit widmet sich den bis zu den Entscheidungen des BVerfG aus 2001 geltenden zivilrechtlichen Schranken der Vertragsfreiheit, der sich anschließende fünfte Teil den Grenzen der Vertragsfreiheit unter Einfluss des Verfassungsrechts. Dort wird erörtert, ob und inwieweit die Grenzen der Ehevertragsfreiheit durch die vom BVerfG ins Feld geführten Grundrechte der Artikel 2 I GG sowie Artikel 6 I, II und IV GG sowie Artikel 3 II GG tatsächlich enger zu ziehen sind.

Diese Arbeit berücksichtigt die bis März 2005 veröffentlichte Rechtsprechung und Literatur.

---

25 BGH, FamRZ 2004, 601 = NJW 2004, 930 = DNotZ 2004, 550 = MittBayNot 2004, 270.

26 BGH, FamRZ 2005, 26 = NJW 2005, 137 = FF 2005, 43 und BGH, FamRZ 2005, 185 = NJW 2005, 139; vgl. näher Seiten 181 und 182.

27 BGH, Urteil vom 14.1.2005, XII ZR 238/03, bisher unveröffentlicht; vgl. näher Seite 182.

2. Teil: Begriff der familienrechtlichen Vereinbarung

Der Oberbegriff der familienrechtlichen Vereinbarung umfasst Eheverträge, Trennungs- und Scheidungsfolgenvereinbarungen. Sie unterscheiden sich nach dem Vereinbarungszeitpunkt und der Ehesituation, in welcher der Vertrag geschlossen wird.

A. Ehevertrag

Der Ehevertrag ist die rechtliche Vorsorge für den möglichen „Störfall Ehescheidung“[28]. § 1408 I BGB definiert den „Ehevertrag“ als den Vertrag, mit dem die Ehegatten „ihre güterrechtlichen Verhältnisse“ regeln. „Güterrechtliche Verhältnisse“ sind die auf die Ehe bezogenen Vermögensbeziehungen der Ehegatten, die im BGB im Abschnitt „Eheliches Güterrecht“ geregelt sind. Dies sind die Zugewinngemeinschaft als gesetzlicher Güterstand[29] und das vertragliche Güterrecht, also die Möglichkeit, durch Ehevertrag Gütertrennung[30] oder Gütergemeinschaft[31] zu vereinbaren. Nach § 1408 II 1 BGB können die Ehegatten durch Ehevertrag auch den Versorgungsausgleich[32] ausschließen. Der Wortlaut des § 1408 BGB erfasst demnach ausschließlich Vereinbarungen zum Güterrecht und zum Versorgungsausgleich.
Allgemein anerkannt und auch dieser Arbeit zugrunde gelegt ist indes ein funktional erweiterter Ehevertragsbegriff. Als Ehevertrag gelten danach alle ehebezogenen familienrechtlichen Vereinbarungen zur Regelung der allgemeinen Ehewirkungen, der ehelichen Rollenverteilung, des Familienunterhalts, des ehelichen Güterrechts und der Scheidungsfolgen, die nicht auf einen konkreten Scheidungsfall bezogen sind[33]. Zum erweiterten Ehevertragsbegriff bekennt sich auch das BVerfG, indem es in seinem Urteil vom 6.2.2001 einen privatschriftlichen Vertrag über Ehegatten- und Kindesunterhalt als Ehevertrag bezeichnet[34].

Einen Ehevertrag im erweiterten Sinne schließen etwa 10 % aller Ehepaare[35], davon regeln circa 90 % der Eheverträge den Güterstand[36]. Etwa 50 % der Verträge enthalten Vereinbarungen zum Versorgungsausgleich[37]. Knapp 25 % aller

---

28 *Kornexl*, FamRZ 2004, 1609.
29 Vgl. näher Seite 26.
30 Vgl. näher Seite 34.
31 Vgl. näher Seite 35.
32 Vgl. näher Seite 39.
33 *Bergschneider*, FamRZ 2001, 1337; *Brambring*, S. 7, Rn. 6; *Büttner*, FamRZ 1998, 1 (2); *Grziwotz*, MDR 2001, 393; *Langenfeld*, FamRZ 1987, 9 (10); *ders.*, FamRZ 1994, 201; *ders.*, Handbuch, Rn. 3; vgl. auch *Waldner*, Eheverträge, S. 20 Rn. 5; a.A. *Lüderitz*, § 13 IV 8, Rn. 313.
34 BVerfG, FamRZ 2001, 343 (345).
35 *Stach*, S. 15 f.
36 Vgl. *Stach*, S. 62 f.
37 *Stach*, S. 88.

Vereinbarungen regeln den nachehelichen Unterhalt, wobei wiederum in 90 % dieser Fälle gegenseitig vollständig auf Unterhalt verzichtet wird. Diese Zahlen belegen eindrucksvoll die Wichtigkeit des Wissens um die Grenzen derartiger Vereinbarungen.

Der Ehevertrag im Sinne des § 1408 I BGB kann schon vor der Eheschließung, aber auch jederzeit während der Ehe geschlossen werden. Dies ergibt sich aus dem Wortlaut „auch nach" in § 1408 I, 2. HS BGB. Unverheiratete können einen Ehevertrag im Sinne des § 1408 I BGB auch ohne förmliches Verlöbnis schließen; seine Wirkungen treten dann mit der Eheschließung ein[38]. § 1585 c BGB erlaubt Vereinbarungen zum nachehelichen Unterhalt. Sein Wortlaut („Ehegatten") erfasst nur Verträge zwischen Eheschließung und Scheidung, nicht aber vorsorgende, also vor der Eheschließung getroffene Vereinbarungen[39]. Dennoch besteht in Rechtsprechung[40] und Literatur[41] Einigkeit, dass Vereinbarungen zum nachehelichen Unterhalt bereits vor der Eheschließung möglich sind. Sind sich die Ehegatten einig, können sie den Ehevertrag jederzeit abändern[42].

B. Trennungsvereinbarung

In einer Trennungsvereinbarung können Eheleute alle mit der Trennung verbundenen Fragen regeln. Häufigste Regelungsinhalte sind Absprachen zur Ausübung der elterlichen Sorge und zum Umgangsrecht, Vereinbarungen zum Kindes- und Trennungsunterhalt, zur Nutzung der Ehewohnung, zur Aufteilung des Hausrates, zur Bedienung von Verbindlichkeiten und zu steuerlichen Fragen.

C. Scheidungsfolgenvereinbarung

Mit einer Scheidungsfolgenvereinbarung regeln die Partner in der Ehekrise die Folgen der Scheidung. In der Regel wird eine derartige Vereinbarung geschlossen, wenn die Ehe gescheitert und das Scheidungsverfahren bereits eingeleitet ist. Ziel ist es, streitige Folgesachen zu vermeiden oder zu erledigen.

---

38 *Brambring*, S. 34, Rn. 37; *Gernhuber/Coester-Waltjen*, § 32 I 1; Palandt/*Brudermüller*, § 1408 Rn. 1.

39 *Armasow,* RNotZ 2001, 196 (197); *Dauner-Lieb,* AcP 201 (2001), 295 (313); Münch-Komm/Maurer, § 1585 c, Rn. 5.

40 Vgl. nur BGH, FamRZ 1985, 788; BGH, FamRZ 1992, 1403 = NJW 1992, 3164; OLG Celle, FamRZ 1989, 64.

41 *Herb*, Verzicht, S. 72; Göppinger/Börger/*Miesen*, S. 259; Münch-Komm/Maurer, § 1585 c Rn. 5; *Vortmann,* JA 1986, 401 (402).

42 *Brambring*, S. 35, Rn. 37; *Waldner*, Eheverträge, S. 24, Rn. 11.

Eine notariell beurkundete Scheidungsfolgenvereinbarung verringert die Anwalts- und Gerichtskosten, denn sie ermöglicht eine einverständliche Scheidung, wenn sich die Ehegatten zur elterlichen Sorge und zum Umgang mit dem Kind, zum Kindesunterhalt, zum nachehelichen Ehegattenunterhalt, zur Ehewohnung und zur Verteilung des Hausrats geeinigt haben (§ 630 I, III ZPO). Als vollstreckbare Schuldtitel im Sinne des § 630 III ZPO kommen neben einer notariellen Urkunde (§ 794 I Nr. 5 ZPO) gerichtlich protokollierte Vergleiche (§ 794 I Nr. 1 ZPO, § 127 a BGB), ein vor einer staatlich anerkannten Gütestelle abgeschlossener Vergleich (§ 794 I Nr. 1 ZPO), Anwaltsvergleiche (§ 794 I Nr. 4 b, 796 a ZPO) sowie – soweit Kindesunterhalt betroffen ist – vollstreckbare Jugendamtsurkunden in Betracht (§§ 59, 60 KJHG).

3. Teil: Regelungsgegenstände und Regelungsmöglichkeiten

Im Folgenden werden die Regelungsgegenstände und Regelungsmöglichkeiten familienrechtlicher Vereinbarungen dargestellt. Eingegangen wird nacheinander auf das Güterrecht, den Versorgungsausgleich, den Unterhalt, aber auch auf Regelungsmöglichkeiten zu den allgemeinen Ehewirkungen. Erläutert werden jeweils zunächst die gesetzlichen Regelungen, anschließend die möglichen Vereinbarungen.

A. Güterrecht

Innerhalb des Güterrechts ist das Prinzip der Vertragsfreiheit seit jeher anerkannt. § 1408 I BGB bestimmt, dass die Ehegatten ihre güterrechtlichen Verhältnisse durch Ehevertrag regeln können. So können sie innerhalb des gesetzlichen Güterstands der Zugewinngemeinschaft Einzelheiten abweichend vom Gesetz regeln[43]. Anstelle des gesetzlichen Güterstandes können die Ehegatten Gütertrennung oder Gütergemeinschaft vereinbaren. Grund für diese Freiheit ist der Gedanke, dass der gesetzliche Güterstand nicht auf alle Ehetypen zugeschnitten ist. Der Gesetzgeber geht dabei davon aus, dass die Ehepartner intern eine gerechte Güterverteilung finden können. Der Grundsatz der Vertragsfreiheit ist im Güterrecht zudem auch deshalb am stärksten ausgeprägt, weil die Interessen Dritter oder der Allgemeinheit in der Regel nicht berührt werden[44].

I. Ausgangspunkt gesetzlicher Güterstand der Zugewinngemeinschaft

Die §§ 1363 bis 1390 BGB regeln den gesetzlichen Güterstand der Zugewinngemeinschaft, in dem die Ehegatten leben, wenn sie nichts Abweichendes vereinbaren (§ 1363 I BGB). Vielen Verlobten und Ehegatten ist nicht klar, dass während der Ehe kein gemeinschaftliches Vermögen entsteht (§ 1363 II 1 BGB), sondern dass sich die „Gemeinschaft" nur durch Ausgleich des Zugewinns bei Ende des Güterstandes realisiert (§ 1363 II 2 BGB), also vor allem bei Tod und Scheidung. Ein Ehegatte wird durch die Eheschließung weder automatisch Mitberechtigter an dem Vermögen, das der andere in die Ehe einbringt, noch haftet ein Ehegatte infolge der Ehe für die Schulden des anderen. Auch verwaltet jeder Ehegatte sein Vermögen und seine Schulden im gesetzlichen Güterstand selbständig (§ 1364 BGB), und zwar nicht nur Vermögen, das er in die Ehe mit eingebracht hat, sondern auch Vermögen, das er während der Ehe erwirbt.

Vom Grundsatz der selbständigen Vermögensverwaltung gibt es nur zwei Ausnahmen, nämlich Verfügungen über das Vermögen im Ganzen (§ 1365 BGB) sowie Verfügungen über Haushaltsgegenstände (§ 1369 BGB). Sie erfordern jeweils die Zustimmung des anderen Ehegatten.

43 Die frühere Auffassung, dass ein gesetzlich vorgesehener Güterstand nicht „denaturiert" werden dürfe, ist überholt; vgl. Münch-Komm/*Kanzleiter*, § 1408 Rn. 13.

44 *Büttner*, FamRZ 1998, 1 (2); *Waldner*, Eheverträge, S. 40, Rn. 33.

Grundgedanke des Zugewinnausgleichs, der 1958 mit dem Gleichberechtigungsgesetz eingeführt wurde, ist der Ausgleich ehebedingter Nachteile, die ein Ehegatte dadurch erleidet, dass er sich bei der eigenen Vermögensbildung familienbedingt einschränkte.

Zur Durchführung des Zugewinnausgleichs bei der Scheidung wird nach §§ 1373 bis 1376 BGB das Anfangs- und Endvermögen jedes Ehegatten ermittelt. Demjenigen Ehegatten, der den geringeren Zugewinn erzielt hat, wird die Hälfte des Unterschieds der Zugewinnbeträge als Geldforderung gegen den anderen Ehegatten zugewiesen (§ 1378 I BGB). Anfangsvermögen ist das Vermögen des Ehegatten bei Beginn des Güterstandes nach Abzug seiner Schulden (§ 1374 I, 1. HS BGB). Bei überschuldeten Ehegatten ist es mit Null anzusetzen (§ 1374 I, 2. HS BGB). Zum Anfangsvermögen hinzugerechnet wird das Vermögen, das ein Ehegatte während der Ehe von Todes wegen oder mit Rücksicht auf ein künftiges Erbrecht, durch Schenkung oder als Ausstattung erwirbt, so genannter „privilegierter Erwerb" (§ 1374 II BGB).

Unter Endvermögen ist das Vermögen eines Ehegatten nach Abzug seiner Schulden am Tag der Zustellung des Scheidungsantrags zu verstehen (§§ 1375 I 1, 1384 BGB, in Verbindung mit §§ 261, 253, 622 ZPO). Dem Endvermögen hinzugerechnet wird gemäß § 1375 II BGB der Betrag, um den das Vermögen dadurch vermindert wurde, dass ein Ehegatte innerhalb der letzten zehn Jahre sittlich nicht gerechtfertigte unentgeltliche Zuwendungen gemacht, Vermögen verschwendet oder vermögensmindernde Handlungen in Benachteiligungsabsicht vorgenommen hat.

Löst der Tod eines Ehegatten die Ehe auf, wird der Zugewinnausgleich dadurch verwirklicht, dass nach § 1371 I BGB der gesetzliche Erbteil des überlebenden Ehegatten pauschal um ein Viertel erhöht wird, sogenannte „erbrechtliche Lösung". Ob die Ehegatten einen Zugewinn erzielt haben oder nicht, ist unerheblich. Eine Berechnung des Zugewinns entfällt.
Ein Zugewinnausgleich wie beim Scheidungsfall findet nur statt, wenn der Erblasser seinen Ehegatten von der Erbschaft ausgeschlossen und ihm auch kein Vermächtnis zugewandt hat (§ 1371 II BGB) oder wenn der Überlebende die Erbschaft ausschlägt und den Ausgleich des Zugewinns verlangt (§ 1371 III BGB). Der Überlebende erhält in diesen Fällen nur den „kleinen" Pflichtteil, berechnet nach dem gesetzlichen Erbteil ohne die Erhöhung um ein Viertel[45].

45 Hk-BGB/*Kemper*, § 1371 Rn. 11; Staudinger/*Thiele*, § 1371 Rn. 74.

II. Mögliche Vereinbarungen

Innerhalb des gesetzlichen Güterstands der Zugewinngemeinschaft sind Modifizierungen desselben ebenso möglich wie die Vereinbarung von Gütertrennung oder Gütergemeinschaft. Möglich sind ebenso Vereinbarungen zu ehebedingten Zuwendungen. Diese vier Themengebiete seien im Folgenden nacheinander dargestellt.

1. Modifizierungen innerhalb des gesetzlichen Güterstands

Schließen die Eheleute den gesetzlichen Güterstand der Zugewinngemeinschaft insgesamt aus, tritt kraft Gesetzes Gütertrennung ein (§ 1414 S. 1 BGB). Dahinter steht der Gedanke, dass das Wesen der Ehe nicht dadurch mitbestimmt wird, dass eine „wirtschaftliche Lebensgemeinschaft" entsteht oder dass die Ehegatten bei Auflösung an den während der Ehe eingetretenen vermögensrechtlichen Veränderungen beteiligt werden[46].

Doch entspricht der gänzliche Ausschluss des Güterstandes der Zugewinngemeinschaft häufig nicht den Interessen der Parteien. Verbreitet ist deshalb die Vereinbarung einer „modifizierten Zugewinngemeinschaft", im Rahmen derer die Ehegatten Einzelheiten des Zugewinnausgleichs, die sogenannte Schlüsselgewalt (§ 1357 BGB) oder die Verfügungsbeschränkungen (§§ 1365, 1369 BGB) abweichend vom Gesetz regeln können. Im Folgenden wird zunächst auf Regelungsmöglichkeiten zum Zugewinnausgleich, anschließend auf die Schlüsselgewalt und schließlich auf die Verfügungsbeschränkungen eingegangen.

a) Regelungen zum Zugewinnausgleich

Eine Modifizierung des Zugewinnausgleichs ist auf vielfältige Weise möglich. Vereinbar sind – wie im Folgenden dargestellt –

- ein Ausschluss des Zugewinnausgleichs nur für den Fall der Scheidung,
- Bedingungen und Befristungen des Zugewinnausgleichs,
- ein einseitiger Ausschluss des Zugewinnausgleichs,
- Regelungen zum Anfangs- bzw. Endvermögen sowie
- die Pauschalierung des Ausgleichsanspruchs auf einen bestimmten Betrag.

(1) Ausschluss nur für den Fall der Scheidung

Weit verbreitet ist es, den Zugewinnausgleich nur für den Fall der Scheidung auszuschließen bzw. für den Fall der „Beendigung des Güterstandes in anderer Weise als durch den Tod eines Ehegatten"[47]. Damit ist sichergestellt, dass die erbrechtlichen und erbschaftssteuerlichen Wirkungen der Zugewinngemein-

---

46 BGH, FamRZ 1985, 788 (790) = BGH, NJW 1985, 1833.

47 *Brambring*, S. 85, Rn. 94; *Langenfeld*, Handbuch, Rn. 356 ff.; *Waldner*, Eheverträge, S. 48, Rn. 43.

schaft bei Auflösung der Ehe durch Tod erhalten bleiben. Dies sind die Erhöhung der Erbquote um ein Viertel gemäß § 1371 I BGB und damit die Verminderung der Pflichtteile von Kindern sowie die steuergünstige Regelung des § 5 I ErbStG.

(2) Bedingung / Befristung

Möglich ist es auch, den Zugewinnausgleich von Bedingungen abhängig zu machen. Eine Bedingung bietet sich insbesondere an, um einem Übergang von der kinderlosen Doppelverdienerehe zur Einverdienerehe mit Kind Rechnung zu tragen. Hierzu kann der Ausschluss des Zugewinnausgleichs unter der auflösenden Bedingung vereinbart werden, dass ein gemeinschaftliches Kind geboren wird und ein Ehepartner deswegen seine Berufstätigkeit ganz oder teilweise aufgibt[48]. Weiter kann der Zugewinnausgleich für den Fall der Scheidung von einer Mindestdauer der Ehe abhängig gemacht werden[49], z.B. fünf, zehn oder fünfzehn Jahre.

Auch können die Ehegatten die Durchführung des Zugewinnausgleichs im Fall der Scheidung auf die Zeiträume begrenzen, in denen ein Ehegatte wegen der Betreuung von Kindern an der Berufsausübung gehindert war[50].

(3) Einseitiger Ausschluss

Bisweilen wird der Zugewinnausgleich auch einseitig zu Gunsten eines Ehegatten ausgeschlossen. Die Zulässigkeit einer solchen Vereinbarung ist allerdings streitig. Überwiegend wird eine derartige Vereinbarung für möglich gehalten[51]. Für einige Autoren hingegen tritt auch beim Verzicht nur eines Ehegatten gemäß § 1414 S. 2 BGB Gütertrennung ein[52]. Ein einseitiger Ausschluss denaturiere die Zugewinngemeinschaft, die ausgleichen wolle, damit gemeinschaftlich verursachter Erwerb nicht zu einseitiger Bereicherung führe[53].

(4) Vereinbarungen zum Anfangs- bzw. Endvermögen

Nach § 1373 BGB ist der Zugewinn der Betrag, um den das Endvermögen eines Ehegatten das Anfangsvermögen übersteigt. Nach § 1374 1. HS BGB ist das Anfangsvermögen das Vermögen, das einem Ehegatten nach Abzug der Verbindlichkeiten beim Eintritt des Güterstands gehört. Doch sind hier vielfältige abändernde Vereinbarungen möglich. Eingegangen wird im Folgenden auf

48 *Brambring*, S. 87 f., Rn. 95; *Henrich*, S. 132, § 12 IV; *Langenfeld*, Handbuch, Rn. 944 f.

49 Palandt/*Brudermüller*, § 1408 Rn. 18; *Waldner*, Eheverträge, S. 53, Rn. 47.

50 *Waldner*, Eheverträge, S. 47 f., Rn. 42.

51 OLG Stuttgart, DNotZ 1983, 693 (695) mit zust. Anm. *Kanzleiter*; Münch-Komm/*Kanzleiter*, § 1408 Rn. 14; Palandt/*Brudermüller*, § 1408 Rn. 18.

52 *Bärmann*, AcP 157 (1958/59), 145 (203); vgl. auch Erman/*Heckelmann*, § 1408 Rn. 1.

53 *Gernhuber/Coester-Waltjen*, § 32 III 5.

- die mögliche Festlegung des Berechnungszeitpunkts für das Anfangsvermögen,
- die Festschreibung des Anfangsvermögens,
- die Berücksichtigung von Wertsteigerungen,
- die Berücksichtigung von Schulden eines Ehepartners sowie auf
- den Ausschluss einzelner Vermögenswerte.

(a) Berechnungszeitpunkt für das Anfangsvermögen
So können die Ehegatten den Zeitpunkt für die Bestimmung des Anfangsvermögens festlegen. Wollen z.B. beide Ehegatten bis auf weiteres berufstätig bleiben, schließen sie aber einen späteren Kinderwunsch nicht aus, so können sie als Anfangsvermögen dasjenige Vermögen ansetzen, das z.B. am Tag der Geburt des ersten Kindes vorhanden sein wird[54]. Im Gegensatz zum Ausschluss des Zugewinnausgleichs für den Fall der Geburt eines Kindes wird der Zugewinnausgleich hier nur für die Zeit nach Eintritt des Ereignisses durchgeführt, nicht aber für die gesamte Ehedauer.
Möglich ist es auch, voreheliches Zusammenleben einzubeziehen. So können die Ehegatten einen beliebigen Zeitpunkt als maßgeblich festlegen, z.B. den des endgültigen Zusammenziehens. Dies ist sinnvoll, wenn z.B. eine Immobilie im Eigentum eines Partners steht, in ihr aber das Vermögen beider Partner steckt.

(b) Festschreibung des Anfangsvermögens
§ 1377 III BGB stellt bei Fehlen eines Vermögensverzeichnisses die Vermutung auf, das Endvermögen eines Ehegatten stelle seinen Zugewinn dar. Vor diesem Hintergrund hilft es spätere Streitigkeiten zu vermeiden, wenn die Ehegatten Wert und Höhe des beiderseitigen Anfangsvermögens festlegen[55]. Möglich ist es auch, bestimmte Vermögenswerte zum Anfangsvermögen zu erklären. Ein Anfangsvermögen abweichend von den tatsächlichen Verhältnissen festzulegen, bietet sich an, wenn die Partner die Zeit ihres nichtehelichen Zusammenlebens einbeziehen möchten.

---

54 *Waldner*, Eheverträge, S. 51, Rn. 45.
55 *Brambring*, S. 91, Rn. 99; *Waldner*, Eheverträge, S. 54, Rn. 47.

(c) Berücksichtigung von Wertsteigerungen

Ehezeitliche Wertsteigerungen von vorehelichem Vermögen oder privilegiertem Erwerb fallen nach der Rechtsprechung in den Zugewinn[56]. Jedoch sind Wertsteigerungen „eheneutral“ und folgen nicht daraus, dass sich ein Ehegatte bei der Vermögensbildung familienbedingt einschränkte.

Die Pflicht zum Ausgleich von Wertsteigerungen empfinden Ehegatten deshalb vielfach als unangemessen. Sie können daher vereinbaren, Wertsteigerungen des Anfangsvermögens nicht auszugleichen[57]. Möglich ist es auch, die von § 1374 II BGB erfassten Vermögensgegenstände insgesamt aus dem Zugewinnausgleich herauszunehmen, sie also weder zum Anfangs- noch zum Endvermögen zu zählen[58]. Diese Vereinbarung kann auch auf Surrogate ausgedehnt werden, also etwa auf die vom Verkaufserlös des ererbten Bauplatzes erworbene Eigentumswohnung[59]. Möglich ist ebenso eine Vereinbarung, dass Erträge des ausgenommenen Vermögens auf dieses verwandt werden dürfen, also etwa die Mieten zur Instandhaltung des Hauses. Verwendungen aus ausgleichspflichtigem Vermögen auf nicht zum Zugewinn gehörendes Vermögen hingegen verbleiben im Zugewinnausgleich, z.B. die erarbeitete Geldsumme, mit der die Renovierung des vom Zugewinn ausgenommenen Hauses bezahlt wird[60].

(d) Berücksichtigung von Schulden eines Ehepartners

Besonderen Handlungsbedarf sehen Ehegatten häufig, wenn einer von ihnen verschuldet ist. Hier kann es beim Zugewinnausgleich zu Ungerechtigkeiten kommen. Heiratet etwa die vermögenslose und schuldenfreie Serviererin den Gastwirt, der aus der Insolvenz seines letzten Unternehmens 30.000 € Schulden hat, und erwerben die beiden während der Ehe je 30.000 €, die der Mann zur Schuldentilgung verwendet, die Frau dagegen spart, so hat die Frau dem Mann bei der Scheidung als Zugewinnausgleich 15.000 € zu zahlen[61]. Das Gesetz setzt das Anfangsvermögen des Mannes nämlich gemäß § 1374 I 2. HS BGB mit Null an. Hier bieten sich mehrere Lösungswege an: Die Ehegatten können vereinbaren, dass die Schulden in genau bestimmter Höhe später dem Endvermögen des verschuldeten Ehegatten hinzugerechnet werden. Möglich ist es weiter, die Verminderung einer etwaigen Zugewinnausgleichsforderung um die Hälfte des Schuldenbetrages zu vereinbaren[62]. Letztlich können die Ehegatten auch § 1374 I 2. HS BGB abbedingen und ein negatives Anfangsvermögen vereinbaren[63].

---

56 BGH, DNotZ 1974, 445 (446).

57 *Schippel*, Jura 1999, 57 (59 f.); *Waldner*, Eheverträge, S. 58, Rn. 50.

58 *Langenfeld*, FamRZ 1994, 201 (203).

59 *Langenfeld*, FamRZ 1994, 201 (203), vgl. auch *Brambring*, S. 94, Rn. 101.

60 *Langenfeld*, FamRZ 1994, 201 (203).

61 Vgl. Beispiel bei *Langenfeld*, FamRZ 1994, 201 (205).

62 *Waldner*, Eheverträge, S. 55, Rn. 48.

63 *Brambring*, S. 90, Rn. 98; *Grziwotz*, Beck'sches Notarhandbuch, S. 608, Rn. 64; *Langenfeld*, Handbuch, Rn. 386; *ders.*, FamRZ 1994, 201 (205).

(e) Ausschluss einzelner Vermögenswerte

Ist ein Ehegatte an einem Unternehmen beteiligt, wird er Wert darauf legen, im Falle der Scheidung nicht in die Verlegenheit zu kommen, seine Beteiligung veräußern zu müssen, um den Zugewinnausgleichsanspruch seines Partners befriedigen zu können. In einer solchen Konstellation können es die Ehegatten grundsätzlich beim Zugewinnausgleich belassen, das Unternehmen oder die Unternehmensbeteiligung aber vom Zugewinnausgleich ausschließen[64]. So können sie anordnen, dass ein bestimmter Vermögensgegenstand weder beim Anfangs- noch beim Endvermögen angesetzt wird[65]. Auf diese Weise können auch andere Vermögensgegenstände dem Zugewinnausgleich entzogen werden, etwa ein Wertpapierdepot oder eine Kunstsammlung.

(5) Pauschalierung des Ausgleichsanspruchs

Rechtlich möglich ist es letztlich, den Ausgleichsanspruch auf einen bestimmten Betrag zu pauschalieren oder einen Höchstbetrag zu vereinbaren. Solche Vereinbarungen sind jedoch insofern zweifelhaft, als dass die Ungewissheit über die künftige Entwicklung der Vermögensverhältnisse beider Ehegatten die erhebliche Gefahr mit sich bringt, dass ein Ehegatte benachteiligt wird – und zwar sowohl der ausgleichsberechtigte als auch der ausgleichspflichtige.

b) Regelungen zur „Schlüsselgewalt“

Gemäß § 1357 BGB ist jeder Ehegatte berechtigt, Geschäfte zur angemessenen Deckung des Lebensbedarfs der Familie mit Wirkung auch für den anderen Ehegatten zu besorgen. Durch solche Geschäfte werden beide Ehegatten berechtigt und verpflichtet, es sei denn, dass sich aus den Umständen etwas anderes ergibt.

§ 1357 II BGB ermächtigt dazu, die Verpflichtungsbefugnis des anderen Ehegatten der Höhe oder Art nach einseitig zu beschränken oder ausschließen. Gemäß § 1357 I 2 in Verbindung mit § 1412 I BGB gelten derartige Beschränkungen Dritten gegenüber aber nur bei Eintragung ins Güterrechtsregister. Bei einem wechselseitigen Ausschluss der Verpflichtungsmacht ist die Wirkung des § 1357 BGB praktisch suspendiert, wenngleich ein vertraglicher Ausschluss des § 1357 BGB als unzulässige Verfügung über den Ehe-Inhalt und damit als nichtig angesehen wird[66].

---

64 BGH, FamRZ 1997, 800; OLG Stuttgart, DNotZ 1983, 693 (695); BayObLG FamRZ 1971, 258 (260 f.); *Henrich*, S. 132, § 12 IV; Münch-Komm/*Kanzleiter*, § 1408, Rn. 14; *Waldner*, Eheverträge, S. 57, Rn. 50.

65 *Grziwotz*, Beck'sches Notarhandbuch, S. 609, Rn. 67.

66 OLG Schleswig, FamRZ 1994, 444; *Grziwotz*, Beck'sches Notarhandbuch, S. 601, Rn. 24; Münch-Komm/*Wacke*, § 1357 Rn. 41.

c) Regelungen zu den Verfügungsbeschränkungen

Im Güterstand der Zugewinngemeinschaft bedarf jeder Ehegatte nach §§ 1365, 1369 BGB für eine Verfügung über sein Vermögen im Ganzen[67] und über ihm gehörende Gegenstände des ehelichen Haushalts der Zustimmung des anderen. Diese Verfügungsbeschränkungen können die Ehegatten trotz Beibehaltung des gesetzlichen Güterstandes abbedingen, und zwar ganz oder teilweise, etwa für Gesellschaftsbeteiligungen[68]. Möglich ist auch ein Ausschluss nur zu Gunsten eines Ehegatten[69]. Sinnvoll ist eine derartige Vereinbarung, wenn der Vermögensgegenstand, der nahezu das gesamte Vermögen eines Ehegatten ausmacht, ein Unternehmen oder eine Unternehmensbeteiligung ist. Der Ehegatte, dem der Gegenstand gehört, ist dann bei unternehmerischen Entscheidungen nicht auf die Zustimmung des anderen angewiesen. Die Abdingbarkeit der Verfügungsbeschränkungen wurde nur Anfang der 70er Jahre vereinzelt mit dem Argument abgelehnt, Verfügungsbeschränkungen zählten zum „Wesen der Zugewinngemeinschaft" und seien daher zwingendes Recht[70]. Eine Erweiterung der Verfügungsbeschränkung wird einhellig als unzulässig abgelehnt[71].

Streitig ist, ob Ehegatten die Verfügungsbeschränkungen beim Ausschluss des Zugewinnausgleichs, also bei Gütertrennung (§ 1414 Satz 2 BGB) beibehalten können. Hiergegen wird argumentiert, dass der Sinn der Verfügungsbeschränkungen, den Zugewinnausgleich zu sichern, bei Gütertrennung leer laufe[72]. Werde der Zugewinnausgleich ausgeschlossen, entfalle die für die Zugewinngemeinschaft eigentümliche vermögensrechtliche Gemeinschaft[73]. Diese Ansicht übersieht jedoch, dass die §§ 1365, 1361 BGB nicht nur der Sicherung des Zugewinnausgleichsanspruches, sondern auch der Erhaltung der wirtschaftlichen Grundlage der Familie dienen - ein auch ohne späteren Zugewinnausgleich anerkennenswertes Ziel. Mit der überwiegenden Ansicht[74] ist daher eine Verein-

---

67 Vgl. zur Rechtsprechung des BGH zum Begriff des Vermögens im Ganzen BGH, NJW 1980, 2350; BGH, NJW 1991, 1739.

68 Vgl. BGH, NJW 1964, 1795; *Bärmann*, AcP 157 (1956/1957), 145 (203); *Brambring*, Rn. 54; *Lüderitz*, § 13 IV 4, Rn. 309; *Gernhuber/Coester-Waltjen*, § 32 III 5; *Grziwotz*, Beck'sches Notarhandbuch, S. 611; *Waldner*, Eheverträge, S. 65, Rn. 58; *Zöllner*, FamRZ 1965, 113 (116).

69 *Grziwotz*, Beck'sches Notarhandbuch, S. 611; Münch-Komm/*Kanzleiter*, § 1408 Rn. 14.

70 *Mülke*, AcP 161 (1962), 129 (160 f.).

71 *Gernhuber/Coester-Waltjen*, § 32 III 5; Münch-Komm/*Kanzleiter*, § 1408 Rn. 14; Soergel/*Gaul*, § 1408 Rn. 12.

72 *Henrich*, S. 126 f., § 12 II.

73 Palandt/*Brudermüller*, § 1414 Rn. 1.

74 *Gernhuber/Coester-Waltjen*, § 32 III 5; *Grziwotz*, Beck'sches Notarhandbuch, S. 611; *Henrich*, S. 132, § 12 IV; *Knur*, DNotZ 1957, 451 (463); Münch-Komm/*Kanzleiter*, § 1408 Rn. 14; *Waldner*, Eheverträge, S. 65, Rn. 58; *Zöllner*, FamRZ 1965, 113 (117).

barung, die Verfügungsbeschränkungen auch bei Gütertrennung beizubehalten, für zulässig anzusehen.

2. Vereinbarung von Gütertrennung

Gütertrennung bedeutet, dass die Ehegatten sich vermögensrechtlich so gegenüberstehen, als wären sie nicht miteinander verheiratet. Die Vermögensmassen bleiben getrennt, jeder kann über sein Vermögen frei verfügen. Ein Ausgleich findet nicht statt.

Gütertrennung wird entweder im Ehevertrag als solche vereinbart, oder sie tritt kraft Gesetzes ein. Neben den Fällen der §§ 1388, 1449 I, 1470 I BGB ist § 1414 BGB eine in diesem Zusammenhang wichtige Vorschrift. Nach § 1414 S. 1 BGB tritt kraft Gesetzes Gütertrennung ein, wenn die Ehegatten den gesetzlichen Güterstand der Zugewinngemeinschaft ausschließen oder aufheben. Gleiches gilt, wenn nur der Zugewinnausgleich ausgeschlossen wird (§ 1414 S. 2, 1. Alt. BGB). Gütertrennung tritt ebenso kraft Gesetzes ein, wenn Ehegatten den Versorgungsausgleich ausschließen (§ 1414 S. 2, 2. Alt. BGB)[75]. Dem Ehegatten, der den anderen nicht an seinen späteren Versorgungsbezügen teilhaben lassen möchte, soll nicht die Hoffnung verbleiben, vom Zugewinn des anderen zu profitieren[76]. Eine bloße Modifizierung des Versorgungsausgleichs indes zieht keine Gütertrennung nach sich[77].

Meist erzielt derjenige Ehegatte, der den Ausschluss des Versorgungsausgleichs zu seinen Gunsten durchsetzt, auch den höheren Zugewinn. Um zu vermeiden, dass gemäß § 1414 S. 2 BGB neben den Versorgungsbezügen zugleich der Anspruch auf Zugewinnausgleich entzogen wird, können die Ehegatten bei einem Ausschluss des Versorgungsausgleichs vertraglich die Zugewinngemeinschaft vereinbaren[78].

Güterrechtliche Vereinbarungen lässt die Gütertrennung nicht zu. Kehren die Ehegatten zum gesetzlichen Güterstand zurück, können sie vereinbaren, dass bei einem eventuellen Zugewinnausgleich für das Anfangsvermögen ein zurückliegender Zeitpunkt maßgebend ist, z.B. die Eheschließung[79]. Auf die Erbschaftssteuer wirkt sich eine vereinbarte Rückwirkung aber nicht aus, § 5 I 4 ErbStG in der Fassung vom 19.12.2000.

---

75 Kritisch hierzu Staudinger/*Thiele*, § 1414 Rn. 10; Soergel/*Gaul*, § 1414 Rn. 8.
76 *Henrich*, S. 127, § 12 II.
77 Jauernig/*Berger*, § 1414 Rn. 4.
78 *Henrich*, S. 127, § 12 II.
79 Münch-Komm/*Kanzleiter*, § 1408 Rn. 15; *Waldner*, Eheverträge, S. 69 f., Rn. 62.

3. Vereinbarung von Gütergemeinschaft

Durch Ehevertrag können die Ehegatten weiter Gütergemeinschaft vereinbaren (§ 1415 BGB). Allerdings spielt die Gütergemeinschaft in der Praxis kaum mehr eine Rolle[80]; sie wird nur noch vereinzelt in ländlichen Gebieten vereinbart. Dargestellt werden im Folgenden die gesetzlichen Regelungen und möglichen Vereinbarungen zum Gesamt-, Sonder- und Vorbehaltsgut, zur Verwaltung des Gesamtguts, zur Haftung im Außenverhältnis und zu einer etwaigen Auseinandersetzung der Gütergemeinschaft.

a) Gesamt-, Sonder- und Vorbehaltsgut

Bei der Gütergemeinschaft wird das Vermögen, das die Ehegatten in die Ehe einbringen oder später erwerben, grundsätzlich gemeinschaftliches Vermögen – es wird zum so genannten Gesamtgut (§ 1416 BGB). Die Ehegatten bilden eine Gesamthandsgemeinschaft (§ 1419 BGB). Neben dem Gesamtgut kann es Sonder- und Vorbehaltsgut geben (§§ 1417, 1418 BGB). Die hierzu gehörenden Gegenstände bleiben im alleinigen Eigentum des jeweiligen Ehegatten und unterliegen seiner selbständigen Verwaltung. Sondergut sind die Gegenstände im Vermögen eines Ehegatten, die nicht durch Rechtsgeschäft übertragen werden können (§ 1417 II BGB), z.B. unpfändbare Lohn- oder Gehaltsansprüche, Rentenansprüche aus der Sozialversicherung oder ein Nießbrauch. Vorbehaltsgut entsteht durch Regelung im Ehevertrag, durch Bestimmung Dritter oder durch Surrogation (§ 1418 BGB).

Die Vorschriften über die Zuordnung zum Gesamt-, Sonder- und Vorbehaltsgut sind zwingend. Jedoch sind die Ehegatten darin frei, durch Ehevertrag Gegenstände zum Vorbehaltsgut zu erklären, z.B. ein Grundstück (§ 1418 II Nr. 1 BGB). Vorbehaltsgut ist zudem, was Dritte dem Ehegatten durch letztwillige Verfügung oder unentgeltlich zuwenden und dabei bestimmen, die Zuwendung solle Vorbehaltsgut sein (§ 1418 II Nr. 2 BGB). Letztlich wird zum Vorbehaltsgut, was ein Ehegatte aufgrund eines zum Vorbehaltsgut gehörenden Rechts oder als Ersatz für die Zerstörung eines zum Vorbehaltsgut gehörenden Gegenstandes oder durch ein Rechtsgeschäft erwirbt, das sich auf das Vorbehaltsgut bezieht (§ 1418 II Nr. 3 BGB).

Erklären die Ehegatten das gesamte bei Eheschließung vorhandene Vermögen zum Vorbehaltsgut, erreichen sie die wesentlichen Wirkungen der früheren Errungenschaftsgemeinschaft; erklären sie das unbewegliche Vermögen zum Vorbehaltsgut, erreichen sie die wesentlichen Wirkungen der früheren Fahrnisgemeinschaft[81].

---

80 Vgl. *Stach*, S. 65; *Brambring*, Rn. 64; *Gernhuber*, Familienrecht, sprach schon in der 3. Auflage von 1980 von einem „alternden Güterstand“, § 38 I.

81 Vgl. *Bärmann*, AcP 157 (1958/59), 203; Soergel/*Gaul*, § 1408 Rn. 14; Staudinger/*Thiele*, § 1408 Rn. 17.

b) Verwaltung des Gesamtguts bei Gütergemeinschaft

Die Vorschriften über das Innenverhältnis der Ehegatten sind grundsätzlich modifizierbar. Nach § 1421 S. 1 BGB sollen die Ehegatten im Ehevertrag bestimmen, wer das Gesamtgut verwalten soll. Ansonsten obliegt die Verwaltung ihnen beiden (§ 1421 S. 2 BGB). Die gemeinschaftliche Verwaltung ist die Regel, sie tritt in 80 - 90 % der Fälle auf[82].

c) Haftung im Außenverhältnis bei Gütergemeinschaft

Die Vorschriften über das Außenverhältnis können nicht zu Lasten Dritter geändert werden. Die Gläubiger beider Ehegatten können sich aus dem Gesamtgut befriedigen; daneben haften die Ehegatten persönlich als Gesamtschuldner (§ 1437 BGB). Die Haftung der einzelnen Vermögensmassen zugunsten Dritter kann ehevertraglich erweitert, nicht aber eingeschränkt werden[83]. Die Verfügungsbeschränkungen der §§ 1423 ff. BGB können zwar eingeschränkt, aber nicht mit absoluter Wirkung Dritten gegenüber erweitert werden[84].

d) Auseinandersetzung der Gütergemeinschaft

Die Gütergemeinschaft wird beendet durch Ehevertrag (§ 1408 BGB), durch Auflösung der Ehe oder durch Aufhebungsurteil (§§ 1449, 1470 BGB). Nach der Beendigung der Gütergemeinschaft setzen sich die Ehegatten über das Gesamtgut auseinander (§ 1471 I BGB). Bis zur Auseinandersetzung der Gemeinschaft bleibt das Gesamtgut gesamthänderisch gebunden (§ 1471 II BGB).
Nach der gesetzlichen Regelung steht der Überschuss, der nach Berichtigung der Verbindlichkeiten verbleibt, den Ehegatten zu gleichen Teilen zu (§ 1476 I BGB). Für den Fall der Scheidung ist jedem Ehegatten der Wert des eingebrachten Vermögens zu erstatten (§ 1478 BGB), und zwar nach dem Wert bei Einbringung. Jeder kann eingebrachte Gegenstände gegen Erstattung des Werts körperlich wieder übernehmen (§ 1477 II BGB). Zum eingebrachten Vermögen zählen auch Schenkungen und Erbschaften während der Gütergemeinschaft. Dem Gesamtgut verbleibt der Mehrwert zur hälftigen Teilung. Wirtschaftlich unterscheidet sich die Rechtslage damit nicht sehr von der Zugewinngemeinschaft. Da allerdings § 1376 IV BGB nicht gilt, hat bei der Gütergemeinschaft jeder Ehegatte Anteil an der Wertsteigerung eines landwirtschaftlichen Betriebs ohne Beschränkung auf den Ertragswert[85].
Im Ehevertrag können die Ehegatten insbesondere in Bezug auf eingebrachtes Vermögen eine von § 1478 BGB abweichende Regelung treffen. Dadurch

---

82 *Henrich*, S. 130, § 12 III 3; vgl. *Waldner*, Eheverträge, S. 71, Rn. 64.
83 Münch-Komm/*Kanzleiter*, § 1408 Rn. 16.
84 Münch-Komm/*Kanzleiter*, § 1408 Rn. 16.
85 Vgl. *Waldner*, Eheverträge, S. 72, Rn. 64.

können sie auch für den Scheidungsfall hälftige Teilung oder aber eine Teilung vereinbaren, die der hälftigen Teilung näher kommt[86].

4. Ehebedingte Zuwendungen

In Abgrenzung zur zwischen Ehegatten seltenen Schenkung hat sich der Vertragstyp der ehebedingten Zuwendung entwickelt. Häufig wird Geld oder Grundeigentum beim Erwerb oder Bau eines Familienheims zugewandt. Möglich sind auch Zuwendungen zum freiwilligen Zugewinnausgleich bei Gütertrennung, etwa der Erwerb oder die Übertragung einer Eigentumswohnung. Für Unternehmer kann es günstig sein, das Familienheim dem betrieblich nicht haftenden Ehegatten zuzuordnen.
Überwiegend findet auf ehebedingte Zuwendungen Schenkungsrecht Anwendung[87]. Doch lässt der BGH die ehebedingte Zuwendung in Anwendung und Ergänzung des § 1380 BGB in den Zugewinnausgleich einfließen. Der zuwendende Ehegatte erhält also in der Regel die Hälfte des Wertes der Zuwendung zurück. Eine dingliche Rückabwicklung ist hingegen selten. Üblich ist es, für den Scheidungsfall ehevertraglich ein Rückforderungsrecht zu vereinbaren, eine so genannte Scheidungsklausel[88].

B. Versorgungsausgleich

Auch der Versorgungsausgleich nach den §§ 1587 ff. BGB kann im Ehevertrag ausgeschlossen werden (§ 1408 II 1 BGB). Während die nach § 1408 I BGB regelbaren „güterrechtlichen Verhältnisse“ das aktuelle Vermögen der Ehegatten betreffen, bezieht sich § 1408 II BGB auf Anwartschaften oder Aussichten, mithin auf künftige Leistungen[89]. Im Folgenden wird zunächst die gesetzliche Regelung des Versorgungsausgleichs dargestellt, anschließend die Möglichkeiten abweichender Regelungen.

I. Gesetzliche Regelung

Gemäß § 1587 I BGB sind Anwartschaften oder Aussichten auf eine Versorgung auszugleichen, die ein Ehegatte in der Ehezeit begründet oder aufrechterhalten hat. Ausgenommen sind Anwartschaften oder Aussichten, die weder mit Hilfe des Vermögens noch durch Arbeit eines Ehegatten entstanden sind (§ 1587 I 2 BGB), vor allem also Alterssicherungen, die von Dritten finanziert wurden.

---

86 *Waldner*, Eheverträge, S. 72, Rn. 64.
87 *Langenfeld*, FamRZ 1994, 201 (206).
88 Vgl. hierzu *Langenfeld*, NJW 1986, 2541 (2543); *ders.*, FamRZ 1994, 201 (207).
89 *Eichenhofer*, DNotZ 1994, 213.

Der Versorgungsausgleich rechtfertigt sich aus einer ähnlichen Überlegung wie der Zugewinnausgleich. Zugrunde liegt der Gedanke, dass die in der Ehe erworbenen Anwartschaften gemeinsam geschaffen wurden, auch wenn nur ein Ehegatte berufstätig war und Beiträge leistete[90]. Der Versorgungsausgleich soll ehebedingte Versorgungsnachteile ausgleichen, die ein Ehegatte dadurch erleidet, dass er die eigene Berufstätigkeit aufgibt und die Familienarbeit übernimmt[91].

Da Beiträge zur Altersversorgung typischerweise monatsweise entrichtet werden, bestimmt § 1587 II BGB als Ehezeit volle Monate, nämlich die Zeit vom Beginn des Monats, in dem die Ehe geschlossen wurde, bis zum Ende des Monats, der der Rechtshängigkeit des Scheidungsantrags vorausgeht. Damit bleiben vor der Ehe erworbene Anwartschaften und solche nach Stellung des Scheidungsantrags außer Betracht. Unberücksichtigt bleibt auch eine Nachentrichtung von Beiträgen außerhalb der Ehezeit[92], anders aber die Nachentrichtung für voreheliche Zeiten während der Ehe[93].

Der Versorgungsausgleich wird auch für die Zeit des Getrenntlebens durchgeführt, selbst wenn die Trennungszeit lange währt[94]. Doch sind für den Zeitraum des Getrenntlebens vertragliche Modifizierungen möglich.

Zur Durchführung des Versorgungsausgleichs werden die Anwartschaften beider Ehegatten in der maßgeblichen Ehezeit ermittelt. Ausgleichspflichtig ist derjenige Ehegatte mit den werthöheren Anwartschaften oder Aussichten (§ 1587 a I 1 BGB). Der Ehegatte mit den geringeren Anwartschaften erhält die Hälfte der Differenz als Ausgleich zu seinen Anwartschaften hinzu (§ 1587 a I 2 BGB). Hat er bis dahin keine Anwartschaften erworben, entsteht für ihn durch den Versorgungsausgleich eine eigene und von der des anderen Ehegatten unabhängige Alterssicherung.

Im Versorgungsausgleich berücksichtigt werden Anwartschaften

- auf eine Pension als Beamter oder aus einem Arbeitsverhältnis mit Anspruch auf Versorgung nach beamtenrechtlichen Regeln,
- auf eine Rente aus der gesetzlichen Rentenversicherung oder nach dem Gesetz über die Altershilfe der Landwirte,
- auf eine Pension, Rente oder Zusatzrente aus der betrieblichen Altersversorgung,
- auf eine Versorgung durch ein berufsständisches Versorgungswerk, z. B. bei Ärzten, Rechtsanwälten und Notaren,
- auf eine Rente aus einer privaten Rentenversicherung.

---

90 *Brambring*, Rn. 65; *Waldner*, Eheverträge, S. 75 Rn. 67.

91 *Eichenhofer*, DNotZ 1994, 213 (230); *Gernhuber/Coester-Waltjen*, § 28 I 3.

92 BGH, FamRZ 1981, 1169.

93 BGH, FamRZ 1981, 1169; KG, NJW-RR 1997, 324; OLG Nürnberg, NJW-RR 1997, 132 (133).

94 *Waldner*, Eheverträge, S. 75, Rn. 66.

Unberücksichtigt bleiben dagegen

- Ansprüche aus privater Kapitallebensversicherung, auch mit Rentenwahlrecht, solange dieses noch nicht ausgeübt wird und auch dann, wenn sie im Rahmen einer betrieblichen Altersversorgung begründet wurden[95]. Derartige Ansprüche fallen in den Zugewinnausgleich[96].
- Ansprüche aus der Kriegsopferversorgung (§ 1587 I 2 BGB). Diese Ansprüche sind in keiner Weise ausgleichspflichtig.

II. Mögliche Vereinbarungen

Die Ehegatten können den Versorgungsausgleich vor und während der Ehe durch Ehevertrag gemäß § 1408 II BGB oder im Zusammenhang mit der Scheidung durch eine Vereinbarung nach § 1587 o BGB regeln. Die Möglichkeit, den Versorgungsausgleich durch Ehevertrag schon bei Eingehung der Ehe auszuschließen, wurde im Gesetzgebungsverfahren zum 1. EheRG nach Anrufung des Vermittlungsausschusses in das Gesetz aufgenommen[97]. Heiratswillige sollen nicht gezwungen sein, den Versorgungsausgleich für ihre Ehe hinzunehmen[98].

Nach der Scheidung sind Vereinbarungen zum Versorgungsausgleich nicht mehr möglich, denn der Versorgungsausgleich ist gleichzeitig und zusammen mit der Scheidung durchzuführen (§ 623 ZPO)[99]. Die einzelnen Regelungsmöglichkeiten zum Versorgungsausgleich – der vollständige Ausschluss sowie die Varianten der Modifizierung des Versorgungsausgleichs – werden im Folgenden erläutert.

1. Vollständiger Ausschluss

Der Versorgungsausgleich kann vollständig ausgeschlossen werden[100]. Damit tritt automatisch Gütertrennung ein, sofern die Parteien nichts anderes vereinbaren (§ 1414 S. 2 BGB). In seinem Beschluss vom 27.9.1995 befand der BGH ausdrücklich, dass die Wirksamkeit des Ausschlusses des Versorgungsausgleichs nicht von zusätzlichen Bedingungen abhänge wie etwa der Vereinbarung einer Gegenleistung oder Abfindung[101].

---

95 BGH, NJW 1984, 299 (300).

96 BGH, FamRZ 1992, 411; vgl. auch *Brambring*, Rn. 66.

97 Vgl. BT-Drucks. 7/4694, S. 13.

98 Vgl. BGH, FamRZ 1996, 1536; OLG Köln, FamRZ 2002, 828 (829).

99 Vgl. OLG Köln, NJW-RR 1999, 1161 zur Unwirksamkeit der Aufhebung des Ausschlusses des Versorgungsausgleichs nach Rechtskraft der Scheidung.

100 *Eichenhofer*, DNotZ 1994, 213 (216); Münch-Komm/*Kanzleiter*, § 1408 Rn. 21; *Reinartz*, NJW 1977, 81 (82); Staudinger/*Thiele*, § 1408 Rn. 50.

101 BGH, FamRZ 1995, 1482 (1484) = BGH, NJW 1995, 3251 (3252); so im Folgenden auch BGH, FamRZ 1997, 156 (157); OLG Hamm, NJW-RR 1999, 1306; OLG Köln, FamRZ 2002, 828 (829); anders noch *Ruland*, NJW 1976, 1713 (1715), später aller-

Ein vollständiger Ausschluss ist z.B. sinnvoll bei Ehegatten im fortgeschrittenen Alter ohne Kinderwunsch, die beide berufstätig bleiben wollen, bereits eine eigene Altersversorgung aufgebaut haben und deshalb auch dann nicht an der des Partners teilhaben wollen, wenn infolge unterschiedlicher Beiträge unterschiedliche Anwartschaften entstehen. Zur Erreichung des gewünschten Ziels kann neben dem Anspruch auf Versorgungsausgleich auch der Anspruch auf Altersvorsorgeunterhalt nach § 1578 III BGB ausgeschlossen werden[102].

2. Modifizierung des Versorgungsausgleichs

Unbestritten ist heute, dass die Ehegatten den Versorgungsausgleich nicht nur vollständig ausschließen, sondern auch modifizieren können[103]. Eine Erweiterung des Versorgungsausgleichs hingegen ist unzulässig[104].
Nach § 10 a IX VAHRG kann das Familiengericht Vereinbarungen zum Versorgungsausgleich abändern, wenn die Ehegatten die Abänderung nicht ausgeschlossen haben. Eine entsprechende Regelung im Ehevertrag ist demnach möglich.

Nachstehend werden mögliche Vereinbarungen zum Versorgungsausgleich erläutert hinsichtlich

- einer Befristung des Ausgleichszeitraums,
- der Vereinbarung von Bedingungen für den Versorgungsausgleich,
- der Vereinbarung von Gegenleistungen für den Versorgungsausgleich,
- eines einseitigen Ausschlusses des Versorgungsausgleichs sowie
- eines Teilausschlusses bzw. einer Begrenzung des Versorgungsausgleichs der Höhe nach.

a) Befristung des Ausgleichszeitraums

In Betracht kommt zunächst eine Befristung des Ausgleichszeitraums. So können z.B. die ersten fünf Jahre der Ehe für den Versorgungsausgleich ausgeklammert werden[105]. Verbreitet ist weiter, den Versorgungsausgleich für die Zeiten auszuschließen, in denen beide Ehegatten voll berufstätig sind[106].

---

dings von ihm selbst wieder aufgegeben, vgl. Staudinger/*Ruland*, 12. Auflage 1985, § 1408 Rn. 53.

102 *Waldner*, Eheverträge, S. 79, Rn. 70.

103 Ganz h.M.: BGH, FamRZ 1986, 890 (892), 1990, 273; *Brambring*, S. 101, Rn. 104; Erman/*Heckelmann*, § 1408 Rn. 10; Soergel/*Gaul*, § 1408 Rn. 30; Staudinger/*Thiele*, § 1408 Rn. 51; a.A. *Bogs*, FamRZ 1978, 81 (88) mit Verweis auf die Überforderung der zivilrechtlichen Beratungspraxis.

104 Palandt/*Brudermüller*, § 1408 Rn. 23; *Schwab*, DNotZ-Sonderheft 1977, 51 (62).

105 *Eichenhofer*, DNotZ 1994, 213 (223).

106 *Langenfeld*, FamRZ 1994, 201 (203); *ders.*, Handbuch, Rn. 618; Münch-Komm/*Kanzleiter*, § 1408 Rn. 26; vgl. *Waldner*, Eheverträge, S. 82, Rn. 73.

Empfinden es die Ehegatten als ungerecht, Anwartschaften aus der möglicherweise langen Zeit des Getrenntlebens auszugleichen, können sie bestimmen, dass nur die Anwartschaften einbezogen werden, die bis zum Zeitpunkt der endgültigen Trennung erworben wurden[107]. In diesem Fall droht allerdings Streit über den Trennungszeitpunkt.
Nicht möglich ist es, den Ausgleichszeitraum auf voreheliche Zeiten zu erstrecken. Unzulässig ist ebenso eine Vereinbarung über das „Ende der Ehezeit" in Sinne von § 1587 II BGB[108]. Dieses gesetzlich fixierte Datum für die Bewertung auszugleichender Anwartschaften ist zwingend.
Der zeitanteilige Ausschluss ist unwirksam, wenn die Vereinbarung dazu führt, dass mehr Anwartschaften übertragen werden als gesetzlich vorgesehen, wenn also die für die vereinbarte Zeit auszugleichenden Anwartschaften diejenigen für die gesamte Ehezeit übersteigen würden, so genanntes „Supersplitting". Der entsprechende Beschluss des BGH vom 4.10.1989[109] wurde z.T. als Supersplitting-Verbot für alle Verträge nach § 1408 II BGB verstanden[110]. Andere meinen, das Supersplitting-Verbot gelte nur für Scheidungsvereinbarungen und scheidungsbezogene Eheverträge, mangels Manipulationsgefahr aber nicht für vorsorgende Eheverträge[111]. Jedenfalls empfiehlt es sich, ausdrücklich zu bestimmen, dass es bei der gesetzlichen Regelung verbleiben soll, wenn die Vereinbarung zu unzulässigem Supersplitting führen sollte[112].

b) Vereinbarung von Bedingungen

Halten die Ehegatten den Versorgungsausgleich nur bei Vorliegen bestimmter Voraussetzungen für unangemessen, können Sie den Ausschluss an aufschiebende oder auflösende Bedingungen knüpfen[113]. So kann für den Fall der Aufgabe der Berufstätigkeit eines Ehegatten oder der Geburt eines Kindes vereinbart werden, dass der Ausschluss mit Eintritt der Bedingung ex tunc oder ex nunc entfällt[114].
Ein bedingter Ausschluss des Versorgungsausgleichs bietet sich auch an bei einer „Ehe auf Probe mit Trauschein". Hier können die Ehegatten die Durchführung des Versorgungsausgleichs für den Fall ausschließen, dass vor Ablauf einer

107 *Grziwotz*, Beck'sches Notarhandbuch, S. 621 Rn. 141.
108 OLG München, FamRZ 1997, 1082 (1083).
109 BGH, FamRZ 1990, 273.
110 Palandt/*Brudermüller*, § 1408 Rn. 23.
111 *Langenfeld,* Handbuch, Rn. 585 ff.; *ders.*, FamRZ 1994, 201 (203).
112 *Waldner*, Eheverträge, S. 82, Rn. 73.
113 *Kniebes/Kniebes*, DNotZ 1977, 269 (286); *Reinartz*, NJW 1977, 81 (83); Soergel/*Gaul*, § 1408 Rn. 29.
114 *Brambring*, S. 102, Rn. 105; Münch-Komm/*Kanzleiter*, § 1408 Rn. 22; *Waldner*, Eheverträge, S. 83, Rn. 74.

bestimmten Ehedauer, z.B. von drei, fünf oder sieben Jahren, ein Scheidungsantrag gestellt wird[115].

Unzulässig ist es hingegen, den Versorgungsausgleich unter der aufschiebenden Bedingung des Todes des ausgleichspflichtigen Ehegatten zu vereinbaren[116]. Denn diese Regelung widerspräche den Grundprinzipien des Vorsorgerechts und ginge zu Lasten der gesetzlichen Rentenversicherung. Aus diesem Grund kann auch der Ausschluss des Versorgungsausgleichs nach Rechtskraft der Scheidung nicht aufgehoben werden[117].

c) Vereinbarung von Gegenleistungen

Möglich ist es, den Ausschluss des Versorgungsausgleichs an eine Gegenleistung zu koppeln, z.B. an eine einmalige oder laufende Geldzahlung, an die Finanzierung einer Lebensversicherung[118], an die Übertragung von Vermögenswerten wie etwa eines Wertpapierdepots oder einer zu vermietenden Immobilie[119]. Im Falle laufender Zahlungen etwa für eine Lebensversicherung wird der Empfänger vor Zahlungsunfähigkeit bzw. -unwilligkeit des Verpflichteten geschützt, wenn der Ausschluss des Versorgungsausgleichs an die ordnungsgemäße Zahlung der Versicherungsbeiträge geknüpft wird.

d) Einseitiger Ausschluss

Der Versorgungsausgleich kann auch einseitig ausgeschlossen werden, etwa derart, dass der Ausschluss nur gilt, wenn sich zugunsten des vermögenden Ehegatten ein Ausgleichsanspruch ergeben sollte[120]. Ein einseitiger Ausschluss des Versorgungsausgleichs bietet sich an, wenn die Ehegatten ihre Altersvorsorge unterschiedlich strukturiert haben und nur einer von ihnen ausgleichspflichtige Anwartschaften erwirbt. Ein einseitiger Ausschluss ermöglicht diesem Ehegatten, seine Altersversorgung ungeschmälert zu erhalten. Zu berücksichtigen ist dabei der Güterstand. Besteht die Altersvorsorge z.B. in einer Kapitallebensversicherung, ist zu beachten, dass im Falle eines Zugewinnausgleichs der andere Ehegatte unter Umständen die Hälfte des Wertes erhält[121].

---

115 Das LG Kassel, Der Deutsche Rechtspfleger 1978, 443, erklärte eine solche Vereinbarung mit Beschluss vom 20.7.1978 für sittenwidrig. Diese Entscheidung blieb jedoch unbestätigt.

116 *Eichenhofer*, DNotZ 1994, 213 (221); Münch-Komm/*Kanzleiter*, § 1408 Rn. 28.

117 OLG Köln, FamRZ 2000, 832 (833).

118 Einzelheiten bei *Bergschneider*, MittBayNot 1999, 144 (148 f.).

119 Münch-Komm/*Kanzleiter*, § 1408 Rn. 22; *Waldner*, Eheverträge, S. 86, Rn. 78.

120 *Bergschneider* in MittBayNot 1999, 144 (147); *Brambring*, S. 104, Rn. 107; Erman/*Heckelmann*, § 1408 Rn. 10; Münch-Komm/*Kanzleiter*, § 1408 Rn. 24.

121 *Waldner*, Eheverträge, S. 84, Rn. 75.

e) Teilausschluss / Begrenzung der Höhe nach

Möglich ist letztlich ein Teilausschluss des Versorgungsausgleichs. So können Ehegatten, denen mehrere Anwartschaften zustehen, den Versorgungsausgleich auf eine oder einzelne Anwartschaften begrenzen[122].

Die Ehegatten können die Ausgleichsquote weiter von der Hälfte auf einen frei wählbaren Prozentsatz reduzieren[123]. Die Rechtsprechung hat derartige Vereinbarungen ausdrücklich gebilligt[124]. Sie bieten sich z.B. an, wenn zwischen den erworbenen Anwartschaften erhebliche Unterschiede bestehen, die nicht auf eine familienbedingte Einschränkung der Berufstätigkeit zurückzuführen sind. Die Ehegatten können in diesem Fall auch einen Höchstbetrag festsetzen, der in der Regel an einen bestimmten durchschnittlichen Monatsbetrag anknüpft[125]. Soll der Versorgungsausgleich nur für die Zeiträume stattfinden, in denen ein Ehegatte familienbedingt nicht oder nicht voll berufstätig war, kann der Ausgleich der Höhe nach auf die Anwartschaften beschränkt werden, die der Ausgleichsberechtigte in der jeweiligen Zeit selbst hätte erwerben können.

C. Unterhalt

Zum Regelungsgegenstand Unterhalt sind zunächst Ehegatten- und Kindesunterhalt zu unterscheiden.

I. Ehegattenunterhalt

Beim Ehegattenunterhalt unterscheidet das Gesetz scharf zwischen dem Familienunterhalt und dem Getrenntlebensunterhalt einerseits und dem nachehelichen Unterhalt andererseits. Nach einer kurzen Darstellung der gesetzlichen Regelung werden im Folgenden die Gestaltungsmöglichkeiten zum Ehegattenunterhalt aufgezeigt.

1. Gesetzliche Regelung

a) Familienunterhalt

§ 1360 BGB verpflichtet die Ehegatten, die Familie zu unterhalten. § 1360 a BGB legt den Umfang der Unterhaltspflicht fest. Danach umfasst der angemessene Unterhalt der Familie alles, was nach den Verhältnissen der Ehegatten erforderlich ist, um die Kosten des Haushalts zu bestreiten und die persönlichen Bedürfnisse der Ehegatten und den Lebensbedarf der gemeinsamen unterhalts-

---

122 Vgl. AG Lörrach, NJW 1980, 58; *Bergschneider*, MittBayNot 1999, 144 (147); *Langenfeld*, Handbuch, Rn. 604.

123 Münch-Komm/*Kanzleiter*, § 1408 Rn. 26; *Waldner*, Eheverträge, S. 85, Rn. 76.

124 BGH, NJW 1986, 2316 (2317).

125 *Bergschneider*, MittBayNot 1999, 144 (147).

berechtigten Kinder zu befriedigen. Diese Vorschriften gelten unabhängig vom Güterstand, also auch für Ehegatten, die Gütertrennung vereinbart haben[126].

b) Getrenntlebensunterhalt

Die Trennung der Eheleute berührt die wechselseitige Verpflichtung zur Gewährung angemessenen Unterhalts nicht. § 1361 I BGB bestimmt, dass ein Ehegatte vom anderen eine den Lebens-, Erwerbs- und Vermögensverhältnissen der Eheleute entsprechende Unterhaltsleistung verlangen kann. Der Getrenntlebensunterhalt unterscheidet sich erheblich vom nachehelichen Unterhalt. Da das Eheband noch fortbesteht und nicht sicher ist, ob die Ehe geschieden wird oder ob es zur Versöhnung der Ehegatten kommt, sollen einschneidende Veränderungen der Lebensverhältnisse unterbleiben[127]. So besteht z.B. nur unter den einschränkenden Voraussetzungen des § 1361 II BGB eine Erwerbsobliegenheit. Der nicht erwerbstätige Partner muss also nicht wie nach der Scheidung gemäß § 1574 I BGB jede angemessene Erwerbstätigkeit ausüben[128]. Erst mit zunehmender Verfestigung der Trennung, insbesondere wenn die Scheidung nur noch eine Frage der Zeit ist, nähern sich die Voraussetzungen der Erwerbsobliegenheit immer mehr den nachehelichen Maßstäben[129].

c) Nachehelicher Unterhalt

§ 1569 BGB bestimmt, dass der geschiedene Ehegatte nur dann Unterhalt beanspruchen kann, wenn er nicht in der Lage ist, sich selbst zu unterhalten. In dieser Norm kommt der Grundsatz der wirtschaftlichen Eigenverantwortung nach der Scheidung zum Ausdruck. Dieser Grundsatz wird relativiert durch die nacheheliche Mitverantwortung[130]. Rechtsdogmatisch ist der Grundsatz der Eigenverantwortung die Regel, die Verpflichtung, nach der Scheidung Unterhalt zu zahlen, die Ausnahme[131]. In der Praxis jedoch existiert dieses Regel-Ausnahme-Prinzip so nicht. Vielmehr ist in der Mehrzahl der Fälle zumindest für eine Übergangszeit ein Unterhaltsanspruch gegeben. Kommt der bedürftige Ehegatte nie in die Lage, selbst für seinen Unterhalt sorgen zu können, ist der Unterhaltsanspruch grundsätzlich zeitlich unbegrenzt.

---

126 *Brambring*, Rn. 27; Palandt/*Brudermüller*, § 1360 Rn. 1.

127 *Waldner*, Eheverträge, S. 119, Rn. 107.

128 Vgl. BGH, FamRZ 2001, 350 (351).

129 BGH, FamRZ 2001, 350 (351); BGH, FamRZ 1990, 283 (285 f.).

130 Zur Herleitung der nachehelichen Solidarität aus § 1353 I 2 BGB vgl. *Hahne*, DNotZ 2004, 84 (86); vgl. weiter Münch-Komm/*Maurer*, § 1569 Rn. 9 f.; zur fortwirkenden nachehelichen Verantwortung vgl. auch BT-Drucks. 7/4361, S. 9.

131 Vgl. BGH, FamRZ 1991, 416 (419 re. Sp. unten); OLG Köln, FamRZ 1980, 886 (889).

In den §§ 1570 bis 1576 BGB sind die sieben möglichen Unterhaltstatbestände abschließend geregelt. Dieses lückenlose System von Unterhaltsansprüchen soll den sozial schwächeren Ehegatten nach der Scheidung schützen und insbesondere ehebedingte Nachteile ausgleichen, die er um der Ehe oder Kindererziehung willen in seinem eigenen beruflichen Fortkommen und dem Aufbau einer entsprechenden Altersversorgung erlitten hat[132].

Nach § 1570 BGB kann ein Ehegatte zunächst dann Unterhalt verlangen, wenn ihm wegen der Betreuung eines gemeinschaftlichen Kindes eine Erwerbstätigkeit nicht zuzumuten ist – so genannter Betreuungsunterhalt. § 1570 BGB ist nicht auf einen Einsatzzeitpunkt beschränkt, die Bedürfnislage braucht also nicht im Zeitpunkt der Rechtskraft der Scheidung zu bestehen[133]. Gemeinschaftliche Kinder sind auch gemäß § 1754 I BGB adoptierte Kinder[134], nicht aber Kinder eines Ehegatten aus einer früheren Ehe oder Pflegekinder. Hier kommt allenfalls ein Unterhaltsanspruch aus Billigkeitsgründen nach § 1576 BGB in Betracht.

Für die Frage, wann dem betreuenden Ehegatten eine Erwerbstätigkeit zumutbar ist, ist das Alter des Kindes maßgeblich. So besteht eine Erwerbsobliegenheit in der Regel erst nach Vollendung des achten Lebensjahres eines Kindes[135]. Bei älteren Kindern ist eine Halbtagstätigkeit zumutbar, ab dem 15. oder 16. Lebensjahr eine Vollzeittätigkeit[136]. Bei der Betreuung zweier schulpflichtiger Kinder kommt eine Teilzeitbeschäftigung erst mit Vollendung des 14. oder 15. Lebensjahres eines der Kinder in Betracht[137]. Ist das Jüngste von zwei Kindern 16 oder von drei oder mehr Kindern 18 Jahre alt, ist auch eine Ganztagstätigkeit zumutbar[138]. War der betreuende Ehegatte schon vor der Scheidung erwerbstätig, ist er in der Regel verpflichtet, seine Tätigkeit im bisherigen Umfang fortzusetzen[139].

Der geschiedene Ehegatte hat weiter Anspruch auf Unterhalt, wenn von ihm wegen seines Alters eine Erwerbstätigkeit nicht mehr erwartet werden kann (§ 1571 BGB) - Altersunterhalt. Die Altersgrenze entspricht dabei grundsätzlich derjenigen der Beamtenversorgung und gesetzlichen Rentenversicherung, also einem Alter von derzeit 65 Jahren[140]. Allerdings lässt sich im fortgeschrittenen

132 BGH, NJW 2004, 601 604.

133 OLG Bamberg, NJW-RR 1997, 198.

134 BGH, FamRZ 1984, 361 (362); *Brambring*, S. 67, Rn. 74.

135 Vgl. nur BGH, FamRZ 1989, 487; OLG Bamberg, FamRZ 1991, 1060 (1062); OLG Nürnberg, NJW 2003, 3065 (3066); *Peschel-Gutzeit/Jenckel*, FuR 1996, 129 (136); Münch-Komm/*Richter*, § 1570 Rn. 11.

136 BGH, FamRZ 1997, 671 (673).

137 BGH, FamRZ 1997, 873 (876).

138 BGH, NJW 1990, 2752 f.; OLG Zweibrücken, FamRZ 1989, 1192; Münch-Komm/*Richter*, § 1570 Rn. 13.

139 BGH, NJW 1981, 2804 (2805).

140 BGH, FamRZ 1982, 28 (29); *Brambring*, S. 68, Rn. 75; Palandt/*Brudermüller*, § 1571 Rn. 3; *Schwab/Borth*, Handbuch des Scheidungsrechts, IV Rn. 193.

Alter oft keine „angemessene“ Erwerbstätigkeit mehr finden, so dass der Anspruch aus § 1571 BGB schon deutlich vor Erreichen dieser Altersgrenze gegeben sein kann[141]. Dagegen wurde in anderen Fällen bei einem Alter von 60 Jahren noch eine Erwerbsobliegenheit angenommen[142]. Die Unterhaltsbedürftigkeit wegen Alters muss nicht ehebedingt sein. Der Anspruch kann schon bei der Eheschließung gegeben sein, wenn der Ehegatte zu diesem Zeitpunkt altersbedingt nicht mehr erwerbsfähig ist[143].

Ein Unterhaltsanspruch besteht darüber hinaus, wenn eine Erwerbstätigkeit wegen Krankheit, anderer Gebrechen oder wegen Schwäche der körperlichen oder geistigen Kräfte nicht erwartet werden kann (§ 1572 BGB) - Krankheitsunterhalt.

Auf weniger Akzeptanz stößt meist der Anspruch auf Erwerbslosenunterhalt aus § 1573 BGB. Nach § 1573 I BGB kann der geschiedene Ehegatte Unterhalt verlangen, solange und soweit er nach der Scheidung keine „angemessene“ Erwerbstätigkeit zu finden vermag. Es kommt also nicht darauf an, ob der geschiedene Ehegatte seinen Unterhalt durch eine ihm nach seiner Befähigung mögliche Erwerbstätigkeit decken könnte - er braucht sie nicht aufzunehmen, wenn sie nicht „angemessen“ ist. Selbst wenn er vor der Scheidung eine nicht angemessene Tätigkeit ausübte, kann er sie nach der Scheidung aufgeben und Unterhalt verlangen[144]. Jedoch stellt die Rechtsprechung hohe Anforderungen an die Bemühungen um eine angemessene Tätigkeit. Wer Unterhalt nach § 1573 I BGB beansprucht, muss darlegen und beweisen, dass er keine angemessene Tätigkeit gefunden hat[145]. Welchen Einfluss die aktuellen Arbeitsmarktreformen auf den Begriff der „angemessenen Tätigkeit“ haben werden, bleibt abzuwarten.

Reichen die Einkünfte aus einer angemessenen Tätigkeit nicht für einen Unterhalt entsprechend den ehelichen Lebensverhältnissen, besteht Anspruch auf Aufstockungsunterhalt (§ 1573 II BGB) - „Lebensstandardgarantie“, „Nerzklausel“[146]. Nach § 1573 V BGB können die Ansprüche zeitlich begrenzt werden, soweit ein unbegrenzter Unterhaltsanspruch unter Berücksichtigung der Ehedauer sowie der Gestaltung von Haushaltsführung und Erwerbstätigkeit unbillig wäre. Darlegungs- und beweispflichtig ist für diesen Ausnahmefall der Unterhaltsverpflichtete[147].

141 BGH, FamRZ 1983, 144: 47 Jahren; BGH, FamRZ 1985, 371 (373): 52 Jahre.
142 BGH, NJW 1999, 1547; KG, FamRZ 1981, 1173.
143 BGH, FamRZ 1982, 28 (29) = NJW 1982, 929.
144 Jauernig/*Berger*, § 1573 Rn. 3.
145 BGH, NJW 1986, 3080 (3081 f.).
146 *Brambring*, S. 69, Rn. 77.
147 BGH, NJW 1990, 2810 (2812).

Ein geschiedener Ehegatte kann ferner Ausbildungsunterhalt verlangen, wenn er in Erwartung oder während der Ehe eine Schul- oder Berufsausbildung nicht aufgenommen oder abgebrochen hat und diese so bald wie möglich aufnimmt, um eine angemessene Erwerbstätigkeit zu erlangen (§ 1575 I 1 BGB). Der Anspruch ist auf die übliche Ausbildungszeit begrenzt, doch sind ehebedingte Verzögerungen zu berücksichtigen (§ 1575 I 2 BGB).

Nach § 1576 BGB besteht schließlich Anspruch auf Billigkeitsunterhalt. Diese Vorschrift ist gegenüber den sonstigen nachehelichen Unterhaltsansprüchen der §§ 1570 bis 1573 und 1575 BGB subsidiär und wirkt als Auffangtatbestand[148]. § 1576 BGB gewährt Unterhalt aus Billigkeitsgründen nur dann, wenn von dem geschiedenen Ehegatten „aus sonstigen schwerwiegenden Gründen" keine Erwerbstätigkeit erwartet werden kann. Dies ist etwa der Fall bei Pflege und Erziehung eines minderjährigen oder pflegebedürftigen nicht gemeinschaftlichen Kindes[149] oder bei aufopferungsvoller Pflege des anderen Ehegatten oder naher Angehöriger des Ehegatten[150].

Unter den Voraussetzungen des § 1578 III BGB kann vom Beginn des Monats der Rechtshängigkeit des Scheidungsantrags an Altersvorsorgeunterhalt verlangt werden. Zu seiner Berechnung dient die Bremer Tabelle[151].

Jeder Unterhaltsanspruch eines geschiedenen Ehegatten nach den genannten Vorschriften setzt Bedürftigkeit voraus, erfordert also, dass sich dieser Ehegatte nicht aus seinen Einkünften oder seinem Vermögen unterhalten kann (§ 1577 I BGB). Einkünfte, die der Unterhaltsgläubiger unter Verletzung einer Obliegenheit nicht erzielt, können ihm fiktiv zugerechnet werden[152]. Auch den Stamm des Vermögens hat der Berechtigte zur Deckung seines eigenen Bedarfs einzusetzen, es sei denn, die Vermögensverwertung ist unwirtschaftlich oder unter Berücksichtigung der beiderseitigen wirtschaftlichen Verhältnisse unbillig (§ 1577 III BGB). Auf die Herkunft des Vermögens kommt es grundsätzlich nicht an, so dass etwa auch das Vermögen aus der Veräußerung eines Eigenheims zu verwerten ist[153].

---

148 BGH, FamRZ 1998, 426 (427); *Schwab/Borth*, Handbuch des Scheidungsrechts, IV Rn. 365.

149 BGH, FamRZ 1983, 800: Betreuung eines Kindes aus früherer Ehe, sofern das Kind mit Zustimmung des anderen Ehegatten in den ehelichen Haushalt aufgenommen wurde und besondere Umstände einen Vertrauenstatbestand für den bedürftigen Ehegatten schufen; BGH, NJW 1984, 1538 (1540): Betreuung eines gemeinsam in Pflege genommenen Kindes.

150 *Schwab/Borth*, Handbuch des Scheidungsrechts, IV Rn. 374.

151 Abgedruckt z.B., NJW 2001, 495, Stand 1.1.2001.

152 BGH, FamRZ 1984, 374 (377); BGH, FamRZ 1981, 752 (755).

153 BGH, FamRZ 1987, 912 (913); BGH, FamRZ 1985, 354 (356).

Die Unterhaltstatbestände setzen dabei keine kausale Verknüpfung zwischen der Bedürftigkeit und der Ehe voraus. Ob sich das bestehende nacheheliche Unterhaltssystem überhaupt mit dem Gedanken des Ausgleichs ehebedingter Nachteile rechtfertigen lasse, haben daher *Diederichsen*[154] und jüngst auch *Goebel*[155] in Zweifel gezogen. Berücksichtigt man aber, dass etwa für den Krankheitsunterhalt die Krankheit nur zum Zeitpunkt der Scheidung vorliegen muss, nicht aber ehebedingt sein muss, und dass auch beim Erwerbslosen- und Aufstockungsunterhalt keine kausale Verbindung zur Ehe erforderlich ist, wird deutlich, dass der Gesetzgeber es gerade nicht für notwendig erachtete, dass die Bedürfnislagen ihren Ursprung in der Ehe haben.

Der Unterhaltsanspruch erfordert weiter die Leistungsfähigkeit des Verpflichteten. Er muss den Anspruch erfüllen können, ohne seinen eigenen Unterhalt zu gefährden. Die Praxis orientiert sich zum sogenannten Selbstbehalt an den Unterhaltsrichtlinien der Oberlandesgerichte; deren Grundlage ist die Düsseldorfer Tabelle[156].

Die Höhe des nachehelichen Unterhalts bestimmt sich gemäß § 1578 I BGB nach den ehelichen Lebensverhältnissen. Die ständige Rechtsprechung bestimmt sie nach den Einkommens- und Vermögensverhältnissen, die während der Ehe oder auch der Trennungszeit der Ehegatten den Lebensstandard beider Ehegatten nachhaltig geprägt haben; maßgeblich ist der Zeitpunkt der Scheidung[157]. Die Gerichte ermitteln die Höhe des Unterhalts mithilfe von Unterhaltsrichtsätzen. Nach der Düsseldorfer Tabelle hat der berechtigte Ehegatte grundsätzlich Anspruch auf 3/7 des bereinigten Nettoeinkommens nach Abzug des Kindesunterhalts. Das Gesetz begrenzt die Unterhaltshöhe nicht nach oben hin. Kommen sehr hohe Unterhaltsbeträge in Betracht, wird die Anwendbarkeit der 3/7-Methode zum Teil verneint, da Teile des Einkommens typischerweise nicht dem Unterhalt, sondern der Vermögensbildung dienten[158]. Die Rechtsprechung lehnt die Existenz einer „Sättigungsgrenze“ indes ab[159].

Nach § 1579 BGB kann der Unterhaltsanspruch ausgeschlossen, herabgesetzt oder zeitlich begrenzt werden, wenn die Inanspruchnahme des Verpflichteten unter Berücksichtigung der Belange gemeinschaftlicher Kinder in der Betreuung

---

154 *Diederichsen*, FamRZ 1992, 1 (10).

155 *Goebel*, FamRZ 2003, 1513 (1515).

156 Vgl. Stand 1.7.2003, FRP 2003, 347; Stand 1.7.2001, NJW 2001, 1915.

157 Ständige Rechtsprechung des BGH, vgl. FamRZ 1982, 360 (361); FamRZ 1982, 576 (577); NJW 1985, 909 (911); FamRZ 1998, 87 (88); FamRZ 1999, 367 (368); FamRZ 2001, 986 ff; BVerfG, FamRZ 2002, 527.

158 *Brambring*, S. 73, Rn. 83; *Waldner*, Eheverträge, S. 91, Rn. 82; vgl. auch *Diederichsen*, FuR 2002, 289 (292).

159 BGH, NJW 1980, 1686 (1689); BGH, FamRZ 1983, 473 f.; vgl. auch BGH, NJW 2000, 954 zum Kindesunterhalt.

des Unterhaltsberechtigten grob unbillig wäre. Dies kommt etwa bei kurzer Ehedauer in Betracht (§ 1579 Ziff. 1 BGB), also bei zwei, maximal drei Jahren[160]. Berücksichtigt werden kann auch ein offensichtlich schwerwiegendes, eindeutig beim Unterhaltsberechtigten liegendes Fehlverhalten gegen den Verpflichteten (§ 1579 Ziff. 6 BGB). Trotz Abschaffung des Verschuldensprinzips kann sich auf diese Weise ein Verschulden am Scheitern der Ehe auf Unterhaltsansprüche auswirken.

Stirbt der Unterhaltsverpflichtete, geht die Pflicht zur Zahlung des Unterhalts auf die Erben über (§ 1586 b I 1 BGB). Diese haften jedoch nur bis zur Höhe des gedachten Pflichtteils, den der geschiedene Ehegatte erhalten hätte, wenn die Ehe durch den Tod des Verpflichteten aufgelöst worden wäre (§ 1586 b I 3 BGB). Haben die Ehegatten auf ihr gesetzliches Erbrecht oder gar auf das Pflichtteilsrecht verzichtet, fällt nach herrschender Meinung auch der Unterhaltsanspruch gegen die Erben nach § 1586 b BGB weg[161].

2. Mögliche Vereinbarungen

Die unterhaltsrechtlichen Regelungsmöglichkeiten werden zunächst zum Familienunterhalt, dann zum Getrenntlebensunterhalt und schließlich zum nachehelichen Unterhalt dargestellt.

a) Familienunterhalt

Der Familienunterhalt kann nur begrenzt vertraglich festgelegt werden[162]. Ein vollständiger oder teilweiser Verzicht für die Zukunft wäre als Verstoß gegen ein gesetzliches Verbot nichtig (§§ 134, 1614 I, 1360 a III BGB). Möglich sind aber Abreden ohne Verzichtscharakter, etwa über die Art und Weise der Unterhaltsgewährung, z.B. als Geldrente[163]. Auch die angemessene Höhe des Familienunterhalts kann festgelegt werden, sofern die Interessen etwaiger Kinder und deren Recht auf eine den Verhältnissen entsprechende Ausbildung ausreichend berücksichtigt werden[164].

---

160 BGH, NJW 1982, 823; BGH, FamRZ 1989, 483 (485); BGH, NJW 1999, 1630 (1631); Luthin/*Luthin*, Rn. 2234.

161 Vgl. nur Münch-Komm/*Maurer*, § 1586 b Rn. 2; Palandt/*Brudermüller*, § 1586 b Rn. 8; vgl. aber *Schwab/Borth*, Handbuch des Scheidungsrechts, IV Rn. 1250: nur bei ausdrücklicher Vereinbarung.

162 Soergel/*Lange*, § 1360 Rn. 12 und § 1360 a Rn. 12.

163 *Grziwotz*, Beck'sches Notarhandbuch, S. 602 Rn. 28; *Lenz*, MittBayNot 1999, 152 (154); Münch-Komm/*Wacke*, § 1360 Rn. 23, § 1360 a Rn. 14; Soergel/*Lange*, § 1360 a Rn. 12; a.A. RGZ 61, 50 (53).

164 Münch-Komm/*Wacke*, § 1360 Rn. 23.

b) Getrenntlebensunterhalt

Ebenso wenig wie auf den Familienunterhalt kann für die Zukunft auf den Getrenntlebensunterhalt verzichtet werden (§§ 134, 1614 I, 1361 IV 4, 1360 a III BGB). Wieder aber sind in engem Rahmen Vereinbarungen über Art und Höhe des Getrenntlebensunterhalts zulässig. Der Grad zwischen zulässiger Ausgestaltung und unzulässigem Verzicht ist jedoch schmal.

Häufig wird ein pactum de non petendo geschlossen, also vereinbart, den Getrenntlebensunterhalt nicht geltend zu machen[165]. Um einer derartigen Vereinbarung Wirksamkeit zu verleihen, werden unterschiedliche Wege beschritten.

Das OLG Köln befand in seinem Urteil vom 21.5.1999[166], der von den Parteien vereinbarte pactum de non petendo sei kein unzulässiger Verzicht auf Trennungsunterhalt, da die Parteien im notariellen Vertrag erklärt hätten, ihnen sei die etwaige Unwirksamkeit eines solchen Unterhaltsverzichts bewusst. Der Sinn der Vereinbarung lag für das OLG Köln darin, dass die Parteien in Kenntnis ihrer gegenwärtigen Einkommensverhältnisse festgestellt hätten, dass keiner von ihnen bedürftig und damit unterhaltsberechtigt sei. Dies ist sicher eine Einzelfallentscheidung und damit nicht verallgemeinerungsfähig.

Das OLG Hamm hingegen stellte in seinem Beschluss vom 4.5.2000 klar, dass eine Vereinbarung, den Getrenntlebensunterhalt nicht geltend zu machen, zum selben Ergebnis führe wie ein Unterhaltsverzicht. Grundsätzlich falle ein pactum de non petendo daher unter das gesetzliche Verbot des § 1614 BGB[167]. Doch sei ein teilweiser Verzicht auf Trennungsunterhalt nicht in jedem Falle unwirksam. Denn anderenfalls wäre jede vertragliche Vereinbarung über Unterhalt während der Zeit des Getrenntlebens unwirksam, die nicht exakt den Unterhaltsanspruch nach den gesetzlichen Bestimmungen wiedergebe[168]. Vielmehr bestehe auch beim Trennungsunterhalt ein gewisser Spielraum für interessengemäße und situationskonforme Ausgestaltungen[169].

Von einem „Angemessenheitsrahmen“, den die Parteien ausschöpfen könnten, ging auch das OLG Düsseldorf in seinem Urteil vom 19.6.2000 aus. Denn § 1361 I 1 BGB gewähre Anspruch auf nach den Lebens-, Erwerbs- und Vermögensverhältnissen der Ehegatten *angemessenen* Unterhalt[170]. Die Grenze eines unwirksamen Teilverzichts sei erreicht, wenn der gesetzlich geschuldete

---

165 Göppinger/ Börger/*Miesen*, S. 319 f.

166 OLG Köln, FamRZ 2000, 609.

167 OLG Hamm, NJWE-FER 2000, 227; vgl. auch *Bergschneider*, Anm. zu OLG Köln, Urteil vom 21.5.1999, FamRZ 2000, 609 (610) mit Verweis auf die Rechtsprechung zu Verstößen gegen das Schwarzarbeitsverbot.

168 Ebenso *Grziwotz* in FF 2001, 41.

169 OLG Hamm, NJWE-FER 2000, 227.

170 OLG Düsseldorf, MDR 2000, 1252 f.

Unterhalt um mehr als 20-30 % unterschritten werde[171]. Ähnlich befand das AG Tempelhof, die Grenze zum unzulässigen Verzicht liegt bei einer Unterschreitung von einem Drittel des angemessenen Unterhalts[172].

c) Nachehelicher Unterhalt

§ 1585 c BGB erlaubt Vereinbarungen über den nachehelichen Unterhalt. Hier sind vielerlei Gestaltungsmöglichkeiten denkbar. Erörtert werden im Folgenden

- der vollständige Ausschluss des Anspruchs auf nachehelichen Unterhalt – insbesondere einschließlich des Betreuungsunterhalts,
- die Vereinbarung von Bedingungen,
- die Vereinbarung von Befristungen,
- die Vereinbarung höhenmäßiger Beschränkungen sowie
- die Konkretisierung von Anspruchsvoraussetzungen.

(1) Vollständiger Ausschluss

Von § 1585 c BGB ist ein vollständiger Ausschluss der Unterhaltspflicht gedeckt[173]. Wurde nichts anderes vereinbart, gilt ein vollständiger Unterhaltsausschluss auch für den Fall der Not, also auch bei Arbeitslosigkeit, Krankheit oder verminderter Erwerbsfähigkeit[174]. Es gilt nicht automatisch der Vorbehalt, bei veränderten wirtschaftlichen Verhältnissen doch Unterhalt verlangen zu können, sondern nur dann, wenn dies ausdrücklich in den Vertrag aufgenommen wurde[175].

(2) Insbesondere: Ausschluss des Betreuungsunterhalts

Zur Möglichkeit, den Anspruch auf Betreuungsunterhalt auszuschließen, wurden seit jeher unterschiedliche Standpunkte vertreten. Nach der Rechtsprechung des BGH bis zum Jahr 2001 war der Verzicht auf Betreuungsunterhalt gemäß § 1570 BGB grundsätzlich zulässig. Wiederholt befand der BGH, auch für den Anspruch auf nachehelichen Unterhalt gemäß § 1570 BGB bestehe volle Vertragsfreiheit[176]. Der vollständige Verzicht auf nachehelichen Unterhalt einschließlich Betreuungsunterhalt berühre nicht den Kernbereich der Ehe im Sinne des Artikel 6 I GG, in dem Parteivereinbarungen nicht von der gesetzlichen

---

171 Ebenso *Deisenhofer,* Anm. zu OLG Köln, Urteil vom 21.5.1999, FamRZ 2000, 1368 (1369); *Büttner/Niepmann*, NJW 2001, 2215 (2221).

172 AG Tempelhof-Kreuzberg, FamRZ 2000, 833.

173 Vgl. nur OLG München, FamRZ 1985, 1264; *Meder*, FuR 1993, 12.

174 Vgl. BSG, NJW-RR 1994, 1346 (1347); *Brambring*, S. 117, Rn. 117; Palandt/*Brudermüller*, § 1585 c Rn. 7.

175 Vgl. OLG Hamm, FamRZ 1993, 973.

176 BGH, FamRZ 1985, 788 (789); BGH, FamRZ 1987, 46 (47); BGH, FamRZ 1991, 306; vgl. auch OLG Bamberg FamRZ 1991, 1060 (1061); OLG Hamm, FamRZ 1992, 452 (453); OLG Schleswig, NJW-RR 1999, 1094.

Regelung abweichen dürften[177]. Dabei sei der Verzicht auf nachehelichen Betreuungsunterhalt grundsätzlich auch dann wirksam, wenn ein Ehegatte wegen des Verzichts nach der Scheidung erwerbstätig sein müsse, obwohl er ein Kind zu betreuen habe[178].

Allerdings nehme der Betreuungsunterhalt eine besondere Stellung ein. Die staatliche Gemeinschaft habe zu gewährleisten, dass Eltern ihre Kinder pflegen und erziehen könnten. Der Gesetzgeber habe daher dafür zu sorgen gehabt, dass ein Kind unter der Scheidung der Ehe seiner Eltern nicht mehr als unvermeidbar leide. Dem Wohl des Kindes sei es regelmäßig abträglich, wenn es nach der Trennung von dem einen Elternteil auch noch weitgehend auf die persönliche Betreuung durch den anderen sorgeberechtigten Elternteil verzichten müsse, weil dieser den eigenen Unterhalt durch eine Erwerbstätigkeit sichern müsse[179]. Deshalb sei der Unterhaltsanspruch nach § 1570 BGB in Verbindung mit den §§ 1577 IV 2, 1579 II [a.F.] und 1586 a I 1 BGB besonders stark ausgestaltet. Dies ändere aber nichts daran, dass der Betreuungsunterhalt abdingbar sei.

Ob der Verzicht sittenwidrig sei bzw. die Berufung auf den Verzicht rechtsmissbräuchlich erscheine, sei im Wege einer Einzelfallbetrachtung zu klären.

Weite Teile der Literatur stimmten dem zu[180]. *Bosch* hingegen wollte den Anwendungsbereich des § 1585 c BGB dahin einschränken, dass jedenfalls auf Betreuungsunterhalt nicht verzichtet werden könne[181]. Wenn nach § 1614 BGB der Verzicht auf künftigen Kindesunterhalt unwirksam sei, sei es nur folgerichtig, den „kindeswohlbedingten“ Unterhaltsanspruch des betreuenden Elternteils aus § 1570 BGB „um der Kinder willen“ ebenfalls als unverzichtbar anzusehen[182]. Zu einer Unabdingbarkeit des Anspruchs aus § 1570 BGB neigten auch *Schwab*[183], *Meder*[184] und *Röthel*[185].

Jüngst hielt auch *Goebel*[186] den Betreuungsunterhalt nach § 1570 BGB zumindest in den Grenzen des § 1615 l BGB für unverzichtbar, weil sonst der Widerspruch auftrete, dass der Unterhaltsanspruch der Mutter eines nachehelich gebo-

---

177 BGH, FamRZ 1985, 787 (788).

178 BGH, FamRZ 1985, 788 (789, 790).

179 BGH, FamRZ 1985, 788 (789).

180 *Brambring*, S. 76, Rn. 88; Münch-Komm/*Maurer*, § 1585 c Rn. 5; *Richter*, JR 1989, 18; Soergel/*Häberle*, § 1585 c Rn. 16; abwägend *Vortmann*, JA 1986, 401 (403).

181 *Bosch*, FS Habscheid, 1989, S. 23 (34 f.); *ders.*, FamRZ 1982, 1216; vgl. auch *ders.*, FamRZ 1986, 788 und 791.

182 *Bosch*, FS Habscheid, 1989, S. 23 (34).

183 *Schwab*, DNotZ-Sonderheft 2001, 9 (30); *ders.*, Familienrecht, Rn. 390: Der Verzicht sei grundsätzlich sittenwidrig, weil er zulasten des Kindes gehe.

184 *Meder*, FuR 1993, 12 (20).

185 *Röthel*, NJW 2001, 1334 (1335); vgl. auch *Langenfeld*, NJW 1981, 2377 (32378): § 1570 BGB nicht einzeln abdingbar.

186 *Goebel*, FamRZ 2003, 1513 (1518).

renen Kindes gegen den Erzeuger gemäß § 1615 l III BGB nicht abbedungen werden könne, der auf nacheheliche Solidarität gegründete Anspruch auf Betreuungsunterhalt jedoch disponibel sein solle. Der Verzicht auf den Betreuungsunterhalt sei zudem ein unzulässiger Vertrag zulasten des Kindes.

Der BGH jedoch entschied in seinem Urteil vom 11.2.2004 anders. Im Anschluss an *Dauner-Lieb*[187] entwarf er eine „Kernbereichslehre" mit einer Stufenfolge disponibler Scheidungsfolgeansprüche[188]. Der Betreuungsunterhalt gehöre in erster Linie zum Kernbereich, ihn stellte der BGH auf die oberste Stufe. Er sei schon im Hinblick auf das betroffene Kindesinteresse nicht frei disponibel. Allerdings sei auch der Betreuungsunterhalt nicht zwingend jeder Disposition entzogen. Der BGH nennt beispielhaft ein abweichend vereinbartes Betreuungsmodell, das der Mutter erlaube, Kinderbetreuung und Erwerbstätigkeit miteinander zu verbinden, ohne dass die Erziehung des Kindes leide.

Und in der Tat ist eine am Einzelfall orientierte Abwägung einer generellen Unabdingbarkeit vorzuziehen. Hierfür spricht schon der Wortlaut des § 1585 c BGB. Auch wenn der Anspruch aus § 1570 BGB besonders stark ausgestaltet ist, gibt es doch Fälle, in denen ein Verzicht im Hinblick auf die Kindesinteressen unbedenklich ist, etwa wenn der verzichtende Ehegatte andere Vermögensvorteile wie etwa Grundstücke erhält, seine Wiederheirat unmittelbar bevorsteht oder wenn seine wirtschaftliche Unabhängigkeit auf sonstige Weise gesichert ist. Denkbar wäre eine Kompensation auch durch eine Einmalzahlung. Diese Möglichkeit sieht auch das Gesetz in § 1585 II BGB vor.

(3) Bedingungen

Häufig wird der Verzicht auf nachehelichen Unterhalt unter der auflösenden Bedingung vereinbart, dass ein gemeinschaftliches Kind geboren wird und einer der Ehegatten seine Berufstätigkeit deswegen ganz oder teilweise aufgibt[189]. Möglich ist es auch, den Kindesbetreuungsunterhalt bis zum Erreichen eines bestimmten Lebensalters des zu betreuenden Kindes zu vereinbaren. Dies vermeidet Streit darüber, wann dem betreuenden Elternteil eine Erwerbstätigkeit zuzumuten ist[190]. Wird der Unterhaltsverzicht unter der auflösenden Bedingung der Geburt eines gemeinschaftlichen Kindes vereinbart, kann zusätzlich an die Dauer der Ehe angeknüpft werden, so dass Unterhalt nach einer bestimmten Ehedauer auch dann verlangt werden kann, wenn die Ehe kinderlos blieb[191].

---

187 *Dauner-Lieb*, AcP 201 (2001), 295 (320).
188 BGH, FamRZ 2004, 601 (605) unter III 2 a bis c.
189 Vgl. nur *Brambring*, S. 111, Rn. 113.
190 Zur Rechtsprechung in Bezug auf die einschlägigen Altersgrenzen vgl. Seite 45.
191 *Waldner*, Eheverträge, S. 101 Rn. 92; vgl. auch *Brambring*, S. 111, Rn. 115.

(4) Befristungen

Der Unterhaltsanspruch kann zeitlich befristet werden. Vereinbar ist eine feste Dauer des Unterhaltsanspruchs oder eine Staffelung anhand der Ehedauer. Aufgenommen werden sollte allerdings, dass eine zeitliche Beschränkung zusätzlich nach § 1579 BGB möglich ist[192]. Insbesondere beim Aufstockungsunterhalt können eine zeitliche Begrenzung im Sinne des § 1573 V BGB oder eine zeitliche Staffelung festgelegt werden, so dass zunächst voller, dann teilweiser und schließlich gar kein Unterhalt mehr zu leisten ist.

(5) Beschränkungen der Höhe nach

Mit der Befristung des Unterhaltsanspruchs wird häufig eine Beschränkung der Höhe nach kombiniert. Dabei sollte eine dynamische Anpassung des Höchstbetrages an das allgemeine Preisniveau vereinbart werden. Möglich ist es, zur Bestimmung des geschuldeten Betrages an eine Einkommensstufe der „Düsseldorfer Tabelle" oder an den Sozialhilfesatz anzuknüpfen.

(6) Konkretisierung von Anspruchsvoraussetzungen

Sinnvoll ist es, die unbestimmten Rechtsbegriffe in den Unterhaltstatbeständen der §§ 1570 bis 1576 BGB vertraglich zu konkretisieren. In Bezug auf den Betreuungsunterhalt bietet es sich beispielsweise an, klarzustellen, bis zu welchem Alter des jüngsten Kindes keine, bis zu welchem eine Halbtags- und ab wann eine Vollzeitbeschäftigung erwartet werden kann. Geklärt werden kann weiter, ob sich der unterhaltsberechtigte Ehegatte im Falle einer Scheidung im fortgeschrittenen Alter noch um eine Erwerbstätigkeit bemühen muss oder ob er bereits Anspruch auf Unterhalt wegen Alters hat.

Beim Unterhalt bis zur Erlangung einer angemessenen Erwerbstätigkeit gemäß § 1573 BGB hilft es Streit zu vermeiden, wenn vertraglich geklärt wird, welche Anstrengungen dem unterhaltsberechtigten Ehegatten auf der Suche nach einer Erwerbstätigkeit zumutbar sind, ob etwa ein Ortswechsel umfasst ist[193].

II. Kindesunterhalt

Auch zum Kindesunterhalt sollen aufbauend auf der gesetzlichen Regelung die möglichen Vereinbarungen dargestellt werden.

1. Gesetzliche Regelung

Die gesetzliche Unterhaltspflicht der Eltern gegenüber ihren Kindern ergibt sich aus § 1601 BGB. Der Unterhaltsbedarf eines minderjährigen Kindes setzt sich zusammen aus dem Betreuungs- und dem Barunterhalt, die grundsätzlich gleichwertig sind, vgl. § 1606 III 2 BGB.

---

192 *Waldner*, Eheverträge, S. 101 Rn. 93.

193 Vgl. BGH, NJW 1981, 1609.

Der Betreuungsunterhalt wird durch Pflege und Erziehung des Kindes erfüllt. Voraussetzung ist, dass der sorge- oder obhutsberechtigte Elternteil das Kind weitgehend in eigener Person betreut[194]. Ein voll erwerbstätiger Elternteil erfüllt diese Voraussetzung auch dann, wenn er das Kind tagsüber in eine Einrichtung oder zu Verwandten gibt, und zwar selbst für den Fall, dass er überobligationsmäßig arbeitet[195].

Der Barunterhalt umfasst alle Aufwendungen, die das Kind zur Lebensführung benötigt (§ 1610 II BGB). Zwar bestimmt sich das Maß des zu gewährenden Unterhalts gemäß § 1610 I BGB nach der Lebensstellung des Bedürftigen. Doch richtet sich die Lebensstellung minderjähriger Kinder wegen ihrer wirtschaftlichen Unselbstständigkeit nach der Lebensstellung der Eltern. Leben die Eltern getrennt oder sind sie geschieden, richtet sich die Höhe des Barunterhalts nach den Einkommensverhältnissen des barunterhaltspflichtigen Elternteils[196]. Wie beim nachehelichen Ehegattenunterhalt kennt die Rechtsprechung auch beim Kindesunterhalt für den Barunterhalt keine allgemein gültige Obergrenze[197]. Das bedeutet indes nicht, dass dem Kind eine den überdurchschnittlich guten wirtschaftlichen Verhältnissen des Unterhaltspflichtigen entsprechende Lebensgestaltung ermöglicht werden müsste. Das Kind darf nur gehobene Ansprüche stellen, hat aber kein Recht auf Teilhabe am Luxus[198].

2. Mögliche Vereinbarungen

§ 1614 I BGB verbietet es, für die Zukunft auf Kindesunterhalt zu verzichten. Soweit kein Verzicht enthalten ist, können die Eltern jedoch Vereinbarungen zum Kindesunterhalt treffen. Vereinbart werden kann entweder ein fester Unterhaltsbetrag oder ein gemäß § 1612 a BGB dynamisierter Unterhalt als Vomhundertsatz des jeweiligen Regelbetrags nach der Regelbetrags-Verordnung. Festgehalten werden sollten die Bemessungsgrundlagen für die Unterhaltsermittlung, etwa das durchschnittliche monatliche Nettoeinkommen des barunterhaltspflichtigen Ehegatten. Beim Volljährigenunterhalt ist wegen der Teilschuldnerschaft beider Eltern das beiderseitige Einkommen festzuhalten. Geregelt werden sollte weiter, welchem Elternteil das Kindergeld zustehen soll. Dabei kann die Anrechnung, wie vom Gesetz in § 1612 b BGB vorgesehen, hälftig erfolgen bzw., solange das Existenzminimum in Höhe von 135 % des Regelbetrages noch nicht erreicht ist, in entsprechender Höhe nach den Kindergeldtabellen. Möglich ist auch eine von der gesetzlichen Regel abweichende Vereinbarung.

---

194 OLG Hamm, FamRZ 1991, 104 (105).

195 BGH, FamRZ 1980, 994; BGH, FamRZ 1981, 543.

196 BGH, FamRZ 2000, 358 = NJW 2000, 954 (955); BGH, FamRZ 1983, 473.

197 BGH, FamRZ 1983, 473; KG FamRZ 1998, 1386 (1387).

198 BGH, FamRZ 1987, 58 (60); KG FamRZ 1998, 1386 (1387).

Zur Unterhaltshöhe können die Eltern ähnlich wie beim Getrenntlebensunterhalt einen gewissen Angemessenheitsspielraum ausschöpfen. Die Grenze zum unwirksamen Teilverzicht ist nach der Rechtsprechung des BGH erreicht, wenn der gesetzlich geschuldete Unterhalt um mehr als 30 % unterschritten wird[199]. Das OLG Köln[200] und mit ihm wohl auch *Holzhauer*[201] und *Bergschneider*[202] sehen die Grenze bereits bei einer Abweichung um 20 % erreicht.

Ein unzulässiger Teilverzicht liegt ebenfalls vor, wenn unabhängig von (höheren) Einkommensverhältnissen des barunterhaltspflichtigen Elternteils nur der Tabellenmindestunterhalt vereinbart wird[203]. Unzulässig sind weiter Abfindungen durch Einmalzahlung, vgl. § 1614 II BGB, Erschwerungen der Unterhaltserhöhung durch Abänderungsklage nach § 323 ZPO[204] sowie eine sich über viele Jahre erstreckende Stundung[205].

Zulässig und verbreitet ist allerdings die Verpflichtung eines Ehegatten, den anderen von Unterhaltsansprüchen des Kindes freizustellen. Eine derartige Freistellungsvereinbarung, die schon vor der Ehe vereinbart werden kann[206], war unter anderem Gegenstand der Entscheidung des BVerfG vom 6.2.2001. Die Verpflichtung gilt als Erfüllungsübernahme im Sinne von § 329 BGB und ist zulässig, weil sie den Unterhaltsanspruch des Kindes unberührt lässt[207]. Das Kind kann weiterhin beide Elternteile in Anspruch nehmen[208], ist allerdings nur dann „bedürftig“, wenn der Barunterhaltspflichtige nicht zahlt[209]. Nimmt der betreuende Ehegatte – handelnd für das Kind – den freigestellten Ehegatten auf Kindesunterhalt in Anspruch, hat dieser gegen den betreuenden Elternteil einen Schadensersatzanspruch[210].

---

199 BGH, FamRZ 1984, 997 (999); vgl. auch OLG Hamm, NJWE-FER 2000, 227; Palandt/*Diederichsen*, § 1614 Rn. 1; entsprechend beim Getrenntlebensunterhalt, vgl. Seite 50.

200 OLG Köln, FamRZ 1983, 750 (752).

201 Erman/*Holzhauer*, § 1614 Rn. 2.

202 *Bergschneider*, FamRZ 2003, 1966.

203 OLG Celle, FamRZ 1994, 1131 (1132).

204 BGH, FamRZ 1984, 997 (999).

205 OLG Frankfurt, FamRZ 1994, 1131.

206 OLG Stuttgart, FamRZ 1992, 716 = NJW-RR 1993, 133.

207 BGH, FamRZ 1986, 444 (445); BGH, NJW 1986, 1167 (1168); BGH, FamRZ 1989, 499 (500), OLG Frankfurt/M., FamRZ 1986, 596; OLG Stuttgart, FamRZ 1992, 716; OLG Hamm, FamRZ 1999, 163; OLG Schleswig, SchlHA 2001, 259; vgl. auch BVerfG, FamRZ 2001, 343 (348); OLG Brandenburg, FamRZ 2003, 1965; vgl. ebenso *Armasow*, RNotZ 2001, 196 (199); *Grziwotz*, Beck'sches Notarhandbuch, S. 602 Rn. 30; *Rauscher*, FuR 2001, 155; *Wilhelm*, FuR 2000, 353 (354).

208 Vgl. BGH, FamRZ 1987, 934 (935).

209 *Wilhelm*, FuR 2000, 353 (354).

210 OLG Zweibrücken, NJW-RR 2000, 150.

D. Sonstige Regelungsgegenstände und Regelungsmöglichkeiten

Nach den in den vorangegangenen drei Abschnitten dargestellten Vereinbarungen zum Güterrecht, zum Versorgungsausgleich und zum Unterhalt werden in diesem Abschnitt nun sonstige Regelungsgegenstände betrachtet. Diskutiert werden Vereinbarungen zu den allgemeinen Ehewirkungen, zur Erleichterung bzw. Erschwerung der Ehescheidung, zu verschuldensabhängigen Rechtsfolgen und zu den Eigentumsverhältnissen der Ehegatten.

I. Allgemeine Ehewirkungen

Ein Ehevertrag kann Vereinbarungen zu den allgemeinen Ehewirkungen enthalten. Einklagbar sind solche Vereinbarungen allerdings regelmäßig nicht[211], auch Vertragsstrafen scheiden aus[212]. Rein persönliche Dinge wie das religiöse Bekenntnis, die politische Einstellung, die Haar- und Barttracht, Rauchen und Alkoholkonsum können nicht Gegenstand eines Ehevertrages sein[213]. Als wichtige Ausprägungen der in Eheverträgen geregelten allgemeinen Ehewirkungen werden im Folgenden der Ehename und der Name der Kinder sowie die Rollenverteilung und Regelungen zur Empfängnisverhütung dargestellt.

1. Ehename, Name der Kinder

Zulässig sind Vereinbarungen zum Ehenamen. So können sich Verlobte vor der Eheschließung verpflichten, den Namen des Mannes oder der Frau zum Ehenamen zu wählen[214]. Jedoch sind solche Vereinbarungen nicht gerichtlich durchsetzbar[215]; eine abredewidrig vor dem Standesbeamten abgegebene Erklärung ist wirksam[216].

Zulässig ist weiter die Verpflichtung eines Ehegatten, nach der Scheidung den Ehenamen abzulegen[217]. Diese Vereinbarung ist dann auch nach § 894 ZPO vollstreckbar[218]. Möglich ist zudem die Vereinbarung, den Ehenamen im Interesse der Erziehung gemeinschaftlicher Kinder über die Scheidung hinaus zu behalten[219].

Entscheiden sich die Eltern für einen Ehenamen, erhält diesen auch das Kind (§ 1616 BGB). Führen die Eltern aber keinen Ehenamen und steht ihnen die Sorge gemeinsam zu, bestimmen sie durch öffentlich beglaubigte Erklärung

---

211 *Brambring*, Rn. 20; einschränkend Erman/*Heckelmann*, § 1356 Rn. 5.

212 RGZ 158, 294 (300); vgl. auch BGH, NJW 1997, 192; Münch-Komm/*Wacke*, § 1353 Rn. 4.

213 *Grziwotz*, MDR 1998, 1075 (1077); *Waldner*, Eheverträge, S. 32.

214 *Langenfeld*, Handbuch, Rn. 53; Münch-Komm/*Wacke*, § 1355 Rn. 16.

215 Münch-Komm/*Wacke*, § 1355 Rn. 16; Staudinger/*Hübner/Voppel*, § 1355 Rn. 51, 75.

216 *Lüderitz*, § 12 VII 2, Rn. 266; *Grziwotz*, MDR 1998, 1075 (1080).

217 RGZ 86, 114 (116 f.); *Brambring*, Rn. 22; Münch-Komm/*Wacke*, § 1355 Rn. 27.

218 *Grziwotz*, Beck'sches Notarhandbuch, S.604 Rn. 38.

219 *Gernhuber/Coester-Waltjen*, § 16 I 7; *Grziwotz*, Beck'sches Notarhandbuch, S. 604 Rn. 38.

gegenüber dem Standesbeamten, welcher ihrer beider Namen, den sie zur Zeit der Erklärung führen, zum Geburtsnamen des Kindes wird (§ 1617 I 1 BGB). In Bezug auf diese Erklärung sind nach Ansicht von *Brambring*[220] und *Grziwotz*[221] Vereinbarungen möglich. *Waldner*[222] hingegen räumt der Befugnis des Gerichts Vorrang ein, das Bestimmungsrecht gemäß § 1617 II 1 BGB einem Elternteil zu übertragen.

2. Rollenverteilung

§ 1356 BGB ermöglicht es den Ehegatten, die Rollenverteilung in Bezug auf Haushaltsführung und Erwerbstätigkeit frei zu gestalten. Die früher geltende Mitwirkungspflicht ist entfallen. Nach § 1356 I 1 BGB ist über die Haushaltsführung gegenseitiges Einvernehmen zu erzielen. § 1356 I 2 BGB bestimmt, dass der Ehegatte, dem die Haushaltsführung überlassen ist, diese in eigener Verantwortung regelt. Jeder Ehegatte hat grundsätzlich gleiches Recht zur freien Berufswahl (§ 1356 II 1 BGB).

Grziwotz[223] zufolge können die Eheleute die Selbständigkeit eines Ehegatten in seinem Tätigkeitsbereich vertraglich einschränken. Von derartigen Vereinbarungen ist jedoch abzuraten. Zum einen sind sie nicht durchsetzbar, zum anderen können sie durch veränderte Lebensumstände wie unerwarteten Familienzuwachs oder Berufsunfähigkeit schnell zu Makulatur werden[224].

3. Empfängnisverhütung

Vereinbarungen über Kinderlosigkeit oder über Methoden der Empfängnisverhütung sind unwirksam. Der BGH urteilte, dass sich ein Ehegatte weder zur Anwendung empfängnisverhütender Mittel verpflichten könne noch umgekehrt dazu, solche Mittel nicht anzuwenden oder eine medizinisch indizierte Sterilisation nicht vornehmen zu lassen[225].

In der Literatur hält, soweit ersichtlich, allein *Grziwotz* Abreden über Kinderlosigkeit und Empfängnisverhütung für möglich und insbesondere für nicht sittenwidrig – die Familienplanung erfordere gegenseitiges Einvernehmen[226]. Dem kann jedoch mit dem BGH und der übrigen Literatur[227] nicht zugestimmt werden. Derartige Abreden berühren den engsten persönlichen Freiheitsbereich und sind einer rechtsgeschäftlichen Regelung nicht zugänglich.

---

220 *Brambring*, Rn. 22.

221 *Grziwotz,* Beck'sches Notarhandbuch, S. 604 Rn. 38.

222 *Waldner*, Eheverträge, S. 33, Rn. 22.

223 *Grziwotz,* Beck'sches Notarhandbuch, S. 601 Rn. 22.

224 *Waldner*, Eheverträge, S. 35, Rn. 26.

225 BGH, NJW 1986, 2043 für die nicht eheliche Lebensgemeinschaft.

226 *Grziwotz,* Beck'sches Notarhandbuch, S. 600 Rn. 19.

227 *Brambring*, Rn. 21; Münch-Komm/*Wacke*, § 1353 Rn. 32; zur Verfassungswidrigkeit von Zölibatsklauseln vgl. *Jarass/Pieroth*, Art. 6 Rn. 18; Mangoldt/Klein/Starck /*Robbers*, Art. 6 Rn. 52.

II. Erleichterung und Erschwerung der Ehescheidung

Gemäß § 1353 I 1 BGB wird die Ehe auf Lebenszeit geschlossen, die Scheidung der Ehe ist in §§ 1564 bis 1568 BGB geregelt. Ein Ehevertrag kann die Auflösung der Ehe nicht erleichtern. Unzulässig ist insbesondere die Vereinbarung einer Ehe auf Zeit oder die Verpflichtung, jederzeit einem etwaigen Scheidungsverlangen des anderen zuzustimmen[228]. Auch können keine zusätzlichen Scheidungsgründe vereinbart werden[229].

Ebenso unzulässig ist es, die Scheidung für bestimmte Zeit oder gar für immer auszuschließen[230]. Zudem darf die Vereinbarung nicht mit einem Inhalt abgeschlossen werden, der den Unterhaltspflichtigen davon abhalten soll, einen Scheidungsantrag zu stellen, etwa ein Vertragsstrafeversprechen[231]. Für eine zulässige Erschwerung der Scheidung erachtet es die Rechtsprechung hingegen, wenn sich ein Ehegatte verpflichtet, eine Abfindung an den anderen zu zahlen, wenn er die Scheidung beantragt[232].

III. Verschuldensabhängige Rechtsfolgen

Bisweilen möchten die Parteien die Rechtsfolgen der Ehe davon abhängig machen, wer die Schuld am Scheitern der Partnerschaft trägt, dem „Schuldigen" z.B. den Anspruch auf Durchführung des Versorgungsausgleichs oder auf Unterhalt versagen. *Hoffmann* argumentiert, es müsse zulässig sein, einen Rechtszustand zu vereinbaren, der jahrzehntelang Gesetz war[233]. Für die Möglichkeit einer solchen Vereinbarung spricht weiter, dass selbst das Gesetz in § 1579 Nr. 6 BGB an ein „offensichtlich schwerwiegendes, eindeutig bei ihm liegendes Fehlverhalten gegen den Verpflichteten" unterhaltsrechtliche Nachteile knüpft.

Büttner hingegen hält § 1579 BGB für eine abschließende gesetzliche Regelung. Eine ehevertragliche Vereinbarung des Schuldprinzips verstoße angesichts der gesetzlichen Regelung auch wegen des Schutzes der Kindesinteressen gegen § 134 BGB[234]. Worauf *Büttner* die Gefährdung der Kindesinteressen stützt, bleibt jedoch unklar. Soweit es ihm um den Verlust des Unterhaltsanspruches aus § 1570 BGB geht, kann die Rechtsprechung zur unzulässigen Rechtsausübung[235] ausreichenden Schutz gewähren. Geht es ihm um den Schutz der

---

228 *Brambring*, Rn. 21; *Waldner*, Eheverträge, S. 33, Rn. 23.

229 Münch-Komm/*Wacke*, § 1353 Rn. 11.

230 *Coester-Waltjen*, FS 50 Jahre BGH, 2000, S. 985 (995); *Grziwotz,* Beck'sches Notarhandbuch, S. 599 Rn. 15.

231 BGH, FamRZ 1990, 372 (373); vgl. auch OLG Oldenburg, FamRZ 1994, 1454 (1455); Göppinger/Wax/*Hoffmann*, Rn. 1331..

232 BGH, FamRZ 1990, 372 (373); vgl. *Grziwotz*, MDR 1998, 1075 (1077).

233 Göppinger/Wax/*Hoffmann*, Rn. 1391.

234 Johannsen/Henrich/*Büttner*, § 1585 c Rn. 14.

235 Vgl. dazu später, Seiten 101 ff.

Kinder vor „schmutziger Wäsche" im gerichtlichen Verfahren, kann auch dies angesichts der Regelung des § 1579 Nr. 6 BGB, dem Einfallstor für Argumentationen zum Verschulden des anderen Ehegatten, nicht überzeugen.

Obwohl der BGH in seinem Urteil vom 11.2.2004 Verschuldensgesichtpunkten bei der Inhaltskontrolle von Eheverträgen wieder die Tür zu öffnen scheint[236], ist von Vereinbarungen zum Verschuldensprinzip abzuraten. Denn anstatt Streitigkeiten zu reduzieren, provozieren sie Streit darüber, wer der Schuldige ist. Statt der Rechtsfolgen werden nun deren Voraussetzungen Gegenstand des Konflikts, obwohl das Gesetz zumindest den Versorgungsausgleich und das Güterrecht verschuldensunabhängig regelt.

IV. Eigentumsverhältnisse

Häufig möchten Ehegatten die Frage regeln, wer Eigentümer der Gegenstände im gemeinschaftlichen Haushalt ist. Im Ehevertrag kann daher die Eigentumslage festgehalten werden. Wird die Vereinbarung notariell beurkundet, handelt es sich um eine öffentliche Urkunde im Sinne des § 415 I ZPO mit der Beweisvermutung der Wahrheit des Erklärungsinhalts[237]. Möglich ist es auch, dem Vertrag ein Vermögensverzeichnis beizufügen, das die Eigentumslage im Einzelnen aufführt. Die gläubigerschützende Vermutung des § 1362 Abs. 1 BGB kann ein solches Vermögensverzeichnis jedoch nicht widerlegen[238]. Nur ein Verzeichnis, das bereits vor Eheschließung angelegt wurde, widerlegt die Vermutung des § 1362 Abs. 1 BGB, wenn der im Verzeichnis Genannte bei der Eheschließung Besitzer des Gegenstandes war (§ 1006 Abs. 2 BGB). Wird das Vermögensverzeichnis dem Ehevertrag als Anlage beigefügt, ist der urkundliche Beweis für den Zeitpunkt der Aufnahme erbracht. Ein späteres Verzeichnis überträgt das Eigentum auf den im Verzeichnis Genannten; im Falle einer Insolvenz kann der Gläubiger diese Übertragung nach Ablauf von vier Jahren nicht mehr anfechten (vgl. §§ 134 I InsO, § 4 I AnfG).
Günstig ist die Erstellung eines Vermögensverzeichnisses auch im Hinblick auf §§ 1377 I BGB, wonach das Verzeichnis als richtig gilt, so dass die Vermutung des § 1377 III BGB nicht greift, das Endvermögen eines Ehegatten stelle seinen Zugewinn dar.

Nicht eindeutig ist die Rechtslage in Bezug auf künftig anzuschaffende Gegenstände. Nach § 8 II HausRV gilt Hausrat, der während der Ehe für den gemeinsamen Haushalt angeschafft wurde, als gemeinsames Eigentum. Dies gilt jedoch

---

236 Vgl. BGH, FamRZ 2004, 601 (606 unter III 3 b).

237 *Brambring*, Rn. 30.

238 *Brambring*, Rn. 30; die gläubigerschützende Vorschrift des § 1362 BGB selbst ist zwingendes Recht.

nur für die Verteilung im Hausratsverfahren; die wahre Rechtslage bleibt unberührt[239]. Ob bei Hausrat nach den Grundsätzen des Geschäfts für den, den es angeht, grundsätzlich derjenige Eigentümer wird, der bezahlt[240], oder ob im Zweifel Miteigentum entsteht[241], ist zweifelhaft. Eine klarstellende Regelung bietet sich an.

E. Zusammenfassung

In den voranstehenden Abschnitten wurden die Regelungsgegenstände und Regelungsmöglichkeiten familienrechtlicher Vereinbarungen detailliert dargestellt.

Innerhalb des Güterrechts kann der gesetzliche Güterstand der Zugewinngemeinschaft modifiziert werden, Gütertrennung oder Gütergemeinschaft vereinbart sowie Vereinbarungen zu ehebedingten Zuwendungen getroffen werden. Mögliche Modifikationen des gesetzlichen Güterstandes umfassen dabei zum Beispiel die Vereinbarungen zu Anfangs- und Endvermögen oder die Pauschalierung eines Ausgleichsanspruchs als Regelungen zum Zugewinnausgleich. Neben Regelungen zum Zugewinnausgleich sind auch Regelungen zur „Schlüsselgewalt" (Geschäftsbesorgung zur angemessenen Deckung des Lebensbedarfs der Familie) oder Regelungen zu den Verfügungsbeschränkungen über das Vermögen im Ganzen[242] und über einem Ehegatten allein gehörende Gegenstände des ehelichen Haushalts möglich.

Der Versorgungsausgleich kann gänzlich ausgeschlossen - in diesem Fall tritt automatisch Gütertrennung ein - oder modifiziert werden. Als mögliche Modifikationen kommen eine Befristung des Ausgleichszeitraums, die Vereinbarung von Bedingungen oder Gegenleistungen für den Versorgungsausgleich, ein einseitiger Ausschluss oder ein Teilausschluss sowie eine Begrenzung der Höhe nach in Betracht.

In Bezug auf den Unterhalt muss zwischen Ehegatten- und Kindesunterhalt unterschieden werden. Während im Rahmen des Ehegattenunterhalts für den Familien- und den Getrenntlebensunterhalt abändernde, einschränkende oder abbedingende Vereinbarungen nur bedingt möglich sind, existieren für den nachehelichen Unterhalt umfassende Gestaltungsmöglichkeiten. Er kann vollständig ausgeschlossen, befristet oder in der Höhe beschränkt werden. Darüber hinaus

---

239 *Waldner*, Eheverträge, S. 37, Rn. 30.

240 Münch-Komm/*Wacke*, § 1357 Rn. 37; Palandt/*Brudermüller*, § 1357 Rn. 20.

241 So BGH, FamRZ 1991, 923 = NJW 1991, 2283: Erwerb zu Miteigentum bei Hausrat; *Brambring*, Rn. 26: einem modernen Eheverständnis mehr entsprechend.

242 Vgl. zur Rechtsprechung des BGH zum Begriff des Vermögens im Ganzen BGH, NJW 1980, 2350; BGH, NJW 1991, 1739.

ist es möglich, ihn an Bedingungen zu knüpfen oder die Anspruchsvoraussetzungen vertraglich zu konkretisieren. Der Kindesunterhalt dagegen kann nicht gänzlich abbedungen und auch in der Höhe nur geringfügig eingeschränkt werden.

Für die oben aufgeführten Betrachtungsobjekte Güterrecht, Versorgungsausgleich und Unterhalt existieren jedoch zivilrechtliche Schranken, die bei einer Überprüfung der Rechtmäßigkeit von Vereinbarungen in diesen Bereichen in Betracht gezogen werden müssen. Diese Schranken werden im folgenden Kapitel dargestellt.

Sonstige Regelungsgegenstände wie etwa die allgemeinen Ehewirkungen (Ehename, Rollenverteilung, Empfängnisverhütung) stehen nicht im Fokus dieser Arbeit und werden daher im Weiteren nicht näher betrachtet.

4. Teil: Zivilrechtliche Schranken familienrechtlicher Verträge

Nachdem in den voranstehenden Abschnitten die Regelungsmöglichkeiten familienrechtlicher Vereinbarungen zum Güterrecht, zum Versorgungsausgleich, zum Unterhalt und zu den allgemeinen Ehewirkungen dargestellt wurden, widmet sich der nun folgende Abschnitt den zivilrechtlichen Schranken derartiger Vereinbarungen.
Wie für alle anderen Verträge gilt auch für familienrechtliche Verträge der Grundsatz der Vertragsfreiheit. Die Vertragsfreiheit umfasst dabei die Abschlussfreiheit, also die Entscheidung, überhaupt eine Vereinbarung zu treffen, sowie die inhaltliche Gestaltungsfreiheit. Doch sind hier wie dort Grenzen gesetzt.
Dargestellt werden zunächst die allgemeinen, anschließend die speziellen zivilrechtlichen Schranken. Unter allgemeinen zivilrechtlichen Schranken werden dabei solche zusammengefasst, die nicht nur auf den familienrechtlichen, sondern auf jegliche Art von Vertrag Anwendung finden, also beispielsweise Anfechtungsmöglichkeiten oder Sittenwidrigkeit. Im Gegensatz dazu gelten die speziellen zivilrechtlichen Schranken tatsächlich nur für familienrechtliche Vereinbarungen. Sie ergeben sich aus regelungsspezifischen Normen sowie aus Form- und Verfahrensvorschriften. Aufgrund der weitaus größeren praktischen Bedeutung der allgemeinen Schranken wird ihre Erörterung vorangestellt.

A. Allgemeine zivilrechtliche Schranken

Die im Folgenden dargestellten allgemeinen zivilrechtlichen Schranken familienrechtlicher Verträge können sich ergeben

- aus der Einordnung der Vereinbarung als unzulässiger Vertrag zu Lasten Dritter,
- aus Anfechtungsmöglichkeiten nach § 119 I und § 123 BGB sowie
- aus der Möglichkeit eines Irrtums über die Vergleichsgrundlage nach § 779 I BGB.

Die am häufigsten diskutierten Schranken sind indes

- die Wirksamkeitskontrolle nach § 138 BGB (Sittenwidrigkeit) sowie
- die Ausübungskontrolle nach § 242 BGB (Treu und Glauben).

I. Vertrag zu Lasten Dritter

Verträge zu Lasten Dritter sind unzulässig, weil sie gegen den Grundsatz der Privatautonomie verstoßen, der es verbietet, einen Dritten ohne dessen Willen zu verpflichten[243].

243 Vgl. BGHZ 58, 216 (220); 61, 359 (361); 68, 225 (231); 78, 369 (374 f.); Palandt/*Heinrichs*, Vor § 328 Rn. 10.

In Bezug auf familienrechtliche Vereinbarungen befasst sich die Literatur nur marginal mit der Figur des Vertrages zu Lasten Dritter[244]. Auch entsprechende Rechtsprechung ist rar. Das OLG Karlsruhe etwa stufte mit Urteil vom 17.8.1982[245] den Verzicht einer Ehefrau auf sämtliche Ansprüche gegen ihren Ehemann als unwirksamen Vertrag zu Lasten Dritter ein. Die Parteien hätten zum Zeitpunkt der Verzichtserklärung der Frau bereits gewusst, dass diese im unterhaltsrechtlichen Sinne bedürftig und der Mann leistungsfähig gewesen sei. Es habe für die Parteien daher auf der Hand gelegen, dass die Frau im Fall der Scheidung auf Sozialhilfe angewiesen sein würde. Ähnlich stellte sich dem VerwG München in seinem Urteil vom 6.9.1984[246] ein Unterhaltsverzicht als unwirksamer Vertrag zu Lasten des Sozialhilfeträgers dar. Die Parteien hätten zum Zeitpunkt der Vereinbarung voraussehen können, dass die Frau infolge des Verzichts auf öffentliche Hilfe angewiesen sein würde.

Zurückhaltender vertrat der BGH[247] im Anschluss an *Göppinger*[248] die Ansicht, eine Verzichtsabrede, die sich zu Lasten der Sozialhilfeträger auswirke, können einem Vertrag zu Lasten Dritter nahe kommen, wenn der Vertrag objektiv und subjektiv sittenwidrig sei. Ob über die Voraussetzungen des § 138 BGB hinaus ein Vertrag zu Lasten Dritter bzw. ein diesem nahe kommender Vertrag vorlag, ließ der BGH jedoch offen[249]. In späteren Entscheidungen nahm der BGH den unscharfen Begriff des Vertrages, der einem Vertrag zu Lasten Dritter nahe kommt, nicht wieder auf, sondern stellte in seiner Argumentation stets auf die Sittenwidrigkeit ab.

Und in der Tat erfüllt eine familienrechtliche Vereinbarung in der Regel nicht die Voraussetzungen eines Vertrages zu Lasten Dritter. Erforderlich wäre nämlich, dass die Benachteiligung des Außenstehenden unmittelbar vertraglich vereinbart wird[250]. Ergeben sich die Pflichten des Dritten aber nicht unmittelbar aus dem Vertrag, sondern aus dem Gesetz, sind seine Interessen nur mittelbar berührt. Dies reicht zur Bejahung eines Vertrages zu Lasten Dritter nicht aus[251]. Die Überbürdung der Unterhaltspflicht auf den Sozialhilfeträger wird vielleicht vorhergesehen, aber doch nicht vereinbart. Die Figur des Vertrages zu Lasten Dritter scheidet damit als Grenze der Ehevertragsfreiheit aus.

---

244 Vgl. Staudinger/*Sack*, § 138 Rn. 360.

245 OLG Karlsruhe, FamRZ 1983, 174; das Gericht erklärte den Verzicht zudem gemäß § 138 und wegen Anfechtung nach § 123 BGB für nichtig.

246 VerwG München, FamRZ 1985, 292.

247 BGH, FamRZ 1983, 137 (139); seitdem hat der BGH diesen Begriff nicht wieder aufgenommen.

248 Vgl. noch in der 7. Auflage von 1999 Göppinger/Wax/Hoffmann, Rn. 1389.

249 BGH, FamRZ 1983, 137 (139).

250 Vgl. nur Münch-Komm/*Gottwald*, § 328 Rn. 171.

251 Vgl. ebenso *Herb*, Verzicht, S. 140 ff; *M. Koch,* Sittenwidrigkeit, S. 37 f.; *Petersen*, S. 49.

II. Anfechtung, §§ 119 ff. BGB

Wie alle anderen Verträge unterliegen auch familienrechtliche Vereinbarungen der Anfechtung nach §§ 119, 123 BGB. Die Rechtsprechung bejahte die Möglichkeit der Anfechtung jedoch nur äußerst selten. Dargestellt wird zunächst die Täuschungs- bzw. Drohungsanfechtung nach § 123 BGB, anschließend die noch seltener durchgreifende Irrtumsanfechtung nach § 119 I BGB.

1. Täuschung / Drohung, § 123 BGB

Eine Täuschungsanfechtung ließ BGH nur in einem einzigen Fall durchgreifen. In dem mit Urteil vom 22.11.1995[252] entschiedenen Fall hatte eine vermögende Ehefrau ihren Ehemann durch einen vorgetäuschten Selbstmordversuch dazu gebracht, einen Ehevertrag zu unterzeichnen. Der BGH befand, die Frau habe im Mann bewusst und arglistig den Irrtum hervorgerufen, dass sie suizidgefährdet sei und dass er, wenn er den Vertrag nicht unterzeichne, mit einem weiteren Selbstmordversuch rechnen müsse.

Das OLG Naumburg[253] sah mit Beschluss vom 20.8.2001 eine arglistige Täuschung in einem Fall als gegeben an, in dem der Mann unmittelbar vor Abschluss einer Vereinbarung über Gütertrennung, Verzicht auf Zugewinn- und Versorgungsausgleich erklärt hatte, seine Frau „keinesfalls" zu benachteiligen. Hinzu sei gekommen, dass der Notar ausweislich der notariellen Urkunde nicht über die rechtliche Tragweite des Verzichts auf Zugewinn- und Versorgungsausgleich belehrt habe.

Dahingegen ließ etwa das OLG Hamm mit Urteil vom 13.11.2003[254] die Anfechtung einer Frau wegen arglistiger Täuschung nicht durchgreifen. Es erachtete den Vortrag der Frau, der Mann habe ihr vorgespiegelt, der Vertrag sei erforderlich, um das Vermögen vor dem Zugriff des Sozialamtes zu retten, zwar für wahrscheinlich, doch sei der Frau der Beweis der Täuschung nicht hinreichend gelungen.

Noch seltener führte eine Anfechtung wegen widerrechtlicher Drohung zum gewünschten Erfolg. Eine - auch konkludent mögliche[255] - Drohung ist definiert als die Ankündigung eines künftigen Übels, auf dessen Eintritt der Drohende einwirken zu können behauptet und das verwirklicht werden soll, wenn der Bedrohte nicht die gewünschte Willenserklärung abgibt[256].

---

252 BGH, FamRZ 1996, 605.
253 OLG Naumburg, FamRZ 2002, 456.
254 OLG Hamm, FamRZ 2004, 1294.
255 BGH, NJW 1988, 2599 (2601); BGH, FamRZ 1996, 605 (606).
256 BGH, NJW 1988, 2599 (2600); BGH, FamRZ 1996, 605 (606).

Soweit ersichtlich, bejahte allein das OLG Karlsruhe mit Urteil vom 17.8.1982[257] eine Drohungsanfechtung. Im zugrunde liegenden Fall hatten die Parteien 1972 in Rumänien geheiratet. Anfang 1979 gelang dem Ehemann die Flucht in die Bundesrepublik. Im Vorfeld der Flucht hatten die Parteien vereinbart, dass sich die Ehefrau um ihre eigene Ausreise, die der gemeinsamen Tochter und die der Eltern des Mannes bemühen solle. Die Ehefrau löste den Haushalt der Parteien in Rumänien auf und verlor aufgrund ihrer Ausreisebemühungen ihre Anstellung. Als der Ehemann im Herbst 1979 eine Beziehung zu einer anderen Frau aufnahm, forderte er seine Ehefrau auf, ihren Ausreisewunsch aufzugeben. Seine bisherigen Bemühungen zur Umsiedlung von Frau und Kind machte er rückgängig.
Im Februar 1980 erklärte ihm die Ehefrau in einem Brief, sie sei mit der Scheidung einverstanden und werde keinerlei Ansprüche gegen ihn geltend machen, wenn er sich nur wieder um ihre Ausreise bemühe. Die Parteien vereinbarten, die Ehefrau solle in Deutschland auf Unterhalt verzichten und in die Scheidung einwilligen. Der Ehemann betrieb daraufhin erneut die Ausreise von Frau und Tochter, die schließlich im März 1980 einreisten. Knapp zwei Jahre später wurde die Ehe geschieden. Gegen das Unterhaltsbegehren der Frau berief sich der Mann auf den brieflichen Unterhaltverzicht vom Februar 1980.
Das OLG Karlsruhe befand, dass die Frau den Verzicht 1980 nur erklärt habe, weil der Mann ihr mitgeteilt hatte, dass er den Antrag für ihre Umsiedelung zurückgenommen habe. In dem Rückgängigmachen der Mitwirkung für die Erreichung der Voraussetzungen der Ausreisebewilligung sah das Gericht eine Drohung im Sinne des § 123 BGB.

Der BGH hingegen stellte mit Urteil vom 7.6.1988 klar, dass eine Drohungsanfechtung nicht in Betracht komme, wenn allein eine seelische Zwangslage ausgenutzt werde[258]. In der Tat ist seelischer Zwang ein zu unscharfes Kriterium, als dass seine Ausnutzung im Rahmen der Drohungsanfechtung erfasst werden könnte. Für die zahlreichen Fälle, in denen vor allem bei vorsorgenden Vereinbarungen die Ausnutzung einer seelischen Zwangslage behauptet wird, scheidet eine Drohungsanfechtung daher grundsätzlich aus.

2. Inhalts- / Erklärungsirrtum, § 119 I BGB

Noch weniger erfolgversprechend sind Irrtumsanfechtungen nach § 119 I BGB. Wer einen Vertrag schließe, dessen Inhalt er nicht verstehe, der handele auf eigene Gefahr, befand das OLG Frankfurt am Main in seinem Beschluss vom 7.4.1997[259]. Die Frau hatte vorgetragen, die Tragweite des Verzichts auf Ver-

257 OLG Karlsruhe, FamRZ 1983, 174.

258 BGH, NJW 1988, 2599 (2600), in diesem Fall war aus Furcht vor einer Strafanzeige eine Bürgschaftserklärung abgegeben worden.

259 OLG Frankfurt, FamRZ 1997, 1540 (1541); vgl. auch OLG Köln, VersR 2000, 243; Palandt/*Heinrichs*, § 119 Rn. 9.

sorgungsausgleich nicht voll erfasst zu haben. Das Gericht erklärte, eine Irrtumsanfechtung erfordere einen konkreten Irrtum als Fehlvorstellung über einzelne Elemente des Vertrages, sowie die Prognose, dass der Vertrag bei richtigem Verständnis nicht zustande gekommen wäre. Diese Voraussetzungen seien nicht erfüllt.

In einem Fall des OLG Naumburg, Beschluss vom 20.8.2001[260], hatte die Frau vorgetragen, beim Abschluss einer Vereinbarung über Gütertrennung, Verzicht auf Zugewinn- und Versorgungsausgleich „nicht gewusst zu haben, worum es ging". Das Gericht sah keinen Inhaltsirrtum gemäß § 119 I BGB gegeben, sondern einen bloßen Irrtum über die Rechtsfolgen der Erklärung, der nicht zur Anfechtung berechtige[261].

Hohe Anforderungen an einen nach § 119 I BGB beachtlichen Irrtum stellte auch das OLG Köln in seinem Urteil vom 16.5.2001[262]. Die Frau hatte behauptet, bei Abschluss der notariellen Vereinbarung der deutschen Sprache nicht so mächtig gewesen zu sein, dass sie das, was sie unterschrieben habe, hätte verstehen können. Sie habe überhaupt nicht gewusst, was unter Zugewinngemeinschaft oder Gütertrennung zu verstehen sei. Das OLG Köln legte besonderes Gewicht auf die nach § 1410 BGB erforderliche notarielle Beurkundung, die vor Übervorteilung schütze. Einem nach § 119 BGB beachtlichen Irrtum wäre die Frau nach Ansicht des Gerichts allenfalls dann erlegen gewesen, wenn ihr nicht einmal bewusst gewesen wäre, dass beim Notar etwas beurkundet worden sei, was für die ehelichen Vermögensverhältnisse rechtlich von Bedeutung sei. Wenn sie wegen ihrer mangelnden Deutschkenntnisse oder wegen juristischer Fachbegriffe Einzelheiten nicht verstanden habe, hätte sie den Notar darauf hinweisen und nachfragen müssen.

Ähnlich stellte das OLG Hamm in seinem Beschluss vom 15.4.1999[263] darauf ab, dass die Frau, die sich nicht über die weit reichenden Folgen des Verzichts auf Versorgungsausgleich aufgeklärt fühlte, den Notar um nähere Erläuterung hätte bitten müssen.

Eine Anfechtbarkeit nach § 119 I BGB lehnte schließlich auch das OLG Köln in seinem Beschluss vom 4.2.2002[264] in einem Fall ab, in dem die Frau erklärte hatte, Inhalt und Tragweite der Gütertrennungsvereinbarung nicht erfasst zu haben. Nicht eine fehlende, sondern nur eine falsche Vorstellung über den Inhalt der Willenserklärung berechtige zur Anfechtung. Dass die Klägerin etwa eine von dem objektiven Erklärungswert abweichende konkrete Vorstellung über den

260 OLG Naumburg, FamRZ 2002, 456.
261 OLG Naumburg, FamRZ 2002, 456; vgl. Soergel/*Gaul*, § 1408 Rn. 42.
262 OLG Köln, FamRZ 2002, 457 (458).
263 OLG Hamm, NJW-RR 1999, 1306.
264 OLG Frankfurt, FuR 2003, 181 (182).

Inhalt des von ihr mitunterzeichneten Vertrages gehabt haben könnte, sei weder vorgetragen noch ersichtlich.

Zusammenfassend ist damit festzuhalten, dass die Möglichkeit einer Irrtumsanfechtung nach § 119 I BGB nur demjenigen eröffnet ist, der über konkrete Vorstellungen zum Vertragsinhalt verfügte, die fehlgegangen sind, nicht jedoch demjenigen, der unterzeichnet, obwohl er einzelne Regelungen nicht erfasst hat.

III. Irrtum über die Vergleichsgrundlage, § 779 I BGB

Als Schranke der Vertragsfreiheit kommt weiter § 779 I BGB in Betracht. Nach dieser Vorschrift ist ein Vergleich unwirksam, bei dessen Abschluss sich die Parteien über die Vergleichsgrundlage irrten. Ein Vergleich im Sinne des § 779 I BGB liegt vor, wenn die Parteien Streit oder Ungewissheit über ein Rechtsverhältnis im Wege gegenseitigen Nachgebens durch Vertrag beseitigen. Der Vergleich ist unwirksam, wenn der nach dem Inhalt des Vertrages als feststehend zugrunde gelegte Sachverhalt der Wirklichkeit nicht entspricht und der Streit oder die Ungewissheit bei Kenntnis der Sachlage nicht entstanden wären. Wichtig in Bezug auf familienrechtliche Vereinbarungen ist jedoch, dass vom Begriff des „zugrunde gelegten Sachverhalts“ nur erfasst ist, was die Vertragspartner bei Vertragsschluss fälschlich als bestehend oder geschehen ansahen, nicht aber, was ungewiss war und durch den Vergleich geregelt werden sollte[265].

Die Rechtsprechung erörterte die Nichtigkeit einer Unterhaltsvereinbarung gemäß § 779 I BGB bislang nur in Bezug auf die spätere Geburt von Kindern. Im Fall des BGH, Urteil vom 24.4.1985[266], hatten die Parteien nach Ablauf des Trennungsjahres in einer Scheidungsfolgenvereinbarung gegenseitig auf Unterhalt verzichtet. Zu diesem Zeitpunkt war die Ehe kinderlos gewesen. Bei einem Versöhnungsversuch wurde ein Kind gezeugt und später geboren. Der BGH stellte fest, dass die Parteien bei Vertragsschluss nicht von falschen Gegebenheiten ausgegangen seien. Sie hätten zutreffend angenommen, derzeit keine gemeinsamen Kinder zu haben. Irrige Vorstellungen über das Eintreten oder Ausbleiben künftiger Ereignisse wie der späteren Geburt von Kindern führten nicht zur Unwirksamkeit gemäß § 779 I BGB[267].

Verzichtsvereinbarungen sind daher auch dann nicht nach § 779 I BGB unwirksam, wenn eine Partei nach Vertragsschluss z.B. eine Einkommensquelle einbüßt oder Vermögen verliert. Denn die Parteien legen der Vereinbarung keinesfalls als festen Sachverhalt zugrunde, dass niemals Bedürfnislagen entstehen. Vielmehr wollen sie gerade auch für diesen Fall vorsorgen.

---

265 BGH, FamRZ 1986, 1082 (1084); BGH, NJW 2000, 2498; Erman/*Diekmann*, § 1585 c Rn. 24 a; Palandt/*Sprau*, § 779 Rn. 15.

266 BGH, FamRZ 1985, 787 = NJW 1985, 1835 = JR 1986, 17.

267 BGH, FamRZ 1985, 787; vgl. als Vorinstanz OLG Düsseldorf, FamRZ 1984, 171 (172); vgl. auch BGH, JZ 1963, 129.

IV. Sittenwidrigkeit, § 138 I BGB

Wie für alle Verträge gilt auch für familienrechtliche Vereinbarungen, dass sie gemäß § 138 I BGB unwirksam sind, wenn sie gegen die guten Sitten verstoßen. Nach Erörterung des Sittenwidrigkeitsmaßstabes und des maßgeblichen Beurteilungszeitpunktes werden in diesem Abschnitt verschiedene Fallgruppen für die Sittenwidrigkeit familienrechtlicher Vereinbarungen aufgeführt und anhand von Rechtsprechung und Literatur analysiert.

1. Maßstab

Zu untersuchen ist zunächst der zur Beurteilung der Sittenwidrigkeit familienrechtlicher Vereinbarungen anzulegende Maßstab.

a) Geltung allgemeiner Grundsätze

Ein besonderer Sittenwidrigkeitsbegriff für familienrechtliche Vereinbarungen existiert nicht. Insbesondere gibt es keine durch das „sittliche Wesen der Ehe" gezogenen Schranken[268]. Auch § 138 II BGB scheidet als Sittenwidrigkeitsmaßstab aus. Nach allgemeiner Meinung gilt diese Norm nur für Austauschverträge. Eheverträge und Scheidungsfolgenvereinbarungen hingegen sind – auch wenn sie Leistung und Gegenleistung enthalten – weder Austauschverträge noch sind die hierzu aufgestellten Rechtsgrundsätze auf sie übertragbar[269].

Für die Voraussetzungen der Sittenwidrigkeit gelten damit die allgemeinen Maßstäbe. Nach § 138 I BGB ist ein Rechtsgeschäft nichtig, das gegen die guten Sitten verstößt. Gegen die guten Sitten verstößt, was dem Anstandsgefühl aller billig und gerecht Denkenden widerspricht[270]. Wiederholt wurde versucht, diese Generalklausel genauer zu definieren. Das BVerfG formulierte im Lüth-Urteil, auszugehen sei von der Gesamtheit der Wertvorstellungen, die das Volk in einem bestimmten Zeitpunkt seiner geistigkulturellen Entwicklung erreicht und in seiner Verfassung fixiert habe[271]. Das LG Münster legte als Maßstab für das Anstandsgefühl aller billig und gerecht Denkenden die der herrschenden Wirtschafts- und Sozialordnung immanente Rechtsethik zugrunde[272]. Auch dies sind indes wiederum Generalklauseln, die weiter zu konkretisieren sind.

---

268 Vgl. auch *Gordon*, S. 29; Göppinger/Wax/*Hoffmann*, Rn. 1329; *Schröder*, S. 45.

269 BGH, NJW 1992, 3164 (3165); OLG Köln, FamRZ 1995, 997 (998); Göppinger/Wax/*Hoffmann*, Rn. 1329; Johannsen/Henrich/*Büttner*, § 1585 c Rn. 18; *Langenfeld*, FamRZ 1994, 201 (204); Wendl/Staudigl/*Pauling*, Rn. 608.

270 Allgemeine Meinung, vgl. schon RGZ 80, 219 (221); 120, 142 (148); zuletzt etwa OLG Brandenburg, FamRZ 2003, 764 (765); in der Lit. vgl. nur *Eckert*, AcP 199 (1999), 337 (346); Münch-Komm/*Maurer*, § 1585 c Rn. 40; Palandt/*Heinrichs*, § 138 Rn. 2; Göppinger/Wax/*Hoffmann*, Rn. 1329.

271 BVerfGE 7, 198 (206).

272 LG Münster, NJW 1975, 2070 (2073); hieran anknüpfend zur Philosophie als geistigkulturelle Entwicklung *Bergschneider* in FF 2003, 118.

Dies ist geschehen durch Bildung von Fallgruppen[273]. Die Nichtigkeitssanktion des § 138 BGB ist dabei ein Einzelfallinstrument, das die Einhaltung der äußersten Grenzen der herrschenden Rechts- und Sozialmoral sichern und infolgedessen nur evidente Verstöße sanktionieren will[274].

b) Globalverzicht nicht ohne weiteres sittenwidrig

Ein Global- oder Gesamtverzicht, also ein Verzicht auf Unterhalt, Zugewinn und Versorgungsausgleich[275] ist nicht ohne weiteres sittenwidrig[276]. Gemäß § 1414 Satz 2 BGB schließt der Ausschluss des Versorgungsausgleichs kraft Gesetzes auch die Zugewinngemeinschaft aus. Den gleichzeitigen Verlust von Versorgungsausgleichs- und Zugewinnausgleichsansprüchen hält der Gesetzgeber also für rechtmäßig. Auch wenn noch ein Verzicht auf nachehelichen Unterhalt hinzutritt, führt dies nicht grundsätzlich zur Sittenwidrigkeit. Dies bestätigte jüngst auch der BGH mit seinem Urteil vom 11.2.2004: Die gesetzlichen Regelungen über nachehelichen Unterhalt, Zugewinn und Versorgungsausgleich unterlägen grundsätzlich der vertraglichen Disposition der Ehegatten; einen unverzichtbaren Mindestgehalt an Scheidungsfolgen zugunsten des berechtigten Ehegatten kenne das geltende Recht nicht[277].

c) Grobes Missverhältnis allein nicht ausreichend

Auch ein grobes Missverhältnis zwischen Leistung und Gegenleistung reicht allein nicht aus[278], um einen Ehevertrag sittenwidrig erscheinen zu lassen. Denn die Privatautonomie lässt grundsätzlich Verträge zu, die ausschließlich einen der Vertragspartner belasten[279]. Entsprechend erklärte der BGH, es führe für sich allein nicht zur Sittenwidrigkeit, wenn die Vereinbarung für den einen Teil vorteilhafter sei als für den anderen[280] oder wenn der Entschluss zur Scheidung einem Ehegatten aus wirtschaftlichen Gründen schwerer fallen könnte als dem anderen[281]. Die Vereinbarung sei vielmehr grundsätzlich auch dann wirksam, wenn sie sich ausschließlich oder überwiegend zu Lasten eines Ehegatten

273 *Büttner*, FamRZ 1998, 1 (4); Gerber, FS 50 Jahre BGH, 2000, S. 49 (51); MünchKomm/*Mayer-Maly/Armbrüster*, § 138 Rn. 14 f.; vgl. schon *Coing*, NJW 1947, 213.

274 *Fastrich*, S. 17 ff..

275 Vgl. OLG Zweibrücken, FamRZ 1996, 869 (870); *Büttner*, FamRZ 1998, 1 (6); auch „Dreisprung" genannt, vgl. *Grziwotz*, FamRB 2002, 26.

276 OLG Köln, DNotZ 1981, 444 (445) mit Anm. v. Hornhardt, DNotZ 1981, 447 (448); OLG Zweibrücken, FamRZ 1996, 869 (870); *Eichenhofer*, DNotZ 1994, 213 (222).

277 BGH, FamRZ 2004, 601 (604 unter III 1.).

278 BGH, FamRZ 1985, 788 (789); OLG Hamm, NJW-RR 1999, 1306 (1307); OLG Zweibrücken, FamRZ 1996, 869 (870).

279 Vgl. nur OLG Hamm, FamRZ 1982, 1215.

280 Vgl. BGH, FamRZ 1985, 788 (789); BGH, FamRZ 1997, 156 (157); vgl. *von Hornhardt*, DNotZ 1981, 447 (448).

281 BGH, FamRZ 1990, 372 (373); vgl. auch Göppinger/Wax/*Hoffmann*, Rn. 1329.

auswirke[282]. Die Rechtsgrundsätze zum auffälligen Missverhältnis zwischen Leistung und Gegenleistung könnten auch deshalb nicht ohne weiteres auf familienrechtliche Verträge übertragen werden, weil die vereinbarte Leistung meist Teil einer umfassenderen Vermögensauseinandersetzung sei und ein die Leistung überschießender Wert durch andere Zugeständnisse seine Entsprechung finden könne[283]. Damit im Einzelfall Sittenwidrigkeit bejaht werden könne, müssten stets besondere Umstände hinzutreten[284].

d) Hohe Anforderungen an die subjektive Komponente

Auch im Bereich familienrechtlicher Verträge beinhaltet der Sittenwidrigkeitsbegriff des § 138 BGB eine subjektive Komponente. Erforderlich ist ein verwerfliches bzw. unredliches Verhalten[285] oder das bewusste oder grob fahrlässige Ausnutzen der besonderen Lage des anderen Vertragspartners[286].

Die Anforderungen hierzu sind jedoch hoch. Der BGH befand mehrfach, dass es für sich allein nicht ausreiche, wenn die Vereinbarung in dem Bestreben abgeschlossen werde, sich von sämtlichen nachteiligen Folgen einer Scheidung freizuzeichnen[287]. Es verstoße nicht gegen das Anstandsgefühl aller billig und gerecht Denkenden, wenn die Partner schon bei Eingehung der Ehe ihre vermögensrechtlichen Beziehungen für den Fall der Scheidung so zu regeln versuchten, als wären sie unverheiratet geblieben[288].

Bei einer Scheidungsfolgenvereinbarung müsse der Tatrichter zudem bedenken, dass beide Ehegatten ihre Lebensverhältnisse neu ordnen müssten. An das Vorliegen einer verwerflichen Gesinnung, wie sie sich etwa aus der Ausnutzung der bedrängten Situation des um baldige Scheidung bemühten Ehegatten ergeben kann, seien daher hohe Anforderungen zu stellen[289].

Hinzu kommt, dass der BGH bei familienrechtlichen Vereinbarungen von einer größeren Darlegungslast als in sonstigen Fällen der Sittenwidrigkeit ausgeht.

---

282 BGH, NJW 1997, 192 (193) = BGH, FamRZ 1997, 156 (157); vgl. auch OLG Hamm, FamRZ 1982, 1215; Münch-Komm/*Maurer*, § 1585 c Rn. 40; *Nachreiner*, MittBayNot 2001, 356 (357); Staudinger/*Sack*, § 138 Rn. 434.

283 Vgl. BGH, FamRZ 2003, 846 (848); zustimmend OLG Celle, NJW 2004, 1961 (1962).

284 BGH, FamRZ 2003, 846 (847); BGH, NJW 1997, 192 (193); BGH, FamRZ 1990, 372 (373); BGH, NJW 1988, 2599 (2601); OLG Köln, DNotZ 1981, 444 (445); OLG Hamm, FamRZ 1982, 1215; *Eichenhofer*, DNotZ 1994, 213 (223); *Gerber*, FS 50 Jahre BGH, 2000, S. 49 (51); Münch-Komm/*Maurer*, § 1585 c Rn. 40.

285 Vgl. Gerber, FS 50 Jahre BGH, 2000, S. 49 (59 f.); *Rauscher*, DNotZ 2002, 751 (757).

286 BGH, FamRZ 2003, 846, (848); OLG Celle, NJW 2004, 1961 (1962); OLG Hamm, NJW-RR 1999, 1306 (1307); OLG Hamm, FamRZ 1986, 471 (472).

287 BGH, FamRZ 1991, 306 (307); vgl. auch BGH, NJW 1997, 192; ebenso OLG Hamm, FamRZ 1982, 1215; OLG Hamm, FamRZ 1992, 452 (454); OLG Köln, FamRZ 1995, 929.

288 OLG Hamm, FamRZ 1982, 1215.

289 BGH, FamRZ 2003, 846 (848).

Anders als bei Verträgen, die auf den Austausch von Leistung und Gegenleistung gerichtet seien, könne bei familienrechtlichen Vereinbarungen nicht von den objektiven Gegebenheiten auf die subjektive Einstellung geschlossen werden. Daher sei es unzulässig, bei einem groben Missverhältnis zwischen Leistung und Gegenleistung darauf zu schließen, dass der begünstigte Vertragspartner den anderen hemmende Umstände zu dessen Nachteil bewusst oder grob fahrlässig ausgenutzt habe[290].

e) Zusammenfassung

Entscheidend ist stets der Gesamtcharakter der Vereinbarung, d.h. die Zusammenfassung von Inhalt, Beweggrund und Zweck[291]. Zusätzliche Gesichtspunkte können sich aus der zeitlichen Nähe zur einer beabsichtigten oder für denkbar gehaltenen Scheidung ergeben[292]. Gegen eine Sittenwidrigkeit spricht es z.B., wenn der Verzichtende Vermögenswerte erhält, die geeignet sind, seine Versorgung nachhaltig sicherzustellen.

2. Beurteilungszeitpunkt: Der Vertragsschluss

Maßgeblicher Zeitpunkt für die Beurteilung der Sittenwidrigkeit ist nach ganz überwiegender Meinung der Vertragsschluss, nicht der Eintritt der Rechtswirkungen[293]. Eine spätere Änderung der tatsächlichen Verhältnisse ist unerheblich[294].

---

290 BGH, FamRZ 2003, 846 (848); BGH, FamRZ 1985, 788 (789).

291 Grundlegend BGH, FamRZ 1983, 137 (139); dem folgend BGH, NJW 1985, 788 (789); BGH, FamRZ 1991, 306 (307); BGH, NJW 1992, 3164; OLG Karlsruhe, FamRZ 1983, 174 (175); OLG Köln, FamRZ 1990, 634; OLG Karlsruhe, FamRZ 1991, 332 (333); OLG Hamm, FamRZ 1992, 452 (454); VGH Mannheim, NJW 1993, 2953 (2954); OLG Köln, FamRZ 1995, 929; OLG Zweibrücken, FamRZ 1996, 869 (870); OLG Köln, FamRZ 1999, 920.
die Literatur hat sich diesem Kriterium ausnahmslos angeschlossen, vgl. *Eckert*, AcP 199 (1999), 337 (351); Göppinger/Börger/*Börger*, S. 12; Göppinger/Wax/*Hoffmann*, Rn. 1329; Johannsen/Henrich/*Büttner*, § 1585 c Rn. 18; *Lenz*, MittBayNot 1999, 152 (155); *Meder*, FuR 1993, 12 (19); *Nachreiner*, MittBayNot 2001, 356 (357); Soergel/*Häberle*,
§ 1585 c Rn. 16; *Vortmann*, JA 1986, 401 (404); *Waldner*, Eheverträge, S. 29, Rn. 18.

292 BGH, NJW 1985, 788 (789); BGH, FamRZ 1990, 372 (373); OLG Zweibrücken, FamRZ 1996, 869 (870).

293 BGH, FamRZ 1991, 306; OLG Hamm, FamRZ 1992, 452 (454); OLG Köln, FamRZ 1995, 997 (998); OLG Schleswig, NJW-RR 1999, 1094;
in der Literatur: *Bergschneider*, FamRZ 2003, 377 (378); *Brambring*, S. 77, Rn. 89; *Büttner*, FamRZ 1998, 1 (4); Erman/*Palm*, § 138 Rn. 49; *Frey*, S. 60, Fn 34; Göppinger/Wax/*Hoffmann*, Rn. 1329; *Hahne*, DNotZ 2004, 84 (94); *Kalthoener/Büttner*, NJW 1991, 2678 (2680); *Langenfeld*, Handbuch, Rn. 26, 635; *ders.*, FamRZ 1994, 201, 204; *ders.*, DNotZ 2001, 272, 277; *ders.*, FS Schippel, 1996, S. 251 (262); Münch-Komm/*Mayer-Maly/Armbrüster*, § 138 Rn. 133; Münch-Komm/*Maurer*, § 1585 c Rn. 40; Palandt/*Heinrichs*, § 138 Rn. 9; *Rauscher*, DNotZ 2002, 751 (758); *Schubert*,

Anderer Ansicht sind *Hess* und *Eckert*. Da sich die Regelungen vorsorgender Vereinbarungen häufig erst nach Jahren auswirkten, stellt *Hess*[295] auf den Zeitpunkt der Ehescheidung ab. Denn die Prognosen der Ehegatten könnten sich als unbillig erweisen, auch wenn sie ursprünglich achtenswert gewesen seien. *Eckert* kommt nach einer Analyse zur Sittenwidrigkeit bei Wandel der Wertungen bzw. der tatsächlichen Verhältnisse zu dem Ergebnis, dass stets auf den Eintritt der Rechtswirkungen abzustellen sei[296]. Vor allem bei Verfügungen von Todes wegen sei – so auch die herrschende Meinung[297] – erst auf den Zeitpunkt des Erbfalls abzustellen, da bis zum Erbfall zwar eine Willenserklärung, aber noch keine Rechtsverbindlichkeit vorliege.

Tatsächlich könnte es für eine parallele Anwendung auf Eheverträge sprechen, dass auch Vereinbarungen der Ehegatten – Scheidungsvereinbarungen ausgeschlossen – auf einen fern liegenden Zeitpunkt abzielen. Allerdings hätte die parallele Anwendung den Nachteil, dass die Wirksamkeit einer Vereinbarung bis auf weiteres in der Schwebe bliebe. Ein Vertrag kann jedoch nicht je nach zeitlichem Blickwinkel sittenwidrig sein oder nicht. Die Rechtssicherheit erfordert vielmehr ein einheitliches Unwerturteil. Ein Vertrag wird nicht sittenwidrig, wenn nachträglich ein Missverhältnis zwischen Leistung und Gegenleistung entsteht; ebenso wenig wird ein sittenwidriger Vertrag durch nachträgliche Änderung der Verhältnisse wirksam[298]. Erweisen sich die Prognosen im Nachhinein als unbillig, sind die Interessen nach § 242 BGB auszugleichen.

Mit der herrschenden Meinung ist daher der Zeitpunkt des Vertragsschlusses für die Beurteilung der Sittenwidrigkeit als maßgeblich anzusehen. Dieser Beurteilungszeitpunkt ist für die praktische Wirksamkeit des § 138 I BGB wesentlich, da bei vorsorgenden Verträgen spätere Bedürfnislagen und Risiken oft noch nicht absehbar sind. Wie noch zu zeigen sein wird, greift § 138 I BGB daher weit häufiger bei Scheidungsfolgenvereinbarungen als bei vorsorgenden Vereinbarungen.

FamRZ 2001, 722 (724); Soergel/*Häberle*, § 1585 c Rn. 14; Staudinger/*Sack*, § 138 BGB Rn. 79; *Waldner*, Eheverträge, S. 29 Rn. 18, S. 94 Rn. 87; endl/Staudigl/*Pauling*, Rn. 608.

294 OLG Karlsruhe, FamRZ 1991, 332 (333).

295 *Hess*, FamRZ 1996, 981 (986).

296 *Eckert*, AcP 199 (1999), 337 (352 ff, 359).

297 *Brox*, Rn. 263, S. 158 f.; *Lange/Kuchinke*, § 35 IV 9, S. 835 f.; *Münch-Komm/Mayer-Maly/Armbrüster*, § 138 Rn. 134 Soergel/*Hefermehl*, § 138 Rn. 44; Soergel/*Stein*, § 1937 Rn. 28; a.A. noch BGHZ 20, 71 (73 f.); BGH FamRZ 1969, 323 (325); ebenso Palandt/*Heinrichs*, § 138 Rn 9.

298 Vgl. BGH, 1988, 2362 (2363); BGH, NJW 1993, 3193; Palandt/*Heinrichs*, § 138 Rn. 9; Staudinger/*Sack*, § 138 Rn. 82.

3. Fallgruppen

Nach den Ausführungen zum Beurteilungsmaßstab der Sittenwidrigkeit familienrechtlicher Verträge und zum maßgeblichen Beurteilungszeitpunkt werden im Folgenden verschiedene Fallgruppen[299] zur Konkretisierung der Generalklausel des § 138 I BGB aufgestellt und anhand der jeweiligen Entscheidungen und zugehörigen Literatur analysiert. So kann sich die Sittenwidrigkeit ergeben

aus der Ausnutzung einer Zwangslage,
- aus dem Zusammenwirken zum Nachteil eines Dritten
- sowie aus dem sonstigen Inhalt der Vereinbarung.

Diese Fallgruppen überschneiden sich zum Teil. Auch kann eine Vereinbarung erst durch das Zusammentreffen verschiedener Umstände als sittenwidrig anzusehen sein.

a) Sittenwidriges Ausnutzen einer Zwangslage

Häufig behandeln Rechtsprechung und Literatur die Fallgruppe des Ausnutzens einer Zwangslage. Die Ausbeutung einer Zwangslage ist in § 138 II BGB ausdrücklich als Fall der Sittenwidrigkeit genannt. Aufgrund seiner ausschließlichen Anwendbarkeit auf Austauschverträge ist § 138 II BGB auf familienrechtliche Verträge zwar nicht anwendbar. Doch kann es zur Nichtigkeit nach § 138 I BGB führen, wenn eine Vereinbarung teilweise den Tatbestand des § 138 II BGB erfüllt[300]. Eine Zwangslage im Sinne dieser Vorschrift liegt vor, wenn durch wirtschaftliche Bedrängnis oder andere Umstände erhebliche Nachteile drohen[301]. Die Zwangslage muss nicht durch den Begünstigten erzeugt sein. Doch muss er sie bewusst oder grob fahrlässig ausnutzen[302].

Abzugrenzen ist die Sittenwidrigkeit wegen Ausnutzens einer Zwangslage zur bloßen Anfechtbarkeit einer Vereinbarung nach § 123 I BGB[303]. Erschöpft sich das Handeln darin, den anderen zu täuschen oder seinen Willen durch Drohung u beeinflussen, ist die Vereinbarung nur anfechtbar. Nach § 138 I BGB nichtig ist die Vereinbarung erst, wenn zusätzliche Umstände hinzutreten[304].

---

299 Zur Fallgruppenbildung vgl. *Büttner*, FamRZ 1998, 1 (4); Gerber, FS 50 Jahre BGH, 2000, S. 49 (51).

300 BGH, NJW 1992, 3164 (3165); OLG Köln, FamRZ 1995, 997 (998); Göppinger/Wax/*Hoffmann*, Rn. 1329; Wendl/Staudigl/*Pauling*, Rn. 608.

301 Palandt/*Heinrichs*, § 138 Rn. 70.

302 Vgl. BGH, FamRZ 1985, 788 (789); *Frey*, S. 87.

303 Zur Anfechtungsmöglichkeit nach § 123 BGB vgl. Seite 65.

304 BGH, NJW 1995, 3315; BGH, NJW 1988, 2599 (2601); OLG Köln, FamRZ 2002, 457 (458); Palandt/*Heinrichs*, § 138 Rn. 15; Soergel/*Häberle*, § 1585 c Rn. 15; Münch-Komm/*Kramer*, § 123 Rn. 33; Münch-Komm/*Mayer-Maly/Armbrüster*, § 138 Rn. 5.

Untersucht werden im Folgenden nacheinander die Unterfallgruppen des

- Ehevertrages als Bedingung für die Eheschließung,
- des Ehevertrages als Bedingung für die Fortsetzung der Ehe,
- der Überrumpelung mit einem Ehevertrag sowie
- sonstige Fälle des Ausnutzens einer Zwangslage.

(1) Ehevertrag als Bedingung für die Eheschließung

Eine wichtige Untergruppe des sittenwidrigen Ausnutzens einer Zwangslage bildet das Abhängigmachen der Eheschließung vom Abschluss eines Ehevertrages. Die höchstrichterliche Rechtsprechung hielt solche Vereinbarungen bislang nicht für sittenwidrig. Allein das Amtsgericht Solingen[305] erklärte mit Urteil vom 12.7.1989 einen Verzicht auf nachehelichen Unterhalt und Versorgungsausgleich für sittenwidrig, von dessen Abschluss der Mann die Eheschließung abhängig gemacht hatte. Nach Ansicht des Amtsgerichts Solingen wurde der Vertrag unter Ausnutzung einer Notlage geschlossen. Das Gericht stellte primär darauf ab, dass die Frau bei Vertragsschluss schwanger gewesen sei und zugleich auf Unterhalt und Versorgungsausgleich verzichtet habe. Zudem sei der Vertrag nur einen Tag vor der Hochzeit geschlossen worden. Letztlich hätten die Parteien die Unterhaltslast bewusst auf den Sozialhilfeträger abgewälzt[306].

Im Übrigen erachteten die Gerichte Vereinbarungen, von denen die Eheschließung abhängig gemacht wurde, grundsätzlich für wirksam. Dass die Frau in einer Vielzahl der Fälle bei Vertragsschluss schwanger war, wirkte sich nicht aus.

Das OLG Celle, Urteil vom 17.8.1988[307], befand sogar ausdrücklich, dass das Abhängigmachen der Eheschließung vom Unterhaltsausschluss auch dann wirksam sei, wenn die Frau ein Kind erwarte. § 888 Abs. 3 ZPO zeige, dass ein Eheversprechen rechtlich nicht durchsetzbar sei. Könne der Mann insgesamt von einer Eheschließung absehen, dürfe er sie auch von solchen Vereinbarungen abhängig machen, die die Rechtsordnung vorsehe, z.B. von einem Unterhaltsverzicht.

Für die weitere Diskussion maßgeblich sind jedoch die Argumentationen der vielzitierten Urteile des OLG Bamberg vom 7.2.1991[308] und in der Revision des BGH vom 9.7.1992[309]. Im zugrunde liegenden Fall waren die Parteien im August 1980 zusammengezogen. Die Frau war zu diesem Zeitpunkt noch mit einem anderen Mann verheiratet, von dem sie ein Kind hatte. Diese Ehe wurde 1981 geschieden. 1982 wurde die Frau von ihrem neuen Partner schwanger.

305 AG Solingen, FamRZ 1990, 635 (636); zustimmend *Eichenhofer*, DNotZ 1994, 213 (223).

306 Das AG Solingen versagte dem Mann zusätzlich gem. § 242 BGB die Berufung auf die Vereinbarung.

307 OLG Celle, FamRZ 1989, 64.

308 OLG Bamberg, FamRZ 1991, 1060.

309 BGH, NJW 1992, 3164 = BGH, FamRZ 1992, 1403.

Die Schwangerschaft wurde auf seinen Wunsch hin abgebrochen. Als die Frau 1984 wieder schwanger wurde, versuchte ihr Partner, sie erneut zum Abbruch zu veranlassen. Auf Drängen ihrer Familie entschloss sich die Frau jedoch, das Kind auszutragen. Nachdem der Mann eine Heirat zunächst abgelehnt hatte, willigte er schließlich ein. Das Kind solle „entweder ehelich oder gar nicht zur Welt kommen“. Die Parteien heirateten am 31.8.1984 noch während der Schwangerschaft. Vor der Eheschließung wandte sich der Ehemann an seinen Steuerberater und bat um den Entwurf eines Ehe- und Erbvertrages. Damit beauftragte der Steuerberater einen Notar. Die Ehefrau suchte am 10.8.1984 den Steuerberater auf und sprach mit ihm etwa eine Stunde lang über den vom Mann gewünschten Vertrag. Dem Steuerberater lag zu diesem Zeitpunkt noch kein Entwurf vor. Am 22.8.1984 unterzeichneten die Parteien sodann vor dem Notar einen Ehe- und Erbvertrag. Darin schlossen sie unter anderem den Zugewinnausgleich aus sowie Unterhaltsansprüche für den Fall, dass eine Partei innerhalb von fünf Jahren nach der Eheschließung die Scheidung beantragen würde. Am 9.1.1985 wurde die gemeinsame Tochter der Parteien geboren. Am 21.12.1989 wurde die Ehe geschieden. Die Frau verlangte nunmehr nachehelichen Unterhalt. Ihr Verzicht sei unwirksam, weil er unter Zwang zustande gekommen sei.

Das OLG Bamberg hielt den Unterhaltsverzicht für wirksam. Zur Eheschließung bestehe kein rechtlicher Zwang. Deshalb könne die Eheschließung grundsätzlich vom gesetzlich zulässigen Verzicht auf nachehelichen Unterhalt abhängig gemacht werden.

Gegen die Sittenwidrigkeit spreche weiter, dass die Eheschließung der Frau einen rechtlich gesicherten Unterhaltsanspruch für die Dauer der Ehe verschaffe. Ihre wirtschaftliche Lage werde also trotz des Ehevertrages verbessert. Ohne Eheschließung hätte ihr nur ein zeitlich befristeter Unterhaltsanspruch nach § 1615 l BGB[310] zugestanden.

Auch die Tatsache, dass die Frau bei Vertragsschluss schwanger gewesen und dass der Verzicht kurz vor der Eheschließung vereinbart worden sei, begründe allein keinen Verstoß gegen § 138 BGB. Die Frau habe sich selbständig drei Wochen vor der Eheschließung an den Steuerberater gewandt und mit diesem eine Stunde über den Vertrag gesprochen. Dies zeige, dass sie keinesfalls ganz kurzfristig vor der Eheschließung von den Absichten ihres Mannes erfahren habe. Vielmehr habe sie hinreichend Zeit gehabt, abzuwägen, ob sie trotz des Verzichts die Ehe eingehen wolle. Sie habe den Unterhaltsverzicht nicht unbedacht oder arglos hingenommen, sondern sich damit auseinandergesetzt.

310 Nach § 1615 l II 3 BGB in der Fassung ab 1.7.1998 besteht die Unterhaltspflicht über drei Jahre nach der Geburt hinaus, wenn es “insbesondere unter Berücksichtigung der Belange des Kindes grob unbillig wäre, einen Unterhaltsanspruch nach Ablauf dieser Frist zu versagen”. Zur Ungleichbehandlung ehelicher und nichtehelicher Kinder in Bezug auf die zeitliche Dauer der Betreuung durch den sorgeberechtigten Elternteil vgl. den Vorlagebeschluss des KG vom 16.9.2004, 16 UF 6/04.

Die Frau sei weder unerfahren, noch mangele es ihr an Urteilsvermögen. Die Ausnutzung einer besonderen Zwangslage sei daher nicht festzustellen.

Diesen Ausführungen schloss sich der BGH[311] an. Unerfahrenheit oder mangelndes Urteilsvermögen seien nicht ausgenutzt worden. Die Frau habe Gelegenheit gehabt, sich beraten zu lassen und sich mit dem Für und Wider auseinanderzusetzen. Die Schwangerschaft habe sie hieran nicht gehindert. Zwar habe eine schwangere Frau ein starkes Interesse an einer gesicherten Versorgung durch Heirat des Kindesvaters. Auch sei es nachvollziehbar, dass die Frau eine bereits geplante und angekündigte Hochzeit nicht habe absagen wollen. Dem stehe aber die *Eheschließungsfreiheit*[312] *des Mannes* gegenüber. Der Mann sei rechtlich zu keiner Zeit zur Heirat verpflichtet und deshalb in seine Entscheidung für oder gegen die Eheschließung bis zuletzt frei gewesen. Dies ergebe sich bereits aus § 1297 I BGB, wonach aufgrund des Eheversprechens nicht die Eingehung der Ehe verlangt werden könne. Der Mann habe deshalb die Heirat vom Unterhaltsverzicht abhängig machen können. Sittenwidrigkeit wegen Ausnutzens einer Zwangslage zu bejahen, greife seinerseits sittenwidrig in die Eheschließungsfreiheit des Mannes ein.

Das OLG Köln, Beschluss vom 19.10.1994[313], erweiterte diese Argumentationslinie auf den Ausschluss des Versorgungs- und Zugewinnausgleichs. Auch in diesem Fall war die Frau schwanger. Die Eheschließung hatte der Mann von ihrem Verzicht auf Unterhalt, Versorgungs- und Zugewinnausgleich abhängig gemacht, der Vertrag wurde drei Tage vor der Eheschließung unterzeichnet. Der BGH schloss sich dem OLG Köln in der Revisionsinstanz in seinem vielzitierten Beschluss vom 18.9.1996[314] an. Nach Ansicht des BGH lag eine zu missbilligende Ausbeutung einer Zwangslage nicht vor. Kernaussage des BGH war, dass der Mann *von der Eheschließung absehen und sich auf die rechtlichen Verpflichtungen eines nichtehelichen Vaters hätte zurückziehen können.* Dann könne auch nicht als verwerflich angesehen werden, wenn er trotz der Schwangerschaft seiner Partnerin ohne Abschluss eines Ehevertrages nicht habe heiraten wollen. Dass er im Übrigen in irgendeiner Weise unlauter auf seine spätere Frau eingewirkt habe, sei nicht festgestellt.

Festzuhalten ist mithin, dass die Rechtsprechung es grundsätzlich für zulässig erachtete, die Eheschließung vom Abschluss eines Verzichtsvertrages abhängig zu machen. Auf die Bedeutung des Arguments der negativen Eheschließungsfreiheit unter Einfluss der Entscheidungen des BVerfG zur Inhaltskontrolle von Eheverträgen wird später noch ausführlich einzugehen sein[315] .

311 BGH, NJW 1992, 3164 = BGH, FamRZ 1992, 1403.
312 Vgl. hierzu Mangoldt/Klein/Starck/*Robbers*, Art. 6 Rn. 57.
313 OLG Köln, FamRZ 1995, 929 (930).
314 BGH, FamRZ 1996, 1536 = BGH, NJW 1997, 126.
315 Vgl. Seite 148.

(2) Ehevertrag als Bedingung für die Fortsetzung der Ehe
Einen ähnlichen Unterfall des sittenwidrigen Ausnutzens einer Zwangslage bildet die Konstellation, in der die Fortsetzung der Ehe vom Abschluss einer Verzichtsvereinbarung abhängig gemacht wird.

Sittenwidrigkeit bejahte in einem solchen Fall, soweit ersichtlich, bisher allein das OLG Zweibrücken, Urteil vom 12.12.1995[316]. Das Gericht befand, die Verhältnisse zwischen Ehegatten, die nach langer Ehezeit – hier waren es neun Jahre – einen solchen Vertrag schlössen, unterschieden sich grundlegend von den Verhältnissen zwischen Verlobten, wenn einer die Eingehung der Ehe vom Abschluss eines vorsorgenden Vertrages abhängig mache. Das Gericht stellte fest, dass der Mann nur zur Fortsetzung der Ehe bereit gewesen sei, wenn die Frau ihre Bereitschaft zu künftiger ehelicher Treue durch den Vertragsabschluss manifestiere. Diese Verknüpfung zwischen der Bereitschaft zu ehelicher Versöhnung und dem Verlangen nach nahezu völliger wirtschaftlicher Preisgabe bedinge die Sittenwidrigkeit. Es sei unbillig, den Fortbestand höchstpersönlicher Beziehungen davon abhängig zu machen, dass der Partner schwerwiegende wirtschaftliche, insbesondere versorgungsrechtliche Nachteile zum ausschließlichen Vorteil des anderen in Kauf nehme.

Der BGH schlug in einer ähnlichen Situation eine andere Richtung ein. Sein Beschluss vom 2.10.1996[317] ist zugleich grundlegend für die Argumentation der Ehescheidungs- bzw. der negativen Eheschließungsfreiheit. Nach der Geburt eines Kindes hatte sich die Frau dessen Betreuung gewidmet. Der Ehemann war beruflich viel auf Reisen. Die Frau warf ihm immer wieder vor, er nutze seine Abwesenheit, um Verhältnisse mit anderen Frauen zu unterhalten. Sie war sehr eifersüchtig und machte ihm - unstreitig - ständig Szenen. Ob sie Grund zur Eifersucht hatte, war streitig. Nach vier Jahren Ehe erklärte der Mann, er wolle sich scheiden lassen. Die Frau bat um den Versuch eines neuen Anfangs und gelobte Besserung. Der Mann machte den Versuch, die Ehe fortzusetzen, vom Abschluss eines Ehevertrages abhängig. Notariell wurden daraufhin Gütertrennung vereinbart sowie Versorgungsausgleich und Unterhalt ausgeschlossen.
Zehn Jahre später kam es doch zur Scheidung. Der BGH verwies auf die Ehescheidungsfreiheit und erklärte den Vertrag für wirksam. Von der Ausbeutung einer Zwangslage der Frau könne keine Rede sein. Die Möglichkeit, sich bei Vorliegen der Scheidungsvoraussetzungen scheiden zu lassen, sei mit der Möglichkeit gleichzusetzen, sich auf die Pflichten eines nichtehelichen Vaters zurückzuziehen. Etwas anderes hätte nur dann gegolten, wenn die Parteien bei Vertragsschluss lange verheiratet gewesen wären und bereits erhebliches Versorgungsvermögen vorhanden gewesen wäre.

316 OLG Zweibrücken, FamRZ 1996, 869 (870 f.).
317 BGH, FamRZ 1997, 156 = BGH, NJW 1997, 192.

(3) Überrumpelung mit einem Ehevertrag

Als letzter Unterfall des sittenwidrigen Ausnutzens einer Zwangslage soll die Überrumpelung mit einem Ehevertrag erörtert werden. In der Literatur vertritt etwa *Büttner,* es entstehe eine psychische Zwangslage, wenn der Partner wenige Tage vor der Hochzeit ultimativ den Abschluss eines Ehevertrages fordere[318].

Der früheren Rechtsprechung indes reichten selbst gewichtige Anhaltspunkte nicht aus, um die Vereinbarung wegen Überrumpelung für sittenwidrig zu erklären. Im bereits dargestellten Fall, in dem die Frau drei Wochen vor der Eheschließung und zwei Wochen vor der Unterzeichnung erstmalig mit einem Steuerberater gesprochen hatte, reichte dieses einstündige Gespräch sowohl dem OLG Bamberg[319] als auch dem BGH, Urteil vom 9.7.1992[320], um eine Überrumpelung zu verneinen. Dem ist zuzustimmen. Die Frau hatte bis zur Vertragsunterzeichnung zwei Wochen später als auch bis zur Eheschließung nach einer weiteren Woche genügend Zeit abzuwägen, ob sie Ehevertrag und Hochzeit wollte. Sie hatte genügend Gelegenheit, das Für und Wider abzuwägen.

In seinem Urteil vom 24.4.1985 erachtete es der BGH bei einem unmittelbar im Anschluss an die Trauung geschlossenen Vertrag gar für ausreichend, dass die Frau während des Scheidungsverfahrens ihrer ersten Ehe und des Statusverfahrens über die Abstammung des gemeinsamen Sohnes hinreichend Zeit zum Überdenken ihrer Situation gehabt habe[321]. In einer derartigen Situation werde der Verzichtende nicht mit dem Ehevertrag „überfahren".

Das OLG Köln, Urteil vom 12.7.1994[322], befand, eine Überlegungsfrist von etwa sieben Monaten reiche selbst dann aus, wenn der Verzichtende die rechtlichen Konsequenzen des Vertrages nicht in allen Einzelheiten überblicke. Er müsse sich in einem solchen Fall erkundigen.

In jüngerer Zeit indes mehren sich die Sittenwidrigkeitsurteile wegen Überrumpelung. Zumeist waren die Zeitfenster in den entschiedenen Fällen allerdings auch enger. Im Fall des Amtsgerichts Schorndorf, Urteil vom 15.10.1997[323], hatte die im neunten Monat schwangere Frau drei Tage vor der Eheschließung auf Unterhalt verzichtet. Das Gericht stellte maßgeblich auf die bestehende Hochschwangerschaft der Frau ab, die daher in ihrer psychischen und physischen Konstitution beeinträchtigt gewesen sei und sich in einer Zwangslage befunden habe. Der Mann habe die notarielle Vereinbarung ohne Hinzuziehung der Frau und ohne vorherige Abstimmung ausformulieren lassen. Die Beteiligung der Frau sei auf eine bloße inaktive Zustimmung reduziert worden.

---

318 Vgl. *Büttner*, FamRZ 1998, 1 (5).
319 OLG Bamberg, FamRZ 1991, 1060.
320 BGH, NJW 1992, 3164 = BGH, FamRZ 1992, 1403.
321 BGH, FamRZ 1985, 788 (789).
322 OLG Köln, FamRZ 1995, 997 (998).
323 AG Schorndorf, FamRZ 1998, 1298.

Aufgrund ihrer seelischen Zwangslage habe die Frau den Vertrag nicht inhaltlich mitgestalten und die Folgen der vertraglichen Abrede nicht erfassen können. Der Heiratswunsch und die bevorstehende Geburt hätten einer autonomen Willensbildung entgegengestanden.

In einem vom OLG Koblenz am 4.2.2003[324] entschiedenen Fall wurde die Frau am Tag der Hochzeit erstmals mit dem fertigen Ehevertrag konfrontiert. Sie war zu diesem Zeitpunkt im vierten Monat schwanger. Der Vertrag enthielt die Vereinbarung von Gütertrennung mit einem Vermögensausgleich von höchstens 75.000 DM, den Ausschluss des Versorgungsausgleichs sowie den Verzicht auf Unterhalt mit Ausnahme des Anspruchs aus § 1570 BGB.
Das OLG Koblenz erklärte den Ausschluss des Versorgungsausgleichs für sittenwidrig, stützte sein Urteil aber nicht allein auf die „besonders merkwürdigen Umstände des Vertragsschlusses“ am Tag der Hochzeit, sondern auf das Zusammenspiel von Vertragsinhalt, Schwangerschaft und Terminwahl. In ganzen Passagen zitierte das OLG die Entscheidungen des BVerfG aus dem Jahre 2001, insbesondere zur psychischen und ökonomischen Unterlegenheit unverheirateter schwangerer Frauen. Die Begründung der Unterlegenheit im konkreten Fall fiel dagegen kurz und recht unpräzise aus.
Zur Terminwahl komme hinzu, dass der Frau „von Anfang an klar“ gewesen sei, dass ihr zukünftiger Mann auf dem Abschluss eines Ehevertrages bestehen werde. Daraus folgerte das Gericht, die Frau sei „zusätzlich massiv unter Druck gesetzt“ worden.

Auch das OLG Oldenburg berücksichtigte in seinem Urteil vom 28.8.2003[325], dass der Mann unvermittelt mit der Unterzeichnung des Vertrages an die Frau herangetreten sei, als der Hochzeitstermin bereits bestimmt und die Gäste geladen gewesen seien. Doch erklärte es den vorsorgenden Verzicht auf Zugewinn- und Versorgungsausgleich sowie auf nachehelichen Unterhalt mit Ausnahme des Betreuungsunterhalts „hinsichtlich des Ausschlusses des Zugewinns für unwirksam, § 242 BGB“. Auch das OLG Oldenburg stellte aber unter Verweis auf die Entscheidungen des BVerfG aus dem Jahre 2001 entscheidend auf die Schwangerschaft der Frau ab – diese befand sich bei Vertragsschluss im 5. Monat. Der Mann habe seine dominierende Lage gegenüber der Frau zu ihrem Nachteil in nicht zu billigender Weise ausgenutzt.

Zusammenfassend ist aber festzuhalten, dass der Rechtsprechung unter Betonung von Eigenverantwortung und Erkundigungspflicht schon eine begrenzte Auseinandersetzung mit der Vereinbarung ausreicht, um eine sittenwidrige Überrumpelung zu verneinen.

324 OLG Koblenz, FF 2003, 138.
325 OLG Oldenburg, FamRZ 2004, 545 = NJW-RR 2004, 650.

Wird ein Ehevertrag kurz vor der Hochzeit abgeschlossen, ist der beurkundende Notar berufen, Anzeichen für einen Entscheidungsdruck zu erkennen. Ergibt die Befragung der Parteien, dass dem Vertragsschluss längere Überlegungen und Gespräche vorausgegangen sind, bestehen gegen die Beurkundung keine Bedenken.
Wird ein Partner jedoch unmittelbar vor der Hochzeit – oder gar am selben Tag – erstmals mit dem Ehevertrag konfrontiert und muss er befürchten, die Hochzeit werde platzen, liegt ein gewichtiger Angriff auf die Entscheidungsfreiheit vor. Hier wird eine Zwangslage in sittenwidriger Weise ausgenutzt. Der Notar ist hier gezwungen, auf die Parteien einzuwirken und notfalls die Beurkundung abzulehnen. Ein unter derartigen Umständen zustande gekommener Vertrag kann keinen Bestand haben.

Schutz vor Überrumpelung böte es, die für Verbraucherverträge geltende – hier freilich umstrittene[326] – Vorschrift des § 17 II a, S. 2 Ziff. 2 BeurkG[327] auf familienrechtliche Vereinbarungen auszuweiten. Nach dieser Vorschrift soll der Notar darauf hinwirken, dass der Verbraucher ausreichend Gelegenheit erhält, sich vorab mit dem Gegenstand der Beurkundung auseinanderzusetzen; bei nach § 311 b I 1 und III BGB formbedürftigen Verträgen geschehe dies in der Regel dadurch, dass der beabsichtigte Text dem Verbraucher zwei Wochen vor der Beurkundung zur Verfügung gestellt werde. Eine solche „Abkühlungs- und Nachdenkphase“[328] wäre auch bei familienrechtlichen Vereinbarungen hilfreich, ist deren wirtschaftliche Bedeutung doch erheblich und dominieren Emotionen doch nirgends mehr als hier. Dem Vorwurf der Überrumpelung wäre der Boden entzogen[329].

(4) Sonstige Fälle des Ausnutzens einer Zwangslage
Auch außerhalb der drei beschriebenen Unterfälle erkannte die Rechtsprechung nur vereinzelt auf Sittenwidrigkeit wegen Ausnutzung einer Zwangslage.

Eines der seltenen Urteile fällte das OLG Karlsruhe am 17.8.1982[330]. In diesem bereits geschilderten Fall einer rumänischen Familie hatte die Frau brieflich erklärt, mit der Scheidung einverstanden zu sein und keine Ansprüche gegen ihren Mann zu stellen, wenn er sich nur wieder um ihre Ausreise und die der gemeinsamen Tochter bemühe. Das OLG Karlsruhe erklärte den Unterhaltsverzicht nach einer Gesamtschau aller objektiven und subjektiven Momente für

326 Vgl. nur *Bohrer*, DNotZ 2002, 579 (587); *Winkler*, § 17 BeurkG, Rn. 75.

327 Satz 2 eingefügt durch Art. 25 IV Ziff. 1 OLG VertrÄndG vom 23.7.2002 (BGBl. I 2850/2859), in Kraft getreten zum 1.8.2002.

328 *Brandt*, MittBayNot 2004, 221 (227); 278 (281); vgl. auch *Bergschneider*, FamRZ 2003, 1286 (1287); *Mayer*, FPR 2004, 363 (369).

329 Vgl. weiterführend Seite 122.

330 OLG Karlsruhe, FamRZ 1983, 174; das Gericht erklärte den Verzicht zudem als Vertrag zulasten Dritter und aufgrund einer Drohungsanfechtung für nichtig, vgl. Seiten 64, 66.

sittenwidrig. Der Ehemann habe den Verzicht gefordert, obwohl er gewusst habe, dass seine Ehefrau in Rumänien ihre Existenz aufgegeben und sich deshalb in einer „verzweifelten, ausweglosen Situation" befunden habe. Dass die Ehefrau den Verzicht selbst vorgeschlagen hatte, spiele keine Rolle. Es reiche aus, dass der Ehemann ihre verzweifelte Lage gekannt und zu seinen Gunsten ausgenutzt habe.

Ein weiteres Sittenwidrigkeitsurteil zumindest auch wegen Ausnutzung einer ausweglosen Situation fällte das OLG Karlsruhe am 7.3.1990[331]. Hier hatten die Parteien im Jahre 1960 geheiratet. Aus der Ehe waren vier gemeinsame Kinder hervorgegangen. Die Ehe war für die Frau qualvoll, sie wurde von ihrem Mann geschlagen. Als die Kinder weitgehend das Haus verlassen hatten, wollte sie die Scheidung betreiben. Der Mann jedoch wies die Scheidung von sich und hielt seine Frau davon ab, Rechtsrat bei einem Rechtsanwalt einzuholen. Sie glaubte deshalb, ohne Mitwirkung ihres Mannes nicht geschieden werden zu können. In diesem Glauben verzichtete die Frau auf nachehelichen Unterhalt, Zugewinn und Versorgungsausgleich. Darüber hinaus übertrug sie ihrem Ehemann drei Monate später ihren Miteigentumsanteil am gemeinsam bewohnten Haus. Die Erben der Frau machten die Nichtigkeit dieses Vertrages geltend und verlangten Rückübereignung des Miteigentumsanteils.
Das OLG Karlsruhe behandelte beide Verträge als Einheit und erklärte sie in der Gesamtbetrachtung für sittenwidrig[332]. Anstößig sei schon, dass die Ehefrau nach fast 25 Ehejahren auf alle Vermögenswerte aus der Ehe verzichtet habe, zudem auf alle zukünftig bedeutsamen Rechte aus der Ehe sowie auf ihren einzigen wertvollen Vermögensgegenstand, den Miteigentumsanteil. Zudem habe sie sich bei Vertragsschluss in einer Zwangslage befunden. Ihr Mann habe sie geschlagen und davon abgehalten, Rechtsrat einzuholen. Sie habe geglaubt, auf alles verzichten zu müssen, um den Beklagten zu einer Mitwirkung zu bewegen. Die Ehe- und Familiengeschichte sowie der Regelungsgehalt und die weiteren Umstände indizierten die subjektiven Voraussetzungen des § 138 BGB. Die Ausnutzung der Zwangssituation war in der Entscheidung des OLG Karlsruhe demnach nur einer der die Sittenwidrigkeit begründenden Umstände.

Daraus lässt sich ableiten, dass zu einer Zwangssituation regelmäßig weitere Umstände hinzutreten müssen. So erklärte die Rechtsprechung Vereinbarungen für wirksam, wenn die Zwangssituation weniger gravierend war.

Das OLG Hamm etwa erachtete es in seinem Beschluss vom 20.4.1994[333] als nicht ausreichend, dass die Frau während der Ehe von einem anderen Mann schwanger geworden war und sich nun gezwungen sah, einen Ehevertrag zu unterschreiben, um ihren Mann zur Rücknahme seines Scheidungsantrags zu

331 OLG Karlsruhe, FamRZ 1991, 332.
332 Der BGH nahm die Revision nicht an.
333 Vgl. OLG Hamm, FamRZ 1995, 40 (41).

bewegen. Zwar habe sich die Frau in einer Drucksituation befunden, doch seien auch die berechtigten Interessen des Mannes zu berücksichtigen. Eine Gegenüberstellung der gesicherten Rechte, die die Frau aufgegeben habe, mit den Vorteilen, die sie durch die Rücknahme des Scheidungsantrags erlange, ergebe kein gravierendes Missverhältnis.

Auch die Verzichtserklärung einer Frau, die nach einem „ehelichen Fehlverhalten" ihrerseits auf die Wünsche ihres Mannes einging, um die Ehe zu retten, sah das OLG Frankfurt mit Urteil vom 03.12.1982 nicht als sittenwidrig an. § 138 BGB erfordere eine Zwangs- und Drucksituation, die die Grenze dessen, was eben noch toleriert werden könne, überschreite[334].

b) Sittenwidriges Zusammenwirken zum Nachteil Dritter

Außer wegen des Ausnutzens einer Zwangslage kann eine familienrechtliche Vereinbarung dann als sittenwidrig einzustufen sein, wenn sie zum Nachteil Dritter vereinbart wird. Beleuchtet werden im Folgenden die Unterfallgruppen der Belastung des Sozialhilfeträgers und der Belastung von Verwandten.

(1) Belastung des Sozialhilfeträgers

Umfangreich behandeln Rechtsprechung und Literatur die Fallgruppe der Vereinbarungen zu Lasten des Sozialhilfeträgers. Nach dem „Nachrangprinzip" des § 2 I BSHG unterstützt die Sozialhilfe nur denjenigen, der sich nicht selbst versorgen kann. Wer sich aus eigener Kraft zu versorgen in der Lage ist, muss mit seinem Wunsch nach staatlicher Hilfe zurücktreten[335]. Eigene Mittel, wozu auch Unterhaltsansprüche gegen Dritte gehören[336], sind vorrangig einzusetzen (§ 2 II BSHG). Nur wenn bürgerlich-rechtlicher Unterhalt nicht realisiert werden kann, tritt die Sozialhilfe in Vorleistung. § 91 BSGH ordnet dann eine Legalzession des Unterhaltsanspruchs auf den Sozialhilfeträger an, die öffentliche Fürsorge nimmt also beim Unterhaltspflichtigen Regress.

Führt eine Unterhaltsvereinbarung dazu, dass ein Partner nach der Scheidung der Sozialhilfe anheim fällt, ist dies für den Sozialhilfeträger doppelt misslich. Zum einen muss er gemäß § 25 II BSHG auch bei selbst veranlasster Bedürftigkeit eintreten, zum anderen geht der Regress nach § 91 BSHG ins Leere, wenn aufgrund der Verzichtsvereinbarung keine Einzelansprüche bestehen[337].

Wie im Folgenden aufgezeigt wird, unterscheidet sich die Beurteilung der Sittenwidrigkeit wegen Abwälzung der Unterhaltslast auf den Sozialhilfeträger erheblich danach, ob eine Trennungs- bzw. Scheidungsfolgenvereinbarung oder aber ein vorsorgender Verzicht Gegenstand der Prüfung ist.

---

334 OLG Frankfurt, FamRZ 1983, 176 (178).
335 OLG Hamm, FamRZ 2000, 31 (32) = NJW-RR 1999, 950 (951).
336 *Hess*, FamRZ 1996, 981; vgl. auch OLG Hamm, NJW-RR 1999, 950 (951) .
337 *Hess*, FamRZ 1996, 981 (982).

(a) Trennungs- und Scheidungsfolgenvereinbarungen
Nach früherer Rechtsprechung verstießen Unterhaltsvereinbarungen nur dann gegen die guten Sitten, wenn die Eheleute gewissenlos im eigenen Interesse handelten und sich von der Absicht – oder zumindest von dem wesentlich mitbestimmenden Beweggrund – leiten ließen, die Unterhaltslast vom leistungsfähigen Ehepartner auf den Sozialhilfeträger zu überbürden[338].

Diese Rechtsprechung empfand der BGH als zu eng. In dem seinem Grundsatzurteil vom 08.12.1982[339] zu Grunde liegenden Fall hatten die Parteien im Jahre 1966 die Ehe geschlossen. Im April 1972 wurde ein gemeinsames behindertes Kind geboren. Im Februar 1977 trennten sich die Parteien. Seitdem zahlte der Ehemann Unterhalt nur für das gemeinsame Kind, nicht aber für die Ehefrau. Diese lebte fortan von Sozialhilfe. Durch Urteil vom April 1977 wurde die Ehe geschieden. In einer Scheidungsfolgenvereinbarung verzichtete die Ehefrau auf nachehelichen Unterhalt. Der Ehemann verpflichtete sich im Gegenzug, ihr den Großteil des Hausrats zu überlassen, bestehende gemeinsame Schulden zu tilgen und Kindesunterhalt zu zahlen.
Der Sozialhilfeträger verlangte nun vom Mann aus übergeleitetem Recht Erstattung der geleisteten Unterhaltszahlungen. Der Mann berief sich auf den Unterhaltsverzicht.

Der BGH entschied, ein solcher Unterhaltsverzicht könne sittenwidrig sein, wenn die wirtschaftlichen Folgen des Scheiterns der Ehe zu Lasten der Sozialhilfe geregelt würden. Die Sittenwidrigkeit sei an objektive und subjektive Voraussetzungen geknüpft. Objektiv müsse bei Vertragsschluss feststehen, dass der Verzichtende der Sozialhilfe anheim fallen werde. Dies war hier der Fall, da die Frau mangels Unterhaltszahlungen durch ihren Mann bereits seit Februar 1977 Sozialhilfe bezog. Die Tilgung gemeinsamer Schulden und die Überlassung des Hausrats änderten an ihrer Bedürftigkeit nichts.
Zur subjektiven Seite weichte der BGH die bisherige Rechtsprechung auf, indem er eine Schädigungsabsicht zu Lasten der Sozialhilfeträger nicht mehr für erforderlich hielt[340]. Vielmehr reiche es aus, dass sich die Parteien bei Vertragsschluss der Bedürftigkeit des einen und der grundsätzlichen Leistungsfähigkeit des anderen und damit der naheliegenden Schädigung des Sozialhilfeträgers bewusst gewesen seien oder sich dieser Erkenntnis grob fahrlässig verschlossen hätten. Der BGH stellte darauf ab, dass die Ehefrau bereits vor der Scheidung Sozialhilfe bezogen hatte. Da sie ein behindertes Kind zu versorgen hatte, sei voraussehbar gewesen, dass sie über Jahre hinaus nicht erwerbstätig sein würde. Damit habe für die Parteien schon zum Zeitpunkt des Vertragsschlusses festgestanden, dass die Frau der öffentlichen Fürsorge anheim fallen werde. Hätten

338 OLG Düsseldorf, FamRZ 1955, 293 (294 f.); LG Bielefeld, NJW 1958, 185; vgl. noch OLG Hamm, FamRZ 1982, 1215 (1216).
339 BGH, FamRZ 1983, 137 = BGH, NJW 1983, 1851 = BGHZ 86, 82.
340 BGH, FamRZ 1983, 137 (139).

sich die Parteien dieser Erkenntnis verschlossen, wäre dies grob fahrlässig gewesen.

Die nachfolgende Rechtsprechung hat die vom BGH aufgestellten Voraussetzungen einhellig übernommen[341], ebenso der weit überwiegende Teil der Literatur[342]. Entsprechend findet sich immer wieder die Äußerung, dass ein Verzicht auf Versorgungsausgleich und nachehelichen Unterhalt nicht schon dann sittenwidrig sei, wenn er im Ergebnis dazu führen kann, dass der Verzichtende bei einer späteren Scheidung ohne Altersversorgung bleibe und *möglicherweise* auf Sozialhilfe angewiesen sein werde[343].

Soweit ersichtlich, geht allein *Zöllner*[344] einen anderen Weg. Seiner Ansicht nach muss niemand seine Privatangelegenheiten so gestalten, dass die Sozialhilfe geschont werde. Entsprechend habe die Allgemeinheit kein moralisches Recht darauf, dass ein Ehegatte die Bedürftigkeit seines ehemaligen Partners verhindere. Ein Unterhaltsverzicht zu Lasten der Sozialhilfe sei damit nicht schon dann sittenwidrig, wenn sich die Ehegatten dieser Folge bewusst seien. Erforderlich sei vielmehr ein vorsätzliches Zusammenwirken in Schädigungsabsicht (Kollusion); die Belastung Dritter müsse Zweck des Unterhaltsverzichts sein. Doch davon wird man – das erkennt auch *Zöllner* – so gut wie nie ausgehen können, so dass Sittenwidrigkeit bei Drittbelastung eigentlich immer abzulehnen wäre. Dann jedoch wären der Ausnutzung des sozialen Netzes Tür und Tor geöffnet - eine gerade in Zeiten leerer öffentlicher Kassen inakzeptable Lösung.

Mit dem BGH und der herrschenden Meinung ist also ein Unterhaltsverzicht gemäß § 138 BGB als sittenwidrig anzusehen, wenn er zwangsläufig zur Sozialhilfebedürftigkeit führt und die Parteien in dem Bewusstsein handelten oder sich dem grob fahrlässig verschlossen, dass die Unterhaltslast auf die Allgemeinheit abgewälzt wird.

---

341 Vgl. BGH, FamRZ 1985, 788 (790); BGH, FamRZ 1987, 40 (42) = BGH, NJW 1987, 1546; BGH, FamRZ 1991, 306; BGH, NJW 1992, 3164; VerwG München, FamRZ 1985, 292; OLG Hamm, FamRZ 1989, 398; OLG Köln, FamRZ 1990, 634; OLG Hamm, FamRZ 1991, 88; OLG Köln, FamRZ 1995, 997 (998); AG Schorndorf, FamRZ 1998, 1298 (1299); OLG Köln, FamRZ 1999, 920; OLG Köln, FamRZ 2003, 767.

342 *Bosch*, FS Habscheid, 1989, S. 23 (28); *Büttner*, FamRZ 1998, 1 (4); *Eichenhofer*, DNotZ 1994, 213 (223 f.) auch für den Versorgungsausgleich; *Frey*, S. 61; *Gerber*, FS 50 Jahre BGH, 2000, S. 49 (51); Göppinger/Börger/*Miesen*, S. 356; Göppinger/Wax/*Hoffmann*, Rn. 1389; *Grziwotz*, FamRZ 1997, 585 (587); *E. Koch*, JR 1993, 197; *Langenfeld*, Handbuch, Rn. 27; Münch-Komm/*Richter*, 2. Auflage 1989, § 1585 c Rn. 46; Palandt/*Heinrichs*, § 138 Rn. 47; *Richter*, JR 1986, 18; *Schubert*, FamRZ 2001, 733; Soergel/*Häberle*, § 1585 c Rn. 16; Staudinger/*Sack*, § 138 Rn. 360; *Vortmann*, JA 1986, 410 (404 f.); Wendl/Staudigl/*Pauling*, Rn. 608.

343 *Bergschneider* in MittBayNot 1999, 144 (146); *Brambring*, S. 63 Rn. 69; *Langenfeld*, Handbuch, Rn. 579; vgl. auch OLG Hamm, FamRZ 1982, 1215 f.

344 *Zöllner*, FS Lange, 1992, S. 973 (988 f.).

Im Folgenden seien weitere Beispiele aus der Rechtsprechung genannt.

In einem vom Verwaltungsgericht München am 6.9.1984 entschiedenen Fall[345] bezog die Frau bereits bei Abschluss des Unterhaltsverzichts anlässlich der Scheidung Sozialhilfe. So wie der BGH in der Entscheidung vom 8.12.1982 schlussfolgerte auch das Verwaltungsgericht München, dass die Parteien voraussehen konnten bzw. hätten voraussehen müssen, dass die Ehefrau infolge des Verzichts weiter auf öffentliche Hilfe angewiesen sein würde.

Noch deutlicher lagen die subjektiven Voraussetzungen des § 138 BGB in einem weiteren Urteil des BGH vom 17.9.1986[346] vor. Hier bezog die Ehefrau in der Trennungsphase bereits Sozialhilfe, als sie gegenüber ihrem Mann auf Unterhaltsrückstände aus der Vergangenheit verzichtete. Damit hätten die Parteien dem Sozialamt nach Ansicht des Gerichts bewusst den Rückgriff auf den Ehemann abschneiden wollen. Den Parteien sei bei Vertragsschluss bewusst gewesen, dass der Verzicht zwangsläufig auf eine Belastung des Sozialhilfeträgers hinauslaufen werde[347].

Demgegenüber vereinte das OLG Koblenz[348] in seinem Urteil vom 9.6.1994 bei einem Verzicht auf rückständigen Unterhalt trotz laufenden Sozialhilfebezuges die subjektiven Voraussetzungen. Die Parteien hätten nur die Ehe stabilisieren, nicht aber die Sozialbehörden schädigen wollen.

Der VGH Mannheim indes argumentierte mit Urteil vom 8.6.1993[349], wer bereits Sozialhilfe beziehe, handele zumindest grob fahrlässig, wenn er auf Leistungen verzichte, deren Erhalt weitere öffentliche Unterstützung entbehrlich mache. Eine Sozialhilfeempfängerin hatte gegenüber ihren Kindern auf den Pflichtteil nach dem Tod ihres Mannes und auf den erbrechtlichen Zugewinnausgleich verzichtet. Nach Ansicht des VGH Mannheim wurde die weitere Sozialhilfebedürftigkeit bewusst herbeigeführt, um das Familiengrundstück dem Zugriff des Sozialamtes zu entziehen. Da das Pflichtteilsrecht partiell die Funktion von Unterhaltsansprüchen über den Tod hinaus übernehme, sei dieser Fall nicht anders zu beurteilen als ein Unterhaltsverzicht zu Lasten der Sozialhilfe.

Eine sittenwidrige Belastung des Sozialhilfeträgers bejahte auch das OLG Köln mit Urteil vom 15.12.1998[350]. Hier hatte der Mann nicht einmal zwei Monate, nachdem seine Frau auf Unterhalt und Zugewinnausgleich verzichtet hatte, den Scheidungsantrag eingereicht. Indem die Parteien in Kenntnis der Arbeitslosigkeit, der Alkoholabhängigkeit und der Verwahrlosung der Frau Unterhalt und

345 Vgl. VerwG München FamRZ 1985, 292.

346 Vgl. BGH, FamRZ 1987, 40 = BGH, NJW 1987, 1546.

347 Vgl. BGH, FamRZ 1987, 40 (42 f).

348 OLG Koblenz, FamRZ 1995, 171 (172).

349 Vgl. VGH Mannheim NJW 1993, 2953.

350 OLG Köln, FamRZ 1999, 920.

Zugewinn ausschlossen hätten, hätten sie bewusst eine Situation herbeigeführt, in der die Frau auf Sozialhilfe angewiesen sein und damit allein die öffentliche Hand mit den Kosten des Unterhalts belastet werden würde. Es sei vorhersehbar gewesen, dass die Frau nicht mehr selbst für sich würde sorgen können.

Allerdings finden sich auch Fälle, in denen die Sittenwidrigkeit wegen Abwälzung der Unterhaltslast auf den Sozialhilfeträger verneint wurde.

So verneinte das OLG Hamm in seinem Beschluss vom 16.9.1988 die subjektive Seite des § 138 I BGB[351]. Anlässlich der Trennung hatte die Frau auf Unterhalt verzichtet. Das Gericht erklärte, dass die Frau bei Vertragsschluss zwar bereits schwanger gewesen sei, so dass sich schon abgezeichnet habe, dass sie nach der Geburt ihre Erwerbstätigkeit möglicherweise nicht würde aufrechterhalten können. Dennoch sei nicht festzustellen, dass die Parteien eine spätere Unterhaltsbedürftigkeit und die Notwendigkeit, Sozialhilfe in Anspruch zu nehmen, konkret ins Auge gefasst hätten.

Auch das OLG Koblenz verneinte mit Urteil vom 20.3.2000[352] die Sittenwidrigkeit eines Unterhaltsverzichts anlässlich der Scheidung. Zwar sei die Frau bei Vertragsschluss arbeitslos gewesen. Doch habe sie mit ihrem Lebensgefährten einen Schrotthandel betreiben wollen und damit auch tatsächlich nach der Scheidung ein Jahr lang ihren Unterhalt sicherstellen können. Es fehle damit am subjektiven Sittenwidrigkeitselement.

(b) Vorsorgende Vereinbarungen

Bei vorsorgenden, also vor Eheschließung geschlossenen Vereinbarungen sind die subjektiven Voraussetzungen der Sittenwidrigkeit weit schwerer festzustellen[353]. Für die Beurteilung vorsorgender Vereinbarungen maßgeblich ist der am 19.12.1989 vom OLG Köln[354] und am 28.11.1990 vom BGH[355] entschiedene Fall: Die Parteien waren 1985 die Ehe eingegangen, nachdem sie zwei Wochen zuvor in einem Ehevertrag Gütertrennung vereinbart, den Versorgungsausgleich ausgeschlossen und gegenseitig auf Unterhalt verzichtet hatten. Die Frau war zu diesem Zeitpunkt 23 Jahre alt, schwanger und ohne Berufsausbildung. Drei Wochen nach der Eheschließung wurde das gemeinsame Kind geboren. Im Jahr 1988 wurde die Ehe der Parteien geschieden. Seit Ende 1987 erhielt die Frau fortlaufend Sozialhilfe. Mit der Klage machte der Sozialhilfeträger Unterhaltsansprüche aus übergeleitetem Recht gegen den Mann geltend. Dieser berief sich auf den Unterhalts-verzicht.

351 OLG Hamm, FamRZ 1989, 398.
352 OLG Koblenz, FamRZ 2001, 227.
353 Vgl. *Büttner*, FamRZ 1998, 1 (4).
354 OLG Köln, FamRZ 1990, 634.
355 BGH, FamRZ 1991, 306 = BGH, NJW 1991, 913.

Das OLG Köln bejahte die Sittenwidrigkeit des Vertrages. Die Geburt des Kindes habe kurz bevorgestanden; keiner der Verlobten habe über nennenswertes Vermögen oder überdurchschnittliches Einkommen verfügt, die Frau sei zudem beruflich unqualifiziert gewesen. Da auch die vorherige Ehe der Frau schon nach fünf Jahren geschieden worden sei, habe zudem die baldige Scheidung nicht ganz fern gelegen. Den Parteien müsse daher klar gewesen oder allenfalls infolge grober Fahrlässigkeit verborgen geblieben sein, dass die Frau bei einer Scheidung infolge des Verzichts darauf angewiesen sein würde, entweder Sozialhilfe in Anspruch zu nehmen oder einer Erwerbstätigkeit nachzugehen. Letzteres hätte die Kindesbetreuung eingeschränkt. Entweder wäre also die Unterhaltslast auf die Allgemeinheit abgewälzt oder aber das Kindeswohl unangemessen beeinträchtigt worden. Beides sei als sittenwidrig anzusehen.

Der BGH hingegen hielt den Unterhaltsverzicht in diesem Fall für wirksam. Er unterstrich die grundsätzlich volle Vertragsfreiheit für vorsorgende Vereinbarungen und Vereinbarungen während der Ehe. Zur Bejahung des § 138 I BGB reiche es nicht aus, dass die Vereinbarung in dem Bestreben geschlossen werde, sich von allen nachteiligen Folgen einer Scheidung freizuzeichnen. Vor allem aber sei nicht auf den Zeitpunkt der Scheidung, sondern auf den des Vertragsschlusses abzustellen. Im Jahr 1985 habe nicht festgestanden, dass die Ehefrau bei einer Scheidung ein Kleinkind zu versorgen haben werde. Vielmehr hätte die Scheidung auch später erfolgen können, als das Kind nicht mehr hätte betreut werden müssen. Eine Zwangslage hätte dann nicht bestanden.
Auch die mangelnde berufliche Qualifikation der Ehefrau sei irrelevant. Ein Unterhaltsverzicht könne nicht nur mit einer beruflich qualifizierten Frau vereinbart werden. Ebenso wenig stehe fest, dass die Verlobten bei Vertragsschluss tatsächlich nur mit einer kurzfristigen Ehe gerechnet hätten. Es sei damit nicht festgestellt, dass die Parteien bei Vertragsschluss eine Zwangslage für die Ehefrau oder die spätere Scheidung voraussahen oder grob fahrlässig verkannten.

Bei vorsorgenden Vereinbarungen sind daher Fälle von Sittenwidrigkeit wegen Überbürdung der Unterhaltslast auf den Sozialhilfeträger nur schwer denkbar. Dass bei einer Scheidung Kinder zu betreuen sein werden, können die Ehegatten bei Vertragsschluss in aller Regel nicht vorhersehen, da die Kinder im Zeitpunkt der Scheidung ebenso gut bereits erwachsen sein können. Ebenso wenig ist bei vorsorgenden oder erheblich vor der Trennung getroffenen Vereinbarungen vorhersehbar, dass die Frau bei einer Trennung nach Ende der Betreuungszeit nicht in der Lage sein wird, erwerbstätig zu sein[356]. Die Umstände, die den Verzicht sittenwidrig erscheinen lassen, ergeben sich in aller Regel erst im Nachhinein.

---

356 Vgl. *von Hornhardt*, DNotZ 1981, 447 (450), Anm. zu OLG Köln, DNotZ 1981, 444; vgl. OLG Hamm, FamRZ 1986, 471 (472); vgl. auch OLG Hamm, FamRZ 1992, 452 (454) zur mangelnden Vorhersehbarkeit der Bedürftigkeit.

Im Zeitpunkt der Vereinbarung hingegen sind weder Ehedauer noch berufliche und familiäre Entwicklungen vorhersehbar[357].

Der BGH, Urteil vom 9.7.1992[358], und das OLG Köln, Urteil vom 12.7.1994[359], führten in vergleichbaren Fällen noch ein anderes Argument gegen die Sittenwidrigkeit an. Wie im oben geschilderten Fall waren die Frauen im Zeitpunkt der Vereinbarung des Unterhaltsverzichts schwanger. Die Eheschließung hatten die Partner jeweils vom Unterhaltsverzicht abhängig gemacht. Der BGH und das OLG Köln folgerten daraus, dass die Frauen schon gar keine Aussicht auf einen nachehelichen Unterhaltsanspruch erworben hätten, auf den sie zu Lasten der Sozialhilfe hätten verzichten können. Mangels Anwartschaft auf Unterhalt habe der Verzicht demnach die finanzielle Lage der Frauen nicht verschlechtert und das Risiko, auf Sozialhilfe angewiesen zu sein, nicht gesteigert. Vielmehr habe der Verzicht die Ehe ermöglicht und der Frau damit für die Dauer der Ehe einen rechtlich gesicherten Anspruch auf Unterhalt gemäß §§ 1360, 1360 a BGB verschafft.

Diese Argumentation griff – soweit ersichtlich – nur das OLG Hamm mit Urteil vom 2.7.2003[360] unter ausdrücklichem Bezug auf die genannte Rechtsprechung auf. Eine sittenwidrige Regelung zu Lasten des Sozialamtes scheide für den vorsorgenden Gesamtverzicht aus, da die Frau bei Vertragsschluss ohnehin keinen Anspruch auf nachehelichen Unterhalt gehabt habe. Da die Eheschließung ersichtlich von der Unterzeichnung des Vertrages abhängig gewesen sei, habe von vornherein keine Aussicht auf einen nachehelichen Unterhaltanspruch bestanden.

Teile der Literatur stimmten dieser Argumentation zu, dass die Sittenwidrigkeit wegen Abwälzung der Unterhaltslast auf die Allgemeinheit ausscheide, weil die Verlobte ohne den Verzicht auch keine Unterhaltsansprüche erworben hätte[361]. Ob dieser Argumentation zu folgen ist, kann dahingestellt bleiben, scheitert doch die Sittenwidrigkeit vorsorgender Vereinbarungen wegen Abwälzung der Unterhaltslast auf den Sozialhilfeträger regelmäßig schon anhand der weiteren Kriterien[362] der Rechtsprechung. Denn bei vorsorgenden Vereinbarungen ist in der Regel nicht nachweisbar, dass die Parteien bei Vertragsschluss die künftige Bedürftigkeit des Verzichtenden voraussahen oder sich dieser Erkenntnis grob

357 Ob sich der potentiell Unterhaltsberechtigte in den geschilderten Fällen auf den Unterhaltsverzicht berufen kann, ist keine Frage der Sittenwidrigkeit und wird an späterer Stelle erläutert, siehe Seiten 101 ff.

358 BGH, FamRZ 1992, 1403 = BGH, NJW 1992, 3164; als Vorinstanz vgl. OLG Bamberg, FamRZ 1991, 1060.

359 OLG Köln, FamRZ 1995, 997 (998).

360 OLG Hamm, NJW-RR 2003, 1659 = FuR 2004, 242.

361 Göppinger/Wax/*Hoffmann*, Rn. 1390; *Langenfeld*, Handbuch, Rn. 637; Wendl/Staudigl/*Pauling*, Rn. 608.

362 Siehe Seite 84.

fahrlässig verschlossen. Ob der Verzicht das Risiko der Frau steigerte, auf Sozialhilfe angewiesen zu sein oder ob die Ehe ihre finanzielle Lage verbesserte, ist für die Prüfung irrelevant[363].

Insgesamt lässt sich feststellen, dass Fälle von Sittenwidrigkeit allein wegen Abwälzung der Unterhaltspflicht auf den Sozialhilfeträger selten sind, insbesondere bei vorsorgenden Vereinbarungen. Zumeist sind diese Fälle mithilfe des Grundsatzes von Treu und Glauben zu lösen[364].

(2) Belastung Verwandter

Die zweite Untergruppe des sittenwidrigen Zusammenwirkens zum Nachteil Dritter betrifft die Fälle, in denen die Vereinbarung zur Belastung Verwandter führt. Die subsidiäre unterhaltsrechtliche Haftung von Verwandten gegenüber dem geschiedenen Ehegatten ergibt sich aus § 1584 Satz 1 BGB. Nach § 1584 Satz 2 BGB haften die Verwandten erst, wenn der Ehegatte nicht leistungsfähig ist.

Zur Überbürdung der Unterhaltslast auf Verwandte wird in der Literatur argumentiert, für die Sittenwidrigkeit sei es unerheblich, ob die Allgemeinheit oder konkrete Dritte belastet würden[365]. Wie beim Verzicht zu Lasten der Sozialhilfe solle maßgeblich sein, ob die Parteien wussten oder nur infolge grober Fahrlässigkeit nicht wussten, dass ihre Vereinbarung die Unterhaltspflicht auf Verwandte überbürde[366]. In der Praxis ist diese Konstellation jedoch kaum relevant. So stellte allein das OLG Köln beiläufig fest, ein Unterhaltsverzicht könne sittenwidrig sein, wenn der Berechtigte anderen Verwandten zur Last fallen solle[367].

c) Sittenwidriger Vertragsinhalt

Nach der ausführlichen Erörterung der Fallgruppe des sittenwidrigen Zusammenwirkens zum Nachteil Dritter im vorangegangenen Abschnitt wird nun die Fallgruppe „Sittenwidriger Vertragsinhalt“ betrachtet. Im Einzelnen werden unter diesem Oberbegriff die Kommerzialisierung des Sorge- oder Umgangsrechts sowie der Verzicht auf Scheidungsfolgeansprüche nach langer Ehezeit untersucht.

---

363 Zur Beurteilung des Abhängigmachens der Eheschließung vom Vertragsschluss vergleiche Seite 150.

364 Siehe hierzu Seiten 96 ff.

365 Göppinger/Wax/*Hoffmann*, Rn. 1389; vgl. auch *M. Koch,* Sittenwidrigkeit, S. 32 f., 116 f.

366 Vortmann, JA 1986, 401 (405); vgl. auch Münch-Komm/*Richter*, 2. Auflage 1989, § 1585 c Rn. 46; a.A. soweit ersichtlich nur *Zöllner*, FS Lange, 1992, S. 973 (988 f.), der ebenso wie bei der Abwälzung der Unterhaltslast auf die Allgemeinheit ein kollusives Zusammenwirken der Parteien fordert.

367 Vgl. OLG Köln, DNotZ 1981, 444 (445).

(1) Kommerzialisierung des Sorge- oder Umgangsrechts
Zur unzulässigen Koppelung von Vereinbarungen über die Freistellung vom Kindesunterhalt mit Vereinbarungen zum Sorge- bzw. Umgangsrecht ist der vom BGH mit Urteil vom 23.5.1984[368] entschiedene Fall maßgeblich: Nach ihrer Scheidung im Jahre 1970 stritten die Parteien langwierig über das Umgangsrecht bezüglich des im Jahr 1969 geborenen gemeinsamen Sohnes. 1976 einigten sich die Parteien außergerichtlich. Der Mann stimmte der Übertragung des Sorgerechts auf die Frau zu und verpflichtete sich, sein Besuchsrecht nicht auszuüben. Die Frau verpflichtete sich, dem Mann den Kindesunterhalt „zu ersetzen". Die Vereinbarung sei gegenseitig. Aufgrund dieses Vertrages wurde das Sorgerecht der Frau übertragen, der Mann stellte die Unterhaltszahlungen sowie seine Besuche beim Kind ein. Anfang 1981 forderte die Frau monatlich 300,- DM Kindesunterhalt ab April 1981. Der Mann berief sich auf die Vereinbarung aus dem Jahr 1976.

Der BGH erklärte diese Vereinbarung für sittenwidrig. Obwohl das Umgangsrecht unverzichtbar sei[369], könne sich doch ein Elternteil verpflichten, das Umgangsrecht nicht auszuüben, wenn dies dem Kindeswohl entspreche[370]. Eine solche Vereinbarung sei aber unwirksam, wenn sie in anstößiger Weise an eine Unterhaltsfreistellungsverpflichtung des anderen Elternteils gekoppelt werde. Dies sei der Fall, wenn das Kind über die Regelung zum Handelsobjekt gemacht werde. Die Übertragung des Sorgerechts und der Verzicht auf den Umgang dürften nicht zum Tauschobjekt für die Freistellung vom Kindesunterhalt werden. Die vereinbarte Unterhaltsfreistellung biete einen ständigen finanziellen Anreiz, das Umgangsrecht ohne Rücksicht auf das Kindeswohl nicht auszuüben. Eine solche Vereinbarung kommerzialisiere das elterliche Umgangsrecht und sei damit regelmäßig sittenwidrig gemäß § 138 I BGB[371].

Diese Argumentation nahmen später der BGH, Urteil vom 15.1.1986[372], sowie das OLG Frankfurt, Urteil vom 12.3.1986[373], auf. Beide Gerichte zogen in ihrer Beurteilung jedoch ein weiteres Kriterium hinzu und verneinten in den entschiedenen Fällen die Sittenwidrigkeit. Der BGH führte aus, dass es angesichts der §§ 623, 630 ZPO, wonach Scheidung und Folgesachen, also unter anderem Sorgerecht und Unterhaltsregelung gemeinsam verhandelt werden sollen, zur

368 BGH, FamRZ 1984, 778 = BGH, NJW 1984, 1951.

369 Vgl. § 1634 a.F. zur Rechtslage vor Geltung des Kindschaftsrechtsreformgesetzes; dazu *Gernhuber/Coester-Waltjen*, § 66 I 2; Göppinger/Börger/*Börger*, S. 100; zur heutigen Ausgestaltung des Umgangsrechts vgl. § 1684 BGB n.F.; dazu Erman/*Michalski*, § 1684 Rn. 5.

370 Vgl. auch *Gernhuber/Coester-Waltjen*, § 66 I 2.

371 BGH, FamRZ 1984, 778 (779).

372 BGH, FamRZ 1986, 444.

373 OLG Frankfurt, FamRZ 1986, 596.

Sittenwidrigkeit nicht genüge, Freistellungsvereinbarung und Sorgerechtsvorschlag miteinander zu verbinden. Vielmehr müssten sich die Eltern bewusst über das Wohl gemeinschaftlicher Kinder hinwegsetzen und egoistische materielle Interessen verfolgen[374]. Das OLG Frankfurt schloss sich dem an und erachtete die Kopplung einer Freistellungsvereinbarung mit dem Verzicht auf Ausübung des Umgangsrechts jedenfalls so lange für zulässig, wie das Kindeswohl die Nichtausübung des Umgangsrechts erfordere[375].

Soweit ersichtlich trat die Literatur dieser Rechtsprechung nicht entgegen. Werde die Regelung des Umgangs- oder Sorgerechts mit einer Unterhaltsvereinbarung verbunden, sei zu prüfen, ob tatsächlich eine Koppelung und nicht nur eine gleichzeitige Regelung im Sinne des §§ 623, 630 ZPO vorliege[376]. Eine Nichtigkeit komme nur in Betracht, wenn die Vereinbarung dem Kindeswohl zuwiderlaufe[377].

Zu beachten ist, dass nach der seit Inkrafttreten des Kindschaftsrechtsreformgesetzes[378] am 1.7.1998 geltenden Fassung des § 1684 Abs. 1, 1. HS BGB das Kind einen eigenen Anspruch auf Umgang mit beiden Eltern hat. § 1684 I 2. HS BGB bestimmt, dass jeder Elternteil zum Umgang mit dem Kind verpflichtet und berechtigt ist. Nach neuem Recht ist daher das finanziell motivierte Absehen von der Ausübung des Sorge-/Umgangsrechts erst recht als sittenwidrig anzusehen. Die „Koppelung“ einer Freistellungsvereinbarung mit dem Verzicht auf die Ausübung des Umgangsrechts wird nach der Neufassung des § 1684 BGB nur noch dann Bestand haben können, wenn die Nichtausübung des Umgangsrechts ohnehin zum Wohle des Kindes erforderlich ist[379].

Unter der Geltung des Kindschaftsrechtsreformgesetzes erklärte das OLG Karlsruhe mit Urteil vom 24.2.2000[380] eine notarielle Unterhaltsvereinbarung für sittenwidrig, nach der sich der Unterhaltsanspruch der Frau verringern sollte, wenn die Frau die gemeinsamen Kinder zu sich nähme. Das Gericht befand, dass diese Vereinbarung die Frau davon abhalten sollte, die Kinder zu sich zu nehmen. Die Regelung sei daher auch dann sittenwidrig, wenn der Mann meinte, im Interesse der Kinder zu handeln. Denn eine solche Vereinbarung setze sich über das Wohl der Kinder hinweg und mache sie zum Handelsobjekt.

---

374 BGH, FamRZ 1986, 444 (446); OLG Frankfurt, FamRZ 1986, 596 (597); vgl. auch OLG Hamm, FamRZ 1999, 163; vgl. ebenso Göppinger/Wax/*Hoffmann*, Rn. 1332.

375 OLG Frankfurt, FamRZ 1986, 596 (597); vgl. zur früheren Gesetzeslage BGH, FamRZ 1984, 778 (779); OLG Frankfurt, FamRZ 1986, 596 (597).

376 *Büttner*, FamRZ 1998, 1 (6); Erman/*Diekmann*, § 1585 c Rn. 19 f..

377 Göppinger/Wax/*Hoffmann*, Rn. 1332; Staudinger/*Sack*, § 138 Rn. 434.

378 Vgl. BT-Drucks. 13/8511.

379 So auch Göppinger/Wax/*Hoffmann*, Rn. 1332.

380 OLG Karlruhe, FuR 2001, 72 = NJWE-FER 2001, 6.

(2) Verzicht nach langer Ehezeit

Erörtert wird weiter die Sittenwidrigkeit einer Verzichtsvereinbarung nach langer Ehedauer. Dem vielzitierten Beschluss des OLG Köln vom 5.2.1981[381] lag folgender Fall zugrunde: Aus der im Jahre 1959 geschlossenen Ehe der Parteien waren in den Jahren 1961 und 1962 zwei Kinder hervorgegangen. Im Jahr 1977 schlossen die Parteien einen notariellen Vertrag, in dem sie für den Fall der Scheidung wechselseitig auf Unterhalt, Zugewinn- und Versorgungsausgleich verzichteten. Anfang 1979 trennten sich die Parteien, im Jahr 1980 wurden sie geschieden. Das Amtsgericht stellte im Rahmen der Scheidung fest, dass aufgrund der Vereinbarung aus dem Jahre 1977 ein Versorgungsausgleich nicht stattfinde.

Das OLG Köln gab der Beschwerde der Frau statt und erklärte den Vertrag von 1977 für sittenwidrig. Zwar sei die Vereinbarung durch das ehefeindliche Verhalten der Ehefrau veranlasst worden[382]. Doch habe die Frau ohne Gegenleistung umfassend auf alle für die Zukunft bedeutsamen sich aus der Ehe und ihrer Scheidung ergebenden Rechte verzichtet. Sie besitze keine Ansprüche, die ihren Unterhalt zumindest teilweise sicherten. Zudem habe sie auf erhebliche Unterhaltsansprüche und einen bedeutenden Zugewinn verzichtet. Bei einer kurzen Ehe könne ein so umfassender und wirtschaftlich bedeutender Verzicht noch hinnehmbar sein. Die Parteien seien jedoch 20 Jahre verheiratet gewesen und hätten in dieser Zeit zwei Kinder großgezogen. Der Verzicht auf alle sich hieraus ergebenden Rechte sei daher nicht mehr mit dem Anstandsgefühl aller billig und gerecht Denkenden vereinbar.

Die Literatur stimmte der Entscheidung des OLG Köln überwiegend zu[383]. Die erhebliche Bedeutung der Ehedauer für Unterhaltsansprüche belege auch § 1582 I 2 BGB[384]. Ebenso sei die Ehedauer bei der Frage nach einem krassen Missverhältnis der Leistungen einzubeziehen. Insbesondere lasse sich aus der Ehedauer schließen, ob der Partner, der während der Ehe ausschließlich den Haushalt geführt und die Kinder erzogen habe, noch eine dem vorigen Lebensstandard angepasste Arbeit finden könne[385].

Für andere ist eine lange Ehedauer jedenfalls als alleiniges Kriterium für die Beurteilung eines Gesamtverzichts ungeeignet[386]. Insbesondere *von Hornhardt*[387] argumentiert, dass es in Bezug auf § 1578 I Satz 1 BGB für den nachehelichen Unterhalt ausschließlich auf die ehelichen Lebensverhältnisse im Zeitpunkt der

---

381 OLG Köln, DNotZ 1981, 444.

382 Sie war „kurz vorher wieder längere Zeit aushäusig gewesen".

383 *Waldner*, Eheverträge, S. 29, Rn. 18.

384 Vgl. Münch-Komm/*Richter*, 2. Auflage 1989, § 1585 c Rn. 46 a.

385 *Vortmann*, JA 1986, 401 (405).

386 *Grziwotz*, FamRZ 1997, 585 (588); Erman/*Dieckmann*, § 1585 c Rn. 20.

387 *von Hornhardt*, DNotZ 1981, 447 ff.

Scheidung ankomme; die Ehedauer sei ohne Einfluss[388]. Der Verzicht auf Zugewinn- und Versorgungsausgleich sowie auf nachehelichen Unterhalt sei gesetzlich zulässig und führe auch bei langer Ehedauer nicht ohne weiteres zur Sittenwidrigkeit[389]. Zur Anwendung von § 138 I BGB reiche ein objektives Missverhältnis nicht aus. Vielmehr müsse bewusst oder grob fahrlässig eine schwächere Position ausgenutzt werden, z.B. eine Zwangslage, fehlender Überblick oder große Beeinflussbarkeit. Dies sei im besagten Fall nicht festzustellen[390].

Abgesehen von der genannten Entscheidung des OLG Köln reichte der Rechtsprechung ein Globalverzicht nach langer Ehedauer nicht aus, um die Sittenwidrigkeit zu bejahen. Das OLG Karlsruhe, Urteil vom 7.3.1990[391], erklärte einen umfassenden Verzicht nach 25 Ehejahren erst in Zusammenhang mit einer Zwangslage für sittenwidrig. Das Gericht berücksichtigte, dass die Ehefrau geschlagen wurde und viele Jahre unter der Ehe gelitten hatte. Ihr Ehemann hatte versucht, sie von Rechtsrat abzuhalten und hatte sie glauben lassen, dass sie auf alles verzichten müsse, um ihn zu einer Mitwirkung bei der Scheidung zu bewegen[392].

Im Fall des OLG Hamm, Urteil vom 25.2.1986[393], waren die Parteien zum Zeitpunkt der Vereinbarung von Unterhaltsverzicht und Gütertrennung 20 Jahre verheiratet. Das Gericht berücksichtigte "Gegenleistung" und "vorhandene Vermögenswerte" und erklärte den Vertrag für wirksam. Zum einen habe die Frau ein Sparbuch im Wert von 10.000,- DM erhalten und sei von gemeinschaftlichen Schulden befreit worden, zum anderen seien größere Vermögenswerte nicht vorhanden gewesen.

Das OLG München konstatierte in seinem Beschluss vom 18.7.1997[394] gar, dass eine Ehedauer von 26 Jahren zwar die Diskrepanz zwischen Leistung und Gegenleistung vergrößere, sittenwidrig sei die Vereinbarung aber erst, wenn weitere Umstände hinzuträten.
Die Argumentationslinie des OLG Köln, dass eine lange Ehezeit zur Bejahung der Sittenwidrigkeit ausreiche, wurde also nicht wieder aufgenommen. Das OLG Köln selbst stellte in einem jüngeren Urteil vom 15.12.1998[395] nicht mehr allein auf die lange Ehedauer ab. Eine stark alkoholabhängige und zunehmend verwahrloste Ehefrau hatte ein Jahr, nachdem sie wegen ihrer Alkoholkrankheit ihre Anstellung verloren hatte, notariell auf Unterhalt und Zugewinn verzichtet. Zwei Monate später hatte ihr Mann – nach fast 25 Ehejahren – die Scheidung

388 *von Hornhardt*, DNotZ 1981, 447 (450).
389 Vgl. auch *Eichenhofer*, DNotZ 1994, 213 (222).
390 So auch *Vortmann*, JA 1986, 401 (405).
391 OLG Karlsruhe, FamRZ 1991, 332.
392 Siehe auch Seite 82.
393 Vgl. OLG Hamm, FamRZ 1986, 471 (472).
394 OLG München, FamRZ 1997, 1539 (1540).
395 OLG Köln, FamRZ 1999, 920, siehe auch Seite 86.

beantragt. Das Gericht erklärte die Vereinbarung für sittenwidrig, da sie nach ihrem Gesamtcharakter gegen die guten Sitten verstoße[396]. Die Vereinbarung könne nach Ansicht des Gerichts für den Mann keinen anderen Beweggrund gehabt haben, als sich der Frau „finanziell zu entledigen" und diese zu übervorteilen, nachdem er fast 25 Jahre mit ihr verheiratet gewesen war. Die lange Ehedauer wurde damit zwar erwähnt, war für das Gericht jedoch allein nicht ausschlaggebend.

Gleiches gilt für den Beschluss des OLG Celle vom 8.9.2004[397], der die Trennungs- und Scheidungsfolgenvereinbarung eines über 40 Jahre lang verheirateten Paares betraf. Vereinbart worden war ein fester Unterhaltsbetrag. Als der Mann Einkünfte verlor, beantragte er Prozesskostenhilfe für eine Abänderungsklage. Das OLG gab dem Antrag statt. Es erklärte zwar, dass sich die lange Ehezeit auf das Maß der Pflicht zu gegenseitiger Rücksichtname auswirke und damit auch auf die Beurteilung der Rechtfertigung der getroffenen Unterhaltsvereinbarung. Entscheidend stellte das Gericht jedoch darauf ab, dass der Mann in Abkehrung vom unterhaltsrechtlichen Halbteilungsgrundsatz zur Zahlung eines festen Unterhaltsbetrages verpflichtet worden war, der von seiner Leistungsfähigkeit unabhängig war. Bei Festhalten am vereinbarten Unterhalt stehe dem Kläger rechnerisch weniger als das Existenzminimum zu Verfügung.

4. Zusammenfassung

Zusammenfassend lässt sich zur Beurteilung einer möglichen Sittenwidrigkeit familienrechtlicher Verträge festhalten, dass vorsorgende Vereinbarungen bis zum Jahr 2001 nur ausnahmsweise für sittenwidrig erklärt wurden. In den Fällen, in denen die Eheschließung vom Abschluss eines Ehevertrages abhängig gemacht wurde, verneinte die Rechtsprechung die Sittenwidrigkeit regelmäßig unter Berufung auf die Eheschließungsfreiheit.

Vereinbarungen in Zusammenhang mit einer Scheidung wurden für sittenwidrig erklärt, wenn die Vereinbarung zwangsläufig dazu führte, dass der verzichtende Ehegatte der Sozialhilfe anheim fiel und wenn den Vertragsschließenden diese Folge bewusst war oder sie sich ihr grob fahrlässig verschlossen.

Als sittenwidrig wurden weiter Vereinbarungen erachtet, die das elterliche Sorge- bzw. Umgangsrecht kommerzialisierten und das Kind zum Handelsobjekt machten. Dies ist dann der Fall, wenn Sorge- bzw. Umgangsrecht in anstößiger Weise an eine Unterhaltsfreistellungsverpflichtung des anderen Elternteils gekoppelt werden.

Entscheidend ist in allen Fällen jedoch stets der Gesamtcharakter der Vereinbarung, d.h. die Zusammenfassung von Inhalt, Beweggrund und Zweck.

---

396 Daneben erklärte das Gericht den Verzicht wegen unzulässiger Belastung der Sozialhilfe für sittenwidrig.

397 OLG Celle, NJW-RR 2004, 1585.

V. Treu und Glauben, § 242 BGB

Eine weitere wichtige Schranke familienrechtlicher Vereinbarungen bildet der Grundsatz von Treu und Glauben (§ 242 BGB). Wichtige Ausprägungen dieses Grundsatzes sind das nunmehr in § 313 BGB normierte Institut des Wegfalls der Geschäftsgrundlage sowie das Verbot der Berufung auf die Vereinbarung als unzulässige Rechtsausübung. Diese beiden Kontrollinstrumente werden im Folgenden detailliert dargestellt.

1. Wegfall der Geschäftsgrundlage, § 313 BGB

Mithilfe des Instituts des Wegfalls der Geschäftsgrundlage kann eine vertragliche Vereinbarung an veränderte Verhältnisse angepasst werden. Rechtsprechung und Lehre entwickelten dieses Institut aus dem Grundsatz von Treu und Glauben (§ 242 BGB). Dieser verpflichtet zur billigen Rücksichtnahme auf schutzwürdige Interessen des anderen Teils und zu redlichem und loyalem Verhalten[398].

Nach der in ständiger Rechtsprechung vertretenen subjektiven Formel sind Geschäftsgrundlage die bei Abschluss des Vertrages zutage tretenden, dem anderen erkennbar gewordenen und nicht beanstandeten Vorstellungen einer oder beider Parteien. In Betracht kommen Vorstellungen vom Vorhandensein oder künftigen Eintritt bestimmter Umstände, die nicht Vertragsinhalt geworden sind. Der Geschäftswille der Parteien muss hierauf aufbauen[399]. Die Geschäftsgrundlage kann von Anfang an fehlen, wesentlich gestört werden oder nachträglich wegfallen. Der Vertrag wird in diesem Falle angepasst, wenn zumindest einem Vertragspartner ein Festhalten am unveränderten Vertrag nicht zugemutet werden kann. Erforderlich ist eine umfassende Interessenabwägung unter Berücksichtigung aller sich aus Treu und Glauben ergebenden Gesichtspunkte, insbesondere der gesetzlichen Risikoverteilung[400].

Das Schuldrechtsmodernisierungsgesetz vom 26.11.2001[401], in Kraft getreten am 1.1.2002, kodifizierte das Institut des Wegfalls bzw. der Störung der Geschäftsgrundlage in § 313 BGB. Dennoch soll das Institut hier im Rahmen des § 242 BGB behandelt werden, zumal die Regelung des § 313 BGB mit den von der Rechtsprechung entwickelten Grundsätzen inhaltlich übereinstimmt[402].

398 Vgl. nur BGH, NJW 1992, 3164 (3166); Palandt/*Heinrichs*, § 242 Rn. 3.

399 Vgl. nur BGH, FamRZ 1985, 788 (791); OLG Köln, FamRZ 1995, 929 (930); OLG Hamm, FamRZ 1999, 163 (164); *Herb*, NJW 1987, 1525 (1526); Palandt/*Heinrichs*, § 313 Rn. 4.

400 Münch-Komm/*Roth*, 4. Auflage, § 313 Rn. 66 ff.; Palandt/*Heinrichs*, § 313 Rn. 15-19.

401 BGBl I S. 3138.

402 *E. Koch*, FamRZ 2003, 197 (198); Palandt/*Heinrichs*, § 313 Rn. 2; Münch-Komm/*Roth*, 4. Auflage, § 313 Rn. 1 f.

Eingegangen wird im Folgenden zunächst auf den Vorrang der Vertragsauslegung. Anschließend werden Beispiele zum Wegfall der Geschäftsgrundlage aus der Rechtsprechung aufgeführt, um darauf aufbauend abschließend zu erläutern, warum das Institut in Fällen bewusst abschließender Regelung unanwendbar ist.

a) Vorrang der Vertragsauslegung

Bevor das Institut des Wegfalls der Geschäftsgrundlage heranzuziehen ist, ist zu prüfen, ob sich eine Anpassung des Vertrages im Wege der Auslegung erreichen lässt.

Auslegung bedeutet Sinnermittlung des übereinstimmend Gewollten[403]. Zu unterscheiden sind die einfache und die ergänzende Vertragsauslegung.

Im Wege der erläuternden[404] einfachen Auslegung kamen in den 50er Jahren das LG Bonn[405] sowie *Wiethaup*[406] zum Ergebnis, Unterhaltsverzichte seien dahingehend auszulegen, dass sie bei Hilfsbedürftigkeit des Verzichtenden nicht wirkten. Dies ist zu Recht einhellig abgelehnt worden[407]. Denn eine an §§ 133, 157 BGB orientierte Auslegung rechtfertigt dieses Ergebnis nicht, widerspricht es doch dem erkennbaren Willen der Parteien, sich vermögens- und unterhaltsrechtlich voneinander zu lösen.

Die ergänzende Vertragsauslegung – auch sie geht dem Wegfall der Geschäftsgrundlage vor[408] – zielt darauf ab, lückenhafte Rechtsgeschäfte um solche Inhalte zu ergänzen, die die Vertragspartner redlicherweise als gerechten Interessenausgleich vereinbart hätten[409]. Erforscht wird der hypothetische Parteiwille, den die Parteien gehabt hätten, wenn sie den betroffenen Gegenstand geregelt hätten. Erforderlich ist dabei stets ein Anknüpfungspunkt im Vertrag.

Bei familienrechtlichen Vereinbarungen jedoch fehlt zumeist die erforderliche Regelungslücke. Dies belegt das Urteil des BGH vom 24.4.1985[410]. Die Parteien hatten nach Ablauf des Trennungsjahres in einer Scheidungsfolgenvereinbarung gegenseitig auf Unterhalt verzichtet. Zu diesem Zeitpunkt existierten keine gemeinsamen Kinder. Bei einem nachfolgenden Versöhnungsversuch wurde ein Kind gezeugt und später geboren. Die Vereinbarung dahingehend auszulegen, dass die Frau nicht auf Unterhalt nach § 1570 BGB verzichtet habe, lehnte der BGH zu Recht ab. Er argumentierte, die Parteien hätten nicht nur einen begrenzten Kreis von Unterhaltsansprüchen regeln, sondern eine „restlose und endgülti-

---

403 *Larenz/Wolf*, BGB AT, § 28 Rn. 1 ff.; *L. Schmidt*, 1997, S. 43.

404 Zum Begriff vgl. *Larenz/Wolf*, BGB AT, § 33 Rn. 8.

405 LG Bonn, Nachrichtendienst 1952, 274; ZfF 1953, 89.

406 *Wiethaup*, MDR 1954, 9 (10).

407 Vgl. BGH, FamRZ 1985, 787; OLG Düsseldorf, FamRZ 1955, 293 (294); *Dölle*, § 41 III 6 d, S. 623; *Hampel*, FamRZ 1960, 421 (422); *Herb*, NJW 1987, 1525.

408 Vgl. Göppinger/Wax/*Hoffmann*, Rn. 1347; Palandt/*Heinrichs*, § 313 Rn. 6, 23.

409 *Herb*, NJW 1987, 1525 (1526); *Larenz/Wolf*, BGB AT, § 28 Rn. 120, § 33 Rn. 11.

410 BGH, FamRZ 1985, 787 = NJW 1985, 1835 = JR 1986, 17, vgl. schon oben Seiten 68 und 79.

ge" Unterhaltsvereinbarung treffen wollen. Sei aber eine abschließende Regelung bezweckt, gebe es keine Regelungslücke, die Anknüpfungspunkt für eine ergänzende Vertragsauslegung sein könnte[411].
Wann immer die Vertragspartner also eine abschließende Regelung bezweckt haben, scheidet eine ergänzende Vertragsauslegung mangels Regelungslücke aus. Was vollständig geregelt ist, kann nicht ergänzt werden.

b) Beispiele aus der Rechtsprechung
Soweit ersichtlich betrafen sämtliche Entscheidungen, die den Wegfall der Geschäftsgrundlage bejahten, Vereinbarungen zum Ausschluss des Versorgungsausgleichs.
In dem Fall, der dem Beschluss des BGH vom 27.10.1993[412] zugrunde lag, stritten die Parteien nach ihrer Scheidung weiter über den Versorgungsausgleich. Knapp zwei Jahre später heirateten sie einander erneut, um kurz darauf zu Protokoll des Gerichts gegenseitig auf die Durchführung des Versorgungsausgleichs zu verzichten. Der Mann hatte zu diesem Zeitpunkt Anwartschaften von monatlich 1.013,50 DM erworben, die Frau solche in Höhe von monatlich 36,- DM. Das Familiengericht genehmigte die Vereinbarung „mit Rücksicht auf die Wiederverheiratung der Parteien". Nachdem nun der Mann erneut Scheidungsantrag gestellt hatte, begehrte die Frau die Durchführung des Versorgungsausgleichs. Für den BGH machte die Begründung des familiengerichtlichen Genehmigungsbeschlusses die grundlegende Bedeutung der Wiederheirat deutlich. Die neue Ehe habe die Ehefrau absichern sollen. Somit sei der Versorgungscharakter der zweiten Ehe Geschäftsgrundlage der Verzichtsvereinbarung geworden, die mit dem erneuten Scheidungsantrag des Mannes weggefallen sei[413].

Auch das OLG München nahm in seinem Urteil vom 2.5.1994[414] einen Wegfall der Geschäftsgrundlage an. Mit der Formulierung „Wir beide haben einen erlernten Beruf und werden in unserer Ehe unsere Alterssicherung getrennt aufbauen" hatten die Parteien nach Ansicht des Gerichts eindeutig die Geschäftsgrundlage ihrer Vereinbarung dokumentiert. Doch habe die Frau mit der Geburt eines Kindes, dessen Betreuung sie fortan übernahm, die Möglichkeit verloren, eine selbständige Alterssicherung aufzubauen. Nach Ansicht des Gerichts war damit ab der Geburt des Kindes die Geschäftsgrundlage für den Ausschluss des

---

411 BGH, FamRZ 1985, 787; vgl. schon BGHZ 2, 379 (385); zustimmend etwa *Armasow*, RNotZ 2001, 196 (199); Kornexl, FamRZ 2004, 1609 (1610); a. A. soweit ersichtlich nur *Richter*, JR 1986, 18 (19) für eine teleologisch Reduktion der Vereinbarung. Die Parteien hätten bei Vertragsschluss nicht an einen Anspruch aus § 1570 BGB gedacht und ihn daher – trotz des umfassenden Wortlauts – nicht geregelt.

412 BGH, FamRZ 1994, 96.

413 BGH, FamRZ 1994, 96 (97).

414 OLG München, FamRZ 1995, 95 (96).

Versorgungsausgleichs entfallen. Dieser sei daher ab diesem Zeitpunkt durchzuführen.

Einem weiteren Verzicht auf Versorgungsausgleich versagte das KG mit Beschluss vom 11.9.2000[415] die Bestandskraft. Beide Ehepartner waren im Zeitpunkt der Vereinbarung davon ausgegangen, weiterhin im öffentlichen Dienst erwerbstätig zu sein. Für das Gericht war damit die für den anderen erkennbare Erwartung Geschäftsgrundlage geworden, jeder werde seine eigene Altersversorgung sichern können. Diese Geschäftsgrundlage sei weggefallen, als die Frau dann doch – einvernehmlich – die Kindesbetreuung übernommen habe.

Einen Ausschluss des Versorgungsausgleichs passte schließlich auch das OLG Köln mit Beschluss vom 29.8.2001[416] nach den Grundsätzen des Wegfalls der Geschäftsgrundlage an. Aus dem Vertragstext war hervorgegangen, dass die Parteien den Vertrag eindeutig als Trennungsvereinbarung konzipiert hatten. Sie hatten die Ehe dann aber doch – als Hausfrauenehe – fortgesetzt und gemeinsam Kinder adoptiert. Für das Gericht war damit die Geschäftsgrundlage, man werde nach Ablauf des Trennungsjahres die Scheidung der – kinderlosen – Ehe betreiben, weggefallen. Da die Frau in der anschließend gelebten Hausfrauenehe nicht in der Lage gewesen sei, eine eigene Altersversorgung aufzubauen, sei der Versorgungsausgleich uneingeschränkt durchzuführen.

Festzuhalten ist demnach, dass zur Bejahung eines Wegfalls der Geschäftsgrundlage konkrete Vorstellungen bei Vertragsschluss fehlgegangen sein müssen.

c) Unanwendbarkeit bei bewusst abschließender Regelung

Das Institut des Wegfalls der Geschäftsgrundlage ist jedoch unanwendbar, wenn die fraglichen Umstände „zum eigentlichen Vertragsinhalt“[417] erhoben wurden. Dies ist der Fall, wenn sie zumindest bedacht wurden und dennoch eine bewusst abschließende Regelung getroffen wurde[418]. Denn was Regelungsinhalt ist, kann nicht Geschäftsgrundlage sein. So lassen die Ehegatten etwa bei einer Unterhaltsvereinbarung die Möglichkeit nachehelicher Bedürftigkeit gerade nicht außer Betracht, sondern regeln sie bewusst und ausdrücklich[419]. Dass ein Kind geboren wird und ein Ehegatte deshalb seine Berufstätigkeit aufgibt, ist regelmäßig vorhersehbar, zumal der Notar hierzu beraten und belehren muss[420].

415 KG, FamRZ 2001, 1002.

416 OLG Köln, FamRZ 2002, 1492.

417 Vgl. BGH, FamRZ 1985, 788 (790 f).

418 Göppinger/Wax/*Hoffmann*, Rn. 1349; *Hahne*, DNotZ 2004, 84 (94); *Herb*, NJW 1987, 1525 (1527); Münch-Komm/*Roth*, 3. Auflage, § 242 Rn. 555 f; Soergel/*Teichmann*, § 242 Rn. 223.

419 *Rauscher*, DNotZ 2002, 751 (759).

420 *Dauner-Lieb*, AcP 201 (2001), 295 (327); *Langenfeld*, Handbuch, Rn. 634.

Damit ist es in aller Regel nicht Geschäftsgrundlage, dass sich beide Partner nach einer Scheidung selbst unterhalten können[421]. Im Gegenteil - eine etwaige Bedürftigkeit wird Geschäftsinhalt[422].

In dem vom BGH mit Beschluss vom 18.9.1996[423] entschiedenen Fall hatten die Parteien vor der Eheschließung Gütertrennung vereinbart und gegenseitig auf Unterhalt und Versorgungsausgleich verzichtet. Die Frau war bei Vertragsschluss schwanger. Das Kind wurde behindert geboren, ein zweites Kind später ebenso. Im Rahmen der Scheidung lehnte es der BGH ab, wegen Wegfalls der Geschäftsgrundlage den Versorgungsausgleich durchzuführen. Bei Ausschluss des Versorgungsausgleichs sei es nicht Geschäftsgrundlage gewesen, dass die Ehefrau nach der Geburt des ersten Kindes alsbald wieder erwerbstätig sein und dadurch eigene Versorgungsanwartschaften würde erwerben können. Auch sei nicht festgestellt, dass der Geschäftswille der Parteien auf dem Nichteintritt einer eventuellen Behinderung der Kinder aufgebaut habe. Damit sei weder mit der Geburt des zweiten Kindes noch mit den Behinderungen beider Kinder die Geschäftsgrundlage wegfallen.

Auf derselben Linie konstatierte das OLG Düsseldorf in seinem Beschluss vom 15.10.2003, dass für den Fall, dass kommende Eventualitäten bereits vertraglich geregelt würden, eine Vertragsanpassung wegen Wegfalls der Geschäftsgrundlage ausscheide[424]. Die Parteien hatten in einem vorsorgenden Ehevertrag unter anderem den Anspruch auf Betreuungsunterhalt ausgeschlossen.

In Bezug auf Unterhaltsverzichte kommt hinzu, dass ein Unterhaltsverzicht das Unterhaltsstammrecht erlöschen lässt. Damit besteht kein Unterhaltsanspruch mehr, der angepasst werden kann[425]. Weiter ist zu berücksichtigen, dass die Parteien eine abschließende und von späteren Entwicklungen gerade unabhängige Regelung anstreben[426]. Ein Vorbehalt, dass bei veränderten wirtschaftlichen Verhältnissen erneut Unterhalt verlangt werden könne[427], ist somit in aller Regel

---

421 BGH, FamRZ 1996, 1536 (1537); OLG Köln, FamRZ 1995, 929 (930); *Dölle*, § 41 III 6 d, S. 623; Göppinger/Wax/*Hoffmann*, Rn. 1347; *M. Koch*, Sittenwidrigkeit, S. 36.

422 So auch *Goebel*, FamRZ 2003, 1513 (1519); *Langenfeld*, Handbuch, Rn. 8, 634.

423 BGH, FamRZ 1996, 1536 = BGH, NJW 1997, 126; vgl. als Vorinstanz OLG Köln, FamRZ 1995, 929 (930).

424 OLG Düsseldorf, FamRZ 2004, 461 (463).

425 OLG Düsseldorf, FamRZ 1984, 171 (172 f.); BayObLG, FamRZ 1967, 224 f.; *Goebel*, FamRZ 2003, 1513 (1519); Göppinger/Wax/*Hoffmann*, Rn. 1392; *Herb*, NJW 1987, 1525 (1527); *ders.*, Verzicht, S. 199; *Lenz*, MittBayNot 1999, 152 (156); *M. Koch*, Sittenwidrigkeit, S. 36; Münch-Komm/*Maurer*, § 1585 c Rn. 35, Rn. 21; Staudinger/*Baumann*, § 1585 c Rn. 133; *Vortmann*, JA 1986, 401 (404).

426 *Gernhuber/Coester-Waltjen*, § 30 XII 6, 8; *Herb*, Verzicht, S. 199; *ders.*, NJW 1987, 1525 (1526); Johannsen/Henrich/*Büttner*, § 1585 c Rn. 17; *M. Koch*, Sittenwidrigkeit, S. 36.

427 OLG Hamm, FamRZ 1993, 973; *Büttner*, FamRZ 1998, 1 (3).

gerade nicht vereinbart. Ein Unterhaltsverzicht enthält mithin keine clausula rebus sic stantibus[428]. Da der Unterhaltsverzicht zudem nur im Falle der Bedürftigkeit aktuell wird, würde er völlig entwertet, passte man ihn gerade in diesem Fall an[429].

Zusammenfassend ist festzustellen, dass das Institut des Wegfalls der Geschäftsgrundlage nur in den seltenen Fällen greift, in denen sich konkrete gemeinsame Vorstellungen der Parteien bei Vertragsschluss feststellen lassen, die nicht Vertragsinhalt geworden sind und später fehlgehen.

2. Unzulässige Rechtsausübung, § 242 BGB

Im Rahmen von § 242 BGB weitaus größere Bedeutung als das soeben erörterte Institut des Wegfalls der Geschäftsgrundlage hat der Einwand des Rechtsmissbrauchs. Er kann einem wirksam zustande gekommenen Rechtsgeschäft entgegengesetzt werden, wenn sich untragbare Auswirkungen zeigen und ein Festhalten an der Vereinbarung unzumutbar wäre[430].

Betrachtet man die Entwicklung der Rechtsprechung zu § 242 BGB im Bereich familienrechtlicher Vereinbarungen, fällt auf, dass die Erörterungen zur unzulässigen Rechtsausübung diejenigen zum Wegfall der Geschäftsgrundlage im Laufe der Zeit ablösten. Zunächst befassten sich BGH und Obergerichte stets nur mit dem Wegfall der Geschäftsgrundlage. So befand das OLG Düsseldorf[431] noch im Jahre 1984, mit der Zeugung eines Kindes nach der Scheidung falle die Geschäftsgrundlage für den bei der Scheidung vereinbarten Unterhaltsverzicht nicht weg. Eine unzulässige Rechtsausübung wurde nicht erörtert. Ähnlich lehnte noch das OLG Celle in seinem Urteil vom 17.8.1989[432] einen Wegfall der Geschäftsgrundlage wegen der Geburt eines Kindes ab, ohne auf eine unzulässige Rechtsausübung einzugehen. Später gewann die Rechtsprechung zur unzulässigen Rechtsausübung stark an Gewicht. Erörterungen zum Wegfall der Geschäftsgrundlage hielt der BGH für entbehrlich[433] und unterließ sie später ganz[434].

---

428 OLG Hamm, FamRZ 1993, 973; OLG Hamm, FamRZ 1999, 163 (164).

429 OLG Düsseldorf, FamRZ 1984, 171 (173); *Gernhuber/Coester-Waltjen*, § 30 XII 8; *Herb*, NJW 1987, 1525 (1526); *M. Koch*, Sittenwidrigkeit, S. 36; *Vortmann*, JA 1986, 401 (404).

430 Vgl. *Larenz*, Schuldrecht Bd. I, § 10 II c, S. 134 ff.

431 OLG Düsseldorf, FamRZ 1984, 171 (172 f.).

432 OLG Celle, FamRZ 1989, 64 (65), das Gericht vermengt beide Rechtsinstitute, indem es in Bezug auf Vergleichsfälle ausführt, hier habe ein Wegfall der Geschäftsgrundlage vorgelegen, so dass sich die Berufung als auf den Verzicht als unzulässige Rechtsausübung darstelle.

433 BGH, FamRZ 1985, 787 (788).

434 Vgl. z.B. BGH, FamRZ 1987, 46 (47); BGH, FamRZ 1987, 691; BGH, FamRZ 1991, 306 (307); BGH, NJW 1992, 3164.

Der Vorteil des Einwands des Rechtsmissbrauchs ist, dass er die Vereinbarung nicht gänzlich entwertet, sondern nur im Ausnahmefall greift. Anstatt des Alles-oder-Nichts-Prinzips ermöglicht er eine flexiblere Korrektur und eine höhere Einzelfallgerechtigkeit. Es wird nicht die Wirksamkeit der Vereinbarung insgesamt in Frage gestellt, sondern nur die Ausübung des Rechts für einen bestimmten Zeitraum oder einen bestimmten Sachverhalt versagt. Das Schrifttum und neuerdings auch der BGH[435] sprechen daher von „Ausübungskontrolle“[436]. Auch hindert ein Erlöschen des Stammrechts durch den Unterhaltsverzicht nicht, dass es rechtsmissbräuchlich sein kann, sich auf den Verzicht zu berufen[437]. Im Gegensatz zum Sittenwidrigkeitsverdikt setzt die Anpassung des Vertrages nach § 242 BGB den beurkundenden Notar zudem nicht dem Vorwurf einer Amtspflichtverletzung nach § 4 BeurkG aus.

Betrachtet wird im Folgenden zunächst der für die unzulässige Rechtausübung maßgebliche Beurteilungszeitpunkt. Im Anschluss daran werden analog zur Analyse der Sittenwidrigkeit nach § 138 I BGB unterschiedliche Fallgruppen aufgestellt. Abschließend wird speziell im Hinblick auf die Anpassung von Unterhaltsvereinbarungen die immer wieder aufflammende Diskussion aufgegriffen, ob im Zuge der Anpassung nur notweniger oder nicht vielmehr angemessener Unterhalt zuzusprechen ist.

a) Beurteilungszeitpunkt: Die Geltendmachung des Anspruchs

Im Gegensatz zu § 138 BGB kommt es für die Frage einer unzulässigen Rechtsausübung nicht auf den Zeitpunkt des Vertragsschlusses, sondern auf den Zeitpunkt der Geltendmachung des Anspruchs an; zu diesem Zeitpunkt müssen die zur Unbilligkeit führenden Umstände vorliegen[438].
Anfangs stellte die Rechtsprechung auf veränderte Umstände ab, auf eine nachträgliche und unvorhergesehene Entwicklung[439]. Später wandte sie § 242 BGB auch an, wenn die Unbilligkeit bereits bei Vertragsschluss angelegt war oder die Parteien die tatsächlich eingetretene Entwicklung bedacht hatten[440]. Spätestens seit dem Urteil des BGH vom 9.7.1992[441] ist es gefestigte Rechtsprechung, dass sich die Umstände seit dem Vertragsschluss nicht verändert haben müssen.

---

435 BGH, FamRZ 2004, 601 (604).

436 *Brambring*, S. 77, Rn. 90; *Grziwotz*, FF 2001, 41 (43); *Kornexl*, FamRZ 2004, 1609 (1610); *Langenfeld*, Handbuch, Rn. 638; *ders.*, FS Schippel, 1996, S. 251 (255); *Mayer*, FPR 2004, 363 (364); *L. Schmidt*, 1997, S. 55.

437 OLG München, FamRZ 1985, 1264 (1265).

438 Vgl. BGH, FamRZ 1991, 306 (307); Palandt/*Heinrichs*, § 242 Rn. 38.

439 Besonders BGH, NJW 1985, 787 f.; BGH, NJW 1985, 788 (789) unter 2; BGH, FamRZ 1987, 46 (47); BGH, FamRZ 1987, 691 (692).

440 Vgl. BGH, FamRZ 1991, 306 (307); BGH, NJW 1992, 3164 (3165 f.).

441 BGH, FamRZ 1992, 1403 = BGH, NJW 1992, 3164.

b) Fallgruppen

Bei der unzulässigen Rechtsausübung sind wie bei der Sittenwidrigkeit nach § 138 BGB[442] Fallgruppen zu unterscheiden, die zum Teil eng mit denen zu § 138 BGB zusammenhängen. Dies liegt daran, dass die unzulässige Rechtsausübung meist erörtert wird, nachdem eine Sittenwidrigkeit gemäß § 138 BGB verneint wurde. Überwiegend wird die unzulässige Rechtsausübung dabei in Bezug auf Unterhaltsvereinbarungen erörtert. Die im Folgenden dargestellten Fallgruppen sind

- schutzwürdige Interessen gemeinsamer Kinder,
- der Wechsel des Sorgerechts,
- ein lange zurückliegender Verzicht und eine lange Ehedauer,
- das Scheitern der geplanten Versorgung sowie
- der Wechsel vom Schuld- zum Zerrüttungsprinzip.

(1) Schutzwürdige Interessen gemeinsamer Kinder

Am häufigsten wird der Verstoß gegen § 242 BGB auf überwiegende schutzwürdige Interessen gemeinschaftlicher Kinder gestützt. Die Berufung auf die Verzichtsvereinbarung wird versagt, weil eine Erwerbstätigkeit des betreuenden Ehegatten die Kindesbetreuung gefährden könnte.

In dem bereits auf den Seiten 68 und 97 erörterten Fall des BGH[443] hatten die Parteien anlässlich ihrer Trennung gegenseitig auf Unterhalt verzichtet. Zu diesem Zeitpunkt war die Ehe kinderlos gewesen. Vor und nach Verkündung des Scheidungsurteils hatten die Parteien jedoch Kontakt, worauf nach der Scheidung eine gemeinsame Tochter geboren wurde. Das OLG Düsseldorf hatte mit Urteil vom 18.11.1983 einen Wegfall der Geschäftsgrundlage und damit einen Unterhaltsanspruch der Frau verneint und argumentiert, die unerwartete Empfängnis betreffe ihren Risikobereich. Die Möglichkeit, ihren Unterhalt zu verdienen, falle ebenso wie eine spätere Erwerbsunfähigkeit allein in die Sphäre der Frau[444]. Der BGH indes nahm in der Revision Bezug auf die Rechtsprechung des BVerfG[445], wonach Pflege und Erziehung des Kindes als Nachwirkung der geschiedenen Ehe dem Wohl und Interesse des Kindes dienten und dazu bestimmt seien, dem Kind eine von der Zerrüttung der Familie möglichst wenig beeinträchtigte, intensive persönliche Betreuung zu gewähren. Der BGH führte aus, die Parteien seien im Zeitpunkt des Verzichts davon ausgegangen, dass die gescheiterte Ehe kinderlos bleiben werde und demgemäß jeder von ihnen nach der Scheidung seinen Unterhalt einschließlich Altersvorsorge und Vorsorge für den Krankheitsfall sicherstellen könne. Nunmehr aber könne die Frau ihre beruflichen Ziele nicht voll verwirklichen, weil sie das gemeinsame Kind betreue.

---

442 Zu den Fallgruppen im Rahmen des § 138 BGB vgl. Seiten 74 ff..

443 Urteil vom 24.4.1985; BGH, FamRZ 1985, 787 = NJW 1985, 1835 = JR 1986, 17.

444 OLG Düsseldorf, FamRZ 1984, 171 (172 f.).

445 BVerfG, FamRZ 1981, 745 (749 ff.).

Auf diese Betreuung habe das Kind auch im Verhältnis zum Vater einen grundrechtlich geschützten Anspruch. Solange die Frau nicht voll erwerbstätig sein könne, verstoße es daher gegen Treu und Glauben, wenn sich der Mann auf den Verzicht berufe.

Diese Rechtsprechung bestätigte der BGH mehrfach[446], so auch mit Urteil vom 15.10.1986[447]. Hier hatte die Frau in einer Scheidungsfolgenvereinbarung auf nachehelichen Unterhalt verzichtet und ihren Mann von Unterhaltszahlungen für zwei gemeinsame Kinder freigestellt. Dafür sollte sie den aus der Veräußerung des gemeinschaftlichen Grundeigentums erwarteten Erlös von ca. 350.000,- DM erhalten. Die Parteien gingen davon aus, dass die Frau daher nach der Scheidung ihren Unterhalt und den der Kinder selbst würde bestreiten können. Anstatt eines Erlöses blieben der Frau jedoch Schulden in Höhe von fast 38.000,- DM. Der BGH erklärte die Berufung auf den Unterhaltsverzicht mit dem Grundsatz von Treu und Glauben für unvereinbar und sprach der Frau Betreuungsunterhalt zu. Dem Unterhaltsanspruch aus § 1570 BGB könne ein Unterhaltsverzicht nicht entgegengehalten werden, wenn er dazu führen würde, dass das Wohl und die Interessen gemeinschaftlicher Kinder beeinträchtigt würden, weil der unterhaltsbedürftige Elternteil durch eigene notwendige Erwerbstätigkeit die ihm obliegende Pflege und Erziehung der Kinder einschränken müsste. Die Literatur pflichtete diesem Urteil bei, insbesondere unter dem Aspekt der überwiegenden schutzwürdigen Interessen gemeinsamer Kinder[448].

Das Urteil des OLG Frankfurt vom 2.10.1987[449] sowie der Beschluss des OLG Hamm vom 16.9.1988[450] führten die genannte Rechtsprechung fort.

Im Fall des OLG Köln, Beschluss vom 19.9.1990[451], hatte die Frau bei Abgabe ihrer Unterhaltsverzichtserklärung im Rahmen der Scheidung angenommen, unmittelbar nach der Rechtskraft der Scheidung eine neue Ehe einzugehen. Sie betreute zu diesem Zeitpunkt zwei gemeinsame Kinder. Als die neue Beziehung scheiterte, nahm sie ihren Ex-Mann auf Unterhaltszahlung in Anspruch. Das OLG Köln versagte dem Mann die Berufung auf den Verzicht. Es schloss sich ausdrücklich der Rechtsprechung des BGH an, nach der einem Unterhaltsbegehren gemäß § 1570 BGB ein Verzicht nicht entgegengehalten werden könne, wenn dadurch das Wohl gemeinschaftlicher Kinder beeinträchtigt würde. Zwar fällt ins Auge, dass das Nichtzustandekommen der neuen Ehe ausschließlich in

---

446 Vgl. etwa BGH, FamRZ 1985, 788 (789); vgl. auch OLG Hamm, FamRZ 1991, 88 (89); NJW-RR 2003, 1659 (1660).

447 BGH, FamRZ 1987, 46 = NJW 1987, 776 = JR 1987, 112.

448 *Herb*, Verzicht, S. 203 f.; *ders.*, NJW 1987, 1525 (1527); *Göppinger*, JR 1987, 113 (114); Soergel/*Häberle*, § 1585 c Rn. 16.

449 OLG Frankfurt, FamRZ 1988, 289.

450 OLG Hamm, FamRZ 1989, 398.

451 OLG Köln, FamRZ 1991, 451.

der Sphäre der Frau begründet lag; ihre Versorgung in der neuen Ehe war ihr einseitiges Motiv. Gleichwohl verdient diese Entscheidung in Bezug auf die Kindesinteressen Zustimmung.

Die Rechtsprechung zu den überwiegenden schutzwürdigen Interessen gemeinsamer Kinder verfestigte sich weiter. Im bereits dargestellten Fall des BGH, Urteil vom 28.11.1990[452], hatten die Parteien einige Tage vor der Eheschließung Gütertrennung vereinbart, den Versorgungsausgleich ausgeschlossen und gegenseitig auf Unterhalt verzichtet. Die Frau war zu diesem Zeitpunkt 23 Jahre alt, schwanger und ohne Berufsausbildung. Kurz nach der Hochzeit wurde das gemeinsame Kind geboren, die Ehe indes nach etwas über drei Jahren geschieden. Seitdem bezog die Frau fortlaufend Sozialhilfe. Der BGH versagte dem Mann, sich für die Zeit auf den Unterhaltsverzicht zu berufen, in der die Frau wegen der Kindesbetreuung nicht erwerbstätig sein könne und mangels anderer Mittel auf Sozialhilfe angewiesen sei[453]. Die Geltendmachung des Verzichts verschaffe dem Mann auf Kosten der Allgemeinheit finanzielle Vorteile, die nur deshalb entstünden, weil von der Ehefrau im Interesse des gemeinsamen Kleinkindes keine Erwerbstätigkeit erwartet werden könne. Dies sei angesichts der Leistungsfähigkeit des Mannes anstößig, die Berufung auf den Unterhaltsverzicht damit zeitlich befristet zu versagen.

Dieser Argumentation ist entgegenzuhalten, dass § 242 BGB nur zwischen den Vertragspartnern gilt und sie nur untereinander zu billiger Rücksichtnahme auf die schutzwürdigen Interessen des anderen Teils sowie zu redlichem und loyalem Verhalten verpflichtet. Belange der Allgemeinheit – wie hier das Interesse des Sozialhilfeträgers an der Vermeidung von Leistungspflichten – begründen dagegen nicht ohne weiteres schutzwürdige Interessen der an der Rechtsbeziehung Beteiligten.

Zwar sind auch gemeinschaftliche Kinder nicht unmittelbare Vertragspartner. Doch rechtfertigt sich die Einbindung ihrer Interessen aus der Systematik des Kindesbetreuungsunterhalts gemäß § 1570 BGB. Zu berücksichtigen ist zudem, dass die Wahrung der Kindesinteressen gemeinsame Aufgabe der Eltern ist, die sie auch bei vertraglichen Vereinbarungen berücksichtigen müssen.

Dementsprechend drängte der BGH später den Gesichtspunkt der Schädigung der Allgemeinheit zurück. In dem seinem Urteil vom 9.7.1992[454] zugrunde liegenden Fall war die Frau schwanger, als die Parteien neun Tage vor der Eheschließung in einem Ehe- und Erbvertrag unter anderem den Zugewinnausgleich sowie Unterhaltsansprüche für den Fall ausschlossen, dass eine Partei innerhalb von fünf Jahren die Scheidung beantragen würde. Vier Monate später wurde die

452 BGH, FamRZ 1991, 306 = BGH, NJW 1991, 913; vgl. Seite 87.
453 BGH, FamRZ 1991, 306 (307).
454 BGH, FamRZ 1992, 1403 = BGH, NJW 1992, 3164.

gemeinsame Tochter der Parteien geboren. Nach fünf Jahren wurde die Ehe geschieden, das Sorgerecht für die Tochter der Frau übertragen. Das Familiengericht wies den Antrag der Frau auf vollen nachehelichen Unterhalt mit dem Hinweis auf den Ehevertrag ab. Auf die Berufung der Frau verpflichtete das OLG Bamberg den Mann mit Urteil vom 7.2.1991[455], zeitlich befristet notwendigen Unterhalt zu zahlen. Es sei ihm nach Treu und Glauben verwehrt, sich auf den Unterhaltsverzicht zu berufen, solange der Frau wegen der Kindesbetreuung keine Erwerbstätigkeit zuzumuten sei und soweit sie daher mangels anderer Mittel auf Sozialhilfe angewiesen wäre. Ein Wegfall des Unterhaltsanspruchs gehe entweder zu Lasten der Allgemeinheit, die mit Sozialhilfe einspringen müsste, oder aber zu Lasten des gemeinschaftlichen Kindes, wenn die Ehefrau trotz ihrer Verpflichtung zur Pflege und Erziehung einer Erwerbstätigkeit nachgehe[456].
Mit der Revision verfolgte die Ehefrau ihr Begehren auf vollen Ehegattenunterhalt weiter. Der BGH[457] korrigierte seine frühere Rechtsprechung dahin, dass die Interessen des Sozialhilfeträgers als Belang der Allgemeinheit bei der Prüfung des § 242 BGB außer Acht bleiben müssten. Denn § 242 BGB schütze nur die an der Rechtsbeziehung Beteiligten. Ansonsten bestätigte der BGH das Urteil des OLG. Er unterstrich die Bedeutung des Unterhaltsanspruchs nach § 1570 BGB, der die Wahrnehmung der Elternverantwortung sichere und damit dem Wohl des betreuten Kindes diene. Auch habe der Gesetzgeber den Anspruch aus § 1570 BGB in besonderer Weise gesichert. Denn selbst bei Vorliegen eines Härtegrundes nach § 1579 Nr. 1 bis 7 BGB sei ein Unterhaltsanspruch nur zu versagen, herabzusetzen oder zeitlich zu begrenzen, soweit die Inanspruchnahme des Verpflichteten auch unter Wahrung der Belange eines dem Berechtigten zur Pflege und Erziehung anvertrauten gemeinschaftlichen Kindes grob unbillig wäre. Schon nach dieser gesetzgeberischen Wertung sei daher das Kindeswohl ein wesentlicher, nach den Grundsätzen von Treu und Glauben zu berücksichtigender Umstand. Die Wahrnehmung des Kindeswohls sei gemeinsame Aufgabe beider Eltern, auf deren Erfüllung sie auch in ihrem Verhältnis zueinander bedacht sein müssten. Die Berufung auf den Unterhaltsverzicht sei daher nach § 242 BGB zu versagen, wenn und soweit das Kindeswohl den Bestand der Unterhaltspflicht fordere.

Auf der Linie dieser Rechtsprechung blieb der Beschluss des OLG Celle vom 11.10.1991[458], ebenso das Urteil des BGH vom 30.11.1994[459]. Auch mit Urteil vom 16.4.1997 versagte der BGH[460] einem Mann die Berufung auf den Unterhaltsverzicht seiner geschiedenen Frau für die Dauer der Betreuung der minder-

455 OLG Bamberg, FamRZ 1991, 1060.
456 OLG Bamberg, FamRZ 1991, 1060 (1062).
457 BGH, NJW 1992, 3164 = BGH, FamRZ 1992, 1403.
458 OLG Celle, NJW-RR 1992, 903.
459 BGH, FamRZ 1995, 291.
460 BGH, FamRZ 1997, 873.

jährigen gemeinsamen Kinder. Die Kinder hätten Anspruch darauf, von der sorgeberechtigten Mutter persönlich betreut und versorgt zu werden. Einer Erwerbstätigkeit der Mutter stehe daher das Kindeswohl entgegen.

Jüngst sprach auch das OLG Koblenz mit Urteil vom 13.1.2004[461] einer Frau, die ehevertraglich auf nachehelichen Unterhalt verzichtet hatte, im Hinblick auf die nach Artikel 2 II GG in Verbindung mit Artikel 6 II GG zu schützenden Kindesinteressen vollen Betreuungsunterhalt zu. Gewährte man der Frau nur den vereinbarten Unterhalt in Höhe von 1.500 bzw. 2.000 DM, müsste sie entweder arbeiten und könnte dann der Betreuung der Kinder nicht in vollem Unfang gerecht werden oder aber sie müsste ihre Lebensverhältnisse in einer Weise einschränken, die dann zwangsläufig auch die Kinder negativ treffen würde. Der Vertrag sei daher gemessen an Artikel 2 II GG in Verbindung mit Artikel 6 II GG nach § 242 BGB anzupassen. Das OLG München wandte diese Rechtsprechung mit Urteil vom 23.3.2004[462] auf einen erst nach Scheidung vereinbarten Unterhaltsverzicht an.

In der Literatur schloss man sich der Rechtsprechung überwiegend an. Bei schützenswerten Interessen gemeinschaftlicher Kinder könne sich der potentiell Unterhaltsverpflichtete nicht auf die Vereinbarung berufen[463]. Der Anspruch des Kindes auf Betreuung, Erziehung und Pflege habe verfassungsrechtlichen Rang[464]. § 242 BGB greife nicht nur bei nachträglichen Entwicklungen, sondern auch, wenn bereits bei Vertragsschluss bestehende oder angelegte Umstände die Kindesinteressen gefährdeten[465].

Frey[466] hingegen hält die Berufung auf den Unterhaltsverzicht trotz entgegenstehender Kindesinteressen für zulässig, wenn der Verzichtsempfänger sein Vertrauen in den Bestand des Unterhaltsverzichts z.B. durch Eingehung einer neuen Ehe manifestiere. Doch ändert eine neue Ehe nichts an der Verantwortung des Unterhaltsverpflichteten für gemeinsame Kinder aus früherer Ehe; das Kindeswohl steht in keinem Zusammenhang zu einer Wiederheirat. Zudem würde bei Befolgung der Ansicht *Freys* ein Anreiz geschaffen, zur Vermeidung von Unterhaltsansprüchen des früheren Ehepartners schnellstmöglich eine neue Ehe einzugehen.

---

461 OLG Koblenz, FamRZ 2004, 805 (806).

462 OLG München, FamRB 2005, 3 f. mit Anm. *Grziwotz*.

463 *Brambring*, S. 77, Rn. 90; Göppinger/Wax/*Hoffmann*, Rn. 1394; *Herb*, Verzicht, S. 203 f.; *Kalthoener/Büttner*, NJW 1991, 2678, (2679); Palandt/*Diederichsen*, § 1408 Rn. 12; Staudinger/*Sack*, § 138 Rn. 434, 362; Wendl/Staudigl/*Pauling*, Rn. 609; *Zöllner*, FS Lange, 1992, S. 973 (990).

464 *Herb*, Verzicht, S. 203.

465 Göppinger/Wax/*Hoffmann*, Rn. 1396.

466 *Frey*, S. 82 f.

(2) Wechsel des Sorgerechts
Die Berufung auf eine Verzichtserklärung versagte die Rechtsprechung weiter bei einem Wechsel des Sorgerechts nach Abschluss der Vereinbarung.

Im einem Fall des OLG Zweibrücken, Urteil vom 21.7.1986[467], hatte zunächst die Frau das Sorgerecht für die beiden betreuungsbedürftigen Kinder inne. Der Mann hatte durch gerichtlichen Vergleich nachehelichen Unterhalt zugesagt. Als das Sorgerecht später dem Mann zugesprochen wurde, verzichtete die Frau auf Unterhalt. Nach einem erneuten Sorgerechtswechsel auf die Frau machte diese gegen den Mann Unterhalt geltend. Das OLG Zweibrücken versagte dem Mann die Berufung auf den Verzicht. Wegen der Kinderbetreuung sei die Frau auf Unterhaltszahlungen durch den Mann angewiesen.

Ähnlich gewährte das OLG Frankfurt mit Urteil vom 3.12.1982[468] einer Frau über § 242 BGB einen Unterhaltsanspruch, nachdem diese zunächst nach Übertragung des Sorgerechts auf den Mann auf Unterhalt verzichtet, nunmehr aber doch Pflege und Erziehung des gemeinsamen Kindes übernommen hatte.

Anzunehmen ist, dass die Bedeutung dieser Fallgruppe abnehmen wird, nachdem seit Inkrafttreten des 1. Kindschaftsrechtsreformgesetzes vom 16.12.1997 am 1.7.1998[469] das Familiengericht nur dann über das Sorgerecht entscheidet, wenn bei dauerndem Getrenntleben ein Elternteil beantragt, ihm die elterliche Sorge ganz oder zum Teil allein zu übertragen (§ 1671 I BGB). Ein Scheidungsverfahren zieht seitdem nicht mehr automatisch eine gerichtliche Sorgerechtsentscheidung von Amts wegen nach sich[470].

(3) Lange zurückliegender Verzicht und lange Ehedauer
Weiter versagte die Rechtsprechung die Berufung auf eine Verzichtsvereinbarung bei langer Ehedauer und einem großen Zeitraum zwischen Vertragsschluss und Scheidung.

Im maßgeblichen Fall des OLG Hamm, Urteil vom 25.2.1986[471] und des BGH, Urteil vom 1.4.1987[472], hielt die Ehe 31 Jahre. Die Parteien hatten im Jahre 1951 geheiratet und zwei Kinder großgezogen. 1956 hatte die Ehefrau ihre Erwerbstätigkeit wegen der Kinderbetreuung aufgegeben, im Jahr 1962 war Gütertrennung vereinbart worden. Der Ehemann hatte zunächst als Versicherungskaufmann gearbeitet, dann von 1969 bis 1974 Betriebswirtschaft studiert und war danach als Anlageberater tätig gewesen.

467 OLG Zweibrücken, FamRZ 1986, 907 f.
468 OLG Frankfurt, FamRZ 1983, 176 (177) allerdings mit Bezug auf den Wegfall der Geschäftsgrundlage.
469 BGBl I von 1997, S. 2942 – 2967.
470 Vgl. etwa *Schwab*, FamRZ 1998, 457.
471 OLG Hamm, NJW 1986, 471.
472 BGH, FamRZ 1987, 691 = BGH, NJW 1987, 2739.

Während einer Ehekrise einigten sich die Parteien im Jahr 1970, dass dem Ehemann alle von ihm bezahlten Vermögenswerte gehören sollten; im Gegenzug übernahm er gemeinsame Schulden. Die Frau erhielt einen Sparvertrag und verzichtete im Gegenzug auf Unterhalt. Nach Abschluss dieser Vereinbarung entspannte sich das Verhältnis der Parteien zunächst. Eine erneute Ehekrise führte jedoch 1982 zur Trennung, 1985 zur Scheidung. Der Ehemann verdiente zu diesem Zeitpunkt jährlich bis zu 350.000,- DM. Die Ehefrau hatte keine Erwerbstätigkeit mehr aufgenommen. Mit der Klage begehrte sie Zahlung von nachehelichem Unterhalt und hatte in allen Instanzen Erfolg.

OLG und BGH berücksichtigten, dass der Verzicht dazu gedient habe, eine Ehekrise zu beheben. Da die Parteien danach noch zwölf Jahre zusammen gelebt hätten, habe sich die Frau durch die eheliche Solidarität auch unterhaltsrechtlich abgesichert fühlen dürfen. Mit der Bewältigung der Ehekrise habe die Vereinbarung ihren Bezugspunkt verloren, zumal sich auch die wirtschaftlichen Verhältnisse normalisiert hätten[473]. Dem Mann sei daher gemäß § 242 BGB die Berufung auf den Unterhaltsverzicht zu versagen.

Während Teile der Literatur diesen Ausführungen zustimmten[474], kritisierten andere, die Ehedauer allein sei für § 242 BGB ebenso wie für § 138 BGB irrelevant[475]. Zudem würde ein Unterhaltsverzicht gerade für den Fall der Not bzw. der Bedürftigkeit eines Partners erklärt. Bei Eintritt einer solchen Situation realisiere sich das typische Risiko einer Verzichtsvereinbarung[476]. Zu schützen sei zudem das Vertrauen des potentiellen Unterhaltsschuldners auf den Bestand des wirksamen Verzichts[477], § 242 BGB sei damit nicht anwendbar. Zuzustimmen ist in der Tat *Hoffmann* darin, dass zu untersuchen ist, ob der Unterhaltsverzicht mit der Bewältigung der Ehekrise tatsächlich seinen Bezugspunkt verloren habe oder ob die Ehegatten auch künftige Situationen regeln wollten[478].

(4) Scheitern der geplanten Versorgung

Die Berufung auf eine Verzichtsvereinbarung wird weiter dann versagt, wenn eine von beiden Parteien ins Auge gefasste Versorgung des Unterhaltsberechtigten aus nicht in dessen Verantwortungsbereich fallenden Gründen scheitert.

In dem mit Urteil vom 30.7.1985 entschiedenen Fall des OLG München[479] waren die Eheleute Gesellschafter einer Kommanditgesellschaft, die mehrere Geschäftsbereiche abdeckte. Anlässlich der Scheidung setzten die Parteien ihre Beteiligungen mit notariellem Vertrag auseinander und verzichteten gegenseitig

473 BGH, FamRZ 1987, 691 (692).

474 Göppinger/Wax/*Hoffmann*, Rn. 1393; *Göppinger*, JR 1987, 113 (114 unten).

475 Erman/*Dieckmann*, § 1585 c Rn. 20.

476 *Herb*, Verzicht, S. 206.

477 *Frey*, S. 88.

478 Göppinger/Wax/*Hoffmann*, Rn. 1393.

479 OLG München, FamRZ 1985, 1264.

auf nachehelichen Unterhalt. Als Grundlage für die Auseinandersetzung diente die vorletzte Bilanz; die aktuelle, die starke Verluste aufweisen sollte, war noch nicht erstellt. Der Mann übernahm einen Geschäftsbereich, den er gewinnbringend weiter betreiben konnte. Die Frau führte das Restunternehmen weiter, bis es schon nach einigen Monaten wegen Verlusten liquidiert werden musste. Daraufhin machte sie nachehelichen Unterhalt geltend.
Das OLG München ließ zwar eine Anfechtung des Auseinandersetzungsvertrages nicht durchgreifen, versagte dem Mann aber, sich auf den Unterhaltsverzicht zu berufen. Der Verzicht könne nicht als „Kaufpreis“ für ein Ertrag bringendes Recht angesehen werden. Vielmehr habe sich die Frau mit einer besonderen Erfüllung der Unterhaltsschuld einverstanden erklärt. Gehe nun das Erfüllungssurrogat verloren, handele der Unterhaltsschuldner treuwidrig, wenn er sich dennoch auf den Verzicht berufe.

Die Literatur schloss sich dieser Rechtsprechung an[480]. Der Verzicht sei keine Gegenleistung für eine zur Versorgung übertragene Vermögensquelle. Vielmehr hätten die Parteien ihren künftigen Lebensbedarf absichern wollen[481]. Werde die Unterhaltssicherung unvorhersehbar entwertet, müsse § 242 BGB zum Zuge kommen.

Nur *Frey* bezeichnet die übertragene Vermögensquelle als Gegenleistung. Zu berücksichtigen sei § 1577 Abs. 4 BGB[482], wonach der Berechtigte keinen Unterhalt beanspruchen könne, wenn zum Zeitpunkt der Ehescheidung zu erwarten gewesen sei, dass das Vermögen des Berechtigten seinen Unterhalt nachhaltig sichern werde, das Vermögen aber später wegfalle. Dieser Einwand ist im Ansatz richtig. Eine Unterhaltssicherung ist jedoch nur dann „nachhaltig“ im Sinne des § 1577 IV BGB, wenn sie ex-ante betrachtet objektiv wertgesichert[483] ist. Nur dann schneidet die einmal erlangte wirtschaftliche Selbständigkeit den nachehelichen Unterhaltsanspruch endgültig ab, und eine später eintretende Bedürftigkeit fällt nicht mehr in die Risikosphäre des Unterhaltsverpflichteten. Anders ist es aber, wenn schon im Scheidungszeitpunkt Umstände vorhanden sind - wenngleich noch nicht offen zutage getreten -, die gegen eine nachhaltige Sicherung sprechen[484]. So verhielt es sich im Fall des OLG München, denn hier wies die bei Vertragsschluss noch nicht vorliegende aktuelle Bilanz für den Geschäftszweig der Frau erhebliche Verluste aus. Der Entscheidung des OLG München ist also im Ergebnis zuzustimmen.

480 *Göppinger*, JR 1987, 113 (114 unten); *Herb*, NJW 1987, 1525 (1527).

481 *Herb*, NJW 1987, 1525 (1527).

482 *Frey*, S. 88, Fn. 25.

483 Zu weit geht wohl Staudinger/*Verschraegen*, § 1577 Rn 77, nach der Nachhaltigkeit nur gegeben ist, wenn die Prognose erlaubt ist, das Vermögen werde den Unterhalt bis zum Lebensende abdecken.

484 Palandt/*Brudermüller*, § 1577 Rn. 37.

(5) Wechsel vom Schuld- zum Zerrüttungsprinzip
Das Erste Gesetz zur Reform des Ehe- und Familienrechts (1. EheRG) vom 14.6.1976 ersetzte das Schuldprinzip durch das Zerrüttungsprinzip[485]. Nach der Reform war es Ehegatten, die vor 1977 geheiratet hatten, nicht mehr möglich, durch eigenes Wohlverhalten die Scheidung abzuwehren.
Auch wenn diese Tatsache allein keine unzulässige Rechtsausübung in Bezug auf eine bei alter Rechtslage getroffene Vereinbarung begründen konnte, so ergänzte doch der Wandel des Scheidungsrechts vereinzelt die Argumentation zu § 242 BGB. In seinem bereits beschriebenen Urteil vom 1.4.1987[486] etwa berücksichtigte der BGH, dass die Frau nach altem Recht eine Scheidung durch eigenes Wohlverhalten dauerhaft hätte verhindern können. Diese Sicherheit sei ihr durch die Einführung des neuen Scheidungsrechts genommen worden.
In der Literatur erwägt, soweit ersichtlich, allein *Dieckmann*, eine Vereinbarung zu korrigieren, wenn der Verzichtswille erkennbar an die Fortgeltung des im Wesentlichen verschuldensabhängigen Scheidungsrechts gekoppelt war. Doch solle die Korrektur nach den Grundsätzen über den Wegfall der Geschäftsgrundlage erfolgen[487].

c) Notwendiger oder angemessener Unterhalt?
Wurde dem Verpflichteten untersagt, sich auf einen Unterhaltsverzicht zu berufen, erhielt die Frau lange Zeit nur den notwendigen Unterhalt. Die bisherige Rechtsprechung des BGH und der unterinstanzlichen Gerichte schützte nämlich nur das Existenzminimum der Frau für die Dauer der erforderlichen Kinderbetreuung[488]. Im Sinne des Kindeswohls müsse es dem betreuenden Ehegatten nur ermöglicht werden, das Kind zu pflegen und zu erziehen. Dazu sei kein voller Unterhalt erforderlich. Er habe nur in dem Umfang Anspruch auf Unterhalt, dass er nicht außer Haus erwerbstätig sein müsse[489]. Das Kindeswohl erfordere nur unter besonderen Umständen einen höheren Unterhalt, etwa bei erhöhter Betreuungsbedürftigkeit eines behinderten Kindes[490].
Teile des Schrifttums stimmten dieser Rechtsprechung zu[491]. Notwendiger Unterhalt reiche aus, um dem betreuenden Elternteil zu ermöglichen, sich der

485 BGBl I von 1976, S. 1421 ff.; BT-Drucks 7/650, Seite 75.
486 BGH, FamRZ 1987, 691 f. = BGH, NJW 1987, 2739, vgl. Seite 108; vgl. als Vorinstanz OLG Hamm, Urteil vom 25.2.1986, NJW 1986, 471 (472 f.).
487 Erman/*Diekmann*, § 1585 c Rn. 17.
488 BGH, NJW 1992, 3164 (3166); BGH, FamRZ 1995, 291; BGH, FamRZ 1997, 873 (874 f.); OLG Bamberg, FamRZ 1991, 1060 (1062); OLG Düsseldorf, FamRZ 1996, 734 (736).
489 OLG Frankfurt, FamRZ 1988, 289 (290)
490 OLG Hamburg, FamRZ 1992, 444 (445) mit Hinweis auf die nicht absehbare Dauer der Betreuung; vgl. BGH, NJW 1992, 3164 (3166).
491 Göppinger/Wax/*Hoffmann*, Rn. 1395; MüKo-*Richter*, § 1585 c Rn. 26.

Pflege und Erziehung des Kindes zu widmen, ohne eine Erwerbstätigkeit aufnehmen zu müssen.

Andere forderten indes, der Frau angemessenen Unterhalt zuzusprechen. *Schwab*[492] nannte es schon 1997 eine Fiktion, dass sich die Frau bei gemeinsamer Lebensführung mit den Kindern auf das Existenzminimum beschränke, während die Kinder den vollen Unterhalt erhielten. Vielmehr wirtschafteten Betreuender und Kinder zusammen, jeder Entzug von Mitteln senke auch das Lebensniveau der Kinder. Auch der BGH-Richter *Gerber* bezweifelte auf dem deutschen Notartag 1998, dass die Zusprechung nur notwendigen Unterhalts haltbar sei[493]. Ebenso ist *Borth* der Ansicht, im Bereich des Betreuungsunterhalts könne voller Unterhalt nach § 1578 I 1 BGB verlangt werden[494]. Für ihn folgt dies aus der Aussage des BGH in seiner Entscheidung vom 11.2.2004, der Richter müsse sich im Anwendungsbereich des § 242 BGB umso stärker an den gesetzlichen Rechtsfolgen orientieren, je zentraler der Kernbereich der gesetzlichen Scheidungsfolgen betroffen sei[495]. Der Betreuungsunterhalt aber bilde *den* zentralen Kern.

Büttner und *Richter* wollten über die bisherige Rechtsprechung hinaus über § 242 BGB sogar Anschlussunterhalt gemäß §§ 1571 ff. BGB gewähren[496]. Doch ist eine auf die Kindesinteressen gestützte Bejahung anderer Unterhaltstatbestände dogmatisch nicht zu begründen. Vielmehr greift das aus § 242 BGB hergeleitete Verbot, sich auf den Verzicht zu berufen, nur, solange die Kinder dieser Rücksichtnahme bedürfen. Danach tritt der wirksame Unterhaltsverzicht wieder in Kraft. Ansonsten wäre jeder Unterhaltsverzicht vollends ausgehebelt, sobald einmal Kinder zu betreuen waren.

Unter dem Einfluss der Rechtsprechung des BVerfG aus dem Jahr 2001 halten, soweit ersichtlich, nur *Rauscher* und *Schervier* am notwendigen Unterhalt fest[497]. Treu und Glauben sei nicht erst durch das Maß des dispositiven Rechts genügt. Das BVerfG müsse die dem § 1615 l BGB zugrunde liegende Entscheidung widerlegen, wenn es meine, der Mann schulde angemessenen Unterhalt nach §§ 1570, 1578 BGB[498].

---

492 *Schwab*, FamRZ 1997, 521 (525); zustimmend Palandt/*Brudermüller*, 60. Auflage, § 1585 c Rn. 19; ebenso *Büttner*, FamRZ 1998, 1 (6 f.): Liebe Kinder, Euch kann ich jeden Tag ein Schnitzel machen, denn Euer Vater ist Bankdirektor; da ich aber auf den Unterhalt verzichtet habe, gibt's für mich nur Kartoffeln mit Soße.

493 *Gerber*, DNotZ-Sonderheft 1998, 288 (293 f.).

494 *Borth*, FamRZ 2004, 609 (610).

495 Vgl. BGH, FamRZ 2004, 601 (606 unter II 3 b a.E.).

496 *Büttner*, FamRZ 1998, 1 (7); *Richter*, JR 1986, 18 (19 a.E.); zu den Unterhaltstatbeständen vgl. oben Seiten 45 ff.

497 *Rauscher*, DNotZ 2004, 524 (546); *Schervier*, MittBayNot 2001, 213 (215).

498 *Rauscher*, DNotZ 2002, 751 (755, 765).

Dagegen sieht *Waldner* in der Zuweisung bloß notwendigen Unterhalts weiter einen Wertungswiderspruch zu § 1615 l II BGB. Selbst wenn die Eltern nicht verheiratet seien, müsse der Vater der das Kind betreuenden Mutter drei Jahre lang den seinen Verhältnissen angemessenen, nicht etwa nur den Notunterhalt gewähren. Ein Kind aus einer gescheiterten Ehe dürfe nicht schlechter gestellt sein.

Maßgeblich muss jedoch sein, dass es nicht zu widerlegen ist, dass die Armut der Mutter auf den Lebensstandard des zu betreuenden Kindes durchschlägt[499]. Als Prinzip ist das Zusprechen nur notwendigen Unterhalts seit dem Beschluss des BVerfG vom 29.3.2001 damit nicht mehr haltbar[500]. Und so finden sich bereits einzelne obergerichtliche Entscheidungen, die über § 242 BGB vollen Unterhalt zusprachen, so etwa das Urteil des OLG Koblenz vom 13.1.2004[501]. Nachdem es aufgrund der ungeplanten Schwangerschaft der Frau zu Differenzen gekommen und die Frau daher zu ihrer Mutter gezogen war, hatte ihr der Mann zweieinhalb Monate vor der Geburt doch einen Heiratsantrag gemacht. Die Hochzeit sollte drei Wochen später stattfinden. Zwei Wochen vor der Heirat legte der Mann der Frau dann einen Ehevertragsentwurf vor und erklärte, ohne Unterzeichnung werde die Hochzeit nicht stattfinden. Die Frau, die ein voreheliches Einkommen von 100.000 DM hatte, erklärte, sie werde mit den vereinbarten Unterhaltsbeträgen – 1.500 bzw. 2.000 DM – nicht zurechtkommen, gab dann aber doch nach.
Das Gericht betonte stark den Ausgleich ehebedingter Nachteile. Es befand, die Frau sei durch die bei Vertragsschluss bestehende Zwangslage und durch die Dominanz des Mannes dazu genötigt worden, auf Teile des Betreuungsunterhalts zu verzichten. Dadurch, dass sie aufgrund der Betreuung der Kinder auf lange Zeit an einer vollen Berufstätigkeit gehindert gewesen sei und noch gehindert sein werde, erleide sie Nachteile in beruflicher und finanzieller Hinsicht, die noch nicht einmal durch vollen Betreuungsunterhalt ausgeglichen würden. Ob sie in Zukunft eine berufliche Position werde erreichen können, die sie ohne die langjährige Kinderbetreuung erreicht hätte, sei fraglich.

d) Zusammenfassung

Nach alledem ist festzuhalten, dass die Kriterien einer unzulässigen Rechtsausübung gemäß § 242 BGB wesentlich leichter erfüllt sind als die des § 138 I BGB. § 242 BGB wird in der Praxis daher ungleich häufiger auf familienrechtliche Verträge angewandt als § 138 I BGB.
Eine Korrektur über § 242 BGB kommt insbesondere dann in Betracht, wenn sich die Lebensumstände nach Vertragsschluss änderten. Während also die

---

499 So auch *Dauner-Lieb*, AcP 201 (2001), 295 (330); *Waldner*, Eheverträge, S. 95 Rn. 88.

500 So auch *Bergschneider*, FamRZ 2001, 1337 (1338); *Dauner-Lieb*, AcP 201 (2001), 295 (330); *Schubert*, FamRZ 2001, 733 (737); *Waldner*, Eheverträge, S. 95 f. Rn. 88.

501 OLG Koblenz, FamRZ 2004, 805 (807).

Entwicklung der Verhältnisse nach Vertragsschluss für § 138 BGB irrelevant ist, spielt sie für § 242 BGB meist die entscheidende Rolle. Maßgeblich ist, dass die Berufung auf die Vereinbarung zu dem Zeitpunkt unbillig erscheint, in dem der Anspruch geltend gemacht wird. Speziell beim Betreuungsunterhalt ist dies vor allem dann der Fall, wenn eine eigene Erwerbstätigkeit den betreuenden Elternteil zwingen würde, die ihm obliegende Pflege und Erziehung gemeinschaftlicher Kinder einzuschränken und das Kindeswohl damit beeinträchtigt würde.

Diese Betrachtungen schließen die Darstellung der allgemeinen zivilrechtlichen Schranken ab. Der nächste Abschnitt beinhaltet die Analyse spezieller zivilrechtlicher Schranken familienrechtlicher Verträge. Im Gegensatz zu allgemeinen zivilrechtlichen Schranken wie Anfechtungsmöglichkeiten, Sittenwidrigkeit, § 242 BGB etc. gelten die speziellen zivilrechtlichen Schranken nur im Hinblick auf familienrechtliche Verträge.

B. Spezielle zivilrechtliche Schranken

Nachdem im vorhergehenden Abschnitt die allgemeinen zivilrechtlichen Schranken familienrechtlicher Verträge dargestellt wurden, widmet sich der nun folgende Abschnitt den speziellen zivilrechtlichen Schranken, die im Gegensatz zu den allgemeinen Schranken tatsächlich nur für familienrechtliche Verträge gelten. Spezielle Schranken ergeben sich zum einen aus den jeweils einschlägigen Normen der einzelnen Regelungsgegenstände, zum anderen aus Form- und Verfahrensvorschriften.

Dargestellt werden zunächst die speziellen Grenzen zum Güterrecht, zum Versorgungsausgleich und zum Unterhalt. Im Anschluss daran werden die speziellen Formvorschriften sowie Verfahrensvorschriften für beschränkt Geschäftsfähige bzw. Geschäftsunfähige betrachtet.

I. Güterrecht

Im Güterrecht kommen als spezielle zivilrechtliche Schranken das Verweisungsverbot des § 1409 BGB sowie zwingende Vorschriften des jeweiligen Güterstandes in Betracht.

1. Verweisungsverbot, § 1409 BGB

§ 1409 BGB schränkt die formale Gestaltung güterrechtlicher Vereinbarungen ein. Die Ehegatten dürfen den Güterstand nicht durch Verweis auf nicht mehr geltendes oder ausländisches Recht bestimmen. Ein Verstoß führt zur Nichtigkeit gemäß § 134 BGB[502]. § 1409 BGB dient der Rechtsklarheit. Die Ehegatten und ihre Geschäftspartner sollen nicht auf schwierig zugängliche oder gar unbekannte Rechtsquellen verwiesen werden. Das Verweisungsverbot gilt für alle

502 Münch-Komm/*Kanzleiter*, § 1409 Rn. 3.

ausländischen güterrechtlichen Bestimmungen[503] und alle Regelungen, die die heutige Fassung des BGB nicht mehr enthält. Dies sind zunächst die früheren Wahlgüterstände der Errungenschafts- und der Fahrnisgemeinschaft[504]. § 1409 BGB gilt darüber hinaus auch für den früheren gesetzlichen Güterstand der Eigentums- und Vermögensgemeinschaft nach §§ 13 ff. FGB-DDR, für den die Ehegatten bis zum 2.10.1992 optieren konnten[505].

Verboten ist aber nur die generelle Verweisung. Innerhalb der üblichen Schranken können die Ehegatten sowohl nicht mehr geltendes als auch ausländisches Recht dadurch vereinbaren, dass sie die jeweiligen Einzelregelungen konkret in ihren Ehevertrag aufnehmen[506]. Wegen der in § 137 S. 1 BGB festgelegten Unwirksamkeit vertraglicher Verfügungsbeschränkungen ist es jedoch nicht möglich, durch Aufnahme der Einzelregelungen den früheren Güterstand der Verwaltung und Nutznießung durch den Mann zu vereinbaren[507].

Eine Ausnahme vom Verweisungsverbot bildet Artikel 15 II EGBGB. Danach können die Ehegatten durch eine Verweisung auf das ausländische Recht für die güterrechtlichen Wirkungen ihrer Ehe wählen

- das Recht des Staates, dem einer von ihnen angehört,
- das Recht des Staates, in dem einer von ihnen seinen gewöhnlichen Aufenthalt hat,
- für unbewegliches Vermögen das Recht des Lageortes.

2. Zwingende Vorschriften des jeweiligen Güterstandes

Der Disposition der Ehegatten entzogen sind diejenigen Regeln der gesetzlichen Güterstandstypen, die entweder einen der Ehegatten oder Dritte zwingend schützen. Unabdingbar ist z.B. die Vorschrift des § 1378 II BGB, wonach die Zugewinnausgleichsforderung durch den Wert des Vermögens begrenzt wird, das der Ausgleichspflichtige im Zeitpunkt der Rechtskraft der Ehescheidung hat. Zwingendes Recht setzt weiter § 1375 II BGB, der den Ausgleichsberechtigten vor illoyalen Vermögensverfügungen des Ausgleichsverpflichteten schützt.

Für den Bereich der Gütergemeinschaft bestimmt § 1518 BGB, dass die gesetzlichen Regelungen zur fortgesetzten Gütergemeinschaft nicht vertraglich abbedungen werden können. Weiter kann die Schuldenhaftung des Gesamtgutes in der Gütergemeinschaft nicht mit Wirkung gegen die Gläubiger abweichend vom gesetzlichen Haftungsverteilungsschlüssel der §§ 1437 - 1440, 1459 -1462 BGB geregelt werden[508].

503 Vgl. aber Art. 15 II EGBGB.
504 Staudinger/*Thiele*, § 1409 Rn. 8; vgl. bereits Seite 35.
505 Palandt/*Brudermüller*, § 1409 Rn. 1; Staudinger/*Thiele*, § 1409 Rn. 4.
506 *Knur*, DNotZ 1957, 451 (461); Münch-Komm/*Kanzleiter*, § 1409 Rn. 1.
507 Soergel/*Gaul*, § 1408 Rn. 14.
508 Jauernig/*Berger*, Anmerkungen zu den §§ 1437-1440, Rn. 13.

II. Versorgungsausgleich

Einer Vereinbarung zum Versorgungsausgleich setzen die Sperrfrist des § 1408 II 2 BGB und das gerichtliche Genehmigungserfordernis des § 1587 o BGB Grenzen.

1. Sperrfrist, § 1408 II 2 BGB

So wird der Ausschluss des Versorgungsausgleichs unwirksam, wenn innerhalb eines Jahres nach Vertragsschluss ein Scheidungsantrag gestellt wird (§ 1408 II 2 BGB). Dem steht der Fall gleich, dass bei Vertragsschluss die Scheidung bereits beantragt ist[509]. § 1408 II 2 BGB gilt auch für den Fall des modifizierten Versorgungsausgleichs[510].

Bei der Bestimmung der Jahresfrist ist auf den Zeitpunkt der Zustellung des Scheidungsantrags abzustellen[511]. Die Sperrfrist des § 1408 II 2 BGB soll sicherstellen, dass das Recht auf vertraglichen Ausschluss des Versorgungsausgleichs nicht mit Rücksicht auf eine bevorstehende Scheidung missbraucht wird[512]. Die Sperrfrist soll den Ausgleichsberechtigten vor Täuschung über eine nicht offenbarte Scheidungsabsicht bzw. für den Fall schützen, dass ein Versöhnungsversuch trotz der Vereinbarung vorzeitig scheitert[513].

Ist der Scheidungsantrag zugestellt, kann kein Ehevertrag nach § 1408 II BGB mehr geschlossen werden, sondern nur noch eine Scheidungsfolgenvereinbarung nach § 1587 o BGB[514]. Konkrete Scheidungsabsichten aber schließen eine Vereinbarung nach § 1408 II BGB weder aus[515] noch machen sie sie genehmigungsbedürftig[516].

---

509 BGH, NJW 1987, 1768 (1768 f.); Palandt/*Brudermüller*, § 1408 Rn. 28.

510 *Grziwotz*, FamRZ 1997, 585 (586): Münch-Komm/*Kanzleiter*, § 1408 Rn. 29; Staudinger/*Eichenhofer*, § 1408 Rn. 64.

511 BGH, FamRZ 1987, 365 (366), OLG Hamm, FamRZ 1982, 1215 (1216); *Brambring*, Rn. 69, Fn. 112; Erman/*Heckelmann*, § 1408 Rn. 12; *Grziwotz*, Beck´sches Notarhandbuch, S. 620 Rn. 135.

512 BT-Drucks. 7/4694, S. 13.

513 *Büttner*, FamRZ 1998, 1 (2); Münch-Komm/*Kanzleiter*, § 1408 Rn. 18; vgl. *Waldner*, Eheverträge, S. 77, Rn. 68; vgl. auch OLG Hamm, NJW-RR 1999, 1306.

514 BGH, FamRZ 1987, 467; OLG Düsseldorf, FamRZ 1986, 68 (69); Soergel/*Gaul*, § 1408 Rn. 28; a.A. Palandt/*Brudermüller*, § 1408 Rn. 20: auch noch während des Scheidungsverfahrens.

515 Vgl. BGH, FamRZ 1983, 459; OLG Brandenburg, FamRZ 2004, 1289.

516 OLG München, FamRZ 1981, 465.

Diskutiert wird, inwieweit § 1408 II 2 BGB vorsorgende Vereinbarungen erfasst, wenn die Ehe nach weniger als einem Jahr scheitert. *Kanzleiter*[517] und *Langenfeld*[518] zufolge ist § 1408 II 2 BGB auf Verträge, die vor der Eheschließung geschlossen werden, gar nicht anwendbar. Der Zweck der Vorschrift greife nur bei Abschluss der Vereinbarung nach der Eheschließung.

Der Wortlaut des § 1408 II 2 BGB indes ergibt keine Einschränkung für vorsorgende Verträge. Bedenkt man zusätzlich, dass aus dem Wortlaut „auch nach" in § 1408 I, 2. HS BGB folgt, dass § 1408 I BGB auch vorsorgende Verträge erfasst, muss normsystematisch auch § 1408 II BGB vorsorgende Verträge erfassen. Allerdings verzichten Verlobte nicht auf bestehende, sondern nur auf künftige Anwartschaften. Nach einem so kurzen Zeitraum ist der Betrag der auszugleichenden Anwartschaften und damit das Schutzbedürfnis des Ausgleichsberechtigten zudem nur gering. *Waldner* möchte daher § 1408 II 2 BGB auf vorsorgende Verträge zwar anwenden, aber teleologisch reduzieren[519]. Wirkliche Rechtssicherheit ist jedoch nur gewährleistet, wenn man § 1408 II 2 BGB zwar auf vorsorgende Verträge anwendet, den Lauf der Jahresfrist aber erst mit der Eheschließung beginnen lässt[520].

Scheitert also die Ehe nach weniger als einem Jahr, findet der Versorgungsausgleich trotz des Ausschlusses statt, es sei denn, die Ehegatten schließen eine Scheidungsfolgenvereinbarung und lassen sie – wie im nächsten Abschnitt beschrieben – nach § 1587 o BGB genehmigen[521].

2. Genehmigung des Familiengerichts, § 1587 o II 3 BGB

Eine Vereinbarung zum Versorgungsausgleich, die im Zusammenhang mit der Scheidung, also unter Nichteinhaltung der Jahresfrist des §§ 1408 II 2 BGB getroffen wird, bedarf der Genehmigung des Familiengerichts (§ 1587 o II 3 BGB). Ziel ist es, einen angemessenen Ausgleich zu garantieren und den sozial schwächeren Partner vor Übervorteilung unter dem Druck der Scheidungssituation zu schützen[522].

---

517 Münch-Komm/*Kanzleiter*, § 1408 Rn. 29.

518 *Langenfeld*, FamRZ 1987, 9.

519 *Waldner*, Eheverträge, S. 77, Rn. 68.

520 So auch die h.M.: *Brambring*, Rn. 68; Erman/*Heckelmann*, § 1408 Rn. 12; *Finger*, FuR 2002, 149 (151); *Grziwotz*, FamRZ 1997, 585 (586); Hk-BGB/*Kemper*, § 1408 Rn. 8; Palandt/*Brudermüller*, § 1408, Rn. 29; Soergel/*Gaul*, § 1408 Rn. 45; Staudinger/*Eichenhofer*, § 1408 Rn. 64.

521 Siehe dazu sogleich.

522 BT-Drs. 7/4361, S. 49; BVerfG, FamRZ 1982, 769 (772); BGH, FamRZ 1994, 234 (235 f.); OLG Koblenz, FamRZ 2004, 205; *Büttner*, FamRZ 1998, 1 (3); Münch-Komm/*Strobel*, § 1587 o Rn. 21 ff.; kritisch zum sozialpolitischen „Staatskuratel" *Langenfeld*, DNotZ-Sonderheft 1985, 167 (180).

Es soll verhindert oder jedenfalls erschwert werden, dass ein Ehegatte auf seine Absicherung verzichtet, um die von ihm gewünschte Scheidung zu erleichtern oder zu beschleunigen[523].
Den Maßstab der Kontrolle bestimmt das Gesetz selbst. Nach § 1587 o II 4 BGB soll das Gericht unter Einbeziehung der Unterhaltsregelung und der Vermögensauseinandersetzung prüfen, ob die Vereinbarung nicht offensichtlich zur Absicherung ungeeignet ist oder zu keinem angemessenen Ausgleich führt. Das Gericht prüft also nicht die Sachgerechtigkeit der Vereinbarung, sondern nimmt nur eine Offensichtlichkeitskontrolle vor[524].

III. Unterhalt - §§ 1614, 1360 a III, 1361 IV 2 i.V.m. § 134 BGB

Zum Unterhalt bestimmt § 1614 I BGB, dass ein Verzicht auf Unterhalt für die Zukunft unzulässig ist. Diese Norm gilt unmittelbar für den Kindesunterhalt und ist über §§ 1360 a III, 1361 IV 2 BGB auch auf den Ehegattenunterhalt anzuwenden, hier auf den Familien- und Getrenntlebensunterhalt. Eine entgegenstehende Vereinbarung wäre als Verstoß gegen ein gesetzliches Verbot gemäß § 134 BGB nichtig. In Bezug auf den Ehegattenunterhalt sind daher nur Vereinbarungen zum nachehelichen Unterhalt zulässig (§ 1585 c BGB).

IV. Form- und Verfahrensvorschriften

Auch Form- und Verfahrensvorschriften begrenzen die Vertragsfreiheit familienrechtlicher Vereinbarungen. Im Einzelnen sind dies das Beurkundungsbedürfnis bei Grundstücksgeschäften sowie bei Vereinbarungen zum Güterrecht und zum Versorgungsausgleich sowie Verfahrensvorschriften für beschränkt Geschäftsfähige und Geschäftsunfähige. Im Anschluss an die Darstellung dieser Bestimmungen wird erörtert, ob und inwieweit die Form- und Verfahrensvorschriften insbesondere im Hinblick auf Unterhaltsvereinbarungen zu verschärfen sind.

1. Grundstücksgeschäfte, § 311 b BGB

Enthält eine Vereinbarung die Verpflichtung eines Ehegatten, das Eigentum an einem Grundstück zu übertragen oder zu erwerben, bedarf das ganze Rechtsgeschäft nach § 311 b BGB der notariellen Beurkundung[525].

---

523 *Gerber*, FS 50 Jahre BGH, 2000, S. 49; *Reinartz*, NJW 1977, 81 (82).

524 BGH, FamRZ 1994, 234 (236); vgl. auch *Coester-Waltjen*, FS 50 Jahre BGH, 2000, S. 985 (997 f.); *Grziwotz*, MittBayNot 1999, 385 (386); *ders.*, FF 2001, 41 (42).

525 Vgl. Palandt/*Brudermüller*, § 311 b, Rn. 25.

2. Notarielle Beurkundung bei Güterrecht und Versorgungsausgleich

Notarielle Beurkundung ist auch bei Vereinbarungen zum Güterrecht und zum Versorgungsausgleich erforderlich. § 1410 BGB bestimmt nämlich, dass ein Ehevertrag bei gleichzeitiger Anwesenheit[526] beider Ehegatten zur Niederschrift eines Notars geschlossen werden muss. Dies gilt gemäß § 1408 BGB für güterrechtliche Vereinbarungen sowie für Vereinbarungen zum Versorgungsausgleich.

Gemäß § 1378 III 2 BGB muss auch eine Vereinbarung notariell beurkundet werden, die die Ehegatten während eines Verfahrens zur Auflösung der Ehe über den Zugewinnausgleich treffen. Ebenso bedürfen Vereinbarungen zum Versorgungsausgleich im Zusammenhang mit einer Scheidung gemäß § 1587 o II 1 BGB der notariellen Beurkundung. Die notarielle Beurkundung kann jeweils durch einen gerichtlich protokollierten Vergleich ersetzt werden (§§ 1378 III 2, 2. HS, 1587 o II 2, 127 a BGB).

Die Formbedürftigkeit rechtfertigt sich aus allen Funktionen des Beurkundungszwangs: Sie schützt vor Übereilung (Warnfunktion) und gewährleistet sachkundige Belehrung und Beratung (Beratungsfunktion) sowie Beweissicherung für die möglicherweise lange Zeitspanne, für die der Ehevertrag gelten soll (Beweisfunktion); letztlich gewährleistet die Beurkundung inhaltliche Klarheit und rechtliche Gültigkeit (Bestandsfunktion).

3. Beschränkt Geschäftsfähige / Geschäftsunfähige

§ 1411 BGB enthält Verfahrensvorschriften für den Fall, dass ein Ehegatte beschränkt geschäftsfähig oder geschäftsunfähig ist. Beschränkt geschäftsfähige Ehepartner schließen einen Ehevertrag persönlich ab, bedürfen dazu aber der Zustimmung des gesetzlichen Vertreters (§ 1411 I 1, 4 BGB). Sind die Eltern gesetzliche Vertreter (§ 1629 I BGB), können sie über die Zustimmung selbständig entscheiden. Unter Betreuung gestellte geschäftsfähige Ehepartner schließen einen Ehevertrag ebenfalls persönlich ab, bedürfen dazu aber der Zustimmung des Betreuers, falls insoweit ein Einwilligungsvorbehalt nach § 1903 BGB angeordnet ist (§ 1411 I 2 BGB). Außer der Zustimmung des Betreuers ist zusätzlich die Genehmigung des Vormundschaftsgerichts erforderlich, falls durch den Ehevertrag der Zugewinnausgleich ausgeschlossen oder eingeschränkt oder Gütergemeinschaft vereinbart oder aufgehoben wird, § 1411 I 3 BGB.

Ist der Ehegatte geschäftsunfähig, kann nur der gesetzliche Vertreter den Ehevertrag schließen (§ 1411 II 1, 1. HS BGB). Gütergemeinschaft kann nicht vereinbart oder aufgehoben werden (§ 1411 II 1, 2. HS BGB). Ist für einen geschäftsunfähigen Ehegatten ein Vormund oder ein Betreuer bestellt, bedürfen diese gesetzlichen Vertreter zum Abschluss des Ehevertrages in jedem Falle der vormundschaftsgerichtlichen Genehmigung (§ 1411 II 2 BGB).

---

526 Nicht aber persönlicher Anwesenheit, dazu Seite 121.

4. Notwendige Verschärfungen

Im Folgenden werden mögliche Verschärfungen der Formvorschriften diskutiert im Hinblick auf die Einführung eines Formzwanges auch für Unterhaltsvereinbarungen, auf persönliche statt nur gleichzeitiger Anwesenheit bei der Beurkundung sowie im Hinblick auf die Einführung einer Überlegungsfrist entsprechend § 17 II a, S. 2 Ziff. 2, 2. HS BeurkG.

a) Formzwang auch für Unterhaltsvereinbarungen

Entgegen § 1410 BGB und § 1587 o II BGB schreibt § 1585 c BGB für Unterhaltsvereinbarungen keine Form vor. Vereinbarungen zum nachehelichen Unterhalt sind damit grundsätzlich formlos möglich[527]. Dies gilt auch für vorsorgende Vereinbarungen[528]. Die unterschiedliche Regelung der Formbedürftigkeit wird damit zu begründen versucht, der Gesetzgeber sei davon ausgegangen, dass das Wesen des Unterhalts im Gegensatz zum Zugewinn- und Versorgungsausgleich jedem von sich aus verständlich sei[529]. *Waldner* vermutet, bei Entstehung der Norm habe vor allem das Vermögen der Ehegatten ihre Lebensverhältnisse geprägt[530]. Diese Rolle hat jedoch mittlerweile in erheblichem Maße das erzielbare Einkommen übernommen.

Beurkundungsbedürftig ist eine Unterhaltsvereinbarung, wenn sich der Zahlungspflichtige in einer Urkunde nach § 794 I Nr. 5 ZPO der sofortigen Zwangsvollstreckung aus der Urkunde unterwirft. Im Zusammenhang mit § 630 I Nr. 3, III und 794 I Nr. 5 ZPO wird daher in der Praxis ein nicht unerheblicher Teil der Unterhaltsregelungen notariell beurkundet. Eine Unterhaltsvereinbarung bedarf zudem auch dann der notariellen Form, wenn sie mit beurkundungsbedürftigen Vereinbarungen derart zu einer rechtlichen Einheit verbunden ist, dass ein Ehegatte die eine Vereinbarung nicht ohne die andere abgeschlossen hätte[531].

Dennoch werden in der neueren Literatur zu Recht immer wieder Stimmen laut, die de lege ferenda eine Formbedürftigkeit von Vereinbarungen über nachehelichen Unterhalt verlangen[532].

---

527 Vgl. nur Münch-Komm/*Maurer*, § 1585 c Rn. 6; *Schubert*, FamRZ 2001, 733.

528 Vgl. Seite 24.

529 Vgl. *Schubert*, FamRZ 2001, 733 (739).

530 *Waldner*, Eheverträge, S. 26 Rn. 14.

531 BGH, FamRZ 2002, 1179; *Grziwotz*, MDR 2001, 393 (394); *Waldner*, Eheverträge, S. 26 Rn. 14.

532 *Brambring*, S. 75, Rn. 87; *Grziwotz*, FamRZ 1997, 585 (586); *ders.*, MDR 1998, 1327 (1331); Johannsen/Henrich/*Büttner*, § 1585 c Rn. 4; *Lenz*, MittBayNot 1999, 152 (157 f.); *Rauscher*, DNotZ 2001, 751 (757); *Schervier*, MittBayNot 2001, 213 (215); *Schlüter*, § 17 V 3, Rn. 219; *Schubert*, FamRZ 2001, 733 (739);
Eine gerichtliche Genehmigung entsprechend § 1587 o BGB auch für Eheverträge nach § 1408 BGB forderten schon bei Einführung des Versorgungsausgleichs im Jahre 1977 *Kniebes/Kniebes*, DNotZ 1977, 269 (289); *Reinartz*, NJW 1977, 81 (84); in jüngerer

Auch auf dem 13.[533] und 15. Deutschen Familiengerichtstag[534] wurde die Forderung nach Einführung der notariellen Form laut, insbesondere für vor Rechtskraft der Scheidung getroffene Vereinbarungen über nachehelichen Unterhalt. In der Tat lässt das Nebeneinander von Formbedürftigkeit und Formfreiheit kein einheitliches Schutzkonzept erkennen. Dabei haben gerade Unterhaltsvereinbarungen oft wirtschaftlich existentielle Bedeutung. Die Belehrung eines Notars könnte hier die Auswirkungen der Vereinbarung erfassen helfen.

b) Persönliche statt nur gleichzeitige Anwesenheit

§ 1410 BGB fordert nur „gleichzeitige Anwesenheit beider Teile", nicht aber persönliche Anwesenheit[535]. Dies führt dazu, dass sich die Ehegatten vertreten lassen können, sogar der eine durch den anderen, sofern von den Beschränkungen des § 181 BGB befreit wurde[536]. Vollmacht und Genehmigung sind nach §§ 167 II, 182 II BGB formlos möglich. Der BGH befand ausdrücklich, eine Vertretung bei Abschluss eines Ehevertrages sei grundsätzlich zulässig, die Vollmacht zum Abschluss eines Ehevertrages formfrei möglich[537].

In der Literatur findet sich nur vereinzelt Zustimmung[538], überwiegend jedoch vollkommen berechtigte Kritik. Zutreffend sieht etwa *Reinartz* eine Umgehung des Schutzzwecks der Beurkundung gegeben[539]. *Armbrüster* erachtet eine Vertretung der Beteiligten im Beurkundungsverfahren als rechtsmissbräuchlich, wenn sie nicht durch sachliche Gründe gerechtfertigt ist[540]. Auch *Waldner* ist der Ansicht, der Notar verstoße im Falle der Vertretung des einen Teils regelmäßig gegen § 17 II a BeurkG[541]; sei eine Vertretung unumgänglich, solle der Vertrag nur wirksam werden, wenn der vertretene Teil den Vertragsschluss ausdrücklich genehmige, und zwar durch notarielle Urkunde, der der Vertrag im vollen Umfang als Anlage beigefügt werde. Nur so werde gewährleistet, dass der nicht Anwesende in gleicher Weise qualifiziert beraten und vor Risiken gewarnt werde.

Zeit forderte *Büttner*, FamRZ 1997, 600 (601), eine Genehmigungsbedürftigkeit entsprechend § 1587 o BGB pauschal für alle Verzichtsverträge.

533 Empfehlung B III b des 13. Deutschen Familiengerichtsstages, NJW 2000, 1464 (1466).

534 *Brudermüller/Schümann*, Empfehlung C V des 15. Deutschen Familiengerichtstages, FuR 2004, 18 (22).

535 Jauernig/*Berger*, § 1410 Rn. 3.

536 *Eichenhofer*, DNotZ 1994, 213 (229).

537 BGH, JZ 1999, 519 (520 f.).

538 *Kanzleiter*, NJW 1999, 1612.

539 *Reinartz*, NJW 1977, 81 (83).

540 Huhn/von Schuckmann/*Armbrüster*, § 17 BeurkG, Rn. 151.

541 *Waldner*, Eheverträge, S. 26, Rn. 13; vgl. auch *Brambring*, Rn. 36.

Vollkommer[542], *Schilken*[543] und *Schippel*[544] fordern daher eine teleologische Reduktion des § 167 II BGB dahingehend, dass die Vollmacht zum Abschluss eines Ehevertrages ihrerseits der Form des § 1410 BGB bedürfe.

Doch ist fraglich, ob selbst eine Beurkundung der Vollmacht sicherstellen könnte, dass der Vollmachtgeber über die Folgen des abzuschließenden Geschäfts belehrt würde. Denn dessen Inhalt ist bei Erteilung der Vollmacht oft noch nicht in Einzelheiten bekannt. Wirkliche Sicherheit kann nur Höchstpersönlichkeit gewährleisten[545], und zwar de lege ferenda für Vereinbarungen zum Güterrecht, Versorgungsausgleich und zum Unterhalt.

c) Überlegungsfrist analog § 17 II a, S. 2 Ziff. 2, 2. HS BeurkG

Überzogen erscheint es zu fordern, beide Seiten müssten in der Vorbereitungsphase einer vorsorgenden Vereinbarung von einem eigenen Anwalt vertreten werden[546]. In aller Regel besitzt der beurkundende Notar die erforderliche Neutralität, beide Vertragsteile unvoreingenommen und unparteiisch zu beraten.

Jedoch würde es, wie bereits erörtert, vor Überrumpelung und somit vor einem Sittenwidrigkeitsverdikt schützen, die für Verbraucherverträge geltende Vorschrift des § 17 II a, S. 2 Ziff. 2 BeurkG auf familienrechtliche Vereinbarungen auszuweiten. Der Notar soll nach dieser Vorschrift darauf hinwirken, dass der Verbraucher ausreichend Gelegenheit erhält, sich vorab mit dem Gegenstand der Beurkundung auseinanderzusetzen; bei nach § 311 b I 1 und III BGB formbedürftigen Verträgen geschehe dies in der Regel dadurch, dass der beabsichtigte Text dem Verbraucher zwei Wochen vor der Beurkundung zur Verfügung gestellt werde.

Ausweislich der Gesetzesbegründung[547] soll diese Vorschrift sicherstellen, dass das „Aufklärungspotential des Beurkundungsverfahrens" voll genutzt wird. Der Verbraucher soll Bedenkzeit erhalten, um sich klar zu machen, welche Fragen er an den Notar stellen möchte und für welche Fragen er den Rat eines anderen Beraters benötigt, weil sie außerhalb des notariellen Tätigkeitsfeldes liegen.
Warum führt man eine solche „Abkühlungs- und Nachdenkphase"[548] nicht auch bei familienrechtlichen Vereinbarungen ein, dominieren doch bei gleichzeitig hoher wirtschaftlicher Bedeutung Emotionen nirgends mehr als hier?

---

542 *Vollkommer*, JZ 1999, 522 f.

543 Staudinger/*Schilken*, § 167 Rn. 20.

544 *Schippel*, Jura 1999, 57 (62).

545 So auch *Schubert*, FamRZ 2001, 733 (739); *Wachter*, ZNotP 2003, 408 (414 Fn. 26).

546 So etwa *Bredthauer*, NJW 2004, 3072 (3074); *Wachter*, ZNotP 2003, 408 (420).

547 BT-Drucks. 14/9266, S. 50.

548 *Brandt*, MittBayNot 2004, 221 (227); 278 (281); vgl. auch *Bergschneider*, FamRZ 2003, 1286 (1287); *ders.*, FamRZ 2004, 1757 (1765); *Winkler*, § 17 BeurkG, Rn. 181.

Die Hinwirkungspflicht wäre mit *Armbrüster* dahin zu verstehen, dass sich der Notar effektiv für die Einhaltung des vorgesehenen Verfahrens einzusetzen hat und ein abweichendes Beurkundungsverfahren nicht ohne Sachgrund wählen darf[549]. Doch wäre es wie beim Verbrauchervertrag nicht Sache des Notars, sondern allein Sache der Vertragsparteien, ob und wie sie sich mit dem Gegenstand der Beurkundung auseinandersetzten; sie müssten sich vor der Beurkundung selbst um die Angelegenheit kümmern und eine notwendig erscheinende Hilfsperson selbst beiziehen[550].

Der Gesetzgeber erachtete eine Unterschreitung der Zwei-Wochen-Frist für möglich, wenn dies im Einzelfall sachgerecht erscheine. Dies sei etwa der Fall, wenn Eile geboten und überlegtes Handeln gleichwohl sichergestellt sei[551]. Da bei familienrechtlichen Vereinbarungen im Gegensatz zu Grundstücksgeschäften kaum Fälle denkbar sind, in denen die Zeit drängt und ein zweiwöchiges Abwarten unzumutbar wäre, sollte eine Unterschreitung der zweiwöchigen Frist eine absolute Ausnahme sein. Eine Verkürzung der Frist im Hinblick auf die „geschäftliche Erfahrenheit" der Parteien, wie sie bei Verbraucherverträgen in Betracht kommt[552], würde in aller Regel schon aus der Natur der Sache ausscheiden.

Zwar mag die Frist den Beteiligten und ihren Beratern umständlich, wenig praktikabel, zeitaufwendig und rechtlich schlichtweg nicht geboten erscheinen. Doch ist der Aufwand in jedem Falle geringer als der eines gerichtlichen Rechtsstreits über den Ehevertrag. Im übrigen kann die von den Beteiligten empfundene Lästigkeit ein Indiz dafür sein, inwieweit tatsächlich eine selbstbestimmte Willensbildung erfolgt. Entscheiden sich die Beteiligten trotz des „lästigen Verfahrens" für den Vertrag, wird kaum zu argumentieren sein, die Beteiligten hätten von der Ehevertragsfreiheit keinen verantwortungsvollen Gebrauch gemacht.

549 Huhn/von Schuckmann/*Armbrüster*, § 17 BeurkG, Rn. 173.
550 Zum Verbrauchervertrag vgl. *Winkler*, § 17 BeurkG, Rn. 153.
551 BT-Drucks. 14/9266, S. 51.
552 Vgl. Huhn/von Schuckmann/*Armbrüster*, § 17 BeurkG, Rn. 186; *Keidel*, § 17 BeurkG, Rn. 191.

C. Zusammenfassung

In den vorangegangenen beiden Abschnitten wurden allgemeine und spezielle zivilrechtliche Schranken für familienrechtliche Verträge dargestellt und im Hinblick auf ihre Geltung für vorsorgende Vereinbarungen sowie für Trennungs- und Scheidungsfolgenvereinbarungen analysiert.

Unter den allgemeinen Schranken sind dabei solche zu verstehen, die grundsätzlich für jeden zivilrechtlichen Vertrag gelten. Die speziellen zivilrechtlichen Schranken hingegen gelten ausschließlich für familienrechtliche Verträge.

Die speziellen zivilrechtlichen Schranken wie

- das Verweisungsverbot nach § 1409 BGB,
- die zwingenden Vorschriften des jeweiligen Güterstandes,
- die einjährige Sperrfrist vor Stellung des Scheidungsantrags für eine Vereinbarung zum Ausschluss des Versorgungsausgleichs,
- das gerichtliche Genehmigungserfordernis für Vereinbarungen zum Versorgungsausgleich, die im Zusammenhang mit der Scheidung getroffen werden,
- die Unzulässigkeit eines Verzichts auf Unterhalt für die Zukunft beim Kindesunterhalt, Familien- und Getrenntlebensunterhalt sowie
- die mit familienrechtlichen Vereinbarungen verbundenen Form- und Verfahrensvorschriften

haben einen direkten Bezug zu familienrechtlichen Verträgen und sind grundsätzlich allesamt unstreitig. Lediglich für den Bereich der Form- und Verfahrensvorschriften sind Verschärfungen erforderlich. So sollte nach der hier vertretenen Ansicht der Zwang zur notariellen Beurkundung auf Unterhaltsvereinbarungen ausgedehnt werden, die persönliche Anwesenheit beider Vertragspartner bei Vertragsschluss zwingend sein und eine Überlegungsfrist entsprechend § 17 II a, S. 2 Ziff. 2, 2. HS BeurkG auch für familienrechtliche Vereinbarungen eingeführt werden.

Allgemeine zivilrechtliche Schranken beziehen sich nicht direkt auf familienrechtliche Verträge und müssen daher im Einzelfall auf ihre Anwendbarkeit hin überprüft werden. Der Vertrag zu Lasten Dritter, die Anfechtung und der Irrtum über die Vergleichsgrundlage sind im Bereich familienrechtlicher Verträge nur eingeschränkt praktisch relevant. Weitaus häufiger werden familienrechtliche Vereinbarungen am Maßstab der Sittenwidrigkeit (§ 138 I BGB) oder am Grundsatz von Treu und Glauben (242 BGB) gemessen. Doch auch in diesen Kontexten ist eine inhaltliche Kontrolle keineswegs obligatorisch. So ist insbesondere die Nichtigkeitssanktion des § 138 BGB ein Einzelfallinstrument, das nur evidente Verstöße sanktionieren will.

Zur Beurteilung der Sittenwidrigkeit ist auf den Gesamtcharakter der Vereinbarung unter Berücksichtigung von Inhalt, Beweggrund und Zweck abzustellen. Maßgeblicher Beurteilungszeitpunkt ist der Vertragsschluss. Ein Globalverzicht ist nicht ohne weiteres als sittenwidrig zu beurteilen. Dies bestätigte auch der

BGH in seinem Urteil vom 11.2.2004, indem er formulierte, dass das geltende Recht keinen unverzichtbaren Mindestgehalt an Scheidungsfolgen kenne[553].

Zur Konkretisierung der Generalklausel des § 138 I BGB in Bezug auf familienrechte Verträge sind Fallgruppen aufzustellen. Innerhalb der Fallgruppe „Sittenwidriges Ausnutzen einer Zwangslage“ finden sich Sittenwidrigkeitsurteile insbesondere in Fällen der Überrumpelung mit dem Ehevertrag. Dahingegen führt es für sich allein nicht zur Sittenwidrigkeit, die Eheschließung bzw. Fortsetzung der Ehe vom Abschluss eines Ehevertrages abhängig zu machen.

In der Fallgruppe „Sittenwidriges Zusammenwirken zum Nachteil Dritter“ werden vor allem die Fälle behandelt, in denen die wirtschaftlichen Folgen des Scheiterns der Ehe zu Lasten des Sozialhilfeträgers geregelt werden. Derartige Vereinbarungen sind sittenwidrig, wenn die Vereinbarung zwangsläufig dazu führt, dass der verzichtende Ehegatte der Sozialhilfe anheim fällt und wenn den Vertragsschließenden diese Folge bewusst war oder sie sich ihr grob fahrlässig verschlossen. Aufgrund der zeitlichen Nähe zum Eintritt des Schadensfalls sind diese Voraussetzungen bei Vereinbarungen in Zusammenhang mit einer Scheidung weitaus häufiger gegeben als bei vorsorgenden Vereinbarungen.

Die Fallgruppe „Sittenwidriger Vertragsinhalt“ schließlich behandelt die unzulässige Kommerzialisierung des Sorge- und Umgangsrechts sowie die mögliche Sittenwidrigkeit von Verzichtsvereinbarungen nach langer Ehezeit.

Die Beurteilung von Verträgen anhand des Grundsatzes von Treu und Glauben, § 242 BGB, ist zweigeteilt. Ein „Wegfall der Geschäftsgrundlage“ ist nur in den praktisch seltenen Fällen zu bejahen, in denen beide Vertragspartner konkrete Vorstellungen hatten, die nicht abschließend im Vertrag geregelt wurden und die fehlgegangen sind. Bejaht wurde dies etwa in Fällen, in denen die Parteien ihrer Vereinbarung zugrunde gelegt hatten, dass jeder seine eigene Altersversorgung würde sichern können oder dass nach Ablauf des Trennungsjahres tatsächlich die Scheidung der Ehe betrieben würde. Typischerweise jedoch lassen die Parteien etwaige Bedürftigkeiten gerade nicht außer Acht, sondern regeln sie bewusst und ausdrücklich. Die Vereinbarungen zielen darauf ab, zukünftige und in ihren Ausprägungen variable Tatbestände abschließend zu regeln. Was auf diese Weise zum Vertragsinhalt wird, kann nicht Geschäftsgrundlage sein.

Eine weitaus größere Bedeutung im Rahmen von § 242 BGB hat der Einwand des Rechtsmissbrauchs. Er kann einem wirksam zustande gekommenen Rechtsgeschäft entgegengesetzt werden, wenn sich untragbare Auswirkungen zeigen und ein Festhalten an der Vereinbarung unzumutbar wäre. Maßgeblich ist, dass die Berufung auf den Verzicht zu dem Zeitpunkt unbillig erscheint, in dem der Anspruch geltend gemacht wird. Eine Korrektur anhand von § 242 BGB kommt

553 BGH, FamRZ 2004, 601 (604 unter III 1.).

daher insbesondere dann in Betracht, wenn sich die Lebensumstände nach Vertragsschluss änderten. Während es also für § 138 BGB allein auf die Umstände bei Vertragsschluss ankommt, ist für § 242 BGB meist die Entwicklung der Verhältnisse nach Abschluss des Vertrages entscheidend.

Analog zur Beurteilung der Sittenwidrigkeit lassen sich auch für die unzulässige Rechtsausübung Fallgruppen aufstellen. Insbesondere beim Betreuungsunterhalt ist eine unzulässige Rechtsausübung vor allem dann zu bejahen, wenn die schutzwürdigen Interessen gemeinsamer Kinder negativ dadurch berührt würden, dass der betreuende Elternteil aufgrund einer eigenen Erwerbstätigkeit die Pflege und Erziehung der Kinder einschränken müsste. Weiter kann die Berufung auf die Vereinbarung treuwidrig sein in Fällen von Sorgerechtswechseln, bei einem lange zurückliegenden Verzichts und langer Ehedauer, in Fällen des Scheiterns der geplanten Versorgung oder in den seltenen Fällen, in denen der Wechsel vom Schuld- zum Zerrüttungsprinzip Berücksichtigung finden muss.

Alle diese Schranken führten bis zum Jahr 2001 in Einzelfällen zur inhaltlichen Überprüfung familienrechtlicher Vereinbarungen. Die Entscheidungen des BVerfG zur Inhaltskontrolle familienrechtlicher Verträge aus dem Jahr 2001 stellten mit den Artikeln 2 I, 6 II und IV GG weitere, grundrechtliche Grenzen auf und schränkten die Vertragsfreiheit auf diese Weise zusätzlich ein. Ob und inwieweit eine Überprüfung familienrechtlicher Vereinbarungen anhand von Grundrechten geboten ist, wird im folgenden Abschnitt der Arbeit ermittelt.

5. Teil: Verfassungsrechtliche Schranken familienrechtlicher Verträge?

Die Rechtsprechung des BVerfG aus dem Jahr 2001 zur Inhaltskontrolle von Eheverträgen wirft zahlreiche Fragen auf: Welche Konsequenzen hat es, wenn das BVerfG nunmehr Grundrechte - Artikel 2 I GG[554] sowie Artikel 6 II und IV GG[555] - als Prüfungsmaßstab ins Feld führt? Welche Rolle spielt das Verfassungsrecht für das Zivilrecht? Wie ist die Figur der gestörten Vertragsparität zu bewerten? Gibt es einen verfassungsrechtlichen Auftrag zur generellen gerichtlichen Kontrolle von Eheverträgen? Ist die Ehevertragsfreiheit grundsätzlich einzuschränken oder sind die Gerichte nur im Ausnahmefall zum Einschreiten verpflichtet?

Vor einer genaueren Untersuchung der Entscheidungen des BVerfG soll in diesem fünften Teil der Arbeit zunächst das Verhältnis von Zivilrecht und Verfassungsrecht näher beleuchtet werden. Anschließend werden die beiden Entscheidungen des BVerfG zur Inhaltskontrolle von Eheverträgen detailliert dargestellt, um daraufhin zunächst Artikel 6 II GG auf seine Eignung als Grenze für Freistellungsvereinbarungen hin zu untersuchen.

Im Anschluss daran erfolgt eine ausführliche Erörterung einer eventuellen Grenzziehung durch Artikel 2 I GG. Dargestellt werden hier insbesondere die Ursprünge der Figur der gestörten Vertragsparität in Literatur und Rechtsprechung sowie die aktuelle Umsetzung der Grundsätze des BVerfG in der instanzgerichtlichen Rechtsprechung. Darauf aufbauend werden umfassend die beiden Voraussetzungen der Inhaltskontrolle familienrechtlicher Vereinbarungen – 1) ungleiche Verhandlungsposition und 2) einseitige vertragliche Lastenverteilung – beleuchtet. Analysiert werden hierbei insbesondere die Anknüpfungspunkte bzw. Maßstäbe, die das BVerfG, die Instanzgerichte und die Literatur zur Prüfung dieser Voraussetzungen heranziehen. In der den fünften Teil abschließenden Stellungnahme wird zunächst kritisch zum Verhältnis von Zivil- und Verfassungsrecht Stellung bezogen. Erörtert werden hier insbesondere ein mögliches getrenntes Verständnis, die mögliche Stellung des BVerfG als Superrevisionsinstanz sowie die Gefahr der Durchbrechung der Gewaltenteilung und des Gesetzesvorbehalts. Die sich anschließende Kritik an der Figur der gestörten Vertragsparität unterstreicht die Bedeutung der Vertragsfreiheit im Hinblick auf die Selbstbestimmung der Parteien und schließt mit einem Plädoyer für Freiheit und Eigenverantwortung ab.

---

554 Nach Art. 2 I GG hat jeder Recht auf die freie Entfaltung seiner Persönlichkeit, soweit er nicht die Recht anderer verletzt und nicht gegen die verfassungsmäßige Ordnung oder das Sittengesetz verstößt.

555 Nach Art. 6 II GG sind die Pflege und Erziehung der Kinder das Recht der Eltern und die ihnen zuvörderst obliegende Pflicht. Über ihre Betätigung wacht die staatliche Gemeinschaft. Nach Art. 6 IV GG hat jede Mutter Anspruch auf den Schutz und die Fürsorge der Gemeinschaft.

A. Das Verhältnis von Zivilrecht und Verfassungsrecht

Das BVerfG erklärte in seinen Entscheidungen von 2001 Grundrechte zum Maßstab für die Wirksamkeit von Eheverträgen. Um die Tragweite dieser Entscheidungen einschätzen zu helfen, wird im folgenden Abschnitt zunächst das Verhältnis von Zivilrecht und Verfassungsrecht und darauf aufbauend dann das seinen Entscheidungen von 2001 zugrunde gelegte Verständnis des BVerfG hierzu näher beleuchtet.

I. Geschichtlicher Überblick

Zur Beurteilung des Verhältnisses von Zivilrecht und Verfassungsrecht ist ein Überblick über die historische Entwicklung der Bedeutung der Grundrechte unerlässlich. Im Gegensatz zum heutigen Grundgesetz enthielt die Verfassung von 1871 im Wesentlichen Staatsorganisationsrecht. Grundrechte oder gar eine Grundwerteordnung fehlten. Für *Götz* war das Privatrecht zu dieser Zeit „das eigentliche Verfassungsrecht der liberalen Wirtschaftsgesellschaft“[556]. Mit den Worten *Hesses* war das Verhältnis von Verfassungsrecht und Privatrecht „im wesentlichen ein solches grundsätzlicher Beziehungslosigkeit“[557]. Bürgerliche Gesellschaft und obrigkeitlicher Staat standen gleichberechtigt nebeneinander. Der Staat griff in die Privatautonomie nicht ein, sie war staatsfrei[558].

Die Weimarer Reichsverfassung von 1919 erweiterte den Schutz der subjektiven Privatrechte. In ihrem zweiten Hauptteil über die „Grundrechte und Grundpflichten der Deutschen“ garantierte sie fünf tragende Prinzipien der Privatrechtsordnung, nämlich Vertragsfreiheit (Artikel 152), Privateigentum (Artikel 153), Erbrecht (Artikel 154), Ehe (Artikel 119) und Elternrecht (Artikel 120). Doch wirkten die Grundrechte als subjektive Freiheitsverbürgungen vor allem gegenüber der Exekutive. Für den Gesetzgeber beinhaltete der Grundrechtsteil der Weimarer Verfassung nur Programmsätze; an die Grundrechte war der Gesetzgeber nicht gebunden[559].

Auch zu dieser Zeit waren Zivil- und Verfassungsrecht demnach noch getrennt. *Diederichsen* spricht daher von einer „Disparatheit“ von Verfassung und Zivilrecht im Sinne einer Ungleichartigkeit, Unvereinbarkeit und Unvergleichbarkeit[560].

556 *Götz* in Heyde/Starck, S. 35 (41); vgl. auch *Isensee*, FS Großfeld, 1999, S. 485 (492).

557 *Hesse*, Verfassungsrecht und Privatrecht, S. 8.

558 *Eckert*, AcP 199 (1999), 337 (345).

559 *Böckenförde*, S. 11 f.

560 *Diederichsen*, Jura 1997, 57 (58); vgl. *ders.*, Rangverhältnisse, S. 39 (43) zur Definition der Disparatheit: wie das Verhältnis von „Seeigeln und Hutmode“.

Der Verfassungsgeber von 1949 schließlich konzipierte die Grundrechte als Abwehrrechte des Bürgers gegen den Staat. Dies ist auch heute noch ihre primäre Funktion[561].

Während eine traditionelle Ansicht eine Drittwirkung der Grundrechte grundsätzlich ablehnte und die Grundrechte nur für das Verhältnis zwischen Staat und Bürger für relevant hielt[562], sprachen sich im Jahr 1954 das Bundesarbeitsgericht[563] und wenig später *Nipperdey*[564] für eine weitgehende Anwendung der Grundrechte im Privatrecht aus. Zwar nicht alle, aber eine Reihe bedeutender Grundrechte sollten nicht nur Freiheitsrechte gegenüber der Staatsgewalt, sondern auch Ordnungssätze für das soziale Leben sein, die in einem aus den Grundrechten näher zu entwickelnden Umfang unmittelbare Bedeutung auch für den Privatrechtsverkehr der Bürger untereinander hätten[565]. Das Bundesarbeitsgericht nahm dies an für die Meinungsfreiheit, den Gleichheitssatz, den Schutz von Ehe und Familie sowie für Artikel 1 und 2 GG[566].

Dem setzte *Dürig* die These von der nur mittelbaren Drittwirkung der Grundrechte entgegen. Zwar waren die Grundrechte für *Dürig* staatsgerichtete Freiheitsrechte[567]. Doch begriff er Artikel 1 I GG als zentrale Wertnorm mit Ausstrahlungswirkung. Die Einzelgrundrechte seien Erscheinungsformen eines in Artikel 1 I und 2 I GG anerkannten, der Verfassung vorgegebenen Wertsystems. Das Achtungsgebot der Menschenwürde gelte auch in den Beziehungen der Rechtsgenossen untereinander. Im Rechtsverkehr Privater würden Angriffe von Dritten mithilfe der wertausfüllungsfähigen und wertausfüllungsbedürftigen Generalklauseln des Privatrechts abgewehrt[568].

Das BVerfG schloss sich im Lüth-Urteil vom 15.1.1958 der Ansicht *Dürigs* grundsätzlich an. Es wies den Grundrechten die Funktion einer objektiven Werteordnung[569] zu und formte die Lehre von der mittelbaren Drittwirkung der Grundrechte. Das BVerfG erklärte, die Grundrechte seien zwar in erster Linie dazu bestimmt, die Freiheitssphäre des einzelnen vor Eingriffen der öffentlichen Gewalt zu sichern - sie seien Abwehrrechte des Bürgers gegen den Staat. Das

561 Vgl. BVerfG, NJW 1958, 257 - Lüth; 50, 290 (337) - Mitbestimmung; 68, 193 (205) - Innungen; *Schnapp/Kaltenborn*, JuS 2000, 935 (939).

562 *Anschütz*, Art. 117 Anm. 1, S. 549; Art. 118 Anm. 5, S. 556; Art 159 Anm. 1, S. 731; Mangoldt/Klein/*Klein*, Bd. 1, 1957, S. 61 ff..

563 BAGE 1, 185; 1, 258; vgl. auch BAGE 4, 274, vom .

564 *Nipperdey*, Grundrechte und Privatrecht, S. 14 f., 20 ff.; *ders.*, DVBl. 1958, 445 (446 ff.).

565 BAGE 1, 185 (193).

566 Vgl. BAGE 4, 274 (276 f.).

567 *Dürig*, FS Nawiasky, 1956, S. 157 (158 f.).

568 *Dürig*, FS Nawiasky, 1956, S. 157 (176).

569 BVerfG, NJW 1958, 257 = BVerfGE 7, 198; seitdem ständige Rechtsprechung, vgl. etwa BVerfG, NJW 1990, 1469 (1470 unter I.3.).

Grundgesetz habe in seinem Grundrechtsabschnitt aber auch eine „objektive Werteordnung“ aufgestellt. Dieses Wertsystem müsse „als verfassungsrechtliche Grundentscheidung für alle Bereiche des Rechts gelten“. So beeinflusse es „selbstverständlich auch das Bürgerliche Recht“. Keine bürgerlichrechtliche Vorschrift dürfe in Widerspruch zu ihm stehen, jede müsse „in seinem Geiste ausgelegt“ werden. Der Rechtsgehalt der Grundrechte als objektive Normen entfalte sich im Zivilrecht durch das Medium der dieses Rechtsgebiet unmittelbar beherrschenden Normen, insbesondere durch die Generalklauseln und sonstigen interpretationsbedürftigen Begriffe.

Im Anschluss an die Lüth-Entscheidung des BVerfG neigt die heute herrschende Meinung in Literatur und Rechtsprechung der Lehre von der mittelbaren Drittwirkung zu. Sie geht von einer Ausstrahlungswirkung[570] der Grundrechte auf das Privatrecht aus, wobei immer eine zivilrechtliche Norm erforderlich sei - „als Schlüssel [...], um in ein privatrechtliches Rechtsverhältnis Einlass zu finden“. Die Grundrechte wirkten im Privatrecht also über die Einfallstore der zivilrechtlichen Generalklauseln[571]. Als Normverpflichteten sieht die Lehre von der mittelbaren Drittwirkung nur den Staat, insbesondere Gesetzgeber und Richter an, nicht aber die Subjekte des Privatrechts[572].

In jüngerer Zeit wird die mittelbare Drittwirkung zunehmend in engem Zusammenhang mit den grundrechtlichen Schutzpflichten erörtert. Nach der Schutzpflichtenlehre ist der Staat verpflichtet, grundrechtlich geschützte Rechtsgüter gegen Beeinträchtigungen insbesondere durch private Dritte zu schützen[573]. Grundlegend war das erste Abtreibungsurteil des BVerfG[574]. Darin konstatierte das BVerfG eine Pflicht des Staates, sich schützend und fördernd vor jedes menschliche Leben zu stellen.

---

570 BVerfG, NJW 1973, 1221 (1223); *Hesse*, Grundzüge des Verfassungsrechts, Rn. 353.

571 Vgl. BVerfG, NJW 1958, 257; BVerfGE 42, 143 (148); Münch-Komm/*Mayer-Maly/Armbrüster*, § 138 Rn. 20; Münch-Komm/*Roth*, 3. Auflage, § 242 Rn. 38; vgl. auch *Bosch/Habscheid*, JZ 1956, 297 (299 f.); *Schnapp/Kaltenborn*, JuS 2000, 935 (940).

572 *Canaris*, AcP 184 (1984), 201 (210); *Guckelberger*, JuS 2003, 1151 (1156).

573 Grundlegend Canaris, AcP 184 (1984), 201 (225 f.); *Hillgruber*, AcP 191 (1991), 69 (75 ff.); *Schnapp/Kaltenborn*, JuS 2000; 937 (940 f.); *Isensee*, FS Großfeld, 1999, S. 485 (497); *Münch/Kunig*, Vorb. Art. 1-19 Rn. 22; *Wiedemann*, JZ 1990, 695 (696); vgl. auch *Hager*, JZ 1994, 373 (378 ff.); *Pietzcker*, FS für Düring, 1990, S. 345 (362).

574 BVerfGE 39, 1 ff.

II. Das Verständnis des BVerfG in seinen Entscheidungen zur Inhaltskontrolle von Eheverträgen

In seinem Urteil vom 6.2.2001 zur Inhaltskontrolle von Eheverträgen bekannte sich das BVerfG unter Verweis auf das Lüth-Urteil[575] zur Theorie der mittelbaren Drittwirkung der Grundrechte. Die Grundrechte wirkten als verfassungsrechtliche Wertentscheidungen im Privatrechtsverkehr über die zivilrechtlichen Generalklauseln. Der Staat habe insoweit die Grundrechte des Einzelnen zu schützen und vor Verletzung durch andere zu bewahren[576]. Den Gerichten obliege es, den grundrechtlichen Schutz durch Auslegung und Anwendung des Rechts zu gewähren und im Einzelfall zu konkretisieren. Das BVerfG könne instanzgerichtliche Entscheidungen nur auf Auslegungsfehler überprüfen, wenn das Gericht die Bedeutung des Grundrechts grundsätzlich falsch beurteilt habe, insbesondere den Umfang des Schutzbereichs verkannt habe, und wenn der Auslegungsfehler für den Rechtsfall materiell von Gewicht sei[577].

Dieses Verständnis legte das BVerfG offensichtlich auch seinem Beschluss vom 29.3.2001 zugrunde, in dem es ohne weitere Ausführungen auf das Urteil vom 6.2.2001 verwies[578].

Diese beiden Entscheidungen des BVerfG werden im folgenden Abschnitt detailliert dargestellt.

B. Die Entscheidungen des BVerfG zur Inhaltskontrolle von Eheverträgen

Die Entscheidungen des BVerfG zur Inhaltskontrolle von Eheverträgen datieren vom 6.2.2001 sowie vom 29.3.2001. Das BVerfG leitet in diesen Entscheidungen aus den Grundrechten einen Anspruch auf Schutz vor unangemessener Benachteiligung durch einen Ehevertrag her sowie einen Anspruch des Kindes auf Schutz vor verantwortungsloser Ausübung des Elternrechts. Die beiden maßgeblichen Entscheidungen des BVerfG zur Inhaltskontrolle von Eheverträgen werden in den nächsten beiden Abschnitten zunächst inhaltlich dargestellt. In den darauf folgenden Abschnitten folgt dann eine Erörterung, ob und in wieweit die vom BVerfG genannten Artikel 6 II und 2 I GG als Grenze familienrechtlicher Verträge heranzuziehen sind.

---

575 BVerfGE 7, 198.

576 BVerfG, FamRZ 2001, 343 (345) mit Verweis auf BVerfGE 46, 160; 53, 30; 49, 89; 53, 30; 56, 54; 88, 203 = FamRZ 1993, 899.

577 Mit Verweis auf die ständige Rechtsprechung: BVerfGE 18, 85 (93); 42, 143 (149).

578 BVerfG, FamRZ 2001, 985.

I. Das Urteil vom 6. Februar 2001

Das Urteil des BVerfG vom 6. Februar 2001[579] betraf die Frage, inwieweit Zivilgerichte von Verfassungs wegen verpflichtet sind, Eheverträge einer Inhaltskontrolle zu unterziehen, soweit darin für den Fall der Scheidung auf gesetzliche Unterhaltsansprüche verzichtet und ein Ehegatte von der Unterhaltsleistung für gemeinsame Kinder freigestellt wird. Der dem Urteil zugrunde liegende Fall wurde zuvor vor dem AG Nürtingen und dem OLG Stuttgart verhandelt.

1. Sachverhalt

Im zugrunde liegenden Fall lebten die Parteien seit zwei Jahren zusammen. Die Frau war damals 26 Jahre alt und hatte aus erster Ehe ein fünfjähriges Kind zu versorgen. Sie war als Bürokraft tätig und hatte ein deutlich geringeres Einkommen als ihr Ehemann. Im Februar 1976 wurde sie von ihrem neuen Partner schwanger. Der Mann verwies auf seine Erklärung zu Beginn der Beziehung, keine Kinder haben zu wollen. Um ihm das Ja zum Kind und zur Eheschließung zu entlocken, ließ die Frau wohl durch einen Anwalt einen Ehevertrag ausarbeiten. Dieser wurde im Jahr 1976 privatschriftlich unterzeichnet, bevor im selben Jahr die Ehe geschlossen und der gemeinsame Sohn geboren wurde. Vertragsinhalt war ein gegenseitiger Verzicht auf nachehelichen Unterhalt auch für den Fall der Not. Zudem verpflichtete sich der Mann, ab Rechtskraft der Scheidung monatlichen Kindesunterhalt von 150,- DM zu zahlen. Von weitergehenden Unterhaltsansprüchen des Kindes stellte die Frau ihn frei. Nach der Eheschließung, der Geburt des gemeinsamen Kindes und dem Ende des Mutterschutzes nahm die Frau ihre Berufstätigkeit wieder auf, erzielte dabei aber ein deutlich geringeres Einkommen als ihr Mann. Die Ehe bestand 13 Jahre.
Nach der Scheidung – das Sorgerecht für den Sohn wurde der Mutter übertragen – verklagte der Sohn den Vater erfolgreich auf Zahlung von Kindesunterhalt. Der Vater klagte daraufhin gegen die Mutter auf Freistellung.

2. Das Urteil des AG Nürtingen

Diese Klage wies das AG Nürtingen mit Urteil vom 11.7.1991[580] ab. Die Freistellungsvereinbarung sei nach § 134 BGB nichtig, da sie das gesetzliche Verbot des § 1614 BGB umgehe. Dies ergebe sich daraus, dass die Frau mit der Freistellungsvereinbarung zu Lasten ihres Sohnes zumindest auf dessen Betreuungsunterhalt verzichtet habe[581].

579 BVerfG, FamRZ 2001, 343 = NJW 2001, 957.

580 AG Nürtingen, Urteil vom 11.7.1991, Az.: 26 F 121/91 (unveröffentlicht).

581 AG Nürtingen, Urteil vom 11.7.1991, Az.: 26 F 121/91, S. 5 (unveröffentlicht); dem ist entgegenzuhalten, dass die Frau auf ihren eigenen Betreuungsunterhalt verzichtete und nicht auf den Unterhalt ihres Sohnes. Dies tat sie zudem durch ihren eigenen Unterhaltsverzicht und nicht durch die Freistellungsvereinbarung. Letztlich ist anerkannt, dass eine Freistellungsvereinbarung den Unterhaltsanspruch des Kindes unberührt lässt und damit keinen Verstoß gegen § 1614 BGB darstellt, vgl. Seite 56; BGH, FamRZ

3. Das Urteil des OLG Stuttgart

In der Berufungsinstanz hatte der Vater Erfolg. Das OLG Stuttgart befand mit Urteil vom 28.11.1991[582], die Freistellungsvereinbarung sei nicht zu beanstanden. Das Gericht führte die Inhaltskontrolle des privatschriftlichen Ehevertrages nach allen von der Rechtsprechung bis dahin entwickelten Grundsätzen durch. Zunächst stellte es unter Berufung auf den BGH[583] fest, dass auch eine vollständige Freistellung vom Unterhaltsanspruch gemeinschaftlicher Kinder rechtlich möglich sei. Sodann überprüfte es die Nichtigkeit gemäß §§ 134, 138 BGB. Entgegen der Ansicht des AG Nürtingen liege keine Umgehung des § 1614 BGB und damit kein Verstoß gegen § 134 BGB vor, denn die Freistellungsvereinbarung entfalte ihre Rechtswirkungen nur zwischen den Eltern[584].
Eine Sittenwidrigkeit der Vereinbarung verneinte das OLG mit Verweis auf die negative Eheschließungsfreiheit des Mannes. Da er insgesamt von einer Eheschließung Abstand nehmen könne, dürfe er diese auch von der rechtlich zulässigen „Bedingung“ der Freistellungsvereinbarung abhängig machen[585]. Eine Sittenwidrigkeit der Vereinbarung dergestalt, dass der Mann „daraus abgeleitete Rechte missbräuchlich ausüben würde“, habe die insoweit beweisbelastete Frau nicht bewiesen. Auch habe die Frau nicht bewiesen, dass sie die Freistellungsvereinbarung aus wirtschaftlicher Abhängigkeit unterschrieben habe. Vor der Eheschließung sei die Frau berufstätig und damit wirtschaftlich unabhängig gewesen. Auch während der Ehe habe sie ihre Berufstätigkeit weitgehend beibehalten[586]. Das OLG Stuttgart maß dem Fall keine grundsätzliche Bedeutung bei und ließ daher die Revision nicht zu.

4. Das Urteil des BVerfG

Die Frau erhob daraufhin Verfassungsbeschwerde mit der Begründung, der Unterhaltsverzicht und die Freistellungsvereinbarung seien unwirksam. Das BVerfG hob die Entscheidung des OLG auf und verwies die Sache zurück.

Erstmals stellte das BVerfG Artikel 2 I sowie 6 II und IV GG als neuen Maßstab für die Inhaltskontrolle von Eheverträgen auf. Es kritisierte, das OLG habe das Recht der Frau aus Artikel 2 I in Verbindung mit Artikel 6 IV GG auf Schutz vor unangemessener Benachteiligung durch den Ehevertrag verkannt. Es habe weder die besondere Situation der Schwangeren beachtet noch sei es der Frage nachgegangen, ob die Ehefrau durch den Ehevertrag unangemessen belastet werde.

1986, 444 (445); BGH, NJW 1986, 1167 (1168); BGH, FamRZ 1989, 499 (500); *Grziwotz,* Beck'sches Notarhandbuch, S. 602 Rn. 30; *Rauscher*, FuR 2001, 155.

582 OLG Stuttgart, FamRZ 1992, 716 = NJW-RR 1993, 133.

583 BGH, FamRZ 1986, 444 (445).

584 OLG Stuttgart, FamRZ 1992, 716.

585 OLG Stuttgart, FamRZ 1992, 716 (717).

586 OLG Stuttgart, FamRZ 1992, 716 (717).

Das BVerfG führte aus, ein Vertrag sei zwar maßgebliches Instrument zur Verwirklichung des freien und eigenverantwortlichen Handelns in Beziehung zu anderen. Ein übereinstimmender Wille der Parteien lasse deshalb in der Regel auf einen sachgerechten Interessenausgleich schließen. Sei jedoch aufgrund einer besonders einseitigen Aufbürdung vertraglicher Lasten und einer erheblich ungleichen Verhandlungsposition der Vertragspartner ersichtlich, dass ein Partner ein solches Gewicht habe, dass er den Vertragsinhalt faktisch einseitig bestimmen könne, sei es Aufgabe des Rechts, auf die Wahrung der Grundrechtspositionen beider Vertragspartner hinzuwirken, um zu verhindern, dass sich für einen Vertragsteil die Selbstbestimmung in Fremdbestimmung verkehre.

Dies gelte auch für Eheverträge. Dabei schütze die Verfassung in Artikel 6 I in Verbindung mit dem Gleichheitsgrundsatz des Artikel 3 II GG[587] die Ehe als gleichberechtigte Partnerschaft[588]. Eheverträge, die nicht Ausdruck einer gleichberechtigten Lebenspartnerschaft, sondern das *Ergebnis einer auf ungleichen Verhandlungspositionen basierenden einseitigen Dominanz eines Ehepartners* seien, müssten die Zivilgerichte auf ihren Inhalt kontrollieren und ggf. mit Hilfe der zivilrechtlichen Generalklauseln korrigieren. Dies sind vor allem die §§ 138 (Sittenwidrigkeit) und 242 BGB (Treu und Glauben).

Das BVerfG stellte maßgeblich auf die Schwangerschaft der Frau ab. Artikel 6 IV GG[589] ergebe ein Recht der (werdenden) Mutter auf Schutz vor unangemessener Benachteiligung durch den Ehevertrag[590]. Enthalte dieser eine erkennbar einseitige Lastenverteilung zu Ungunsten der Frau und sei er vor der Ehe und im Zusammenhang mit ihrer Schwangerschaft geschlossen worden, gebiete es auch der Anspruch auf Schutz und Fürsorge der werdenden Mutter aus Artikel 6 IV GG, die ehevertragliche Vereinbarung einer besonderen richterlichen Inhaltskontrolle zu unterziehen[591]. Die Gerichte hätten bei der Inhaltskontrolle die Schwangere vor Druck und Bedrängung aus ihrem sozialen Umfeld oder durch den Kindesvater zu schützen, insbesondere, wenn sie dadurch zu Vertragsvereinbarungen gedrängt werde, die ihren Interessen massiv zuwiderliefen.

Zur darüber hinaus beanstandeten Freistellung des Vaters vom Kindesunterhalt im Hinblick auf die gemeinsame Elternverantwortung aus Artikel 6 II 1 GG[592].

---

587 Gemäß Art. 3 II 1 GG sind Männer und Frauen gleichberechtigt. Nach Art. 3 II 2 GG - angefügt durch Gesetz vom 27.10.1994 (BGBl I S. 3146) - fördert der Staat die tatsächliche Durchsetzung der Gleichberechtigung von Männern und Frauen und wirkt auf die Beseitigung bestehender Nachteile hin.

588 Vgl. auch BVerfG, Beschluss vom 20.5.2003, NJW 2003, 2819 (2820) sowie zuletzt das Urteil des BVerfG zum Lebenspartnerschaftsgesetz, FamRZ 2002, 1169 (1171).

589 Gemäß Artikel 6 IV GG hat jede Mutter Anspruch auf den Schutz und die Fürsorge der Gemeinschaft.

590 BVerfG, FamRZ 2001, 343 (346).

591 BVerfG, FamRZ 2001, 343 (346).

592 Vgl. dazu Seiten 135 ff.

II. Der Beschluss vom 29. März 2001

In dem Fall, der dem Beschluss des BVerfG vom 29. März 2001[593] zugrunde lag, hatte die Beschwerdeführerin ein schwerbehindertes Kind zu versorgen und war deshalb nicht berufstätig. 1984 lernte sie ihren späteren Ehemann kennen und wurde von ihm schwanger. Der Mann war als Diplom-Wirtschaftsingenieur tätig und verfügte über ein monatliches Einkommen von 7.000 DM. Die Heirat erfolgte während der Schwangerschaft im Dezember 1985. Zuvor vereinbarten die Parteien in einem Ehevertrag Gütertrennung, schlossen den Versorgungsausgleich aus und verzichteten gegenseitig auf nachehelichen Unterhalt. Dieser Vertrag wurde im Gegensatz zu demjenigen im ersten Fall des BVerfG notariell beurkundet. Der gemeinsame Sohn wurde im Mai 1986 geboren. Nach der Trennung der Parteien im Jahr 1988 wurde die Ehe im Jahr 1992 geschieden.

Nachdem das OLG Zweibrücken den Ehevertrag als wirksam angesehen und der Frau in Anwendung der einschlägigen Rechtsprechung des BGH über § 242 BGB nur den notwendigen Kindesbetreuungsunterhalt zugesprochen hatte, erhob die Frau Verfassungsbeschwerde. Das BVerfG hob die Entscheidung auf und verwies die Sache an das OLG zurück. Das OLG habe den aus Artikel 2 I in Verbindung mit Artikel 6 IV GG folgenden Anspruch der Frau auf Schutz vor unangemessener Benachteiligung durch den Ehevertrag verkannt.

Das BVerfG entschied durch Kammerbeschluss nach § 93 c BVerfGG. Das Gericht ging also davon aus, über die maßgeblichen verfassungsrechtlichen Fragen bereits entschieden zu haben. Der Beschluss fiel daher auch deutlich kürzer aus als das Urteil vom 6.2.2001.

C. Artikel 6 II GG als Grenze von Freistellungsvereinbarungen

Nach der Darstellung des Verhältnisses von Zivilrecht und Verfassungsrecht und der maßgeblichen Urteile des BVerfG zur Inhaltskontrolle von Eheverträgen soll nun diskutiert werden, ob und inwieweit Artikel 6 II und 2 I GG die Ehevertragsfreiheit grundsätzlich begrenzen. Die Erörterungen zu Artikel 6 II GG werden dabei denen zu Artikel 2 I GG vorangestellt. Denn anders als zu den sich aus Artikel 2 I GG ergebenden Grenzen erweist es sich als unstreitig zulässig, wenn das BVerfG Freistellungsvereinbarungen zum Kindesunterhalt im Hinblick auf das Kindeswohl an Artikel 6 II GG misst. Gemäß Artikel 6 II GG sind Pflege und Erziehung der Kinder das natürliche Recht der Eltern und die zuvörderst ihnen obliegende Pflicht. Über ihre Betätigung wacht die staatliche Gemeinschaft.

In den folgenden Abschnitten werden die Grundsätze des BVerfG im Hinblick auf den Artikel 6 II als Grenze von Freistellungsvereinbarungen, die kritische Würdigung dieser Grundsätze in der Literatur und ihre ersten Umsetzungen in

593 BVerfG FamRZ 2001, 985 = NJW 2001, 2248.

der instanzgerichtlichen Rechtsprechung dargestellt. Abschließend werden die Konsequenzen dieser Grundsätze im Hinblick auf die künftige Bewertung von Freistellungsvereinbarungen aufgeführt.

I. Die Grundsätze des BVerfG aus dem Urteil vom 6.2.2001

In seinem Urteil vom 6.2.2001 hielt das BVerfG dem OLG entgegen, Artikel 6 II GG als Grenze vertraglicher Abreden der Eltern im Interesse des Kindeswohls außer Acht gelassen zu haben. Aus Artikel 6 II GG ergebe sich ein Anspruch des Kindes auf staatlichen Schutz vor verantwortungsloser Ausübung des Elternrechts[594].

Im Einzelnen führt das BVerfG aus, Artikel 6 II S. 1 GG berechtige und verpflichte die Eltern zur Pflege und Erziehung ihrer Kinder[595]. Diese den Eltern zuvörderst zugewiesene Verantwortung habe dem Kindeswohl zu dienen, sei also ein Grundrecht im Interesse des Kindes[596]. Das Recht der Eltern auf freie Gestaltung ihrer Sorge für das Kind verdiene deshalb dort keinen Schutz, wo sich Eltern ihrer Verantwortung gegenüber dem Kind entzögen und eine Vernachlässigung des Kindes drohe[597]. Erreiche das elterliche Fehlverhalten ein solches Ausmaß, dass das Kindeswohl nachhaltig gefährdet sei, sei der Staat in Wahrnehmung seines Wächteramtes nach Artikel 6 II S. 2 GG verpflichtet, die Pflege und Erziehung des Kindes sicherzustellen. Denn das Kind als Grundrechtsträger habe Anspruch auf staatlichen Schutz vor verantwortungsloser Ausübung des Elternrechts[598]. Dabei bestimmten sich die Schutzmaßnahmen nach dem Ausmaß des elterlichen Versagens und danach, was im Interesse des Kindes geboten ist[599].

Zur Verantwortung der Eltern gehöre auch, für einen ihrem Vermögen gemäßen und angemessenen Unterhalt des Kindes zu sorgen und seine Betreuung sicherzustellen[600]. Wie Eltern diese Aufgaben unter sich aufteilten und ob sie Dritte zur Unterstützung heranzögen, könnten sie frei entscheiden[601]. Bei vertraglichen Vereinbarungen für den Fall der Scheidung hätten die Eltern dafür zu sorgen,

594 BVerfG, FamRZ 2001, 345 (347).

595 Vgl. BVerfG, FamRZ 1968, 578.

596 Vgl. BVerfG, FamRZ 1982, 567 (569 f.).

597 Vgl. BVerfG, FamRZ 1968, 578.

598 BVerfG, FamRZ 2001, 343 (347); vgl. BVerfG, FamRZ 1968, 578; BVerfG, FamRZ 1981, 124 (126); BVerfG, FamRZ 1986, 871 (873).

599 BVerfG, FamRZ 2001, 343 (347); vgl. BVerfG, FamRZ 1968, 578; BVerfG, FamRZ 1982, 567 (569).

600 BVerfG, FamRZ 2001, 343 (347); vgl. BVerfG, FamRZ 1985, 143 (145); BVerfG, FamRZ 1999, 285 (287).

601 Vgl. BVerfG, FamRZ 1985, 143 (145); BVerfG, FamRZ 1999, 285 (287).

dass das Kind möglichst wenig seelisch belastet und eine den Interessen des Kindes entsprechende Pflege und Erziehung gewährleistet werde[602].
Solle ein Elternteil das Kind allein betreuen und stelle er für diesen Fall den nicht betreuenden Elternteil vom Kindesunterhalt frei, verletzten die Eltern ihre Verantwortung gegenüber dem Kinde und gefährdeten dessen Wohl, wenn eine den Kindesinteressen entsprechende Betreuung und ein den Verhältnissen beider Eltern angemessener Barunterhalt nicht mehr sichergestellt seien[603].

Artikel 6 II S. 1 GG erlaube den Eltern, frei zu entscheiden, wie sie ihre Erziehungsverantwortung erfüllten und die Lebensumstände des Kindes ausgestalteten. Dies beruhe auf der Überlegung, dass sie in aller Regel die Interessen ihres Kindes am besten wahrnähmen. Dies gelte auch dann, wenn dem Kind nicht die nach objektiven Maßstäben bestmögliche Förderung zukomme[604]. Seien die finanziellen Mittel für die Lebensbedarfsdeckung des Kindes allerdings nachhaltig eingeschränkt, weil zumindest ein Elternteil sich der Sorge um sein Kind auch finanziell entziehen wolle, verpflichte Artikel 6 II S. 2 GG den Staat, zum Schutze des Kindeswohls tätig zu werden.

Das BVerfG führte weiter aus, eine Freistellungsverpflichtung verändere die wirtschaftliche Lage des Kindes wesentlich. Der betreuende Elternteil müsse nämlich zur Deckung des Kindesunterhalts sein eigenes Einkommen schmälern. Damit wirke die Freistellungsverpflichtung de facto wie ein Unterhaltsverzicht[605]. Das Einkommen des Haushalts von betreuendem Elternteil und Kind sinke deutlich. Wegen der Kindesbetreuung sei die Möglichkeit zu weiterem Erwerb zudem begrenzt.
Könne infolgedessen der sorgende Elternteil den Unterhalt für sich und das Kind nicht mehr durch Einkünfte decken oder aus Vermögen bestreiten, beeinträchtige dies die Lebensumstände des Kindes in einer der Elternverantwortung zuwiderlaufenden Weise. Nur wenn das verbleibende Einkommen ausreiche, um auch den Unterhaltsbedarf des Kindes zu decken, oder wenn der Einkommenswegfall durch Vermögen oder eigene Unterhaltsansprüche ausgeglichen werde, seien Betreuung und Versorgung des Kindes trotz Freistellungsvereinbarung gesichert.
Sei dies jedoch nicht der Fall und verzichte der sorgende Elternteil zusätzlich auf eigenen nachehelichen Unterhalt, sei er gezwungen, entweder die Kindesbetreuung in fremde Hände zu geben oder mit dem Kind unter Verhältnissen zu leben, die dessen Entwicklungsmöglichkeiten weit mehr einschränkten, als es dem gemeinsamen elterlichen Vermögen entsprechen würde. Beide Handlungs-

602 Vgl. BVerfG, FamRZ 1982, 1179 (1182).
603 BVerfG, FamRZ 2001, 343 (347).
604 BVerfG, NJW 1973, 133 (134); vgl. BVerfG, FamRZ 1982, 567 (570).
605 BVerfG, FamRZ 2001, 343 (348).

optionen beeinträchtigten die Kindesinteressen nachhaltig und seien Folge mangelnder elterlicher Verantwortung gegenüber dem Kind[606].

Sei der sorgende Elternteil erwerbstätig und gebe er das Kind in fremde Obhut, seien die Kindesinteressen nur dann gewahrt, wenn das Einkommen den eigenen Unterhalt, die Betreuungskosten und den angemessenen Lebensunterhalt des Kindes sicherstelle. Sei dies bei Vereinbarung der Freistellung erkennbar nicht gewährleistet, gefährde auch diese Vereinbarung das Kindeswohl.

II. Breite Zustimmung in der Literatur

Die Ausführungen des BVerfG zum Schutzanspruch des Kindes aus Artikel 6 II GG stießen in der Literatur zu Recht auf einhellige Zustimmung[607]. Einigkeit besteht insbesondere darüber, dass der Begriff "Pflege und Erziehung der Kinder" in Artikel 6 II GG die gesamte elterliche Verantwortung einschließlich Unterhaltspflicht umfasse. Ein Vater dürfe sich nicht seinem Pflichtrecht aus Artikel 6 II GG entziehen, indem er die Erfüllung seiner Elternpflicht weitgehend auf die Mutter abwälze[608].

Auf breite Zustimmung stieß auch die Erkenntnis, Freistellungsvereinbarungen könnten die wirtschaftliche Lage des Kindes tatsächlich erheblich verschlechtern. Der Mangel im gemeinsamen Wirtschaften drohe das Kindeswohl in Mitleidenschaft zu ziehen[609]. Eine Freistellung könne somit mittelbar als Unterhaltsverzicht des Kindes wirken[610]. Eine Freistellungsvereinbarung gefährde das Kindeswohl, wenn durch sie die angemessene Betreuung *und* ein den Verhältnissen beider Ehegatten angemessener Barunterhalt für das Kind nicht mehr sichergestellt seien[611]. Die Freistellung sei demnach nur dann unbedenklich, wenn der betreuende und freistellende Elternteil gleichwohl in der Lage sei, nach Abzug des zu erstattenden Kindesunterhalts seinen eigenen Bedarf zu decken[612].

---

606 BVerfG, FamRZ 2001, 343 (346).

607 *Papier*, NJW 2002, 2129 (2132); *Rauscher*, FuR 2001, 155 (157); *ders.*, DNotZ 2002, 751 (755 f.); *Röthel*, NJW 2001, 1334 (1335); *Schubert*, FamRZ 2001, 733 (735 ff.); *Schwab*, FamRZ 2001, 349; *Waldner*, Eheverträge, S. 32.

608 *Rauscher*, FuR 2001, 155 (157) obwohl ansonsten scharfer Kritiker des BVerfG; *ders.*, DNotZ 2002, 751 (755 f.); vgl. auch *Schwab*, FamRZ 2001, 349.

609 *Rauscher*, FuR 2001, 155 (157); *Büttner/Niepmann*, NJW 2001, 2215 ((2221).

610 *Schwab*, FamRZ 2001, 349; *Waldner*, Eheverträge, S. 105 Rn. 96; S. 134 Rn. 123; vgl. auch *Papier*, NJW 2002, 2129 (2132); auch der 15. Deutsche Familiengerichtstag nahm daher in seine Empfehlungen (A III 4) auf, eine Freistellungsvereinbarung sei nur dann wirksam, wenn damit keine Schmälerung des Kindesunterhalts verbunden sei, Brudermüller/Schürmann, FuR 2004, 1 (20).

611 *Schwab*, FamRZ 2001, 349 f.; *Schubert*, FamRZ 2001, 733 (735); *Waldner*, Eheverträge, S. 32 für eine dann stets gegebene Sittenwidrigkeit.

612 *Rauscher*, DNotZ 2002, 751 (764).

III. Umsetzung in der instanzgerichtlichen Rechtsprechung

Die Grundsätze des BVerfG zu den Grenzen von Freistellungsvereinbarungen hat die instanzgerichtliche Rechtsprechung bereits angewandt. So betraf der Beschluss des BGH vom 16.1.2002[613] den Fall einer Frau, die im Rahmen einer Scheidungsvereinbarung auf Unterhalt verzichtet und ihren Mann von der Zahlung des Kindesunterhalts freigestellt hatte. Der BGH erklärte beide Vereinbarungen für wirksam, ohne allerdings im Einzelnen unter die §§ 242 oder 138 BGB zu subsumieren. Der BGH begnügte sich mit der Feststellung, dass sich die streitbefangene Freistellungsvereinbarung insofern von derjenigen im Fall des BVerfG unterscheide, als hier die Frau die Freistellung von der Überlassung einer Wohnung mit einem Wohnwert von 1.700,- DM abhängig gemacht habe. Zudem habe die Frau das bisher gemeinsame Geschäft erhalten, dessen Erträge ihr sofort zugestanden hätten. Unter diesen Umständen habe kein Anlass bestanden, von Amts wegen zu überprüfen, ob der Vertragsschluss wegen der Einkommens- und Vermögensverhältnisse der Beklagten das Kindeswohl gefährde.

IV. Konsequenzen

Freistellungsvereinbarungen sind nach alledem unter zwei Voraussetzungen weiterhin möglich:

1. Das Einkommen des freistellenden Elternteils muss ausreichen, um den angemessenen Lebensunterhalt für das Kind zuzüglich eventueller Betreuungskosten sicherzustellen.
2. Der eigene Unterhalt des freistellen Ehegatten darf hierdurch nicht erheblich eingeschränkt werden.

D. Artikel 2 I GG als Grenze familienrechtlicher Vereinbarungen?

Nach der Untersuchung der Grenze des Artikel 6 II GG im Hinblick auf Freistellungsvereinbarungen soll nun im Folgenden analysiert werden, welche Grenzen Artikel 2 I GG der Ehevertragsfreiheit setzt. Artikel 2 I GG gewährt jedem das Recht auf freie Entfaltung seiner Persönlichkeit. Anerkannt ist, dass Artikel 2 I GG auch die Vertragsfreiheit als Teil des Rechts auf freie Entfaltung der Persönlichkeit und grundlegendes Prinzip unserer Rechtsordnung verfassungsrechtlich gewährleistet[614]. Die Vertragsfreiheit umfasst das Recht des Einzelnen, frei von Zwang darüber zu entscheiden, mit wem und mit welchem Inhalt er einen Vertrag schließen will. Weiter garantiert sie die Rechtsverbindlichkeit von Verträgen[615].

---

613 BGH, FuR 2002, 422 = FF 2002, 167.

614 BVerfG, NJW 1994, 36 (38); *Armasow*, RNotZ 2001, 196 (201); *Götz* in Heyde/Starck, S. 35 (42); Palandt/*Heinrichs*, Einf vor § 145, Rn. 7; *Spieß*, DVBl. 1994, 1222 f.; *Zöllner*, AcP 196 (1996), 1 (25).

615 *Isensee*, FS Großfeld, 1999, S. 485 (494).

Bis zum Jahr 2001 herrschte in der instanzgerichtlichen Rechtsprechung Einigkeit, dass für vermögensrechtliche Vereinbarungen für den Scheidungsfall grundsätzlich volle Vertragsfreiheit bestehe[616]. Eine besondere Inhaltskontrolle in Bezug auf die Angemessenheit der Regelung finde nur bei Vereinbarungen nach § 1587 o BGB statt[617]. Bei einem mündigen Bürger könne angenommen werden, dass er wisse, welche Entscheidungen für ihn tragbar seien[618].

Auch hat der Gesetzgeber familienrechtliche Verträge bisher nicht in den Geltungsbereich der dem Schwächerenschutz dienenden Sondergesetze einbezogen. So finden die Vorschriften über die Kontrolle Allgemeiner Geschäftsbedingungen keine Anwendung auf Verträge auf dem Gebiet des Erb- und Familienrechts (§ 310 IV 1 BGB - § 23 I AGBG a.F.). Die Verbraucherschutzgesetze sind schon deshalb nicht einschlägig, weil das Rollenspiel von „Unternehmer“ und „Verbraucher“ familiären Beziehungen fremd ist. Mit den Entscheidungen des BVerfG aus 2001 jedoch hat die aktuelle Rechtsentwicklung hin zum Schwächerenschutz und zur Inhaltskontrolle stark belastender Verträge nun auch Eheverträge erreicht.

Die Eignung von Artikel 2 I GG als Grenze familienrechtlicher Vereinbarungen ist nach wie vor sehr umstritten. Aus diesem Grund ist in Bezug hierauf eine wesentlich detailliertere Untersuchung notwendig als zur Eignung von Artikel 6 II GG als Grenze von Freistellungsvereinbarungen. Im Folgenden werden daher zunächst die Ursprünge des Begriffs der gestörten Vertragsparität in Literatur und Rechtsprechung sowie die aktuelle Bedeutung der negativen Eheschließungsfreiheit als Argument in der Diskussion um die Inhaltskontrolle familienrechtlicher Verträge beleuchtet. Im Anschluss daran werden die Voraussetzungen der Inhaltskontrolle familienrechtlicher Vereinbarungen anhand der Figur der gestörten Vertragsparität analysiert. Zu unterscheiden sind hier die ungleiche Verhandlungsposition und die einseitige vertragliche Lastenverteilung. Im Rahmen dieser Analyse erfolgt eine kritische Auseinandersetzung insbesondere mit den Anknüpfungspunkten bzw. Maßstäben, die das BVerfG, die Instanzgerichte und die Literatur zur Prüfung dieser Voraussetzungen heranziehen.

---

616 BGH, FamRZ 1991, 206 = BGH, NJW 1991, 913; vgl. noch BGH, NJW 1997, 192 (193).

617 BGH, NJW 1997, 192 (193).

618 OLG Köln, DNotZ 1981, 444 (446).

I. Die Ursprünge des Begriffs der gestörten Vertragsparität

Die Idee, dass eine gestörte Vertragsparität / ein Ungleichgewicht / eine Unterlegenheit die Rechtsordnung zu einer Kontrolle veranlassen müsse, hat eine lange Tradition. Zu den Ursprüngen des Begriffs der gestörten Vertragsparität werden im Folgenden zunächst die arbeitsrechtlich orientierte Diskussion in der Literatur und anschließend die früheren Entscheidungen des BVerfG zur Figur der gestörten Vertragsparität die dargestellt, hier insbesondere seine Handelsvertreterentscheidung und der Beschluss des BVerfG zur Inhaltskontrolle von Bürgschaften einkommens- und vermögensloser Familienangehöriger. Ergänzend wird anschließend beleuchtet, ob und inwieweit die Figur der gestörten Vertragsparität bereits vor dem Jahr 2001 in den instanzgerichtlichen Entscheidungen zu familienrechtlichen Verträgen Eingang fand.

1. Die arbeitsrechtlich orientierte Diskussion in der Literatur

Die Quellen des Unterlegenheitsbegriffs finden sich vor allem im arbeitsrechtlichen Bereich. *Von Stein*[619] vertrat im Jahre 1850 die Ansicht, dass ein bürgerliches Recht, das von Rechtsgleichheit ausgehe und keine gesellschaftlichen Unterschiede mehr kenne, dem Bürgertum als Waffe gegen die Arbeiterklasse diene. Juristisch sei der Arbeiter zwar ein freier Mann und der Vertragsschluss rechtlich frei. Doch hänge die Existenz des Arbeiters über den Arbeitslohn von der Willkür des Arbeitsherrn ab. Trotz aller rechtlichen Freiheit sei der Arbeiter damit faktisch und materiell unfrei.

Selbst der konservative Nationalökonom *Wagner*[620] bemängelte im Jahre 1887, ein bedeutender Teil modernen Privatreichtums sei durch Ausbeutung Schwächerer aufgrund formell gültiger Geschäfte entstanden.

Wenig später, im Jahre 1889, kritisierte *von Gierke*[621], schrankenlose Freiheit dürfe nicht das Ziel des Vertragsrechts sein. Die Vertragsfreiheit sei eine „furchtbare Waffe in der Hand des Starken", ein „stumpfes Werkzeug in der Hand des Schwachen" und ein „Mittel der Unterdrückung des einen durch den anderen", der schonungslosen Ausnutzung geistiger und wirtschaftlicher Macht. Es sei daher notwendig, dass „ein Tropfen sozialistischen Öls" das Privatrecht durchsickere.

Menger, österreichischer Sozialist, sah 1890 im Privatrecht einen der schlimmsten Feinde eines wirklich demokratischen Staatslebens. In seiner Streitschrift gegen den Entwurf eines bürgerlichen Gesetzbuchs für das Deutsche Reich kritisierte er, die herrschenden und besitzenden Klassen hätten ihre privatrechtliche Machtstellung in keinem anderen Gesetzbuch derart stark behauptet[622]. Die

619 v. *Stein*, Band I, S. 421; Band II, 68 f., 71 f.
620 *Wagner*, S. 77.
621 *v. Gierke*, S. 28 f..
622 *Menger*, S. VI.

Freiheit der beiden Vertragspartner sei häufig nur eine scheinbare und müsse deshalb eingeschränkt werden. Gleichsam bezeichnete *Dühring* die Vertragsfreiheit im Arbeitsverhältnis 1875 als „Halbsklaverei"[623], später (1925) als „Contractsklaverei"[624]. Sie sei zu begrenzen und im Arbeitsrecht durch öffentliches zwingendes Recht zu ersetzen.

In Bezug auf Allgemeine Geschäftsbedingungen wies *Raiser* 1935 auf immanente Grenzen der Vertragsfreiheit hin und betonte, ein Missbrauch der Vertragsfreiheit könne keinen rechtlichen Schutz erwarten. Grundsätzlich solle die Vertragsfreiheit zwar ihr natürliches Regulativ in den wirtschaftlichen Gesetzen des Marktes finden. Wo diese aber nicht verhindern könnten, dass die Starken die Schwachen ausbeuteten, müsse das Recht Abhilfe schaffen[625].

Auf ähnlicher Linie prägte *Wieacker* in seinem Vortrag von 1952 vor der Juristischen Studiengesellschaft Karlsruhe das Bekenntnis zur „materiale[n] Ethik sozialer Verantwortung" im Zivilrecht[626].

Die Diskussion um das Erklärungsmuster „stark-schwach" ist auch in jüngerer Zeit weiter lebendig. So befand etwa *Mestmäcker* im Jahre 1964, dass Vertragsfreiheit gleiche Freiheit der Vertragspartner nicht durch sich selbst garantiere. Ihre ordnende Kraft könne sie nur bei relativ gleicher Macht oder relativ gleicher Machtlosigkeit der Beteiligten entfalten[627]. *Picker* erklärte im Jahr 1986, der Einzelarbeitsvertrag habe als Regelungsmittel versagt, das chronische Machtungleichgewicht der Parteien habe seine Funktionsfähigkeit untergraben[628]. Die formale Gleichheit der Vertragspartner werde durch ihre reale Imparität entwertet; der „freie" Vertrag pervertiere für die Klasse der Lohnarbeiter zu einem Instrument der Unfreiheit.

Vom Arbeitsrecht breitete sich das Erklärungsmuster der Ungleichgewichtslage in andere Rechtsgebiete aus. In seiner Habilitationsschrift von 1982 mit dem Titel „Kompensation gestörter Vertragsparität" sah *Hönn* in der Vertragsparität das Schlüsselproblem der vertraglichen Entwicklung[629]. In seiner Arbeit, auf die sich das BVerfG in der Entscheidung zu den Verwandtenbürgschaften bezog[630], stellte *Hönn* dar, wie das ursprüngliche liberale Vertragsmodell des BGB von sozialem Ausgleich und gesellschaftlicher Kontrolle überlagert wurde.

---

623 *Dühring*, Cursus der Philosophie, 1875, S. 281 f.

624 *Dühring*, Cursus der Nationalökonomie und Sozialökonomie, 1925, S. 353.

625 *Raiser*, Recht der Allgemeinen Geschäftsbedingungen, S. 277 ff.; vgl. *ders.*, JZ 1958, 1 (6 ff.).

626 *Wieacker*, S. 18; vgl. auch *Brandt*, MittBayNot 2004, 221 (222).

627 *Mestmäcker*, JZ 1964, 441 (443).

628 *Picker*, ZfA 1986, 199 (251).

629 *Hönn*, Kompensation gestörter Vertragsparität, S. 9 ff.

630 BVerfG, NJW 1994, 36 (39).

Welche Selbstverständlichkeit das Ungleichgewichtstopos im Laufe der Zeit erreichte, belegen etwa die Ausführungen *Köhlers* in seinem Lehrbuch für Studienanfänger zum Allgemeinen Teil des BGB. Noch in der 24. Auflage von 1998 lehrte *Köhler*, man sei sich erst im Lauf der Zeit bewusst geworden, dass die Vertragsfreiheit bei wirtschaftlichem Übergewicht einer Partei zum Instrument der Herrschaft über andere umfunktioniert werden konnte[631]. Die Vertragsfreiheit könne nur da ihr eigentliches Ziel der Selbstverwirklichung erreichen, wo annähernd wirtschaftliches Gleichgewicht herrsche. Bei fehlendem Verhandlungsgleichgewicht müssten Gesetzgeber, Verwaltung und Gerichte eingreifen. Dieser Eingriff erscheine als notwendige Ergänzung der Vertragsfreiheit.

Doch fanden und finden sich auch kritische Stimmen gegen derartige Eingriffe in die Vertragsfreiheit. Vorsichtiger formulierte etwa schon *Flume* im Jahr 1960, „die Anerkennung der Privatautonomie" heiße zwar die „Anerkennung des Satzes: stat pro ratione voluntas"[632]. Soweit jedoch „nach unserer Rechtsordnung den einzelnen die Regelung der Rechtsverhältnisse in beiderseitiger Selbstbestimmung, d.h. durch Vertrag, überlassen" sei, sei vorauszusetzen, dass „die einzelnen sich mit der Macht zur Selbstbestimmung" gegenüberstünden und nicht „durch die Macht des einen statt der beiderseitigen Selbstbestimmung eine einseitige Fremdbestimmung" eintrete. Es sei „das ewige Dilemma der Privatautonomie, dass diese immer wieder durch ungleiche Machtverteilung in Frage gestellt" werde[633]. Doch sah *Flume* auch, dass sich beim Verkehr mit Gütern und Leistungen „im allgemeinen wirtschaftlich ungleiche Partner" gegenüberstünden. Die Lösung des Dilemmas liege darin, dass „die wirtschaftliche Macht des an sich Stärkeren durch den Markt – also durch den Wettbewerb – aufgehoben" werde[634].

Canaris[635] kritisierte im Jahr 1993, in einer modernen Marktwirtschaft sei die Annahme völlig wirklichkeitsfremd, dass ökonomische oder soziale Ungleichheit als solche den Vertragsinhalt zum Vorteil des einen und Nachteil des anderen Teils beeinflussten und dadurch zu ungerechten Ergebnissen führten. *Zöllner*[636] ergänzte, dass Ungleichheit zwischen den Partnern bei funktionierendem Markt nicht zu Ungleichgewichtigkeit führe und auch bei nicht funktionierendem Markt typischerweise nicht zu ungerechten Ergebnissen. Gleichermaßen bemerkte *Rittner*[637] in seinem Vortrag vom 21.9.1988 vor der Zivilrechtslehrer-

631 *Köhler*, BGB AT, S. 109.

632 „Statt des Grundes gilt der Wille."; *Flume*, FS 100 Jahre DJT, 1960, S. 135 (143); *ders.*, BGB AT, Bd. II 1965, S. 10.

633 *Flume*, FS 100 Jahre DJT, 1960, S. 135 (143); *ders.*, BGB AT, Bd. II 1965, S. 10.

634 *Flume*, FS 100 Jahre DJT, 1960, S. 135 (144); *ders.*, BGB AT, Bd. II 1965, S. 10.

635 *Canaris*, FS Lerche, 1993, S. 873 (882).

636 *Zöllner*, AcP 196 (1996), 1 (22, Fn. 81).

637 *Rittner*, AcP 188 (1988), 101 (127 ff.).

vereinigung in Innsbruck, dass Verträge zwischen „ungleich starken" Partnern typischerweise nicht misslängen. Gleichgewichtigkeit sei nichts als eine Metapher.

Warnend wies daher *Hönn* darauf hin, dass das Postulat der Waffengleichheit rechtspolitisch beliebig verwendbar sei, um gewünschte Rechtsfolgen anhand von § 242 BGB zu rechtfertigen[638]. Und selbst wenn *Preis* in seiner Habilitationsschrift aus dem Jahr 1993 einräumte, die Rechtsordnung müsse reagieren, wenn nicht verhandelt würde und Imparität bestehe[639], so ist doch auch für *Preis* der Paritätsbegriff nicht geeignet, relevante und nicht relevante Störungen von einander abzugrenzen. Für individuelle Arbeitsverträge lehnt er eine auf Imparität gestützte Kontrolle ab. Weder die existentielle Abhängigkeit[640] des Arbeitnehmers noch wirtschaftliche oder intellektuelle Unterlegenheit[641] begründeten eine hinreichende Ungleichgewichtslage. *Coester-Waltjen* konstatierte gar, alle vorgeschlagenen Kriterien der gestörten Vertragsparität seien nicht geeignet, „krankhafte Vertragsschlusssituationen" abstrakt zu kennzeichnen[642].

Fastrich, wie *Hönn* und *Preis* vom BVerfG in der Entscheidung zu den Verwandtenbürgschaften zitiert[643], analysierte in seiner Habilitationsschrift von 1992 die Voraussetzungen von Vertragskontrolle für den gesamten Bereich des Zivilrechts. Fastrich räumte ein, dass unterschiedlich starke Verhandlungspositionen insbesondere bei Wohnungsmiete und Arbeitsvertrag eine Inhaltskontrolle normativ rechtfertigten. Doch sei die Ungleichgewichtslage als Voraussetzung der Inhaltskontrolle tatbestandlich nicht verwertbar[644]. Stattdessen könne nur eine Beeinträchtigung der Selbstbestimmung eine Einschränkung der Vertragsfreiheit rechtfertigen[645].

Einen leidenschaftlichen Angriff gegen das Unterlegenheitstopos führte schließlich *Zöllner* in seinem Vortrag vom 26.9.1995 vor der Zivilrechtslehrervereinigung in Heidelberg. Das Erklärungsmuster des Ungleichgewichts sei als Rechtfertigung für Vertragsfreiheitseinschränkungen ungeeignet, maßgebliches Kriterium für die Gültigkeit vertraglicher Regelungen sei vielmehr die Entscheidungsfreiheit der Parteien[646]. Diese erachtet *Zöllner* erst dann als berührt, wenn ein Vertragspartner gezwungen sei, den Vertragsantrag des anderen anzunehmen[647].

---

638 *Hönn*, Kompensation gestörter Vertragsparität, S. 16.
639 *Preis*, Grundfragen der Vertragsgestaltung im Arbeitsrecht, 1993, S. 217.
640 *Preis*, S. 286 f.
641 *Preis*, S. 287 f.
642 *Coester-Waltjen*, AcP 190 (1990), 1 (23).
643 BVerfG, NJW 1994, 36 (39).
644 *Fastrich*, S. 217, 220.
645 *Fastrich*, S. 215.
646 *Zöllner*, AcP 196 (1996), 1 (27 ff.).
647 *Zöllner*, AcP 196 (1996), 1 (32).

2. Frühere Entscheidungen des BVerfG zur Figur der gestörten Vertragsparität

Das BVerfG unterstrich seit Anfang der 90er Jahre einen juristischen Mindeststandard jeder vertraglichen Vereinbarung. Maßgeblich waren die Entscheidungen des BVerfG zu den Handelsvertretern und den Bürgschaften einkommens- und vermögensloser Familienangehöriger. Die beiden Entscheidungen seien im Folgenden kurz dargestellt.

a) Wettbewerbsverbote für Handelsvertreter

Gegenstand der Handelsvertreterentscheidung vom 7.2.1990[648] war die berufungs- und revisionsgerichtliche Verurteilung eines Handelsvertreters zu zweijähriger Unterlassung von Wettbewerb ohne Karenzentschädigung. Prüfungsmaßstab war Artikel 12 I GG.

Erstmals formulierte das BVerfG den in den folgenden Entscheidungen stets wieder aufgegriffenen Satz, dass sich für einen Vertragsteil Selbstbestimmung in Fremdbestimmung verkehre, wenn der andere ein so starkes Übergewicht habe, dass er den Vertragsinhalt einseitig bestimmen könne[649]. Das BVerfG befand, dass Handelsvertreter in ihrer Mehrzahl wirtschaftlich abhängig seien und deshalb - bei typisierender Betrachtungsweise - nicht über ausreichende Verhandlungsstärke verfügten, um ihre Rechte und Pflichten mit den Unternehmern frei auszuhandeln[650]. Aufgrund ihrer Verhandlungsschwäche müssten selbständige Handelsvertreter vor vertraglich übernommenen, sie einseitig benachteiligenden Wettbewerbsabreden durch zwingendes Gesetzesrecht geschützt werden.

An der Handelsvertreter-Entscheidung ist zu kritisieren, dass das BVerfG typisierte, anstatt die Verhandlungsstärke des Handelsvertreters konkret zu prüfen[651]. Im ausgeurteilten Fall war der Handelsvertreter gerade nicht unterlegen, vielmehr bestand zwischen den Parteien volle Parität. Zum einen traf der Handelsvertreter die Wettbewerbsabrede in einer vorteilhaften Verhandlungsposition, als er, nachdem er gekündigt hatte, neue günstige Konditionen erwirkte. Zum anderen galt die Wettbewerbsabrede nicht wie in der typischen, Abhängigkeit signalisierenden Konstellation für jeden Fall der Vertragsbeendigung, sondern nur für den Fall, dass der Vertrag infolge seines Verschuldens beendet

---

648 BVerfG, NJW 1990, 1469 = BVerfGE 81, 242.

649 BVerfG, NJW 1990, 1469 (1471 unter C III 1).

650 BVerfG, NJW 1990, 1469 (1471 unter C III 1).

651 So auch *Hillgruber*, AcP 191 (1991), 69 (79 f.); *Medicus*, AcP 192 (1992), 35 (64); *Zöllner*, AcP 196 (1996) 1 (10); für *Diederichsen*, Jura 1997, 57 (64) ist die Handelsvertreterentscheidung ein „schönes Beispiel für die Selbstüberschätzung des BVerfG". In Rangverhältnisse, S. 39 (74) bemerkt *Diederichsen*, vom BVerfG könne nicht erwartet werden, dass es die vielfachen Kompensationsmöglichkeiten des Zivilrechts erkenne; kritisch auch *Preis*, S. 288.

werden würde. Unberücksichtigt ließ das BVerfG zudem, dass der Handelsvertreter parallel für ein Konkurrenzunternehmen gearbeitet hatte, also vorsätzlich vertragsbrüchig geworden war.

b) Bürgschaften einkommens- und vermögensloser Familienangehöriger

Der Beschluss des BVerfG vom 19.10.1993652 zur Inhaltskontrolle von Bürgschaften einkommens- und vermögensloser Familienangehöriger führte die im Handelsvertreter-Beschluss eingeschlagene Richtung fort, verschärfte allerdings die Anforderungen an eine richterliche Inhaltskontrolle in Ton und Umfang. Unter die jahrelange Diskussion um die Mithaftung einkommens- und vermögensloser Familienmitglieder setzte das BVerfG einen vorläufigen Schlussstrich. Insbesondere der IX. Zivilsenat des BGH[653] hatte bisher konsequent vertreten, „Volljährig sei volljährig“ und „Vertrag sei Vertrag“. Wer volljährig sei, könne auch ohne besondere Erfahrung erkennen, dass die Abgabe einer Bürgschaft ein riskantes Geschäft sei[654]. Ein Volljähriger könne sich daher auch zu Leistungen verpflichten, die „ihn schlechterdings überfordern“ oder die er nur unter besonders günstigen Bedingungen[655], notfalls sogar unter dauernder Inanspruchnahme des pfändungsfreien Einkommens erbringen könne[656].

Das BVerfG dagegen führte aus, alle am Zivilrechtsverkehr Beteiligten könnten sich gleichermaßen auf die grundrechtliche Gewährleistung ihrer Privatautonomie berufen. Es dürfe daher nicht nur das „Recht des Stärkeren“ gelten. Habe einer der Vertragspartner ein so starkes Übergewicht, dass er den Vertragsinhalt faktisch einseitig bestimmen könne, bewirke dies für den anderen Teil „Fremdbestimmung“.

Zwar dürfe ein Vertrag schon aus Gründen der Rechtssicherheit nicht bei jeder mehr oder weniger starken Beeinträchtigung des Verhandlungsgleichgewichts in Frage gestellt oder korrigiert werden. Doch gehöre der Ausgleich gestörter Vertragsparität zu den Hauptaufgaben des geltenden Zivilrechts. Aus der grundrechtlichen Gewährleistung der Privatautonomie und dem Sozialstaatsprinzip ergebe sich, dass die Gerichte zum Einschreiten verpflichtet seien, wenn sich eine strukturelle Unterlegenheit eines Vertragpartners erkennen lasse und wenn die Folgen des Vertrages für ihn ungewöhnlich belastend seien. Hier dürften sich die Gerichte nicht mit der Feststellung begnügen, Vertrag sei Vertrag. Sie müssten vielmehr bei der Auslegung und Anwendung der Generalklauseln

652 BVerfG, NJW 1994, 36 = BVerfG, FamRZ 1994, 151 = BVerfGE 89, 214 = WM 1993, 2199.

653 Vgl. etwa BGH, NJW 1989, 830 (Bürgschaften der 20- und 21jährigen Söhne für ihren Vater); BGH, NJW 1989, 1276 (Bürgschaft einer Tochter und deren Verlobten); BGH, NJW 1991, 2015 (Mithaftung einer Ehefrau).

654 BGH, NJW 1989, 830 (831).

655 BGH, NJW 1989, 830 (831).

656 BGH, NJW 1989, 1276 (1277); BGH, NJW 1993, 322 (323).

darauf achten, dass Verträge nicht als Mittel zur Fremdbestimmung eingesetzt würden. Die grundrechtlich gewährleistete Privatautonomie sei verletzt, wenn das Problem der gestörten Vertragsparität gar nicht gesehen oder seine Lösung mit untauglichen Mitteln versucht werde[657].

Der Entscheidung des BVerfG zur Inhaltskontrolle von Bürgschaften einkommens- und vermögensloser Familienangehöriger folgte eine Vielzahl von BGH-Entscheidungen[658].

3. Frühere Entscheidungen der instanzgerichtlichen Rechtsprechung zur gestörten Vertragsparität in Bezug auf familienrechtliche Vereinbarungen

In der auf familienrechtliche Vereinbarungen bezogenen instanzgerichtlichen Rechtsprechung fanden sich bis zum Jahr 2001 nur ganz vereinzelt Ansätze zur gestörten Vertragsparität bzw. zum strukturellen Ungleichgewicht. Soweit ersichtlich, zog allein das OLG Frankfurt a.M. mit Urteil vom 16.12.1998[659] dieses Argumentationsmodell heran, um die Sittenwidrigkeit eines notariellen Ehevertrages zu begründen. Die Parteien – eine bei Heirat 21jährige Tschechin und ein 39jähriger Deutscher – hatten bereits eine gemeinsame Tochter, als sie eindreiviertel Jahre nach der Hochzeit unter anderem den Zugewinnausgleich ausgeschlossen und gegenseitig auf Unterhalt verzichteten.

Das OLG Frankfurt hielt den Ehevertrag für sittenwidrig, weil die bei Vertragsschluss noch sehr junge, unerfahrene und erst kürzlich eingereiste Frau ohne ausreichende rechtfertigende Gründe und ohne Gegenleistung oder anderweitige Absicherung umfassend auf ihre gesetzlichen Ansprüche verzichtet habe. Hinzu komme, dass die Frau aufgrund ihres Alters in Rechtsdingen unerfahren gewesen sei und nicht über ausreichende Sprachkenntnisse verfügt habe, um die Tragweite des Vertrages hinreichend zu erfassen. Der Unterhaltverzicht sei sittenwidrig, weil er trotz des Vorhandenseins eines zweijährigen Kindes sowie der Planung, ein weiteres Kind zu haben, vereinbart worden sei.

Erstaunlich nah an der späteren Argumentation des BVerfG zur Inhaltskontrolle von Eheverträgen befand das OLG Frankfurt, dass der Verzicht auf Ehegattenunterhalt in die Rechtsstellung des betreuungsbedürftigen Kindes einzugreifen drohe, weil die Mutter – zwänge man sie zu einer Erwerbstätigkeit – nicht in der Lage wäre, das Kind ausreichend zu betreuen. Mit Verweis auf die Bürgschaftsrechtsprechung des BVerfG fasste das OLG Frankfurt zusammen, die fast vollständige Benachteiligung der Frau sei insgesamt sittenwidrig, da es sich um einen Fall *strukturell ungleicher Verhandlungsstärke* gehandelt habe.

---

657 BVerfG, NJW 1994, 36, 39 li. Spalte, unter C II 2 c a.E.

658 Vgl. z.B. BGH, NJW 1996, 924; 1996, 1467; 1996, 2088; 1997, 1003; 1999, 58; 2000, 1182.

659 OLG Frankfurt/Main, NJWE-FER 1999, 230 = FF 2001, 172.

II. Das Argument der negativen Eheschließungsfreiheit

Der BGH hingegen nahm die Argumentation des BVerfG aus der Handelsvertreter- und der Bürgschaftsentscheidung beim Ehevermögens- und Scheidungsfolgenrecht bis zum Jahr 2004 nicht auf. Er bekräftigte stets die „volle Vertragsfreiheit“[660], die erlaube, sich präventiv von allen gesetzlichen Scheidungsfolgen freizuzeichnen. Die Wirksamkeit solcher Vereinbarungen hänge insbesondere nicht von Gegenleistungen oder Abfindungen ab[661]. Die aus § 17 BeurkG folgende Belehrungspflicht schütze davor, dass der Vertrag aus Unerfahrenheit oder Gesetzesunkenntnis abgeschlossen werde[662].

Wie bereits ausführlich erörtert[663], erachtete es der BGH insbesondere nicht für sittenwidrig, wenn der Mann die Eheschließung mit der von ihm schwangeren Frau davon abhängig machte, dass diese für den Fall der Scheidung auf ihre gesetzlichen Rechte verzichtete. Als Hauptargument zog der BGH die negative Eheschließungsfreiheit des Mannes heran. Der Mann sei rechtlich zu keiner Zeit zur Heirat verpflichtet und deshalb in seine Entscheidung für oder gegen die Eheschließung bis zuletzt frei. Es stehe ihm frei, von der Ehe abzusehen und sich „auf die rechtlichen Verpflichtungen eines nichtehelichen Vaters“ zurückzuziehen[664]. A maiore ad minus könne er deshalb die Ehe vom Abschluss eines Ehevertrages abhängig machen[665].

Zu beachten ist hierzu, dass die Diskussion um die Eheschließungsfreiheit durchaus historischen Bezug hat. So verpflichteten einige Partikularrechte und das kanonische Recht den Bräutigam, die geschwängerte Braut zu heiraten. Ein drastisches Beispiel für Heiratszwang nennt *Ebel*: „1737 den 6. Novembis ist Johannes Meyer von Mengen auf Serenissimi hohen Befehl in der Kirchen allhier von dem Herrn Diacono Zahnden mit Barbara Pfisterin, welche Meyer sub promissione matrimonii geschwängert, copulirt worden, und weill ersagter Meyer die Pfisterin absolute nicht heurathen wollen, ist er von 4 Wächtern armatu manu in die Kirchen geführt, zum Altar hingeschleppt, seine Hand mit Gewalt in der Hand der Pfisterin eingeschlagen worden, und da er beständig „Nein“ sagte: „Ich will sie nicht“, etc., hat Herr Diaconus ex mandato Serenissimi „Ja“ gesagt.“[666].

---

660 BGH, FamRZ 1991, 306; BGH, FamRZ 1996, 1536 = BGH, NJW 1997, 126; BGH, FamRZ 1997, 156 = BGH NJW 1997, 192.

661 BGH, FamRZ 1996, 1536, unter II 1; vgl. auch OLG Köln, FamRZ 2002, 828 (829).

662 BGH, FamRZ 1996, 1536, unter II 1; vgl. auch OLG Köln, FamRZ 2002, 828 (829).

663 Vgl. Seiten 75 ff., insbesondere zu den Entscheidungen des BGH vom 9.7.1992 (BGH, FamRZ 1992, 1403), vom 18.9.1996 (BGH, FamRZ 1996, 1536) und vom 2.10.1996 (BGH, FamRZ 1997, 156).

664 BGH, FamRZ 1996, 1536 (1537).

665 BGH, NJW 1992, 3164 (3165).

666 *Ebel*, S. 71.

Der Gesetzgeber des BGB hingegen entschied sich gegen den Heiratszwang und für die Eheschließungsfreiheit, indem er etwa eine Klage aus dem Verlöbnis auf Eingehung der Ehe für unzulässig erklärte (§ 1297 I BGB). Ergänzend untersagen die §§ 888 III, 894 II ZPO die Vollstreckung hierauf gerichteter Urteile. Ein Vertragsstrafeversprechen für den Fall, dass die Ehe nicht geschlossen wird, ist gemäß § 1297 II BGB nichtig.

Die Diskussion um das Argument der negativen Eheschließungsfreiheit lebte anlässlich der Entscheidungen des BVerfG zur Inhaltskontrolle von Eheverträgen erneut auf. Zwei Hauptstreitpunkte kristallisierten sich hierbei heraus - zum einen mögliche Konsequenzen aus einem Vergleich zur Bürgschaftsrechtsprechung des BVerfG, zum anderen die generelle Frage danach, ob es zur Sittenwidrigkeit eines Ehevertrages führe, wenn sein Abschluss zur Bedingung für die Eheschließung gemacht werde.

1. Der Vergleich zur Bürgschaftsrechtsprechung des BVerfG

Fraglich ist zunächst, welche Schlüsse sich im Hinblick auf das Argument der negativen Eheschließungsfreiheit aus einem Vergleich zum Bürgschaftsbeschluss des BVerfG[667] ziehen lassen. *Büttner*[668] - ein Verfechter verstärkter Inhaltskontrolle - kritisierte schon 1997, der BGH habe in seinem Beschluss vom 18.9.1996[669] diese Rechtsprechung des BVerfG nicht ausreichend berücksichtigt. Das BVerfG habe das Argument verworfenen, der Bürge habe den Bürgschaftsvertrag nicht unterzeichnen müssen. Dem entspreche das Argument des BGH, der Mann brauche nicht zu heiraten. Die Überlegung, die Ehevertragsfreiheit schütze den Schwächeren, weil sie ihm wenigstens die Vorteile der Eheschließung sichere, überzeuge ebenso wenig wie die Überlegung, eine unfaire Bürgschaftsverpflichtung als wirksam anzusehen, weil der Kredit sonst nicht vergeben worden wäre, der wiederum dem Bürgen jedenfalls mittelbar zugute komme.

Auch wenn sich die Konstellationen von Bank und Bürge bzw. von Ehemann und Ehefrau auf den ersten Blick ähneln mögen, unterscheiden sie sich bei genauem Hinsehen doch stark[670]. Im Bürgenfall geht es um die Freiheit des *schutzbedürftigen* Vertragsteils, nicht bürgen zu müssen - beim Ehevertrag um die Freiheit des vermeintlich *stärkeren* Teils (des Ehemannes), eine Ehe nicht zu schließen. Während der BGH darauf abstellte, dass der („stärkere“) Mann den Vertrag abschließen und die Heirat davon abhängig machen dürfe, befand das BVerfG, dass die („stärkere“) Bank den Vertrag nach Treu und Glauben so *nicht* hätte abschließen dürfen.

667 BVerfG NJW 1994, 36 ff.

668 *Büttner*, FamRZ 1998, 1 (4 f.)

669 Vgl. BGH, FamRZ 1996, 1536 = BGH, NJW 1997, 126.

670 Hierzu insbesondere *Rauscher*, FuR 2001, 155 f.; *ders.*, DNotZ 2002, 751 (753 f.); vgl. auch *Gerber*, FS 50 Jahre BGH, 2000, S. 49 (53).

Auch kann man die Situation von Mann und Frau, die unverheiratet ein (ungewolltes) Kind erwarten, nicht mit der von Bank und Bürge vergleichen. Im Bürgschaftsfall durfte sich die Bank nicht auf das Argument der negativen Vertragsfreiheit berufen, weil sie den der Bürgschaft zugrunde liegenden Darlehensvertrag geschäftlich wollte und die Zwangslage des Bürgen ausnutzte, um ihr wirtschaftliches Risiko zu minimieren. Während die Bank ihre wirtschaftliche Lage verbesserte, konnte der Bürge keine Besserstellung erwarten. Der Mann hingegen, der in den entschiedenen Fällen die Eheschließung vom Abschluss eines Ehevertrages abhängig machte, wollte damit nicht die Ehe erreichen und sich hierfür vertraglich absichern. Wirtschaftliche Vorteile waren für ihn nicht ausschlaggebend, vielmehr kam er der Frau mit der Eheschließung entgegen.

Aus einem Vergleich zur Bürgschaftsrechtsprechung des BVerfG lassen sich daher für die Diskussion um das Argument der negativen Eheschließungsfreiheit keine überzeugenden Schlussfolgerungen ziehen.

2. Der Ehevertrag als zulässige Bedingung für die Eheschließung

Zu untersuchen ist daher, ob es generell zulässig ist, die Eheschließung vom Abschluss eines Ehevertrages abhängig zu machen.

Vor der Rechtsprechung des BVerfG zur Inhaltskontrolle von Eheverträgen erachteten es einige Autoren als klassischen Fall von Sittenwidrigkeit wegen Ausnutzens einer Zwangslage, wenn der Mann zur Heirat der von ihm schwangeren Frau nur bei Abschluss eines Ehevertrages bereit war[671].

Überwiegend wurde jedoch die Ansicht vertreten, dass der Mann zur Eheschließung nicht verpflichtet sei und die Eheschließung daher vom Abschluss eines Ehevertrages abhängig machen dürfe[672]. Auch im Anschluss an die Entscheidungen des BVerfG zur Ehevertragsfreiheit halten zahlreiche Stimmen hieran fest. *Kanzleiter*[673] und *Röthel*[674] zufolge vermag alle Diskussion die Situation der Frau nicht zu verbessern und nichts daran zu ändern, dass der Mann das Eingehen oder Fortsetzen der Ehe von einer Vereinbarung abhängig machen könne, die die Frau benachteilige. Dies ist nach Ansicht von *Armasow*[675] vielleicht unmoralisch, jedoch Ausfluss der Vertragsfreiheit. Eine unzulässige Bedingung im Rechtssinne liege nicht vor, da etwas Aufschiebendes oder Auflösendes nicht vereinbart werde.

---

671 *Waldner*, Eheverträge, S. 30, Rn. 19; vgl. ebenso *Eichenhofer*, DNotZ 1994, 213 (223) speziell zum Verzicht auf Versorgungsausgleich.

672 *Frey*, S. 87; Göppinger/Wax/*Hoffmann*, Rn. 1391; *E. Koch*, JR 1993, 197; Wendl/Staudigl/*Pauling*, 608; *Kalthoener/Büttner*, NJW 1993, 1826 (1829).

673 Münch-Komm/*Kanzleiter*, § 1408 Rn. 33.

674 *Röthel*, NJW 2001, 1334 (1335).

675 *Armasow*, RNotZ 2001, 196 (201).

Auch für *Rauscher*[676] folgt aus der Freiheit, die Ehe überhaupt zu schließen, weiterhin die Freiheit, das Eheversprechen von einem Ehevertrag abhängig zu machen[677]. Da die Ausübung der Eheschließungsfreiheit nicht der Kontrolle unterliege, könne auch nicht die Freiheit, die Eheschließung zu unterlassen oder von einer bestimmten Bedingung abhängig zu machen, der Kontrolle unterworfen sein. Wenn eine Entscheidungsalternative, nämlich keine Ehe zu schließen, nicht justiziabel sei, könne ihre Verbindung mit einer Bedingung nur sittenwidrig sein, wenn die Bedingung als solche sittenwidrig sei, z.B. die Eheschließung nur gegen vorherige Zustimmung zur ehelichen Untreue.

In der Tat käme man nur dann zur Sittenwidrigkeit des Abhängigmachens der Eheschließung vom Abschluss eines Ehevertrags, wenn man forderte, der Mann müsse die Frau und gegebenenfalls werdende Mutter entweder mit den an sich dispositiven Scheidungsfolgen heiraten oder aber gar nicht[678]. Dann aber stünde zu befürchten, dass viele Männer von der Eheschließung absähen[679]. Entsprechend warnt *Baumann*[680], die Annahme der Sittenwidrigkeit sei legislativer Druck zur nichtehelichen Lebensgemeinschaft und eine Bevormundung, die vom freiheitlichen Rechtssystem nicht gedeckt sei. *Grziwotz*[681] verweist in diesem Zusammenhang auf die Kommentierung von *Kannengießer*[682] zu Artikel 6 I GG, wonach die Eheschließungsfreiheit verfassungsrechtlich garantiert sei, und zwar auch bei Schwangerschaft der Frau, bei langjähriger Pflege des Partners durch den anderen und sogar bei Abgabe eines Eheschließungsversprechens.

Jeder ist mithin frei, einen Vertrag zu schließen oder nicht zu schließen. Ebenso ist jeder frei in der Entscheidung, ob er heiraten will oder nicht. Frei ist jeder weiter darin, den Vertragsschluss von Bedingungen abhängig zu machen. Für sich allein ist es damit nicht sittenwidrig, die Eheschließung vom Abschluss eines Ehevertrages abhängig zu machen.

Doch ist die Frage nach der *Sittenwidrigkeit des Abhängigmachens* der Eheschließung von einem Ehevertrag nicht mit der Frage nach der *Inhaltskontrolle des Vertrages selbst* identisch. Auch wenn es nach der hier vertretenen Ansicht zulässig ist, die Eheschließung vom Abschluss eines Ehevertrages abhängig zu

---

676 *Rauscher*, FuR 2001, 155; *ders.*, DNotZ 2002, 751 (754).

677 Vgl. auch *Langenfeld*, FS Schippel, 1996, S. 251 (265).

678 So auch *Gerber*, FS 50 Jahre BGH, 2000, S. 49 (53); *ders.*, DNotZ-Sonderheft 1998, 288 (292); ähnlich meinen *Rauscher*, FuR 2001, 155 (156) und *Armasow*, RNotZ 2001, 196 (202), eine Inhaltskontrolle sei nur dann gerechtfertigt wäre, wenn man eine rechtliche und moralische Pflicht des Mannes bejahte, die von ihm schwangere Frau zu heiraten.

679 Vgl. auch *Schervier*, MittBayNot 2001, 486 (487).

680 Staudinger/*Baumann*, § 1585 c Rn. 161; zustimmend *Armasow*, RNotZ 2001, 196 (198).

681 *Grziwotz*, MittBayNot 1999, 385.

682 *Kannengießer* in Schmidt/Bleibtreu/Klein, Art. 6 Rn. 2 a.

machen, so kann doch von der Abschlussfreiheit nicht auf die grundsätzlich fehlende Sittenwidrigkeit des vertraglich Vereinbarten geschlossen werden[683]. Die Bedingungen für den Vertragsschluss und der Vertragsinhalt unterliegen den Grenzen des § 138 BGB. Freilich hat die Inhaltskontrolle nicht zwangläufig stattzufinden, sondern nur im Einzelfall.

Dementsprechend argumentierte das BVerfG zutreffend, das OLG Stuttgart sei zu Unrecht davon ausgegangen, die Eheschließungsfreiheit stehe einer Inhaltskontrolle entgegen. Aus dem Recht des Einzelnen, zu heiraten oder dies zu unterlassen und hierbei nicht vom Staat behindert zu werden, folge nicht, dass Eheverträge nicht kontrolliert werden könnten. Aus der Eheschließungsfreiheit resultiere keine unbegrenzte Ehevertragsfreiheit[684].

Betrachtet man die „Geburtsstätten“ des Arguments der negativen Eheschließungsfreiheit, die Entscheidungen des BGH vom 9.7.1992[685] und vom 18.9.1996[686], so fällt auf, dass auch der BGH den Schluss von der Eheschließungsfreiheit zur unbegrenzten Ehevertragsfreiheit damals nicht zog. In beiden Entscheidungen nämlich überprüfte der BGH die Verträge auf weitere Anhaltspunkte einer Sittenwidrigkeit hin[687].

Zusammenfassend folgt aus der Eheschließungsfreiheit also das Recht, die Eheschließung vom Abschluss eines Ehevertrages abhängig zu machen. Ein pauschales Sittenwidrigkeitsurteil allein aufgrund der Kopplung der Bereitschaft zur Eingehung der Ehe an den Vertragsschluss verbietet sich. Die Abschlussfreiheit gewährt jedoch keinen Freibrief für die Wirksamkeit des Vertragsinhaltes. Im Einzelfall ist zu prüfen, ob die Umstände des Vertragsschlusses sowie der Vertragsinhalt dem Sittenwidrigkeitsmaßstab standhalten.

683 Vgl. auch *Coester-Waltjen*, FS 50 Jahre BGH, 2000, S. 985, (1002); *Dauner-Lieb*, AcP 201 (2001), 295 (319); vgl. auch *Dethloff*, JZ 1997, 414.

684 BVerfG, FamRZ 2001, 343 (346).

685 BGH, NJW 1992, 3164 = BGH, FamRZ 1992, 1403.

686 BGH, FamRZ 1996, 1536 = BGH, NJW 1997, 126.

687 BGH, FamRZ 1992, 1403 (1404 li. Sp.); BGH, FamRZ 1996, 1536 (1537 li. Sp.).

III. Die Umsetzung - die ersten instanzgerichtlichen Entscheidungen

Die instanzgerichtliche Umsetzung der Grundsätze des BVerfG zur Inhaltskontrolle von Eheverträgen erfolgte bisher sehr uneinheitlich. Die bereits veröffentlichten Entscheidungen werden nun nach ihrem Ergebnis – Unwirksam- bzw. Wirksamkeit – untergliedert in chronologischer Reihenfolge dargestellt. Die entscheidenden Argumentationen werden dann später im Rahmen der Diskussion um die Voraussetzungen einer grundrechtlichen Inhaltskontrolle im Ehevertragsrecht systematisch analysiert.

1. Auf Unwirksamkeit oder Teilunwirksamkeit erkennende Urteile

a) OLG Naumburg, Beschluss vom 20.8.2001

Die wohl erste veröffentlichte Entscheidung war der Beschluss des OLG Naumburg vom 20.8.2001[688]. Gegenstand war ein notariell beurkundeter Scheidungsfolgenvertrag, mit dem die Parteien Gütertrennung vereinbart sowie Zugewinn- und Versorgungsausgleich ausgeschlossen hatten. Die Frau war bei Vertragsschluss 37 Jahre, der Mann 40 Jahre alt. Die Ehe war kinderlos. Die Frau hatte kein Vermögen und während der Ehe auch keinen Zugewinn erzielt. Das OLG Naumburg zitierte die Rechtsprechung des BVerfG und führte aus, es deute auf eine Sittenwidrigkeit des Vertrages, dass die Frau als Ausgleich für den Verzicht auf weitergehenden Zugewinnausgleich lediglich 10.000,- DM erhalten habe, während ihr Mann in den Vorjahren Gewinne von ca. 290.000,- bzw. 180.000,- DM erwirtschaftet habe. Es entstehe der Eindruck, dass die gesamte Vereinbarung nicht Ausdruck und Ergebnis einer gleichberechtigten Lebenspartnerschaft der Parteien sei, sondern eine auf ungleichen Verhandlungspositionen basierende einseitige Dominanz des Mannes widerspiegele. Dies gelte umso mehr, als dass die Frau nach Aussage eines nervenärztlichen Gutachtens psychisch vom Mann abhängig gewesen sei.

Völlig zu Recht kritisieren *Rauscher*[689] und *E. Koch*[690], dass im Einklang mit der bisherigen Rechtsprechung[691] ein einfacher Rückgriff auf § 138 BGB möglich gewesen wäre. Das Gericht bemühte die Gesichtspunkte „gleichberechtigte Partnerschaft“ und „Bedingungen der Selbstbestimmung“ ohne Not.

---

688 OLG Naumburg, FamRZ 2002, 456 = FF 2002, 69; der Antrag auf Ehescheidung wurde später zurückgenommen.

689 *Rauscher*, DNotZ 2002, 751 (756).

690 *E. Koch*, FamRZ 2003, 197.

691 Vgl. Seiten 69 ff.

b) OLG München, Urteil vom 1.10.2002

Großes Aufsehen erregte das Urteil des 4. Zivilsenats des OLG München (Augsburg) vom 1.10.2002[692]. Im zugrunde liegenden Fall hatten die Ehegatten 1985 die Ehe geschlossen. Der Mann war damals 38 Jahre alt, hatte als Vermögensberater monatliche Einkünfte von durchschnittlich 27.000 DM netto und verfügte über ein Vermögen von einer Million DM. Die Ehefrau war im Zeitpunkt der Eheschließung 32 Jahre alt und vermögenslos, aber akademisch ausgebildet. Vor der Ehe hatte sie als Archäologin gearbeitet; ihre Dissertation hatte sie auf Wunsch des Mannes zurückgestellt.

Auf Wunsch des Mannes hatte die Frau wegen der Schwangerschaft mit dem ersten Kind auch ihre Berufstätigkeit aufgegeben. Sie hatte später noch im Büro ihres Mannes gearbeitet und dabei ein Einkommen von 500 DM monatlich erzielt. Im Jahr 1986 wurde das erste gemeinsame Kind geboren. Im Jahr 1988 schlossen die Ehegatten einen notariellen Ehevertrag, in dem sie den nachehelichen Unterhalt bis auf den Anspruch aus § 1570 BGB ausschlossen. Der Versorgungsausgleich wurde unter der Bedingung ausgeschlossen, dass der Mann für die Frau eine private Kapitallebensversicherung in Höhe von 80.0000 DM auf den Zeitpunkt der Vollendung des 60. Lebensjahres der Ehefrau abschließe und die Versicherungsbeiträge bezahle. Die Kapitallebensversicherung erreichte auf diese Weise ca. zwei Drittel des Wertes des Versorgungsausgleiches. Ferner verzichtete die Frau auf Ansprüche auf Invaliditätsversorgung, die Ehegatten schlossen zudem den Zugewinn für die Vergangenheit aus und vereinbarten für die Zukunft Gütertrennung.

Im Jahre 1989 wurde ein weiteres gemeinsames Kind geboren. Trotz des hohen Einkommens des Ehemannes waren die die ehelichen Lebensverhältnisse bescheiden, die Familie trug Kleidung aus der Altkleidersammlung, die Wohnungseinrichtung war einfach. Seit 1994 betrieb die Frau einen Spielwarenladen mit einer Postagentur und erzielte daraus ein monatliches Einkommen von ca. 1.100 DM. Nach 14 Jahren Ehe wurde im Jahre 2000 das Scheidungsverfahren eingeleitet.

Das OLG München hielt den gesamten Ehevertrag für unwirksam. Einleitend betonte es, der Vertrag unterliege nach der neuen Rechtsprechung des BVerfG im Falle einer besonders einseitigen vertraglichen Lastenverteilung und einer erheblich ungleichen Verhandlungsposition der Inhaltskontrolle. Das Gericht zitierte sodann eine längere Passage des Beschlusses des BVerfG vom 5.2.2002 zur Gleichstellung von Familien- und Erwerbstätigkeit. Es machte damit deutlich, den Anspruch auf gleiche Teilhabe am gemeinsam Erwirtschafteten für alle

692 OLG München, FamRZ 2003, 35 = NJW 2003, 592 = MittBayNot 2003, 136 = DNotI-Report 2003, 4.

drei Bereiche Unterhalt, Versorgungsausgleich und Güterrecht zugrunde zu legen[693].
Die Unterlegenheit der Frau sei unter Missbrauch der Vertragsfreiheit ausgenutzt worden. Ihre einseitige unangemessene Belastung ergebe sich daraus, dass die ihr nach der Scheidung zustehenden Ansprüche nahezu völlig abbedungen worden seien. An dieser Stelle nannte das OLG München, obgleich nur in Klammern, die Vorschrift des § 242 BGB.
Anschließend untersuchte das Gericht alle drei Regelungsbereiche und erklärte jeden für sich für unwirksam, ohne nochmals eine Gesamtbetrachtung anzustellen:
Der Unterhaltsverzicht sei einseitig unangemessen belastend, da der gleichwertige Beitrag der Frau zu den ehelichen Lebensverhältnissen durch Haushaltsführung und Kinderbetreuung unberücksichtigt geblieben sei[694]. Die Frau habe aufgrund der Familienarbeit keine eigene Invaliditäts- und Altersversorgung aufbauen können. Sie sei wirtschaftlich vollkommen von ihrem Mann abhängig.
Obwohl die Entscheidung über den Versorgungsausgleich nicht Gegenstand des Berufungsverfahrens war, bezeichnete das Gericht auch diese Regelung obiter dictum als unangemessene Benachteiligung der Ehefrau[695].
Auch der Ausschluss des Zugewinnausgleichs sei unwirksam, weil der Mann seine dominierende Lage als Inhaber eines Vermögens und Bezieher eines weit überdurchschnittlichen Einkommens gegenüber der vermögenslosen und praktisch einkommenslosen Frau zu deren Nachteil ausgenutzt habe[696]. Das OLG München sah hierdurch die Grundrechte der Frau verletzt. Sie sei aus ihrer Rolle als gleichberechtigter Ehegatte verdrängt worden, der Mann habe sie von der gleichen Teilhabe am gemeinsam Erwirtschafteten ausgeschlossen. Der Vertrag trage in keiner Weise dem Umstand Rechnung, dass die Frau durch Haushaltsführung und Kinderbetreuung dem Mann erst ermöglicht habe, sich voll seiner Berufstätigkeit zu widmen.
Für unwirksam erachtete das OLG München letztlich die salvatorische Klausel[697] des Ehevertrages. Es könne einer dominanten Vertragspartei nicht gestattet sein, in weitestgehendem Umfang Schutzvorschriften für den anderen Vertragsteil auszuschließen und ihm das Risiko der Inhaltskontrolle zu überlassen[698].

693 Dieser Auffassung schloss sich das AG Schwäbisch Hall, FamRZ 2003, 1284 (1285), mit Urteil vom 28.3.2003 später ausdrücklich an.
694 OLG München, FamRZ 2003, 35 (36) unter I. 2 a).
695 OLG München, FamRZ 2003, 35 (36) unter I. 2 b).
696 OLG München, FamRZ 2003, 35 (36) unter I. 2 c).
697 Zur Wirkung der salvatorischen Klausel – kein Ausschluss des § 139 BGB, sondern lediglich Umkehr der Beweislast: BGH, NJW 2003, 347; vgl. auch OLG Düsseldorf, FamRZ 2004, 461 (463); *Wachter*, ZNotP 2003, 408 (423); ausführlich zu salvatorischen Klausel bei Eheverträgen *Grziwotz*, FF 2004, 275 ff..
698 OLG München, FamRZ 2003, 35 (36) unter I. 2 d).

Diese Entscheidung des OLG München stieß in der Literatur zu recht auf starke Kritik[699]. In der Tat überwiegt nämlich in den Entscheidungsgründen die Ideologie deutlich die Dogmatik. Eine Subsumtion unter die Generalklauseln der §§ 138 und 242 BGB fehlt. Die dogmatische Dürftigkeit des Urteils erkennt auch die seiner Tendenz zustimmende Besprechung von *Dauner-Lieb/Sanders*[700].

Auch ist nicht von der Hand zu weisen, dass sich die Situation der Frau im Fall des OLG München erheblich von der der werdenden Mutter in der Entscheidung des BVerfG vom 6.2.2001 unterschied. Im Fall des OLG München waren die Ehegatten bereits verheiratet und hatten ein Kind. Die Frau war bei Vertragsschluss bereits 32 Jahre alt und nicht schwanger. Welcher Nachteil ihr gedroht hätte, wenn sie den Vertrag nicht unterzeichnet hätte, ist nicht festgestellt. Eine psychische Zwangslage vergleichbar derjenigen der unverheirateten werdenden Mutter ist nicht ersichtlich. Die Frau hatte eine abgeschlossene akademische Ausbildung und war daher intellektuell in der Lage, die Formulierungen des Vertrages zu verstehen und seine Konsequenzen zu überblicken.

Äußerst fragwürdig erscheint zudem, dass das Gericht zur Begründung der Unterlegenheit der Frau auf deren völlige wirtschaftliche Abhängigkeit vom Mann verwies[701]. Denn bei Vertragsschluss hatte die Frau den unabdingbaren Anspruch auf Familienunterhalt und zudem vollen Anspruch auf Versorgungsausgleich, Zugewinnausgleich und nachehelichen Unterhalt. Für sie bestand damit keinerlei ökonomischer Zwang, einen Ehevertrag zu unterzeichnen. Es ist daher schlichtweg nicht ersichtlich, welche Unterlegenheit der Mann ausgenutzt haben sollte. Hieran vermag auch der Versuch *Dauner-Liebs*[702] nichts zu ändern, aus einem „offensichtlich nicht mehr zu reparierenden Knick" in der Erwerbsbiographie der Frau als „Folge einer wenig partnerschaftlichen Dominanz" des Ehemannes - er hatte den von der Frau angestrebten Erwerb eines Doktortitels „nicht gewünscht" - eine finanzielle Abhängigkeit und wirtschaftliche Unterlegenheit herzuleiten.

Gegen eine krasse Benachteiligung spricht zudem, dass kein Totalverzicht vereinbart wurde, denn der Anspruch auf Betreuungsunterhalt blieb in vollem Umfang bestehen. Zudem hatte die Frau eine gute berufliche Ausbildung und war in der Lage, auch nach der Scheidung und dem Abschluss der Kindererziehung eine anspruchsvolle Tätigkeit aufzunehmen. Weiterhin wurde der Versor-

699 *Bergschneider*, FamRZ 2003, 38; *Brambring*, S. 62, Rn. 69; S. 78, Rn. 90; *Koch*, FamRZ 2004, 993; *Münch*, MittBayNot 2003, 107; *ders.* ZNotP 2004, 122; *Niepmann*, MDR 2003, 841; *Wachter*, ZNotP 2003, 408 (410); Zustimmung soweit ersichtlich nur bei *Dauner-Lieb*, FF 2003, 117.

700 *Dauner-Lieb/Sanders*, FF 2003, 117 (118).

701 OLG München, FamRZ 2003, 35 (36, li. Sp. unter I. 2 a).

702 *Dauner-Lieb*, FF 2003, 117.

gungsausgleich zumindest teilweise kompensiert. Die Gütertrennung ist letztlich ein gesetzlich vorgesehener Wahlgüterstand.

Den Ehevertrag damit losgelöst von aller Dogmatik allein wegen wirtschaftlicher Diskrepanz für unwirksam zu erklären, kann nicht überzeugen. Die Entscheidung des OLG München ist daher abzulehnen.

c) OLG Koblenz, Urteil vom 4.2.2003

Ausgesprochen eng an der Rechtsprechung des BVerfG orientierte sich das OLG Koblenz mit Urteil vom 4.2.2003[703]. Die Parteien hatten im September 1997 geheiratet. Die Frau erzielte als Friseurin ein monatliches Einkommen von 570 DM. Der Mann war überwiegend als Geschäftsführer einer GmbH tätig, seine Einkommenssituation war ungeklärt. Vor Gericht wurde ein monatliches Einkommen von 8.000 DM unterstellt. Am Tag der Hochzeit schlossen die Parteien einen notariellen Ehevertrag. Die Frau war zu diesem Zeitpunkt im vierten Monat schwanger. In dem Vertrag vereinbarten die Parteien Gütertrennung mit einem nach der Ehedauer gestaffelten Vermögensausgleich von höchstens 75.000 DM, schlossen den Versorgungsausgleich aus und verzichteten auf Unterhalt mit Ausnahme des Anspruchs aus § 1570 BGB.

Das OLG Koblenz erklärte den Ausschluss des Versorgungsausgleichs für sittenwidrig. In ganzen Passagen zitierte es das BVerfG, insbesondere zur psychischen und ökonomischen Unterlegenheit unverheirateter schwangerer Frauen. Kurz und recht unpräzise fiel dagegen die Begründung der Unterlegenheit im konkreten Fall aus: Die Frau entstamme eher „einfachen Verhältnissen", während der Mann eine „gute Partie" gewesen sei. Bei der Eheschließung habe er überdurchschnittlich gut verdient, die Frau als Friseurin nur mäßig. Nach der gemeinsamen Planung habe sich die Frau im Wesentlichen Haushalt und Kinderbetreuung widmen sollen. Nach Ansicht des Gerichts habe sich die Frau damit in der Situation gesehen, nach der Geburt des Kindes ihren ohnehin mäßig bezahlten Beruf nicht mehr ausüben zu können, für das Kind sorgen und Unterhaltsansprüche geltend machen zu müssen. Damit habe sie sich „durchaus in der Situation der Unterlegenen" befunden[704].

Unangemessen benachteiligt sei die Frau, weil trotz geplanter Einverdienerehe der Versorgungs- und Zugewinnausgleich sowie alle Unterhaltssprüche bis auf den aus § 1570 BGB ausgeschlossen worden seien. Die Frau habe damit auf einen wesentlichen Teil ihrer Rechte verzichtet. Die Ausgleichzahlungen kompensierten dies nur „in gewisser Weise".

Hinzu kämen die „besonders merkwürdigen Umstände des Vertragsschlusses" am Tag der Hochzeit. Daraus, dass der Frau „von Anfang an klar" gewesen sei, dass ihr zukünftiger Mann auf dem Abschluss eines Ehevertrages bestehen

703 OLG Koblenz, FF 2003, 138.

704 OLG Koblenz, FF 2003, 138 (139).

würde, folgerte das Gericht, die Frau sei „zusätzlich massiv unter Druck gesetzt" worden. Insgesamt ergebe sich aus dem Zusammenspiel von Vertragsinhalt, Schwangerschaft und Terminswahl die Sittenwidrigkeit der Vereinbarung.

d) AG Schwäbisch Hall, Urteil vom 28.2.2003

In seinem Urteil vom 28.2.2003 erklärte das AG Schwäbisch Hall[705] eine notarielle Scheidungsfolgensvereinbarung für nichtig nach § 138 BGB.
Die Frau – eine brasilianische Staatsbürgerin – war Betriebswirtin und Bauingenieurin. Ihr Studium in Brasilien hatte sie einige Monate vor der Hochzeit im Dezember 1990 beendet. Studienbegleitend hatte sie Deutsch gelernt. Im Jahr 1991 wurde eine gemeinsame Tochter geboren. Die Frau war vor und nach der Geburt nicht berufstätig. Im Jahr 1995 geriet die Ehe in eine Krise. Im Zuge der beabsichtigten Trennung schlossen die Beteiligten im August 1995 notariell beurkundet den Anspruch auf nachehelichen Unterhalt, Zugewinn- und Versorgungsausgleich aus.

Das AG Schwäbisch Hall befand, die Frau habe sich bei Vertragsabschluss in einer ungleichen Verhandlungsposition befunden; der Mann habe sie unter Ausnutzung dieser ungleichen Position und unter Missbrauch des Instituts der Vertragsfreiheit einseitig unangemessen belastet. Das Gericht zitierte die Entscheidung des BVerfG vom 6.2.2001 und das Urteil des OLG München vom 1.10.2002, wonach die Ehegatten Anspruch auf gleiche Teilhabe am gemeinsam Erwirtschafteten hätten, was auch nach der Trennung und Scheidung für Unterhalt, Altersversorgung und Aufteilung des gemeinsamen Vermögens gelte.
Die ungleiche Verhandlungsposition zeige sich insbesondere im Vertragsinhalt. Die Frau habe nämlich „ohne sachlichen Grund" auf sämtliche Rechte verzichtet, obwohl sie nach dem Willen der Parteien das damals erst vierjährige gemeinsame Kind weiterbetreuen sollte. Zudem habe sie keine Berufserfahrung geschweige denn eine gesicherte Aussicht auf einen Arbeitsplatz oder eigene Einkünfte gehabt.
Das Gericht stellte stark auf die Unerfahrenheit der Frau ab. Der Rechtsanwalt, der die Scheidungsvereinbarung entworfen habe, sei ein Freund des Mannes gewesen und habe mit der Frau nicht im Einzelnen erörtert, worauf sie verzichte. Der Klägerin, die gebildet und der deutschen Sprache mächtig gewesen sei, sei sich bei Vertragsschluss zwar „sicherlich bewusst" gewesen, „einen ihr nachteiligen Vertrag abzuschließen". Auch wenn ihre Deutschkenntnisse im normalen Sprachgebrauch gut waren, sei sie jedoch in Bezug auf den konkreten Vertragsinhalt unerfahren gewesen. Insbesondere habe sie nicht gewusst, was ihr gesetzlich zugestanden habe. Dieser Unerfahrenheit habe auch die Belehrung im Rahmen der notariellen Beurkundung nicht abhelfen können. Bei der Beurkundung habe die Frau sprachlich Schwierigkeiten gehabt, komplexe Sachver-

705 AG Schwäbisch Hall, FamRZ 2003, 1284.

halte zu erfassen. „Fachbegriffe, wie etwa Zugewinn- oder Versorgungsausgleich“, habe sie nicht verstanden. Dass ihr die Begriffe eingehend erklärt worden seien, sei nicht nachgewiesen.
Auch sei die wirtschaftliche und persönliche Ausgangslage der Frau schwächer gewesen als die des Beklagten. Während der Mann seit Jahren gearbeitet habe, sei sie noch nicht einmal in das Berufsleben eingetreten. Weder auf dem deutschen noch auf dem brasilianischen Markt habe sie eine realistische Chance gehabt, ihren Lebensunterhalt neben der Betreuung des Kindes sicherzustellen. Die Erklärung der Frau, vom Mann nichts haben zu wollen, wirke sich nicht aus. Die Frau sei nämlich „objektiv und subjektiv gar nicht in der Lage“ gewesen zu beurteilen, „was sie wollte und was nicht“. Schließlich liege kein die Vertragsdisparität beseitigendes Entgegenkommen vor.

Diese Entscheidung ist insofern mehr als zweifelhaft, als dass keinerlei persönliche Zwangslage der Frau ersichtlich ist. Nach den Feststellungen des Urteils verfügte sie zudem über gute Deutschkenntnisse. Wenn sie die Bedeutung von Fachbegriffen nicht verstand, hätte sie nachfragen müssen. Insofern ist sie nicht anders zu behandeln als jeder Deutsche, dem Begriffe wie Zugewinn- und Versorgungsausgleich nicht geläufig sind.

e) AG Tempelhof-Kreuzberg, Urteil vom 11.3.2003

Zur Gesamtnichtigkeit eines Ehevertrages wegen Sittenwidrigkeit kam auch das AG Tempelhof-Kreuzberg in seinem Teilurteil vom 11.3.2003[706]. Die Parteien hatten bereits zwei voreheliche gemeinsame Kinder im Alter von neun Monaten und fast zwei Jahren, als sie circa fünf Wochen vor der Eheschließung Gütertrennung vereinbarten, den Versorgungsausgleich ausschlossen und den nachehelichen Unterhaltsanspruch auf monatlich 2000 DM und drei Jahre beschränkten. Der Lebensunterhalt der Familie wurde aus den Erträgen des Vermögens des Ehemannes in Höhe von mehreren Millionen Euro bestritten.

Das AG Tempelhof-Kreuzberg erklärte, entsprechend den Grundsätzen des BVerfG sei der Vertrag nicht Ausdruck und Ergebnis einer von der Verfassung gemäß Artikel 6 I in Verbindung mit Artikel 3 II GG geschützten gleichberechtigten Lebenspartnerschaft, sondern spiegele eine auf ungleichen Verhandlungspositionen basierende einseitige Dominanz eines Ehegatten wieder.
Ob die Frau bei Vertragsschluss mit dem dritten gemeinsamen Kind schwanger gewesen sei, könne dahinstehen. Eine Situation der Unterlegenheit sei „ohne weiteres“ auch dann anzunehmen, wenn es bereits zwei gemeinsame voreheliche Kinder gebe. Dies folge aus der Rechtsstellung der ledigen Mutter und aus dem Bemühen um die Sicherung der eigenen Existenz und der des (erwarteten) Kindes. Zu berücksichtigen sei zudem, dass nach der Lebensplanung der Parteien noch weitere Kinder geplant gewesen seien.

706 AG Tempelhof-Kreuzberg, FF 2003, 139.

Die Frau habe „ihre berufliche Karriere in Hamburg“ aufgegeben und sei auf das Anwesen des Mannes nach Süddeutschland gezogen, um sich dort der Betreuung der Kinder zu widmen. Bei Vertragsschluss habe sie sich in völliger wirtschaftlicher Abhängigkeit befunden, da sie weder über eigenes Vermögen noch über eigene Einkünfte verfügt habe.
Die zeitliche und höhenmäßige Begrenzung des Betreuungsunterhalts sei angesichts der von der Frau bei der Scheidung inzwischen betreuten fünf Kinder im Alter von zwei bis acht Jahren eine völlig unangemessene Benachteiligung. Zudem sei die Frau durch die Gütertrennung und den Ausschluss des Versorgungsausgleichs trotz ihrer Familienarbeit von der Teilhabe am während der Ehe erwirtschafteten Vermögenszuwachs ausgeschlossen.
Letztlich stehe die salvatorische Klausel dem Sittenwidrigkeitsurteil nicht entgegen. Der Sittenverstoß beschränke sich nämlich nicht auf einen eindeutig abtrennbaren Teil, sondern ergebe sich gerade aus dem Gesamtcharakter des Vertrages.

f) OLG Oldenburg, Urteil vom 28.8.2003

Mit Urteil vom 28.8.2003[707] korrigierte das OLG Oldenburg anhand von § 242 BGB einen vorsorgenden Verzicht auf Zugewinn- und Versorgungsausgleich sowie auf nachehelichen Unterhalt mit Ausnahme des Betreuungsunterhalts hinsichtlich des Ausschlusses des Zugewinns.
Der Mann habe seine dominierende Lage gegenüber der Frau zu deren Nachteil in nicht zu billigender Weise ausgenutzt. Das Gericht stellte unter Verweis auf die Entscheidungen des BVerfG aus 2001 entscheidend auf die Schwangerschaft der Frau ab – diese befand sich bei Vertragsschluss im 5. Monat. Die Vermögenslage und die berufliche Perspektive der Frau seien nicht geeignet, ihre Unterlegenheit auszuschließen. Schließlich lasse auch die Art des Zustandekommens des Vertrages erkennen, dass die Interessen der Frau nicht hinreichend berücksichtigt worden seien. Der Mann sei nämlich unvermittelt mit der Unterzeichnung des Vertrages an sie herangetreten, als der Hochzeitstermin bereits bestimmt und die Gäste geladen waren. Die Belehrung durch den Notar ändere hieran nichts.

Diese Entscheidung belegt die Gefahr, der Schwangerschaft eine so starke Indizwirkung beizumessen, dass die Feststellung einer Unterlegenheit und, angesichts der Kenntnis des Mannes, ihrer Ausnutzung zum Regelfall werden. Der Fall hätte ebenso gut an der Fallgruppe der Überrumpelung im Rahmen des § 138 BGB gemessen werden können. Das Ergebnis der Unwirksamkeit nach § 242 BGB überrascht insofern, als dass das Verbot des Rechtsmissbrauchs bisher hauptsächlich in Bezug auf den Unterhalt, nicht aber in Bezug auf den Ausschluss des Zugewinnausgleichs ausgesprochen wurde.

707 OLG Oldenburg, FamRZ 2004, 545 = NJW-RR 2004, 650.

g) OLG Düsseldorf, Beschluss vom 15.10.2003

Das OLG Düsseldorf erklärte mit Beschluss vom 15.10.2003[708] einen vorsorgenden Gesamtverzicht zwischen einem deutschen Tropenarzt und seiner brasilianischen Frau mit Verweis auf die Rechtsprechung des BVerfG hinsichtlich des Unterhaltsverzichts für sittenwidrig. Die Frau habe sich in einer ungleichen Verhandlungsposition befunden und sei durch den Gesamtverzicht einseitig unangemessen belastet worden.

Die zum damaligen Zeitpunkt 23jährige Frau sei dem Mann in ein Land gefolgt, dessen Sprache sie nicht beherrscht und dessen Sitten und Geflogenheiten sie nicht gekannt habe. Sie sei daher viel stärker auf den Mann angewiesen gewesen, als dies üblicherweise bei einer Eheschließung der Fall sei. Auch wirtschaftlich sei sie zunächst völlig abhängig gewesen, da sie ohne die Eheschließung weder eine Aufenthalts- noch eine Arbeitserlaubnis erhalten hätte und zudem keine abgeschlossene Ausbildung gehabt habe.

Die Ehe stehe im Lichte der Artikel 2 I, 3 II und 6 GG unter dem besonderen Schutz des Staates. Die eheliche und familiäre Freiheitssphäre erfahre dort Grenzen, wo wie im vorliegenden Fall zu Lasten eines Ehepartners eine einseitige und durch nichts zu rechtfertigende Lastenverteilung erfolge.

Im Hinblick auf die salvatorische Klausel könne die Frau jedoch nur vollen nachehelichen Unterhalt einschließlich Altersvorsorgeunterhalt verlangen. Hierdurch sei sie ausreichend abgesichert, zumal sie (im Alter von 37 Jahren) noch jung genug sei, um im Anschluss an die Kinderbetreuung eine Erwerbstätigkeit aufzunehmen.

h) OLG Koblenz, Urteil vom 13.1.2004

Das OLG Koblenz hatte sich mit einer Vereinbarung über Gütertrennung mit Pflichtteilsverzicht und einem Verzicht auf nachehelichen Unterhalt zu befassen. Allerdings verpflichtete sich der Mann, für den Fall, dass innerhalb der ersten acht Jahre nach der Heirat Scheidungsantrag gestellt würde, ab Rechtskraft der Scheidung für die Dauer von zwei Jahren monatlich 1.500 DM an die Frau zu zahlen. Bis zur Vollendung des dritten Lebensjahres des jüngsten gemeinsamen Kindes sollte sich der Betrag auf 2.000 DM erhöhen. Für den Fall, dass die Frau gemeinsame Kinder betreuen sollte, sollte die Zahlungspflicht bis zum 16. Geburtstag des jüngsten Kindes andauern.

Diese Vereinbarung war knapp zwei Wochen vor der Eheschließung im Jahr 1995 beurkundet worden. Zuvor war es zu Differenzen gekommen, nachdem die Frau ihren Partner über die Schwangerschaft informiert hatte. Die Frau war daher zu ihrer Mutter gezogen. Zweieinhalb Monate vor der Geburt hatte ihr der Mann dann doch einen Heiratsantrag gemacht. Die Hochzeit sollte drei Wochen danach stattfinden. Zwei Wochen vor der Heirat hatte der Mann der Frau dann einen Ehevertragsentwurf vorgelegt und erklärt, ohne Unterzeichnung werde die

708 OLG Düsseldorf, FamRZ 2004, 461.

Hochzeit nicht stattfinden. Bei Erörterung des Ehevertrages erklärte die Frau unstreitig, sie werde mit den versprochenen Unterhaltsbeträgen nicht zurechtkommen, gab dann aber doch nach. Aus der Ehe gingen drei Kinder hervor, die Ehe wurde 2002 geschieden.
Das OLG Koblenz erklärte mit Urteil vom 13.1.2004, der Vertrag halte einer richterlichen Inhaltskontrolle nicht stand[709]. Die Frau sei nach Maßgabe der Rechtsprechung des BVerfG im Sinne des Artikel 6 IV GG davor zu schützen, durch ihre Situation zu Vereinbarungen gedrängt zu werden, die ihren Interessen zuwiderliefen. Die Beschneidung des Anspruchs auf Betreuungsunterhalt (§ 1570 BGB) könne daher nicht hingenommen werden. Die Regelung mache deutlich, dass die Frau aufgrund einer ungleichen Verhandlungsposition unangemessen benachteiligt worden sei. Die Frau habe sich in der gleichen Zwangssituation befunden wie die Frauen in den Entscheidungen des BVerfG. Sie habe befürchten müssen, die Hochzeit würde ohne die Unterzeichnung des Ehevertrages nicht stattfinden.
Die von der Frau geschilderte psychische Verfassung sei verständlich. Nach Monaten der Ungewissheit, während derer sie mit dem Problem belastet gewesen sei, die Doppelbelastung durch den Beruf und die Kindesbetreuung auch im Hinblick auf ihre erhebliche Verschuldung durch den Kauf einer Eigentumswohnung zu tragen, habe sie dann doch einen Heiratsantrag erhalten. Eine Woche später sei sie aber mit dem Ehevertrag und der Aussicht konfrontiert worden, ohne Unterzeichnung wieder vor den alten Problemen zu stehen. Nach alldem sei von einer einseitigen Dominanz des Mannes auszugehen, zumal er sich in gesicherten wirtschaftlichen Verhältnissen befunden habe.
In Bezug auf die Höhe der vereinbarten Unterhaltszahlungen sei zu berücksichtigen, dass die Frau ohne Ehevertrag mehr als das Doppelte des vereinbarten Betrages erhalten hätte. Aufgrund der Aufgabenverteilung in der Ehe habe die Frau, die vor der Ehe unstreitig ein Jahreseinkommen von 100.000 DM hatte, dieses Einkommen und die Chance weiterer beruflicher Entwicklung auf lange Zeit verloren.
Jedenfalls im Hinblick auf die nach Artikel 2 II GG in Verbindung mit Artikel 6 II GG zu schützenden Kindesinteressen sei der Vertrag daher nach § 242 BGB anzupassen, der Frau sei voller Betreuungsunterhalt zuzusprechen.

i) OLG Celle, Urteil vom 24.6.2004

Zur Sittenwidrigkeit eines Ehevertrages kam auch das OLG Celle mit seinem Urteil vom 24.6.2004[710], dessen Tendenz an das Urteil des OLG München vom 1.1.2002[711] erinnert. Im zugrunde liegenden Fall gab der Mann, der im elterlichen Juweliergeschäft als Augenoptiker mit durchschnittlichem Netto-Monats-

709 OLG Koblenz, FamRZ 2004, 805 (806).
710 OLG Celle, FamRZ 2004, 1489.
711 Vgl. Seite 154.

einkommen von 1.900,- DM arbeitete, in der „Goldschmiede- und Uhrenzeitung“ unter der Rubrik „Heiraten“ eine Anzeige auf („bereit sind, mit mir zusammen ein bestehendes Geschäft weiterzuführen“). Hierauf antwortete seine spätere Frau, die nach Abbruch eines Kunstgeschichtestudiums eine Lehre zur Goldschmiedin absolvierte. Nach einigen Monaten der Arbeitslosigkeit zog die Frau beim Mann ein und arbeitete fortan im Betrieb seiner Eltern als Goldschmiedin mit monatlichem Nettogehalt von 1.166,- DM. Als sich herausstellte, dass die Frau schwanger war, verlangte der Mann zunächst die Abtreibung. Nachdem sich die Frau aber mit Unterstützung der Eltern des Mannes für das Kind entschieden hatte und die Beziehung der Parteien auf Drängen der Eltern legalisiert werden sollte, willigte der Mann in eine Eheschließung ein. Seine Bedenken rührten aus bereits damals bestehenden Beziehungsproblemen sowie der Furcht vor jahrelangen Zahlungsansprüchen der Frau im Falle einer Scheidung. Der Mann machte die Eheschließung daher vom Abschluss eines Ehevertrages abhängig. In dem Ehevertrag vereinbarten die Parteien Gütertrennung und schlossen den Versorgungsausgleich sowie den Anspruch auf nachehelichen Unterhalt aus. Der Mann verpflichtete sich allerdings, der Frau im Falle einer Scheidung Betreuungsunterhalt bis zum sechsten Geburtstag etwaiger Kinder zu zahlen. Darüber hinaus sollte die Frau als Unterhaltsabfindung schon während der Ehe pro angefangenem Ehejahr einen Betrag von 3.000,- DM erhalten. Zum Zeitpunkt der kurz nach Vertragsschluss erfolgenden Eheschließung im Jahr 1986 war der Mann 36, die Frau 29 Jahre alt.
Die Frau gebar das gemeinsame Kind und arbeitete während der 17 Jahre währenden Ehe in unterschiedlichem Umfang im Geschäft der Schwiegereltern mit. Im Rahmen der vereinbarten Abfindung erhielt sie bis zur Scheidung ca. 64.000,- DM teils in bar, teils in Form von Leistungen auf eine Kapitallebensversicherung.

Im Rahmen des Scheidungsverfahrens lehnte das Amtsgericht die Durchführung des Versorgungsausgleichs im Hinblick auf den Ehevertrag ab. Auch das Unterhaltsbegehren der Frau wies das Amtsgericht zurück. In der Berufung verfolgte die Frau nun im Wege einer Stufenklage ihren Anspruch auf Zugewinnausgleich.

Das OLG Celle erklärte trotz dieses eingeschränkten Begehrens den *gesamten* Vertrag für unwirksam - „im Lichte der wertsetzenden Bedeutung der Grundrechte aus Art. 2 I und 6 IV GG“. Das Gericht zitierte die Entscheidung des BVerfG vom 6.2.2001 und befand, die Voraussetzungen für eine Unterlegenheit der Frau bei Vertragsschluss seien auch hier gegeben.
Primär sei die Verhandlungsposition der Frau „gravierend belastet“ durch die Schwangerschaft, die „durch tätige Mitwirkung des Beklagten“ eingetreten sei. Die Gewissheit, in dieser Situation ohne Eheschließung in Zukunft die alleinige Sorge und Verantwortung für das Kind tragen zu müssen, habe sie in eine Lage

versetzt, in der sie nicht mehr gleichwertig über vom Mann vorgegebene Vertragsinhalte verhandeln konnte. Der Einwand des Mannes, dass die Frau auch ohne eine Eheschließung mit ihm hätte zusammenleben können, stehe dem nicht entgegen. Denn in diesem Falle wäre die Zukunft von Frau und Kind nicht gesichert gewesen, die Frau hätte ihre wirtschaftliche Existenz vom Wohlwollen des Mannes abhängig gemacht.
Das Indiz der Schwangerschaft sei auch nicht anderweitig ausgeglichen. Vielmehr sei die Frau auch sozial abhängig gewesen. Ihr Verhandlungsspielraum sei aufgrund ihrer damaligen persönlichen Stellung von vornherein eingeschränkt gewesen. Sie habe „ihr Leben aufgegeben“, mit dem Mann in nichtehelicher Lebensgemeinschaft im Haus der Schwiegereltern zusammengelebt und als „Schwiegertochter in spe“ gegolten.

Auch sei die Frau wirtschaftlich unterlegen gewesen. Dies folge daraus, dass die Frau im Juweliergeschäft der künftigen Schwiegereltern abhängig beschäftigt gewesen sei, so dass ohne Eheschließung im Falle des Scheiterns der Beziehung auch ihre berufliche Existenz auf dem Spiel gestanden hätte. Die abgeschlossene Berufsausbildung der Frau führe zu keinem anderen Ergebnis, da sie ihren Beruf bei Betreuung des Kindes wenn überhaupt nur eingeschränkt hätte ausüben können.
Der Einwand des Mannes, die Frau habe bei Vertragsschluss über Vermögen in Höhe von 80.000,- DM verfügt, habe „wegen Unerheblichkeit keiner weiteren Klärung“ bedurft. Diese Summe wäre nicht derart umfangreich gewesen, dass man von einer wirtschaftlichen Unabhängigkeit der Frau hätte ausgehen können. Damit sei die Unterlegenheit der Frau festgestellt, so dass der Vertrag gerichtlich zu kontrollieren sei. Ungeachtet ihrer familiären und „beengten wirtschaftlichen Situation“ habe die Frau auf sämtliche Ansprüche aus der Ehe verzichtet, ohne dass der Mann – durch die Firma seiner Eltern sozial abgesichert – gleichwertig auf etwas verzichtet hätte. Der Verzicht der Frau auf Unterhalt ab Vollendung des 6. Lebensjahres des Kindes sowie der Verzicht auf Unterhalt wegen Alters und auf Krankheitsunterhalt griffen dabei in den Kernbereich des Scheidungsfolgenrechts[712] ein, ebenso der Verzicht auf Versorgungsunterhalt. Das im Ehevertrag enthaltene Eheversprechen wiege diese einseitige Belastung nicht auf. Auch die bereits während des Zusammenlebens in Abhängigkeit von der Dauer der Ehe gezahlte Abfindung bilde in Anbetracht des erwarteten Kindes, dessen Betreuung auch nach Vollendung dessen sechsten Lebensjahres erforderlich sein würde, keinen adäquaten Ausgleich.
Die gegen das Urteil zugelassene Revision wurde eingelegt.

712 Zur Kernbereichslehre siehe das Urteil des BGH vom 11.2.2004, Seite 175.

j) OLG Düsseldorf, Urteil vom 1.7.2004

Das OLG Düsseldorf erklärte mit Urteil vom 1.7.2004[713] einen Ehevertrag für insgesamt sittenwidrig, mit dem die Ehegatten gut 14 Tage vor der Hochzeit im Jahre 1989 unter anderem nacheheliche Unterhaltsansprüche ausgeschlossen und Gütertrennung vereinbart hatten. Der Mann war Diplom-Ingenieur und arbeitete als Bauleiter, die Frau war als Bürokauffrau bzw. Finanzbuchhalterin tätig. Ein eigens so überschriebener Abschnitt des Ehevertrages regelte die eheliche Rollenverteilung. Die bei Vertragsschluss schwangere Frau sollte ihre Erwerbstätigkeit vorübergehend aufgeben und sich nur um den Haushalt und die Kinder kümmern. Eine eventuelle spätere Wiederaufnahme der Erwerbstätigkeit hatte sie an den Interessen der Familie zu orientieren. Der Mann erhielt das Recht, den Aufenthaltsort der Familie zu bestimmen. Aus der Ehe gingen zwei Kinder hervor.

Das OLG Düsseldorf erklärte den Unterhaltsausschluss für sittenwidrig, da der Vertrag die Frau „unerträglich stark" benachteilige. Infolge des Vertrages habe sie nur stark beschnitte Rechte und im Übrigen Pflichten gehabt. Auch sei ihr eindeutig die wirtschaftlich schwächere Rolle zugewiesen worden, zumal der Mann schon bei Vertragsschluss über die qualifiziertere Ausbildung verfügt habe. Aufgrund der Rollenverteilung sei die Frau niemals in der Lage gewesen, den Einkommensunterschied aufzuholen. Dieser Eingriff sei nicht durch einen anderweitigen Ausgleich oder durch sonst gewichtige Belange des Mannes zu rechtfertigen.

Die Sittenwidrigkeit erfasse auch die Vereinbarung der Gütertrennung. Das Interesse des Mannes, durch die Gütertrennung sein Eigentum an einem Sechsfamilienhaus zu schützen, hätte durch Regelungen geschützt werden können und müssen, die die Frau weniger belastet hätten.

k) OLG Karlsruhe, Urteil vom 15.7.2004

In dem vom OLG Karlsruhe durch Urteil vom 15.7.2004[714] entschiedenen Fall hatten die Ehegatten Gütertrennung vereinbart und zum nachehelichen Unterhalt vereinbart, der Bedürftige könne monatlichen Unterhalt nach der Besoldungsgruppe A 3, Dienstalterstufe 10, verlangen. Ein etwaiger Zuverdienst sollte bis zur Höhe dieses Unterhaltsbetrages außer Betracht bleiben. Bei Abschluss der Vereinbarung war die Frau schwanger. Nachdem sich die Einkommensverhältnisse des Mannes außerordentlich gut entwickelt hatten, verlangte die Frau nach der Scheidung vollen nachehelichen Unterhalt.

Das OLG Karlsruhe erklärte den Ehevertrag für wirksam. Unter Berücksichtigung der damaligen Lebensverhältnisse sei die höhenmäßige Begrenzung des Unterhaltsanspruchs angemessen gewesen. Die Vereinbarung habe zum Zeitpunkt des Vertragsschlusses keine einseitige Lastenverteilung zu Ungunsten der

713 OLG Düsseldorf, NJW-RR 2005, 1.

714 OLG Karlsruhe, FamRZ 2004, 1789 = NJW 2004, 3431= DNotI-Report 2004, 146.

Frau im Kernbereich des Scheidungsfolgenrechts[715] herbeigeführt. Der Umstand, dass die Frau bei Vertragsschluss schwanger war, führe nicht zur Nichtigkeit des Vertrags.

Allerdings sei der Vertrag im Wege der Ausübungskontrolle nach § 242 BGB zu korrigieren. Das Gericht stellte maßgeblich auf die Vorstellung der Parteien bei Vertragsschluss ab, die Ehefrau werde während der Ehe auch neben der Versorgung eines Kindes wieder arbeiten und zusätzlich aus ihrer schriftstellerischen Tätigkeit einen geringen Zuverdienst erzielen. Diese Vorstellung habe sich nicht verwirklicht, zudem habe die Frau nun im Hinblick auf ihr Alter keine reale Chance mehr, in ihren Beruf als Diplom-Kauffrau wiedereinzusteigen.

Da mit dem Unterhalt wegen Arbeitslosigkeit und dem Aufstockungsunterhalt aber lediglich Unterhaltsansprüche am Rande des Kernbereichs betroffen seien, sie es nicht gerechtfertigt, der Ehefrau den vollen Unterhalt zuzusprechen. Doch seien im Rahmen der Ausübungskontrolle wenigstens die ehebedingten Erwerbsnachteile auszugleichen. Da den Parteien ein Zuverdienst der Ehefrau wahrscheinlich und angemessen erschienen sei, änderte das OLG Karlsruhe die Vereinbarung dahin ab, dass die Frau Unterhalt in Höhe des zweifachen Grundgehalts der Besoldungsgruppe A 3 beanspruchen könne.

l) OLG Nürnberg, Beschluss vom 1.9.2004

Gegenstand des Beschlusses des OLG Nürnberg vom 1.9.2004[716] war der vorsorgende Verzicht einer schwangeren Philippinin unter anderem auf nachehelichen Unterhalt und Versorgungsausgleich. Die Frau trug vor, sie sei bei Abschluss des Ehevertrages mit dem gemeinsamen Sohn schwanger gewesen, so dass sie vor der Alternative gestanden hätte, allein für das erwartete Kind Verantwortung zu übernehmen und dieses zu versorgen oder aber durch die Eheschließung den Kindesvater einzubeziehen. Da sie als philippinische Staatsangehörige erst drei Jahre zuvor nach Deutschland eingereist war, über keinerlei Vermögen verfügt und auch aus religiösen Gründen keine andere Möglichkeit gesehen habe, habe sie sich auf die Eheschließung eingelassen, um ihre Zukunft und die ihres Kindes zu sichern.

In Anlehnung an die Rechtsprechung des BVerfG führte das OLG Nürnberg aus, dieser Vortrag sowie der Vertragsinhalt legten eine einseitige Benachteiligung der Frau nahe. Denn mit dem nachehelichen Unterhalt und Versorgungsausgleich seien Regelungen aus dem Kernbereich des Scheidungsfolgenrechts[717] abbedungen, wobei sich die Folgen der Vereinbarung aufgrund der damaligen persönlichen und wirtschaftlichen Verhältnisse der Parteien von vornherein nur zum Nachteil der Frau auswirken konnten, ohne dass dies durch anderweitige Vorteile hätten ausgeglichen werden können. Für das Verfahren auf nacheheli-

---

715 Zur Kernbereichslehre siehe das Urteil des BGH vom 11.2.2004, Seite 175.

716 OLG Nürnberg, FamRZ 2005, 454.

717 Zur Kernbereichslehre siehe das Urteil des BGH vom 11.2.2004, Seite 175.

chen Unterhalt und Versorgungsausgleich sei der Frau daher Prozesskostenhilfe zu gewähren. Die weiteren Einwendungen der Frau in Bezug auf ihre unzureichenden Deutschkenntnisse und ihr fehlendes Verständnis für das geltende Familienrecht ließ das Gericht im Hinblick auf die im Vertrag getroffenen Feststellungen und Belehrungen des Notars nicht durchgreifen.

m) OLG Celle, Beschluss vom 8.9.2004

Der Beschluss des OLG Celle vom 8.9.2004[718] betraf die Trennungs- und Scheidungsfolgenvereinbarung eines über 40 Jahre lang verheirateten Paares, mit der ein fester Unterhaltsbetrag vereinbart worden war. Als der Mann Einkünfte verlor, beantragte er Prozesskostenhilfe für eine Abänderungsklage. Das OLG gab dem Antrag statt. Die vom BVerfG aufgestellten Grundsätze zum verfassungsrechtlichen Schutz vor einseitiger Lastenverteilung nach Artikel 2 I GG kämen auch dem unterhaltsverpflichteten Ehegatten zugute. So spreche es für eine Sittenwidrigkeit, dass der Mann in Abkehrung vom unterhaltsrechtlichen Halbteilungsgrundsatz zur Zahlung eines festen Unterhaltsbetrages verpflichtet war, der von seiner Leistungsfähigkeit unabhängig war. Bei Festhalten am vereinbarten Unterhalt hätte der Kläger rechnerisch weniger als das Existenzminimum zu Verfügung. Zu berücksichtigen sei weiter, dass sich die lange Ehezeit auf das Maß der Pflicht zu gegenseitiger Rücksichtname auswirke und damit auch auf die Beurteilung der Rechtfertigung der getroffenen Unterhaltsvereinbarung.

n) OLG Stuttgart, Urteil vom 11.11.2004

Für unwirksam erachtete das OLG Stuttgart in seinem Urteil vom 11.11.2004[719] einen kurz nach der Eheschließung geschlossenen Ehevertrag, mit dem die Parteien unter anderem den Anspruch auf nachehelichen Unterhalt und den Versorgungsausgleich ausgeschlossen hatten. Für eine Zwangslage sprach nach Ansicht des OLG Stuttgart, dass die Frau bei Eheschließung und Vertragsschluss schwanger gewesen und dass aufgrund des Geburtstermins der Wegfall ihrer Einkünfte – sie arbeitete vollschichtig als Bankkauffrau – bevorgestanden habe. Der Vorwurf des Sittenverstoßes liege besonders im objektiven Gehalt des Vertrages begründet. Mit dem Verzicht auf nachehelichen Unterhalt inklusive des Kindesbetreuungsunterhalts sei in den Kernbereich des Scheidungsfolgenrechts[720] eingegriffen worden. Ob geplant gewesen sei, dass die Frau neben der Kindesbetreuung weiterarbeite, sei unerheblich. Der Unterhaltsverzicht beziehe sich nämlich auf den Fall der Scheidung. Für eine allein erziehende Mutter sei es weitaus schwieriger, einer Erwerbstätigkeit nachzugehen, als dies während bestehender Ehe der Fall sei.

---

718 OLG Celle, NJW-RR 2004, 1585.

719 OLG Stuttgart, FamRZ 2005, 455.

720 Zur Kernbereichslehre siehe das Urteil des BGH vom 11.2.2004, Seite 175.

o) OLG Hamm, Urteil vom 13.11.2004

In starker Anlehnung an das Urteil des OLG München vom 1.10.1002[721] bejahte auch das OLG Hamm in seinem Urteil vom 13.11.2004[722] die Sittenwidrigkeit eines Ehevertrages, mit dem die Parteien zu einer Zeit, als die gemeinsamen Kinder sechs und neun Jahre alt waren, einen Gesamtverzicht vereinbart hatten. Der Mann arbeitete als Anwalt und Notar, die Frau im öffentlichen Dienst.

Das OLG Hamm befand, dass der Unterhaltsverzicht sittenwidrig sei, weil er durch Artikel 2 I GG geschützte Positionen der Frau missachte. Der Mann habe mit dem Verzicht praktisch kein Recht aufgegeben, da nicht zu erwarten gewesen sei, dass der Mann im Falle einer Scheidung unterhaltsbedürftig werden würde. Dagegen habe es sich förmlich aufgedrängt, dass die Frau ihr Recht auf eine Sicherung des in der Ehe gemeinsam erarbeiteten Lebensstandards verlieren würde. Der Unterhaltsverzicht sei „völlig unangemessen", zumal der begünstigte Ehemann kein nachvollziehbares Motiv für die Vertragsgestaltung genannt habe. Die „förmlich auf der Hand liegende völlig unangemessene Benachteiligung der Frau" habe dem Mann nicht verborgen bleiben können. Er hätte sie deshalb kraft seines überlegenen Wissens als Rechtsanwalt und Notar aus ehelicher Fürsorge vor den Folgen des Gesamtverzichts warnen müssen. Seine Äußerung, er habe sich absichern wollen, spiegele eine einseitige, nur das Eigeninteresse berücksichtigende, offensichtlich auf ungleicher Verhandlungsposition basierende Dominanz des Mannes wider. Mit derselben Argumentation erklärte das Gericht auch die Vereinbarung von Gütertrennung für sittenwidrig.

2. Auf uneingeschränkte Wirksamkeit erkennende Urteile

Andere Gerichte reagierten zurückhaltender und erklärten die jeweiligen Vereinbarungen vor dem Hintergrund der jeweiligen Abschlussumstände für wirksam. Auch die Entscheidungen dieser Gerichte werden in chronologischer Reihenfolge dargestellt.

a) OLG Köln, Urteil vom 16.5.2001

Das OLG Köln gar ging zunächst nur ganz am Rande auf die neue Rechtsprechung des BVerfG ein, als es mit Urteil vom 16.5.2001[723] eine ehevertraglich vereinbarte Gütertrennung für wirksam erklärte. Die Frau hatte vorgetragen, der Mann habe ihre Sprachunkundigkeit und rechtliche Unerfahrenheit ausgenutzt. Sie sei bei Abschluss der notariellen Vereinbarung der deutschen Sprache nicht so mächtig gewesen, dass sie das, was sie unterschrieben habe, hätte verstehen können. Sie habe überhaupt nicht gewusst, was unter dem Güterstand der Zugewinngemeinschaft oder der Gütertrennung zu verstehen sei.

---

721 Vgl. Seite 154.

722 OLG Hamm, FamRZ 2004, 1294.

723 OLG Köln, FamRZ 2002, 457.

Das OLG Köln lehnte sowohl eine Sittenwidrigkeit als auch eine Anfechtbarkeit wegen Irrtums oder arglistiger Täuschung ab. Für eine Sittenwidrigkeit nach § 138 BGB fehle es an besonderen Umständen, die über die behauptete Täuschung hinausgingen. Zudem sei der Grundsatz der Vertragsfreiheit im Güterrecht am stärksten ausgeprägt. Die Ehegatten könnten ihr Interesse an einer gerechten Güterverteilung selbst vertreten. Vor Übervorteilung schütze die nach § 1410 BGB erforderliche notarielle Beurkundung. Die Entscheidung des BVerfG vom 6.2.2001 taucht nur in einem Rechtsprechungshinweis auf[724], das OLG Köln bezog sie also offensichtlich nur auf den Unterhalt.

b) OLG Köln, Urteil vom 3.7.2001

Auf restriktiver Linie blieb das OLG Köln auch in seinem Urteil vom 3.7.2001[725]. Mit starker Betonung der Vertragsfreiheit erklärte es einen Verzicht auf Versorgungsausgleich und Unterhalt in Kombination mit der Vereinbarung von Gütertrennung für wirksam. Hier war die Ehefrau schwanger gewesen, als sie sechs Tage vor der Eheschließung den Ehevertrag unterzeichnet hatte. Der Ehemann hatte die Eheschließung vom Abschluss des Vertrages abhängig gemacht. Die Frau war als Studienrätin Beamtin auf Lebenszeit. Der Mann hatte ein Studium abgeschlossen, war dann zunächst arbeitslos, später aber als Marketingberater tätig.

Das Gericht stellte klar, dass in Respektierung des Grundsatzes der Vertragsfreiheit eine gerichtliche Inhaltskontrolle grundsätzlich nicht stattfinde[726]. Nur wenn der Vertrag im Sinne des BVerfG nicht Ausdruck und Ergebnis einer gleichberechtigten Lebenspartnerschaft sei, sondern eine auf ungleichen Verhandlungspositionen beruhende einseitige Dominanz widerspiegele, habe das Gericht den Vertrag auf seinen Inhalt hin zu kontrollieren und ggf. anzupassen. Eine derartige ungleiche Lastenverteilung sei jedoch nicht festzustellen. Die Frau sei Studienrätin und – wenn auch beurlaubt – Beamtin auf Lebenszeit. Nach Ende der Kindesbetreuungsphase werde sie aller Voraussicht nach problemlos die erforderliche Wartezeit vollenden und damit eigene Versorgungsanwartschaften erwerben können. Der Mann hingegen habe keine nennenswerten Versorgungsanwartschaften erworben. Dass die Frau bei Vertragsschluss schwanger gewesen sei und dass der Mann die Heirat vom Abschluss des Ehevertrages abhängig gemacht habe, reiche zur Bejahung einer Sittenwidrigkeit allein nicht aus.

---

724 „beim Unterhaltsverzicht BVerfG, ...“

725 OLG Köln, FamRZ 2002, 828.

726 OLG Köln, FamRZ 2002, 828 (829).

c) OLG Frankfurt, Beschluss vom 2.4.2002

Ebenfalls restriktiv handhabte das OLG Frankfurt die Grundsätze des BVerfG, als es mit seinem Beschluss vom 2.4.2002[727] eine Vereinbarung der Gütertrennung für wirksam erklärte. Die Frau war im Zeitpunkt des Vertragsschlusses schwanger, die Beurkundung erfolgte beim „Hausnotar" des Ehemannes. Während der Ehe war der Mann berufstätig, die Frau betreute die gemeinsame Tochter.

Das OLG Frankfurt befand, die Gütertrennung sei einer der vom Gesetz zur Verfügung gestellten Güterstände, die untereinander jeweils wertneutral zur Disposition der Ehegatten stünden. Eine Vereinbarung der Gütertrennung könne nur dann beanstandet werden, wenn der ausgleichsberechtigte Ehegatte im Laufe der Ehe veranlasst werde, ohne Gegenleistung und ohne Absicherung im übrigen auf bereits entstandene Rechte zu verzichten. Der entschiedene Fall indes betreffe eine vorsorgende Vereinbarung, auch seien für die Gütertrennung sachliche Gründe ersichtlich.

Das Recht, am künftigen Vermögenserwerb des anderen Ehegatten zu partizipieren, sei zudem von vornherein nicht in gleicher Weise schutzwürdig wie das Recht auf Unterhalt und Versorgungsausgleich.

d) AG Warendorf, Urteil vom 16.7.2002

Auch das AG Warendorf erachtete mit Urteil vom 16.7.2002[728] einen vorsorgenden Ehevertrag für wirksam, mit dem drei Tage vor der Hochzeit im September 1989 der Güterstand der Zugewinngemeinschaft und der Anspruch auf nachehelichen Unterhalt ausgeschlossen worden waren. Die Frau war bei der Eheschließung 19 Jahre alt, schwanger und studierte Innenarchitektur. Für sie war es die erste Ehe. Der Mann hingegen war schon einmal verheiratet. Er war bei der Eheschließung 33 Jahre alt und betrieb als Selbständiger einen Künstlerbedarfsladen. Nach der Geburt des gemeinsamen Kindes absolvierte die Frau eine Schreinerlehre.

Eine einseitige Lastenaufbürdung lag nach Ansicht des Gerichts nicht vor. Der Ausschluss wirke nämlich zugunsten und zulasten beider Vertragsparteien. Angesichts der Ausbildung der Frau sei es zumindest möglich gewesen, dass sie einmal – ebenso wie ihr Mann – einer selbständigen Tätigkeit nachgehen werde. Gütertrennung und Unterhaltsausschluss seien aber bei Selbständigen üblich und nicht einseitig belastend.

Der Vertrag sei auch nicht das Ergebnis einseitiger Dominanz des Mannes. Zwar sei die Frau mit 19 Jahren noch recht jung gewesen, zudem 14 Jahre jünger als der Mann. Weiter habe der Mann aus der Scheidung von seiner letzten Frau einen Wissensvorsprung in Bezug auf rechtliche Gestaltungsmöglichkeiten gehabt. Schließlich sei die Frau bei Vertragsschluss schwanger gewesen. Doch

---

727 OLG Frankfurt, FuR 2003, 181 = ZFE 2002, 349.

728 AG Warendorf, FamRZ 2003, 609; zustimmend *Brudermüller*, NJW 2003, 3166 (3167).

sei nicht ersichtlich, dass der Mann diese Situation ausgenutzt habe. So habe er die Ehe weder vom Vertragsschluss abhängig gemacht, noch die Frau zum Vertragsschluss bestimmt. Dass er wegen schlechter Erfahrungen anlässlich seiner ersten Scheidung habe Klarheit schaffen wollen, habe er der Frau in mehreren Gesprächen erklärt. Sie habe dies eingesehen und der Regelung aus freien Stücken zugestimmt. Mit dem Erwerb der Fachhochschulreife und der Aufnahme des Innenarchitekturstudiums sei die Frau auch intellektuell in der Lage gewesen, die Tragweite der Vereinbarung zu erfassen. Die Schwangerschaft allein reiche nicht aus, um eine schwächere Verhandlungsposition der Frau zu begründen.
Letztlich sei zu berücksichtigen, dass die Frau nach Abschluss des Ehevertrages rechtlich gar nicht schlechter stehe, als sie es ohne die Eheschließung getan hätte.

e) OLG Brandenburg, Beschluss vom 28.7.2002

Die Wirksamkeit eines Unterhaltsverzichts bejahte das OLG Brandenburg mit Beschluss vom 28.7.2002[729]. Die Frau war berufstätig und hatte eine sichere Anstellung. Der Mann war seit drei Jahren selbständig. Die Ehegatten waren Miteigentümer einer Eigentumswohnung im Wert von 227.000 DM.
Das OLG Brandenburg erklärte, dass keine mit der Fallkonstellation des BVerfG vergleichbare Unterlegenheitssituation der Frau bestanden habe. Allein der Umstand, dass die Frau unter dem Tod ihres Vaters gelitten und dass ihr eine Operation bevorgestanden habe, lasse nicht auf eine Zwangslage schließen. Auch eine intellektuelle Unterlegenheit sei nicht zu erkennen.
Gegen eine besonders einseitige Belastung der Frau spreche, dass gegenseitig auf Unterhalt verzichtet worden sei. Beide Parteien seien weiter davon ausgegangen, berufstätig zu bleiben. Im Zeitpunkt der Vereinbarung habe es zudem möglich erschienen, dass die Frau dem erst kurzzeitig selbständigen Mann gegenüber unterhaltspflichtig werden könne.

f) OLG München, Beschluss vom 25.9.2002

Der 16. Zivilsenat des OLG München[730] lehnte in seinem Beschluss vom 25.9.2002 einen Antrag auf Prozesskostenhilfe für die Folgesachen Versorgungsausgleich und Zugewinnausgleich ab, da der ehevertragliche Gesamtverzicht einer Inhaltskontrolle standhalten werde. Die Beteiligten hatten im Jahr 1994 geheiratet. Der Mann war deutscher Staatsangehöriger, 33 Jahre alt und arbeitete als Geschäftsführer einer GmbH. Zum Zeitpunkt der Eheschließung hatte er Schulden. Die Frau war britische Staatsangehörige und bei der Eheschließung 22 Jahre alt. Sie war berufstätig und verfügte über ein im Einzelnen

729 OLG Brandenburg, FamRZ 2003, 764.
730 OLG München, FamRZ 2003, 376 = FuR 2003, 233 = MittBayNot 2003, 226 = NJW 2003, 592.

nicht bekanntes Anfangsvermögen. Im Zeitpunkt der Eheschließung hatten die Parteien übereinstimmend keinen Kinderwunsch. Kurz nach der Eheschließung vereinbarten sie Gütertrennung, verzichteten auf nachehelichen Unterhalt und schlossen den Versorgungsausgleich aus. Aus der Ehe gingen zwei Kinder hervor, die in den Jahren 1996 und 1999 geboren wurden. Im Jahr 2002 wurde die Ehe geschieden.

Das OLG München hielt den Vertrag für wirksam. Es zitierte die Kernaussagen des BVerfG und betonte, dass der Grundsatz der Privatautonomie darüber hinausgehend nicht angetastet sei. Eheverträge nach § 1408 BGB seien nach wie vor zulässig, ebenso vertragliche Vereinbarungen zum nachehelichen Unterhalt gemäß § 1585 c BGB. Detailliert grenzte das Gericht den entschiedenen Fall von der Fallgestaltung des BVerfG ab. So sei die Frau nicht schwanger gewesen, zudem sei eine ähnlich einseitige Benachteilung nicht ersichtlich. Der Ehevertrag sei nach Eheschließung geschlossen worden. Beide Parteien seien berufstätig gewesen, zudem habe kein Kinderwunsch bestanden. Die Lebensplanung sei also nicht darauf ausgerichtet gewesen, dass sich die Frau allein der Haushaltsführung und Kindesbetreuung widmen sollte. Damit indizierten der Ausschluss des Versorgungsausgleichs und die Vereinbarung von Gütertrennung keine einseitige Benachteiligung der Interessen der Ehefrau.

Für die Folgesache Unterhalt hingegen wurde Prozesskostenhilfe gewährt. Für die Frage der einseitigen Dominanz komme es allein auf die Verhältnisse bei Vertragsschluss an, nicht auf die tatsächlichen Verhältnisse bei der Scheidung. Änderten sich die Verhältnisse nach Vertragsschluss, käme nur eine Vertragsanpassung nach § 242 BGB in Betracht. Aus diesem Grund sei Prozesskostenhilfe für die Geltendmachung eines etwaigen Unterhaltsanspruchs zu gewähren.

Den Güterstand der Gütertrennung bezeichnete das Gericht im Hinblick auf das wirtschaftliche Risiko eines Gewerbetreibenden als „vielfach sogar interessengerecht“.

g) OLG Nürnberg, Urteil vom 12.11.2002

Restriktiv entschied weiter das OLG Nürnberg mit Urteil vom 12.11.2002[731]. Die Parteien hatten im Alter von 40 bzw. 48 Jahren die beiderseits zweite Ehe geschlossen. Der Mann hatte aus der ersten Ehe Kinder, gemeinsame Kinder waren nicht geplant. Die Frau war Ungarin, promovierte Umweltwissenschaftlerin und Mitarbeiterin an einem wissenschaftlichen Institut. Der Mann war Deutscher und Inhaber eines kleinen Unternehmens. Beide waren nahezu vermögenslos und verfügten über ein bescheidenes Einkommen.

Mit dem streitbefangenen Ehevertrag hatten die Parteien wechselseitig auf nachehelichen Unterhalt, Versorgungsausgleich und im Erbfall auf den Pflichtteil verzichtet. Das Gericht versagte der Frau die Berufung auf die Grundsätze des BVerfG. Beide Vertragsschließenden hätten erklärt, berufstätig bleiben und

731 OLG Nürnberg, FamRZ 2003, 634 = RNotZ 2003, 187.

eigene Vorkehrungen für die Alterssicherung treffen zu wollen. Eine einseitige Benachteiligung scheide damit aufgrund des Gegenseitigkeitsverhältnisses aus. Der Ehevertrag sei Ausdruck einer Ehe in gleichberechtigter Partnerschaft und wirtschaftlicher Unabhängigkeit. Auch eine einseitige Dominanz sei nicht erkennbar, vielmehr sei der Vertrag eine „ausgewogene Regelung zwischen zwei unabhängigen und wirtschaftlich selbständigen Partnern", die verfassungsrechtlich nicht zu beanstanden sei.

Überraschend kritisch äußert sich hierzu *Grziwotz*[732], sonst streitbarer Verfechter der Ehevertragsfreiheit. Für eine Ungleichgewichtslage spreche seiner Ansicht nach das bei Vertragsschluss bestehende Informationsgefälle zwischen den Parteien. Den Vertragsinhalt habe ausschließlich der Mann vorgegeben; er sei es gewesen, der den Entwurf habe fertigen und sich zusenden lassen. Für eine Ungleichgewichtslage spreche auch die nachgewiesene Inkompetenz des anwesenden Dolmetschers. So sei der Frau nicht klar geworden, dass Gütertrennung nichts mit dem Schutz vor Gläubigern des Mannes zu tun habe.

h) OLG Düsseldorf, Urteil vom 27.3.2003

Im einem dem Urteil des OLG Düsseldorf vom 27.3.2003[733] zugrunde liegenden Fall hatten die Parteien – türkische Staatsangehörige – im August 1982 in der Türkei geheiratet. Seit 1985 lebten sie in Deutschland. Aus der Ehe gingen zwei Kinder hervor. Die Frau arbeitete seit 1993 als Stationsgehilfin in einem Krankenhaus. Der Mann war angestellter Pilot. Im November 1997, also während der Ehe, vereinbarten die Parteien Gütertrennung und schlossen den Versorgungsausgleich sowie den Anspruch auf nachehelichen Unterhalt aus. Die gemeinsamen Kinder waren zu diesem Zeitpunkt 10 und 13 Jahre alt.

Die Frau machte geltend, der Mann habe ihre Sprachunkenntnis und ihre deutliche intellektuelle Unterlegenheit ausgenutzt. Bei der Beurkundung habe sie „nichts, aber auch gar nichts verstanden".

Das OLG Düsseldorf erklärte den Vertrag für wirksam. Es stellte darauf ab, dass der Vertragsinhalt in einem Vorgespräch beim Notar erörtert worden und der Entwurf der Frau vorher zugeleitet worden sei. Sie habe daher ausreichend Gelegenheit gehabt, den Vertragsinhalt zu prüfen. Gegen die sprachliche Unkenntnis spreche auch, dass die Frau bereits seit 12 Jahren in Deutschland gelebt und der Notar festgestellt habe, dass „beide Erschienenen zur Überzeugung des amtierenden Notars der deutschen Sprache hinreichend mächtig" gewesen seien, so dass ein Dolmetscher nicht habe hinzugezogen werden müssen.

Der Vertrag halte auch der Inhaltskontrolle stand. Ein Globalverzicht liege nämlich nicht vor. Der Ausschluss des Zugewinnausgleichs stelle die Frau nicht schlechter, da sie nach dem bis zum Vertragsschluss geltenden türkischen Recht ebenfalls in Gütertrennung gelebt habe. Gegen die Unwirksamkeit des Aus-

732 *Grziwotz*, FamRZ 2003, 637.
733 OLG Düsseldorf, FamRZ 2003, 1287.

schlusses des Versorgungsausgleichs spreche, dass das deutsche Recht den Ausschluss ohne Gegenleistung oder Abfindung zulasse. Zudem habe die Frau durch ihre Berufstätigkeit bereits eigene Anwartschaften erworben und mit ihren 36 Jahren und nur noch einem 16jähigen zu betreuenden Kind auch für die Zukunft eine hinreichende Aussicht, eine eigene Versorgung aufzubauen.
Der Unterhaltsverzicht schließlich sei gemäß Artikel 18 IV, 17 I, 14 I Nr. 1 EGBGB in Verbindung mit Artikel 144, 150 Nr. 5 türk. ZGB a.F. bis zu Bestätigung durch einen türkischen Richter lediglich schwebend unwirksam.

i) OLG Koblenz, Beschluss vom 23.6.2003

Die grundsätzliche Vertragsfreiheit betonte ferner das OLG Koblenz in seinem Beschluss vom 23.6.2003[734]. Die Parteien hatten vor der Eheschließung im Juni 1999 notariell den Zugewinn- und Versorgungsausgleich ausgeschlossen und auf nachehelichen Unterhalt verzichtet. Aus der Ehe war im August 2000 ein Kind hervorgegangen. Im April 2003 wurde die Ehe geschieden.
Das OLG Koblenz erklärte den vorsorgenden Ehevertrag für wirksam und wies das Begehren der Frau auf nachehelichen Unterhalt, Zugewinn- und Versorgungsausgleich zurück. Für vermögensrechtliche Vereinbarungen für den Scheidungsfall bestehe grundsätzlich volle Vertragsfreiheit. Schranken ergäben sich nur insoweit, als durch eine Inhaltskontrolle zu prüfen sei, ob die Regelungen die Grundrechte verletzten.
Eine unangemessene Benachteiligung im Sinne der Rechtsprechung des BVerfG liege jedoch nicht vor. Zwar sei die Frau als Russin mit Heiratsvisum bei Vertragsschluss fast mittellos und nicht berufstätig gewesen. Allerdings hätten die Vertragsparteien eine beiderseitige Berufstätigkeit geplant. Entsprechend habe die Frau sogleich die Anerkennung ihrer Berufsausbildung und eine Arbeitsgenehmigung beantragt und im Herbst 1999 Sprachkurse besucht. Zudem habe nur ein allgemeiner Kinderwunsch für die Zukunft bestanden, dessen Erfüllung jedoch unsicher gewesen sei.
Weiterhin könne sich die Frau nicht darauf berufen, sie habe den Vertragsinhalt aufgrund damaliger mangelnder Sprachkenntnisse nicht erfassen können. Denn bereits 16 Tage vor der Hochzeit habe sie mit einer Dolmetscherin und ihrem künftigen Mann einen Notar aufgesucht, um den Inhalt des geplanten Vertrages zu besprechen. Am Tag vor der Beurkundung habe sie eine russische Übersetzung des Vertragsentwurfs erhalten und mit Anmerkungen versehen. Beim Notartermin habe sie Fragen gestellt, die der Notar beantwortet habe. Bevor sie unterschrieben habe, habe ihr die Dolmetscherin den gesamten Text noch einmal übersetzt. Damit habe die Frau hinreichend Gelegenheit gehabt, sich mit dem Inhalt des Vertrages auseinanderzusetzen. Schließlich habe sie auch der nur wenige Tage bevorstehende Ablauf des Heiratsvisums nicht zum Vertragsschluss gezwungen.

734 OLG Koblenz, FamRZ 2004, 200 = NJW 2003, 2920.

j) OLG Hamm, Urteil vom 2.7.2003

Unter Betonung der Privatautonomie erklärte weiter das OLG Hamm mit Urteil vom 2.7.2003[735] einen vorsorgenden Gesamtverzicht für wirksam. In sorgfältiger Abgrenzung zu den Entscheidungen des BVerfG aus 2001 und dem Urteil des OLG München vom 1.10.2002[736] stellte das Gericht fest, dass die Parteien in „gleicher Augenhöhe" verhandelt hätten. Die Frau sei weder schwanger gewesen noch habe ein erhebliches Vermögensgefälle bestanden. Vielmehr seien beide Ehegatten erwerbstätig gewesen und hätten es auch bleiben wollen. Die Einkommens- und Vermögensverhältnisse seien bescheiden gewesen, hätten aber ausgereicht, Unterhalt und Altersversorgung zu sichern.

Da das gemeinsame Kind bei Vertragsschluss bereits fast eineinhalb Jahre alt gewesen sei, habe der vom BVerfG angesprochene existenzielle Umbruch der Lebensverhältnisse der Frau bereits weit zurück gelegen. Eine psychische Zwangslage scheide aus, weil es die Frau gewesen sei, die den Mann unter Druck gesetzt habe, sie zu heiraten, anderenfalls werde sie sich trennen. Die Forderung des Mannes nach einem umfassenden Ehevertrag sei verständlich im Hinblick darauf, dass er bereits einmal geschieden gewesen sei und seine frühere Frau erst kurz zuvor durch eine Kapitalzahlung abgefunden habe.

k) Das Urteil des BGH vom 11.2.2004

Am 11.2.2004 verkündete der BGH das Revisionsurteil auf das Urteil des OLG München vom 1.10.2002[737]. Der BGH hatte erstmals die Grundsätze des BVerfG umzusetzen und dabei seine eigene gefestigte Rechtsprechung zu überprüfen. Als der Verkündungstermin zweimal verschoben wurde, stieg die Spannung weiter. Das öffentliche Interesse an der Entscheidung war so groß, dass der Server des BGH am Tag der Verkündung, dem 11.2.2004, zusammenbrach und die Presseerklärung im Internet nicht abrufbar war.

Der BGH hob das Urteil des OLG München auf, soweit es mit der Revision angefochten worden war, und verwies die Sache zurück. Stilistisch übte der BGH sich in Zurückhaltung. Die Urteilsgründe zeigen keine Spur des Ringens um die Reichweite und die Grenzen der Ehevertragsfreiheit.

(1) Prämisse grundsätzlicher Vertragsfreiheit

Der BGH leitete seine Stellungnahme ein mit der Feststellung, dass sich nicht allgemein und für alle denkbaren Konstellationen abschließend beantworten lasse, wann ein Ehevertrag nach § 138 BGB unwirksam oder wann die Berufung auf einzelne oder alle vertraglichen Regeln gemäß § 242 BGB unzulässig sei[738].

735 OLG Hamm, NJW-RR 2003, 1659 = FuR 2004, 242.
736 Vgl. Seite 154.
737 Vgl. Seite 154.
738 BGH, FamRZ 2004, 601 (604) unter III.

Der BGH betonte, es stehe den Ehegatten weiterhin grundsätzlich frei, die gesetzlichen Regelungen über den nachehelichen Unterhalt, den Zugewinn und den Versorgungsausgleich ehevertraglich auszuschließen. Einen unverzichtbaren Mindestgehalt an Scheidungsfolgen zugunsten des berechtigten Ehegatten kenne das geltende Recht nicht[739]. Die auf die Scheidungsfolgen bezogene Vertragsfreiheit sei eine notwendige Ergänzung des durch Artikel 6 I GG gewährleisteten Rechts der eigenverantwortlichen Gestaltung der ehelichen Lebensgemeinschaft[740].

(2) Die Kernbereichslehre

Als Zugeständnis an das BVerfG erklärte der BGH jedoch, der Schutzzweck des Scheidungsfolgenrechts dürfe durch vertragliche Regelungen nicht beliebig unterlaufen werden. Die Grenze sei dort zu ziehen, wo die Lastenverteilung evident einseitig sei (BVerfG: „einseitige Lastenverteilung"), der individuellen Gestaltung der Lebensverhältnisse nicht mehr gerecht werde und dies hinzunehmen für den belasteten Ehegatten bei verständiger Würdigung des Wesens der Ehe unzumutbar erscheine[741].

Im Anschluss an *Dauner-Lieb*[742] entwickelte der BGH eine „Kernbereichslehre" mit einer Stufenfolge disponibler Scheidungsfolgenansprüche[743]. Dieser „Kernbereich des Scheidungsfolgenrechts" ist für den BGH kein „Mindestgehalt" des Scheidungsfolgenrechts, Eingriffe seien daher auch in den Kernbereich möglich. Die Kontrolle werde aber umso intensiver, je unmittelbarer Vereinbarungen in den Kernbereich des Scheidungsfolgenrechts eingriffen. Je höher die Rangstufe der Scheidungsfolge, desto überprüfungsbedürftiger sei ihr Ausschluss. Je niedriger die Rangstufe, desto größer sei die vertragliche Disponibilität.

Zum Kernbereich zählt der BGH auf erster Stufe zunächst den Betreuungsunterhalt (§ 1570 BGB); dieser sei schon durch das betroffene Kindesinteresse nicht frei disponibel. Allerdings sei er auch nicht zwingend jeder Disposition entzogen, jedenfalls soweit das Kindeswohl nicht beeinträchtigt werde. Der BGH nennt beispielhaft ein abweichend vereinbartes Betreuungsmodell[744].

Auf zweiter Stufe zähle zum Kernbereich der Krankheits- (§ 1572 BGB) und Altersunterhalt (§ 1571 BGB). Wegen seiner Ähnlichkeit zum Altersunterhalt gemäß § 1571 BGB gehöre auch der Versorgungsausgleich zum geschützten Kernbereich. Da der Versorgungsausgleich aber als Teilhabe an dem in der Ehe

739 BGH, FamRZ 2004, 601 (604) unter III 1).

740 Vgl. schon *Hahne*, DNotZ 2004, 84 (87). Den Einfluss der Vorsitzenden des XII. Senats auf dessen Entscheidung offenbart ein Vergleich der Urteilsgründe mit ihren Ausführungen in DNotZ 2004, 84 (91 ff.).

741 BGH, FamRZ 2004, 601 (604) unter III 2).

742 *Dauner-Lieb*, AcP 201 (2001), 295 (320).

743 BGH, FamRZ 2004, 601 (605) unter III 2 a bis c.

744 Vgl. schon *Hahne*, DNotZ 2004, 84 (91).

erworbenen Versorgungsvermögen dem Zugewinnausgleich ähnlich sei, sei die Dispositionsfreiheit bei deutlich gehobenen Versorgungsverhältnissen größer.

Als nachrangig und damit vertraglich disponibel stuft der BGH die übrigen gesetzlichen Unterhaltsansprüche ein, etwa auf 3. Stufe den Erwerbslosenunterhalt (§ 1573 I, IV BGB), auf 4. Stufe den Krankenvorsorge- und Altersvorsorgeunterhalt (§ 1578 II 1. Var., III BGB), auf 5. Stufe den Ausbildungs- (§ 1575 BGB) und Aufstockungsunterhalt (§ 1573 II BGB).

Auf der letzten, der 6. Stufe, folgt für den BGH der Zugewinnausgleich. Regelungen zum Güterstand und Zugewinnausgleich seien nicht mehr vom Kernbereich umfasst. Immer dann, wenn die Eheleute nicht in gleicher Weise zur Vermögensbildung beitrügen und damit von der gesetzlichen Fiktion abwichen, seien vertragliche Vereinbarungen mit voller Vertragsfreiheit möglich. Die gegenseitige Verantwortung aus § 1353 I 2 BGB betreffe das Versorgungsbedürfnis und nicht die wechselseitige Vermögensbeteiligung, wirke also primär im (bedarfsorientierten) Unterhaltsrecht.

Zu erwarten ist jedoch, dass der BGH künftig auch den Ausschluss des Zugewinnausgleichs der Ausübungskontrolle unterwerfen wird. Er erklärte, grob unbillige Vermögenslagen könnten hilfsweise durch Korrektur der von den Ehegatten gewählten Vermögensordnung kompensiert werden[745]. Die Berufung auf eine güterrechtliche Vereinbarung sei aber nur unter engsten Voraussetzungen rechtsmissbräuchlich, etwa dann, wenn die Ehegatten bei ihrer Abrede von beiderseitiger, ökonomisch vergleichbar gewinnbringender Berufstätigkeit ausgegangen seien, diese Planung sich aber später nicht mehr verwirklichen lasse. Auch in der Subsumtion des entschiedenen Falles betont der BGH den Vorrang unterhaltsrechtlicher Lösungen[746].

(3) Weiterhin zweistufige Prüfung

Methodisch hält der BGH an der zweistufigen Prüfung fest, die er schon vor den Entscheidungen des BVerfG verwandte, allerdings mit den neu geprägten Schlagworten. Der BGH trennt klar zwischen einer *Wirksamkeitskontrolle* nach § 138 BGB und einer *Ausübungskontrolle* anhand von § 242 BGB, wobei jeweils auf die Abstufungen der Wertigkeit der einzelnen Scheidungsfolgen Bezug zu nehmen sei. Eine Absage erteilt der BGH damit einer generellen Wirksamkeitskontrolle von Eheverträgen infolge typischer Ungleichgewichtslagen – vergleiche hierzu etwa an die Ausführungen *Schwenzers* zur generellen strukturellen Unterlegenheit der Frau[747].

745 BGH, FamRZ 2004, 601 (605 f.) unter III 2 c am Ende.
746 BGH, FamRZ 2004, 601 (608) unter IV 2 b.
747 *Schwenzer*, AcP 196 (1996), 88 ff.; siehe näher Seite 184.

Im Rahmen der Wirksamkeitskontrolle, so führt der BGH aus, habe der Tatrichter zunächst zu überprüfen, ob die Vereinbarung schon im *Zeitpunkt des Zustandekommens* offenkundig zu einer einseitigen Lastenverteilung im Scheidungsfall führte. In einem solchen Fall sei der Ehevertrag nach § 138 BGB nichtig, an seine Stelle träten die gesetzlichen Regeln[748].

Die hierfür erforderliche *Gesamtwürdigung* müsse die individuellen Verhältnisse beim Vertragsschluss, die Einkommens- und Vermögensverhältnisse und den geplanten oder verwirklichten Lebenszuschnitt einbeziehen. An dieser Stelle tritt auch die subjektive Komponente des § 138 I BGB wieder zutage, die das Urteil des OLG München ausgeklammert hatte. Maßgebliche Kriterien seien die von den Ehegatten verfolgten Zwecke und sonstigen Beweggründe, die den begünstigten Ehegatten zu seinem Verlangen nach der ehevertraglichen Gestaltung veranlasst und den benachteiligten Ehegatten bewogen hätten, diesem Verlangen zu entsprechen.

Das Sittenwidrigkeitsverdikt komme dabei regelmäßig nur dann in Betracht, wenn der Vertrag Regelungen aus dem *Kernbereich des gesetzlichen Scheidungsfolgenrechts* ganz oder jedenfalls zu erheblichen Teilen abbedinge und dieser Nachteil nicht durch anderweitige Vorteile gemildert oder durch die individuellen Verhältnisse der Ehegatten gerechtfertigt sei.

Erweise sich der Vertrag als nicht sittenwidrig, habe der Richter im Rahmen der Ausübungskontrolle gemäß § 242 BGB zu prüfen, ob und inwieweit ein Ehegatte die ihm durch den Vertrag eingeräumte Rechtsmacht missbrauche, wenn er sich im Scheidungsfall auf die Vereinbarung berufe[749]. Zeitlich sei die Ausübungskontrolle zwar auch auf den Zeitpunkt des Vertragsschlusses bezogen, im Wesentlichen aber auf den Zeitpunkt des Scheiterns der Lebensgemeinschaft. Eine evident einseitige Lastenverteilung, die hinzunehmen unzumutbar sei, könne insbesondere dann vorliegen, wenn die tatsächliche *einvernehmliche Gestaltung* der ehelichen Lebensverhältnisse von der ursprünglichen, dem Vertrag zugrunde liegenden Lebensplanung abweiche.

Überraschend und ohne Anlass im Sachverhalt aber zieht der BGH als Maßstab für die Ausübungskontrolle das Schuldprinzip heran. Ein Ehegatte könne nacheheliche Solidarität regelmäßig dann nicht einfordern, wenn er seinerseits die eheliche Solidarität verletzt habe. Eine Verletzung der ehelichen Solidarität zu berücksichtigen, kann sicher die Einzelfallgerechtigkeit fördern, macht die Entscheidungen doch aber noch unkalkulierbarer.

Der BGH führt weiter aus, dass bei der erforderlichen Abwägung der Rang der Scheidungsfolge zu berücksichtigen sei: Je höherrangiger die abbedungene und nun doch geltend gemachte Scheidungsfolge sei, um so schwerer müssten die Gründe wiegen, die für ihren Ausschluss sprächen.

---

748 BGH, FamRZ 2004, 601 (606) unter III 3 a.

749 BGH, FamRZ 2004, 601 (606) unter III 3 b.

Erweise sich die Berufung auf den Verzicht als rechtsmissbräuchlich, habe der Richter diejenige Scheidungsfolge anzuordnen, die den berechtigten Belangen beider Parteien ausgewogen Rechnung trage; er habe sich dabei umso näher an der gesetzlichen Rechtsfolge zu orientieren, je zentraler der Kernbereich betroffen sei[750]. Im Gegensatz zur bisherigen Rechtsprechung[751] wird der Richter die Berufung auf den Verzicht also nicht mehr nur temporär versagen, sondern dazu berufen sein, die vertraglichen Rechtsfolgen umzugestalten. Dies mag man positiv als flexibel empfinden. Doch werden die Verfahrensbeteiligten verunsichert sein, ist doch das konkrete Ergebnis der richterlichen Gestaltung schwer vorauszusehen.
Zur Zulässigkeit der Beschränkung des Betreuungsunterhalts auf den notwendigen Unterhalt musste der BGH keine Stellung beziehen, da der streitbefangene Verzicht den Betreuungsunterhalt ausgeklammert hatte. Doch deutete der BGH an, dass der Frau im Wege der Ausübungskontrolle für die Zeit nach der Kindesbetreuung ein Unterhaltsanspruch aus § 1573 II BGB zugesprochen werden könne, der jedenfalls die ehebedingten Nachteile ausgleiche[752]. Dessen Höhe könne nach der Differenz zwischen dem Einkommen, das die Frau aufgrund ihrer früheren Ausbildung jetzt erzielen könnte (zu schätzen nach § 287 ZPO), und dem Einkommen bemessen werden, das sie heute tatsächlich erziele bzw. erzielen könnte. Nach oben begrenzt wäre dieser Anspruch durch die ehelichen Lebensverhältnisse.
Der BGH entwickelte seine Vorgaben für vorsorgende Eheverträge. Ob sie auch auf Scheidungsfolgenvereinbarungen anwendbar sind, ist daher fraglich. Für die Sittenwidrigkeitskontrolle gilt dies ohne Frage, denn sie greift unabhängig vom Zeitpunkt des Vertragsschlusses[753]. Die Ausübungskontrolle hingegen reagiert auf nach Vertragsschluss eingetretene Veränderungen der tatsächlichen Begleitumstände. Der Ausübungskontrolle kann eine Scheidungsfolgenvereinbarung daher nur im Ausnahmefall unterworfen werden.

(4) Fazit

Das vielseitig begrüßte[754] Urteil des BGH vom 11.2.2004 setzte die verfassungsgerichtlichen Vorgaben des BVerfG um, jedoch mit anderen Schwerpunkten. Während das BVerfG die Gleichberechtigung aus Artikel 3 II GG in den Vordergrund rückt und betont, der Ehevertrag müsse „Ausdruck und Ergebnis

750 BGH, a.a.O.; für einen Ermessensspielraum des Richters, im Falle der Unwirksamkeit des Vertrages eine angemessene Vermögensposition zuzusprechen vgl. *Schubert*, FamRZ 2001, 733 (738); einzuräumen sei in der Regel der Unterhaltsanspruch.

751 Vgl. etwa BGH, FamRZ 1995, 291 (292); FamRZ 1997, 873 (874).

752 BGH, FamRZ 2004, 601 (608) unter IV 2 a.

753 Zur Sittenwidrigkeit einer Scheidungsfolgenvereinbarung vgl. etwa OLG Naumburg, FamRZ 2002, 456.

754 *Borth*, FamRZ 2004, 609 ff; *Brandt*, MittBayNot 2004, 278 (280); *Haußleiter/Schiebel*, NJW Spezial 1/2004, S. 7; *Rauscher*, DNotZ 2004, 524 ff.

einer gleichberechtigten Partnerschaft" sein, legt der BGH den Schwerpunkt auf die Freiheit der Ehegatten. Für den BGH sind sie frei darin, die Ehe zu schließen, sie auszugestalten und auch die Scheidungsfolgen zu modifizieren, wenn dies dem selbstgestalteten Ehebild entspricht. Nur wenn der Ehevertrag den Kernbereich sozialer Absicherung des benachteiligten Ehegatten betrifft, muss für den BGH die Freiheit zurücktreten.

l) OLG Celle, Urteil vom 25.2.2004

Das OLG Celle übertrug die neuen Grundsätze des BGH mit Urteil vom 25.2.2004[755] auf Scheidungsfolgenvereinbarungen. Im zugrunde liegenden Fall war aus der am 18.5.1989 geschlossenen Ehe der Parteien eine am 13.10.1989 geborene Tochter hervorgegangen, die bei der Frau lebte. Die Ehe der Parteien wurde im November 2000 geschieden. Im September 1999 hatten die Parteien - beide berufstätig und mit etwa gleich hohem Einkommen - in einer notariellen „Scheidungsfolgenvereinbarung"[756] Gütertrennung vereinbart. Zum Ausgleich von Zugewinnausgleichsansprüchen sollte die Frau einen Betrag von 20.000 DM erhalten. Weiter hatten die Parteien den Versorgungsausgleich und den nachehelichen Ehegattenunterhalt ausgeschlossen. Die Ehefrau machte nunmehr geltend, die notarielle Scheidungsfolgenvereinbarung sei wegen Verstoßes gegen § 138 I und II BGB nichtig. Sie habe daher Anspruch auf Auskunft über das Endvermögen des Mannes.

Das OLG Celle wies die Frau mit ihrem Begehren ab. Ohne weitere Begründung ging das Gericht zunächst davon aus, dass die vom BGH aufgestellten Grundsätze zur Wirksamkeits- und Ausübungskontrolle von Eheverträgen auch auf Scheidungsfolgenvereinbarungen anzuwenden seien.

Nach diesen Grundsätzen sei die Scheidungsvereinbarung der Parteien aber weder gemäß § 138 BGB nichtig, noch sei der Ehemann gemäß § 242 BGB daran gehindert, sich auf den vereinbarten Ausschluss des Zugewinnausgleichs zu berufen. Die Parteien hätten während der Ehe über etwa gleich hohe Einkünfte verfügt und seien im Scheidungsverfahren auch davon ausgegangen, Anwartschaften in etwa gleicher Höhe erworben zu haben. Außerdem sei die Klägerin entsprechend der gemeinsamen Gestaltung ihrer ehelichen Lebensverhältnisse auch nach der Geburt der gemeinsamen Tochter im Jahr 1989 weiterhin ganztätig berufstätig gewesen. Dem Unterhaltsverzicht stünden daher auch keine Kindesinteressen entgegen. Die Scheidungsfolgenvereinbarung betreffe somit den Kernbereich des Scheidungsrechts nicht zum Nachteil der Frau.

Dass der Vertrag Ausdruck gestörter Vertragsparität sei, sei angesichts der Berufstätigkeit der Frau nicht erkennbar.

---

755 OLG Celle, NJW 2004, 1961 = FamRZ 2004, 1202.

756 Nach der Legaldefinition des § 1408 I BGB handelte es sich eigentlich um einen Ehevertrag.

m) BGH, Beschluss vom 6.10.2004 (OLG München)
Der BGH führte seine Kernbereichslehre mit zwei Beschlüssen vom 6.10.2004 fort. Vorinstanz des ersten Beschlusses[757] war das OLG München. Im zugrunde liegenden Fall war die Ehe 1977 geschlossen worden, 1978 und 1980 waren zwei Kinder geboren worden. Neun Jahre nach der Heirat, also im Jahr 1987, hatten die Parteien ehevertraglich den Versorgungsausgleich ausgeschlossen, Gütertrennung vereinbart, eine nacheheliche Unterhaltszahlung in Höhe von 300 DM sowie eine Ausgleichszahlung von 50.000 DM für den Fall der Scheidung „als freiwillige Entschädigung für die Tätigkeit im Haushalt und die Erziehung der Kinder". Die Ehefrau verpflichtete sich, bei Scheidung ihren hälftigen Anteil am gemeinsamen Eigenheim auf den Ehemann zu übertragen. Im Jahr 1998 wurde die Ehe geschieden. Den Antrag der Frau auf Durchführung des Versorgungsausgleichs wies das OLG München mit Hinweis auf den vertraglichen Verzicht zurück.
Der BGH unterstrich die hochrangige Position des Versorgungsausgleichs, den er in seiner Entscheidung vom 11.2.2004[758] auf die zweite Stelle des Kernbereichs-Rankings gesetzt hatte. Der Versorgungsausgleich sei in seinen Wirkungen ein vorweggenommener Altersunterhalt im Sinne des § 1571 BGB und deshalb nicht schrankenlos vertraglich disponibel. Im Rahmen einer Wirksamkeitskontrolle sei daher – wie bei einem Verzicht auf nachehelichen Unterhalt – zu prüfen, ob in den Kernbereich des Scheidungsfolgenrechts eingegriffen werde. Hierzu verlangt der BGH die Prüfung, ob bereits bei Vertragsschluss erkennbar war, dass der die Familienarbeit verrichtende Ehegatte nach den Einkommens- und Vermögensverhältnissen in der Lage sein konnte, bis zum Erreichen der Altersgrenze eine eigene angemessene Altersversorgung aufzubauen. Einzufließen hätten dabei die gesundheitlichen Verhältnisse (die Ehefrau hatte Rückenbeschwerden geltend gemacht), aber auch die Vorstellungen von der Aufteilung der Erwerbs- und Familienarbeit. Sei demnach bei Abschluss des Vertrages erkennbar gewesen, dass die Ehefrau nach Beendigung der Erziehung und Betreuung der gemeinsamen Kinder keine eigene angemessene Altersversorgung würde erreichen können, liege eine evidente einseitige Lastenverteilung vor. Zu klären seien weiter die Motive und der Grund des Verzichts auf den Versorgungsausgleich. Da sich die Frau erst mehrere Jahre nach der Eheschließung und nach der Geburt der gemeinsamen Kinder auf den Verzicht eingelassen habe, sei zu klären, ob etwa eine Zwangslage vorgelegen habe.
Erweise sich der Vertrag als nicht sittenwidrig, sei weiter zu prüfen, ob nach § 242 BGB die Berufung auf den Verzicht zu versagen sei. Entsprechende Prüfungen habe das OLG nicht vorgenommen, maßgebliche Feststellungen fehlten. Der BGH verwies die Sache daher an das OLG zurück.

---

757 BGH, FamRZ 2005, 26 = NJW 2005, 137 = FF 2005, 43 mit Anm. *Bergschneider*, FamRZ 2005, 28 und *Büttner*, FF 2005, 48 f..

758 Siehe Seite 175.

n) BGH, Beschluss vom 6.10.2004 (OLG Koblenz)

Vorinstanz des zweiten Beschlusses des BGH vom 6.10.2004[759] war das OLG Koblenz. Im zugrunde liegenden Fall hatten die Parteien im Jahr 1977 die Ehe geschlossen. Die Frau war zu diesem Zeitpunkt 34 Jahre, der Mann 46 Jahre alt. Aus der Ehe gingen zwei 1980 und 1983 geborene Kinder hervor. Einen Tag vor der Hochzeit vereinbarten die Parteien in einem Ehevertrag Gütertrennung und verzichteten gegenseitig auf die Durchführung des Versorgungsausgleichs. Im Jahr 2001 wurde die Ehe geschieden. Die Frau erwarb während der Ehe Anwartschaften in Höhe von 390,05 DM monatlich, der Mann solche in Höhe von 3.084,81 DM monatlich. Amtsgericht und Oberlandesgericht korrigierten den Ausschluss des Versorgungsausgleichs anhand von § 242 BGB. Der BGH bestätigte dies.

Der Vertrag sei nicht sittenwidrig, da die Frau bei Vertragsschluss im Jahre 1977 versicherungspflichtig beschäftigt gewesen sei und somit eigene Versorgungsanwartschaften habe aufbauen können. Die Parteien hätten zudem keine konkreten Pläne verfolgt, hieran – etwa im Hinblick auf gemeinsame Kinder – etwas zu ändern.

Im Wege der Ausübungskontrolle sei der Vertrag wegen Wegfalls der Geschäftsgrundlage nach § 242 BGB[760] anzupassen. Die tatsächliche Lebenssituation weiche nämlich grundlegend von der bei Vertragsschluss zugrunde gelegten ab, und zwar durch die Geburt der Kinder und die mit der Kindesbetreuung einhergehende eingeschränkte Erwerbstätigkeit der Frau. Wortgleich mit dem soeben dargestellten Beschluss des BGH vom selben Tag (Vorinstanz OLG München) unterstrich der BGH die hochrangige Position des Versorgungsausgleichs und rechtfertigte damit, dass es unzumutbar sei, wenn der Mann am vertraglichen Ausschluss des Versorgungsausgleichs festhalte.

o) BGH, Urteil vom 12.1.2005

Über die Wirksamkeit eines Ehevertrages hatte der BGH auch mit Entscheidung vom 12.1.2005[761] zu befinden. Die Parteien hatten 1988 geheiratet. Der Mann war zu diesem Zeitpunkt 46, die Frau 44 Jahre alt. Für beide war es die zweite Ehe. Der Ehemann praktizierte bis zu seiner Erwerbsunfähigkeit im Jahre 1996 als Zahnarzt, die Frau hatte schon vor der Eheschließung in der Praxis des Ehemannes kaufmännische Arbeiten übernommen. In einem vorsorgenden Ehevertrag vereinbarten die Parteien Gütertrennung, schlossen den Versorgungsausgleich aus und verzichteten gegenseitig auf nachehelichen Unterhalt. Der Mann verpflichtete sich für den Fall der Scheidung, an die Frau für jedes vollendete Ehejahr eine „Unterhaltsabfindung“ in Höhe von 10.000,00 DM zu zahlen,

---

759 BGH, FamRZ 2005, 185 = NJW 2005, 139, mit Anm. *Bergschneider*, FamRZ 2005, 188.

760 Seit 1.1.2002 eigentlich § 313 BGB.

761 BGH, FamRZ 2005, 691 = DNotZ 2005, 703.

insgesamt aber nicht mehr als 80.000,00 DM. Weiter verpflichtete er sich, für die Ehefrau ab Rechtskraft der Scheidung bis zur Vollendung ihres 60. Lebensjahres Beiträge zur gesetzlichen Rentenversicherung in Höhe der Arbeitnehmer- und Arbeitgeberanteile für ein monatliches Bruttoentgelt von 2.000,00 DM zu entrichten, falls sie unverschuldet keine Erwerbstätigkeit ausüben dürfe.
Das Berufungsgericht hatte den Ehevertrag für wirksam und das Versorgungsausgleichsverlangen der Ehefrau für unbegründet erachtet, der BGH wies die Revision der Ehefrau zurück. Der Vertrag sei nicht sittenwidrig. Dass der Betreuungsunterhalt ausgeschlossen worden sei, wirke sich nicht aus, da bei Vertragsschluss nicht mehr mit gemeinsamen Kindern der Ehegatten zu rechnen gewesen sei. Auch der Ausschluss des Altersunterhalts führe nicht zur Sittenwidrigkeit. Die Parteien hätten den Vertrag nämlich in einem Alter (44 und 46 Jahre) geschlossen, in dem wesentliche Teile der Altersversorgung üblicherweise bereits erworben seien. Für ihre Tätigkeit in der Praxis des Mannes hatte die Frau ein z.T. hohes Entgelt erhalten und damit eine eigenständige Altersversorgung erworben. Zudem habe sich der Ehemann verpflichtet, die Altersversorgung der Ehefrau durch freiwillige Zahlungen zur gesetzlichen Rentenversicherung fortzuschreiben. Der Ausschluss des Unterhalts wegen Alters bedinge keine Sittenwidrigkeit, da der Ehemann seine nacheheliche Verantwortung nicht schlechthin abbedungen, sondern lediglich auf eine Zahlung von 80.000,00 DM beschränkt habe. Der Unterhalt wegen Erwerbslosigkeit gehöre nicht zum Kernbereich, außerdem seien keine durch diesen Unterhalt auszugleichenden ehebedingten Nachteile zu erwarten. Die Vereinbarung des Wahlgüterstandes der Gütertrennung führe grundsätzlich nicht zur Sittenwidrigkeit. Dass schließlich der Versorgungsausgleich ausgeschlossen worden sei, sei unproblematisch, da die Ehefrau nach der Lebensplanung der Parteien auch in der Ehe ihre Altersversorgung weiter ausbauen konnte.
Eine Anpassung des Vertrages im Wege der Ausübungskontrolle scheide schließlich aus, da sich die Versorgungslage der Ehefrau gegenüber den bei Abschluss des Ehevertrages bestehenden Verhältnissen nicht maßgeblich verändert habe.

IV. Analyse der an Artikel 2 I GG orientierten Inhaltskontrolle familienrechtlicher Verträge

Voraussetzungen für eine Inhaltskontrolle von Eheverträgen sind nach dem BVerfG eine erkennbar ungleiche Verhandlungsposition sowie eine einseitige vertragliche Belastung des schwächeren Vertragspartners. Nach der überwiegenden Meinung in der Literatur müssen beide Elemente kumulativ vorliegen[762]. Diese beiden Voraussetzungen - ungleiche Verhandlungsposition und einseitige vertragliche Lastenverteilung – werden in den folgenden Abschnitten betrachtet. In Bezug auf die ungleiche Verhandlungsposition werden zunächst mögliche Anknüpfungspunkte beleuchtet, um anschließend auf den Einfluss von Verfahrens- und Formfragen einzugehen. Erläutert werden im Anschluss daran die möglichen Maßstäbe für das Kriterium der einseitigen vertraglichen Lastenverteilung. Analysiert wird dabei jeweils sowohl der theoretische Hintergrund als auch die entscheidenden Argumentationen der bereits vorliegenden instanzgerichtlichen Rechtsprechung.

1. Ungleiche Verhandlungsposition

a) Mögliche Anknüpfungspunkte

Untersucht werden zunächst die in Rechtsprechung und Literatur diskutierten Anknüpfungspunkte für die Feststellung einer Unterlegenheitsposition. Das BVerfG ermittelt die ungleiche Verhandlungsposition anhand von Indizien. Zu beleuchteten ist hier insbesondere die Umsetzung dieser Methodik durch die Instanzgerichte. Aber auch in der Literatur sind die Anknüpfungspunkte einer Unterlegenheit, die eine Begrenzung der Vertragsfreiheit rechtfertigen könnten, schon länger Gegenstand lebhafter Diskussion.

(1) Sozio-ökonomische / psychologische Benachteiligung der Frau

Bemerkenswert ist die These *Ingeborg Schwenzers* zur generellen strukturellen Unterlegenheit der Frau. Unmittelbar im Anschluss an das Plädoyer von *Wolfgang Zöllner*[763] für mehr Privatautonomie führte *Schwenzer* in ihrem Vortrag vom 26.9.1995 vor der Zivilrechtslehrervereinigung in Heidelberg[764] einen heftigen Angriff gegen die Ehevertragsfreiheit und forderte eine umfassende richterliche Inhaltskontrolle von Eheverträgen.

---

762 So *Bergschneider*, FamRZ 2001, 1337 (1339); *Dauner-Lieb*, ZFE 2003, 300 (303), *Langenfeld*, DNotZ 2001, 272 (276); *Münch*, MittBayNot 2003, 107; *Schwab*, DNotZ-Sonderheft 2001, 9 (15); *ders.*, FamRZ 2001, 349; *Wiedemann*, JZ 1994, 411 (412); allein *Schubert*, FamRZ 2001, 734 (735) reicht zur Anwendung von §§ 138 oder 242 BGB eine unangemessene Benachteiligung eines Vertragsteils *oder* eine besondere Situation der Unterlegenheit aus.

763 *Zöllner*, AcP 196 (1996); 1 ff.

764 *Schwenzer*, AcP 196 (1996), 88 ff.

Schwenzer versucht nachzuweisen, dass Frauen ihren männlichen Partnern beim Abschluss von Eheverträgen und Scheidungsfolgenvereinbarungen generell strukturell unterlegen seien. Dies ergebe sich aus einer sozio-ökonomischen und psychologischen Benachteiligung der Frau. Soziologisch sei der Mann regelmäßig älter als die Frau sowie schulisch und beruflich besser ausgebildet. Ökonomisch betrachtet verdiene er mehr und gelange häufiger in Führungspositionen[765]. Psychologisch sei zu beachten, dass fast jede dritte Frau Gewalt durch ihren Mann erfahre. Wichtig sei zudem, dass Frauen eine andere Strategie zur Konfliktlösung verfolgten als Männer. Während sich Frauen von einer „Ethik der Anteilnahme“ leiten ließen, herrsche bei Männern die „Ethik des Rechts“ vor. Männer setzten in Verhandlungssituationen ihre Interessen durch, während Frauen mehr an einer befriedigenden Beziehung gelegen sei als am eigenen Vorteil. Die männliche Strategie sei der der Frauen weit überlegen[766].
Für *Schwenzer* ist die Frau damit generell strukturell unterlegen. Auf eine individuelle Unterlegenheit im Einzelfall komme es nicht an. Dies belege ein Vergleich mit dem Schuldrecht, in dessen Rahmen sich auch Professoren der Rechtswissenschaft z.B. auf den Schutz des Mietrechts oder der Verbrauchervorschriften berufen könnten[767]. Die Rechtsprechung des BVerfG, die grundrechtlich gewährleistete Vertragsfreiheit (Artikel 2 I GG), das Sozialstaatsprinzip (Artikel 20 I, 28 I GG) sowie die Artikel 6 I und 3 II 2 GG verpflichteten die Zivilgerichte, durch Inhaltskontrolle sicherzustellen, dass Frauen keine Nachteile erlitten. Auszugleichen seien über § 242 BGB vor allem ehebedingte Nachteile, die Familienfrauen mangels eigener Erwerbstätigkeit erlitten768.

Die These *Schwenzers* ist in der Literatur heftig angegriffen worden. So belegt *Grziwotz* die Zweifelhaftigkeit der empirischen Datenbasis Schwenzers[769]. Leicht provokativ hält er den Mann für bei der Eheschließung strukturell unterlegen. Da sich der soziale Status des Mannes durch eine Ehe normalerweise nicht ändere, könne er sich romantischen Impulsen eher überlassen, während die Frau mit der Ehe auch über ihren künftigen Status entscheide und deshalb eher Anlass habe, rational zu kontrollieren, mit wem und unter welchen Bedingungen sie den Ausflug ins Land der Romantik unternehme[770]. Ihre angebliche strukturelle Unterlegenheit setze die Frau daher im Kampf der Geschlechter strategisch und taktisch ein[771].

765 *Schwenzer*, AcP 196 (1996), 88 (104 f.).
766 *Schwenzer*, AcP 196 (1996), 88 (106 f.).
767 *Schwenzer*, AcP 196 (1996), 88 (109).
768 *Schwenzer*, AcP 196 (1996), 88 (112 f.).
769 *Grziwotz*, DNotZ-Sonderheft 1998, 228 (263).
770 *Grziwotz*, FamRZ 1997, 585 (589); *ders.*, DNotZ-Sonderheft 1998, 228 (262 f).
771 *Grziwotz*, DNotZ-Sonderheft 1998, 228 (263).

Ähnlich hält *Rauscher*[772] der vermeintlichen Unterlegenheit der Frau die psychische Zwangslage des Mannes entgegen. Dieser sehe sich dem sozialen Druck ausgesetzt, anstandshalber zu heiraten und damit nicht nur die wirtschaftliche Verantwortung für das Kind, sondern auch für die Frau zu übernehmen. Weiter belaste es den Mann, dass er als nichtehelicher Vater Gefahr laufe, dass die Mutter die gemeinsame Sorgeerklärung nach § 1626 a BGB verweigere und den Vater so von der gemeinsamen Sorge für das Kind fernhalte.

Lässt man diese Gesichtspunkte einmal außer Betracht, so ist es nicht von der Hand zu weisen, dass die Verzichtenden zumeist die Frauen sind. Wohl zutreffend weist *Gernhuber* darauf hin, jeder Jurist kenne „Frauen, die sich ihrer Rechte begaben ohne andernorts ein Äquivalent zu erhalten, und keiner einen Mann, dem das Nämliche widerfuhr“[773].

Dennoch ist die These Schwenzers entschieden abzulehnen. Denn ginge man konsequent von einer *generellen* Unterlegenheit der Frau aus, so wären folgerichtig sämtliche Verträge zwischen Männern und Frauen einer Inhaltskontrolle zu unterziehen[774]. Strukturelle Unterlegenheit wäre auch dann gegeben, wenn eine Frau von einem männlichen Verkäufer einen Gebrauchtwagen kaufte. Eine unsinnige Vorstellung.
Zudem erfordern die Generalklauseln des Zivilrechts stets eine Gesamtschau der Umstände des Einzelfalls. So spielt es sehr wohl eine Rolle, ob ein Mieter, der die Sittenwidrigkeit des Mietvertrages wegen Wuchers geltend macht, Professor der Rechtswissenschaft und als solcher mit der Materie vertraut ist[775]. Das Element der *generellen* Unterlegenheit ist unhaltbar.

Dementsprechend relativiert *Büttner*, der sich in seinem Anfang 1998 veröffentlichten Aufsatz[776] grundsätzlich der Auffassung *Schwenzers* anschließt, ihre These in Bezug auf die Allgemeingültigkeit der strukturellen Unterlegenheit. „Stärke“ und „Schwäche“ könnten nicht nach Mann und Frau typisiert werden. Als Vertragspartner seien Mann und Frau strukturell gleichwertig. Allerdings könnten sie je nach Lebenslage sehr ungleiche Verhandlungspositionen haben. Eine derartige „strukturelle Unterlegenheit in der Lebenslage“ komme insbesondere im Falle einer Schwangerschaft oder bei laufender Kindererziehung in Betracht.

772 *Rauscher*, FuR 2001, 155.
773 *Gernhuber*, Eherecht und Ehetypen, S. 24.
774 So auch *Grziwotz*, FamRZ 1997, 585 (589); vgl. auch *Lenz*, MittBayNot 1999, 152 (155).
775 *Gerber*, FS 50 Jahre BGH, 2000, S. 49 (57 f.).
776 *Büttner*, FamRZ 1998, 1 (5).

Ähnlich erklärte jüngst *Dauner-Lieb*[777], unverheiratete schwangere Frauen seien bei Abschluss einer Ehevereinbarung regelmäßig unterlegen. In Annäherung an *Schwenzer*[778] führt *Dauner-Lieb* aus, dass zwar immer mehr junge Frauen eine solide Ausbildung und interessante Karrieremöglichkeiten hätten, mithin Alternativen zur Familienarbeit unter Versorgung durch den Ehemann. Dennoch befänden sich Frauen in „ungleicher Verhandlungsposition", weil sie die Kinder bekämen und regelmäßig die für ihre Erwerbsbiographie nachteilige Betreuung übernähmen[779]. Indem die Frauen beruflich zurücksteckten, verlören sie eigenes Einkommen und würden zwangsläufig finanziell von ihrem Mann abhängig.

Doch auch *Büttners* „strukturelle Unterlegenheit in der Lebenslage" bzw. *Dauner-Liebs* Unterlegenheit infolge von klassischer Rollenverteilung können nicht überzeugen. Sicher befindet sich eine schwangere Frau in einer psychisch verletzbaren und belasteten persönlichen Situation, gerade wenn sie den Vater des Kindes heiraten möchte, dieser aber keine Ehe wünscht. Daraus folgt jedoch keineswegs, dass die nicht verheiratete schwangere Frau derart unterlegen ist, dass ein in diesem Zustand geschlossener Ehevertrag stets der Inhaltskontrolle zu unterwerfen wäre. Anderenfalls würden schwangere Frauen schlicht entmündigt. Ebenso wenig, wie eine strukturelle Unterlegenheit beim Abschluss von Eheverträgen pauschal für alle Frauen angenommen werden kann, nur weil sie Frauen sind, sind alle werdenden Mütter strukturell unterlegen, nur weil sie schwanger sind, und schon gar nicht alle Frauen, nur weil sie Kinder erziehen anstatt Karriere zu machen. Festzuhalten ist demnach, dass sich eine Über- bzw. Unterlegenheit bei Vertragsverhandlungen nicht geschlechtsspezifisch typisieren lässt.

Welche Blüten die Idee von der strukturellen Unterlegenheit der Frau zu treiben vermag, zeigt etwa *Dauner-Liebs* Indiz der „Überforderung der Selbstverantwortung"[780]. *Dauner-Lieb* sieht Frauen in einer „strukturellen Sondersituation", weil sie die Tragweite des Ehevertrages und die Realisierbarkeit der Lebensentwürfe generell viel zu optimistisch beurteilten. Die möglicherweise drastischen Auswirkungen seien Frauen zwar bei Vertragsschluss abstrakt/intellektuell präsent, würden aber nicht realistisch eingeschätzt. An *Dauner-Liebs* Gedanken der Überforderung der Selbstverantwortung knüpft *Goebel* an. „Romantische Liebe" sei Voraussetzung zur Heirat; derart starke Gefühle brächten jedoch starke Rationalitätsabstriche im vertraglichen Aushandeln mit sich, die kaum auszugleichen seien[781].

777 *Dauner-Lieb*, AcP 201 (2001), 295 (307).

778 *Dauner-Lieb* bezeichnet Schwenzers Erkenntnisse als „bahnbrechend", FF 2003, 151, Fn. 12.

779 *Dauner-Lieb*, AcP 201 (2001), 295 (321 f.), *dies.*, FF 2001 128, (139).

780 *Dauner-Lieb*, AcP 201 (2001), 295 (323); zustimmend offensichtlich *Goebel*, FamRZ 2003, 1513 (1518).

781 *Goebel*, FamRZ 2003, 1513 (1518).

In dieselbe Richtung geht offenbar die Argumentation des AG Schwäbisch Hall in seinem Urteil vom 28.2.2003, die Erklärung der Frau, vom Mann nichts haben zu wollen, wirke sich nicht aus. Die Frau sei nämlich „objektiv und subjektiv gar nicht in der Lage" gewesen zu beurteilen, „was sie wollte und was nicht"[782].

Das Bild der Frau als naives Dummchen am Rande der Geschäftsunfähigkeit trägt zu einer ernsthaften Auseinandersetzung mit dem Thema indes nicht bei. Zugegebenermaßen sind viele Frauen harmoniebedürftiger und deshalb kompromissbereiter als Männer. Ausgeprägter ist damit wahrscheinlich auch die Bereitschaft, eine nachteilige Vereinbarung zu akzeptieren in der Hoffnung, es werde schon gut gehen. Doch ist Harmoniebedürftigkeit nicht mit Unterlegenheit zu verwechseln. Vor vertraglicher Bindung schützt sie nicht.

(2) Schwangerschaft

Zentrales Indiz für eine strukturelle Unterlegenheit ist für das BVerfG die Schwangerschaft der Frau[783]. Eine unverheiratete schwangere Frau sei regelmäßig unterlegen, wenn sie vor der Alternative stehe, entweder allein für das erwartete Kind zu sorgen oder durch die Eheschließung den Kindesvater in die Verantwortung einzubeziehen - wenn auch um den Preis eines stark belastenden Ehevertrages. Ihre Verhandlungsposition sei geschwächt - durch ihre tatsächliche Lage, durch ihre Rechtsstellung als ledige Mutter und vor allem durch das Bemühen um die Sicherung der eigenen Existenz und der des erwarteten Kindes[784].

Das BVerfG macht überraschend breite Ausführungen zur psychischen und ökonomischen Situation Schwangerer und greift dabei erstaunlich offen auf sozialwissenschaftliche Literatur zurück. Die Schwangerschaft bedeute für die Frau einen existentiellen Umbruch in ihrem Leben[785]. Neue Aufgaben, Pflichten und Verantwortlichkeiten entstünden. Bei unverheirateten Müttern scheitere zudem häufig die Beziehung zum Kindesvater. Noch heute (2001) bestünden gesellschaftliche und soziale Zwänge, auf Grund derer sich eine werdende Mutter - nicht zuletzt auch gegenüber dem Kind - für ihre Nichtheirat unter Rechtfertigungsdruck fühlen könne[786]. Zum Zeitpunkt des Abschlusses des streitbefangenen Ehevertrages im Jahre 1976 jedenfalls seien ledig bleibende Mütter stigmatisiert worden.

782 AG Schwäbisch Hall, FamRZ 2003, 1284 (1286).

783 BVerfG, FamRZ 2001, 343 (346, unter B I 2 a, b).

784 BVerfG, FamRZ 2001, 343 (346, unter B I 2 b).

785 Für das OLG Hamm, Urteil vom 2.7.2003, NJW-RR 2003, 1659 = FuR 2004, 242, ist dieser existenzielle Umbruch der Lebensverhältnisse überwunden, wenn das Kind eineinhalb Jahre alt ist.

786 BVerfG, FamRZ 2001, 343 (346).

Darüber hinaus sei die psychische Belastung nicht verheirateter Mütter deutlich stärker als die verheirateter Mütter. Hierin liege eine Ursache für eine höhere Sterblichkeitsrate nichtehelicher Säuglinge[787].

Das BVerfG führt weiter aus, dass für unverheiratete Mütter die Gewissheit hinzutrete, allein für das Kind verantwortlich zu bleiben, wenn der Vater zur gemeinsamen Sorge nicht bereit sei. Auch wenn die Höchstdauer des Unterhaltsanspruchs mit Inkrafttreten des § 1615 l II S. 3 BGB n.F. am 1.1.1995 von einem Jahr auf drei Jahre verlängert worden sei, sei doch die unterhaltsrechtliche Situation verheirateter und nicht verheirateter Mütter nicht vergleichbar[788]. Damit sei die ökonomische Perspektive von Müttern nichtehelicher Kinder mitunter gravierend. Das Einkommen sinke rapide ab. Ein Drittel lebe unter oder auf dem Sozialhilfeniveau, bei ehelichen Müttern seien es nur 15 %.

In der instanzgerichtlichen Rechtsprechung hatte schon früher das Amtsgericht Schorndorf in seinem Urteil vom 15.10.1997[789] einer im neunten Monat schwangeren Frau, die drei Tage vor der Eheschließung einen Unterhaltsverzichtvertrag unterzeichnet hatte, wegen der bestehenden Hochschwangerschaft die Fähigkeit zur autonomen Willensbildung abgesprochen.

In der Literatur halten *Büttner*[790] und *Dauner-Lieb*[791] unverheiratete schwangere Frauen für regelmäßig unterlegen. *Büttner* meint, auch die emanzipierteste Frau könne in dieser Situation ihre eigenen Interessen nicht mehr sachgerecht vertreten, wenn sie die ihrer Kinder nicht gefährden wolle. Ebenso ist *Dethloff*[792] der Ansicht, die Schwangerschaft der Frau sei ein Musterfall struktureller Unterlegenheit. Dies folge insbesondere aus der unterhaltsrechtlichen Stellung der Mutter eines nichtehelichen Kindes nach § 1615 l BGB, die erheblich schlechter sei als die Stellung der Mutter eines ehelichen Kindes.

Überwiegend jedoch lösten die abstrakten Ausführungen über die psychische Situation Schwangerer in der neueren Literatur Verwunderung aus. So spricht *Bergschneider* von „gekonnter Dramatik“[793], *Langenfeld* hält die Ausführungen für „sicher informativ“[794]. Und völlig zu Recht kritisiert *Armasow*[795], das BVerfG habe nicht ausreichend belegt, dass die Frau im entschiedenen Fall tatsächlich ihre Selbstbestimmung verloren habe. Entsprechend meint auch *Rauscher*, die Ausführungen des BVerfG gäben „wenig für die konkrete

787 BVerfG a.a.O. mit Verweis auf *Anthes*, FS Blume, 1979, 157 (162 ff.).
788 BVerfG, FamRZ 2001, 343 (346).
789 AG Schorndorf, FamRZ 1998, 1298.
790 *Büttner*, FamRZ 1998, 1 (5).
791 *Dauner-Lieb*, AcP 201 (2001), 295 (307); vgl. auch *dies.* in FF 2004, 65 (68).
792 *Dethloff*, JZ 1997, 414 f.
793 *Bergschneider*, FamRZ 2001, 1337 (1339).
794 *Langenfeld*, DNotZ 2001, 272 (276).
795 *Armasow*, RNotZ 2001, 196 (198).

Entscheidung her“[796]. Dem ist zuzustimmen. Denn das Gericht beschreibt nur allgemein die Situation von Schwangeren, die ein nichteheliches Kind erwarten. Auf die konkrete Situation der Beschwerdeführerin ging das BVerfG hingegen kaum ein. So wäre als Anhaltspunkt dafür, dass für beide Teile volle Vertragsfreiheit bestand, zu berücksichtigen gewesen, dass es nach dem Sachverhaltsvortrag des BVerfG die Frau war, die den Vertrag ausarbeiten ließ[797].

Auch das vom BVerfG angeführte Stigma der nichtehelichen Geburt existiert kaum noch. Wir leben in einer Zeit, in der sich sämtliche Volksparteien für die Förderung Alleinerziehender einsetzen. Dieses Thema ist zentraler Punkt der öffentlichen Diskussion. Eine generelle soziale Geringschätzung allein erziehender unverheirateter Mütter entspricht nicht mehr der Realität.

Zuzugeben ist jedoch - wie bereits ausgeführt -, dass schwangere Frauen psychisch und physisch belastet sind, wenn sie den Vater des Kindes heiraten möchten, dieser dazu aber allenfalls mit Ehevertrag bereit ist. Aber selbst wenn die emotionale Lage Einbußen an Rationalität mit sich bringt[798], ist es nicht gerechtfertigt, eine generelle Unterlegenheit der Frau anzunehmen und daher jeden in diesem Zustand geschlossenen Ehevertrag der Inhaltskontrolle zu unterwerfen. Zwar beschreibt das BVerfG die Schwangerschaft nur als Indiz einer Unterlegenheit. Doch ist mehr als fraglich, ob die Schwangerschaft bloßes Indiz bleiben oder nicht vielmehr Auslöser einer generellen Inhaltskontrolle werden wird, wird sich doch jeder Anwalt im Interesse seiner Mandantin im Streitfall auf eine entsprechende Unterlegenheit berufen. Betrachtet man die bisher veröffentlichen instanzgerichtlichen Entscheidungen, so wird bereits deutlich, dass die Fokussierung auf das Kriterium der Schwangerschaft ganz offensichtlich dazu ermuntert hat, Eheverträge anzugreifen, bei deren Abschluss die Frau schwanger war[799]. Dabei scheint für manche Gerichte die Schwangerschaft zum Regelfall der Unterlegenheit zu werden[800].

---

796 *Rauscher*, DNotZ 2002, 751 (752).

797 BVerfG, FamRZ 2001, 343 (345); aus der Sachverhaltsschilderung des OLG (OLG Stuttgart, FamRZ 1992, 716 ergibt sich, dass neben den Parteien auch „B“ den Vertrag unterzeichnete. Offen bleibt jedoch, ob B der Rechtsanwalt war, der den Vertrag entworfen hatte, ebenso, wen B vertrat.

798 Vgl. *Dauner-Lieb*, ZFE 2003, 300 (301): „Macht Liebe blind?“

799 Mit unterschiedlichem Ausgang OLG Frankfurt, FuR 2003, 181; OLG Koblenz, FF 2003, 138; OLG Köln, FamRZ 2002, 828, OLG Oldenburg, FamRZ 2004, 545; AG Tempelhof-Kreuzberg, FF 2003, 139; AG Warendorf, FamRZ 2003, 609.

800 Vgl. insbesondere OLG Oldenburg, FamRZ 2004, 545 f.: Vereinbarung eines Gesamtverzichts im 5. Schwangerschaftsmonat bei bereits geladenen Gästen zum festgelegtem Hochzeitstermin. Der Fall hätte ebenso gut an der Fallgruppe der Überrumpelung im Sinne des § 138 BGB gemessen werden können; vgl. auch OLG Koblenz, FF 2003, 138 und FamRZ 2004, 805 (806); OLG Celle, FamRZ 2004, 1489; OLG Nürnberg FamRZ 2005, 454.

Das AG Tempelhof-Kreuzberg meinte gar mit Urteil vom 11.3.2003[801] den Kreis noch weiter ziehen zu können, als es dahinstehen ließ, ob die Frau bei Vertragsschluss schwanger gewesen sei, sei doch eine Situation der Unterlegenheit „ohne weiteres" auch dann anzunehmen, wenn es bereits zwei gemeinsame voreheliche Kinder gebe. In der Konsequenz dieses Gedankens wäre nicht nur jede Schwangere, sondern gar jede Mutter nichtehelicher Kinder unterlegen. Instanzgerichtliche Urteile, in denen die Schwangerschaft tatsächlich ergebnisoffen im Rahmen einer umfassenden Beurteilung als eines von mehreren Kriterien gegen andere abgewogen wird, sind eher selten[802].

Mit dem von Artikel 3 II GG geprägten Bild der eigenverantwortlichen und gleichberechtigten Frau ist es unvereinbar, die Frau in einer normalen Situation ihres Frau-Seins in die Nähe der Geschäftsunfähigkeit zu rücken. Allein aufgrund der Schwangerschaft der Frau ist der Vertragsschluss daher in keinem Falle anstößig, allemal dann nicht, wenn die Schwangerschaft ohne inneren Zusammenhang zum Vertragsschluss steht. Zutreffend stellte daher etwa das OLG Frankfurt in seinem Beschluss vom 4.2.2002 fest, dass der Umstand, dass die Frau bei Vertragsschluss im 6. Monat schwanger gewesen sei, ihre Geschäftsfähigkeit nicht beeinträchtigt habe[803]. Für die Fälle, in denen sich aus der Existenzabhängigkeit der Frau oder den sonstigen Umständen eine Zwangslage ergibt, kann auch ohne die Indizwirkung der Schwangerschaft eine Einzelfallprüfung anhand von § 138 BGB ausreichenden Schutz gewährleisten.

(3) Einkommens- und Vermögensdisparität

Das BVerfG erklärte weiter, dass auch die Vermögenslage des ehevertraglich Verzichtenden seine Situation bestimme[804]. Die Idee, wirtschaftliche Gesichtspunkte als Anknüpfungspunkt für Unterlegenheit zu begreifen, ist nicht neu. Im Rahmen der langjährigen Diskussion über das typisierbare Ungleichgewicht zwischen Unternehmer und Verbraucher war etwa *Wolf* der Ansicht, wirtschaftliche Unterlegenheit müsse zentrales Kriterium einer Inhaltskontrolle sein. Anlässlich des Entwurfs des AGBG im Jahre 1974 forderte er Schutz vor wirtschaftlicher Überlegenheit nicht nur für Massenverträge mit allgemeinen Geschäftsbedingungen, sondern auch für Individualverträge[805].

---

801 AG Tempelhof-Kreuzberg, FF 2003, 139.

802 So OLG Köln, FamRZ 2002, 828: Ausschluss des Versorgungsausgleichs und Unterhaltsverzicht mit einer schwangeren Lebenszeitbeamtin kurz vor Eheschließung; weiter AG Warendorf, FamRZ 2003, 609: Unterhaltsverzicht einer schwangeren 19jährigen ohne Beruf, jedoch mit offenkundiger Erwerbschance; vgl. auch OLG Karlsruhe, DNotI-Report 2004, 146; OLG Stuttgart, FamRZ 2005, 455.

803 Vgl. etwa OLG Frankfurt, FuR 2003, 181 (182).

804 BVerfG, FamRZ 2001, 343 (346 f., B I 2 c).

805 *Wolf*, JZ 1974, 465 (468 ff.).

Beispielhaft sei weiter *von Westphalen*[806] genannt, der anlässlich der Rechtsprechung des BVerfG zu den Verwandtenbürgschaften erklärte, das Verhältnis zwischen Endverbraucher und Anbieter sei ein typischer Fall wirtschaftlicher Unterlegenheit.

Auf Eheverträge übertragen ist *Maurer*[807] der Ansicht, die Frau sei dem Mann gegenüber strukturell unterlegen, wenn wirtschaftliche Absicherung ihr Hauptbeweggrund sei. Erkaufe sich eine wirtschaftlich unselbständige Frau durch den Ehevertrag wirtschaftliche Absicherung in der Ehe, greife der Mann in ihre nach Artikel 2 I GG gewährleistete Privatautonomie ein. Zu Recht entgegnet dem *Münch*[808], keinesfalls dürfe stets von einer ungleichen Vermögensverteilung auf eine unterlegene Verhandlungsposition geschlossen werden. Ansonsten müssten sämtliche Verträge zwischen Arm und Reich in Zweifel gezogen werden. Entsprechend warnt *Coester-Waltjen* vor der Schaffung geschäftsfähiger Bürger zweiter Klasse[809]. Zudem kann gerade auf dem Heiratsmarkt „Reich" einmal auf „Schlau(er)" treffen. Mit *Preis*[810] ist daher festzuhalten, dass wirtschaftliche Unterlegenheit keine auf Imparität gestützte Kontrolle begründen kann.

Verfehlt ist es daher, wie das OLG Koblenz in seinem Urteil vom 4.2.2003[811] einen Mann schon deshalb als überlegen anzusehen, weil er überdurchschnittlich gut verdiene und daher eine „gute Partie" sei, während die Frau als Friseurin aus eher „einfachen Verhältnissen" stamme[812]. *Rauscher* kritisiert zu Recht, rechtsgeschäftliche Unterlegenheit dürfe nicht mit sozialer verwechselt und die Ehe nicht „als Teil sozialer Umverteilung" verstanden werden.

Wenn das BVerfG die Vermögenslage des Verzichtenden als Indiz heranziehen will, so ist dies ganz im Sinne der bisherigen Rechtsprechung allein dahin zu verstehen, dass wirtschaftliche Selbständigkeit gegen Sitten- bzw. Treuwidrigkeit spricht. Entsprechend meint das Gericht, die Vermögenslage könne die Unterlegenheit des Verzichtenden im Einzelfall ausgleichen[813].

---

806 *Von Westphalen*, MDR 1994, 5 (7).

807 Münch-Komm/*Maurer*, § 1585 c Rn. 41 mit Verweis auf die Ausführungen *Dethloffs* und *Büttners*.

808 *Münch*, MittBayNot 2003, 107 (108 f.).

809 *Coester-Waltjen*, AcP 190 (1990), 1 (20).

810 *Preis*, S. 287 f.

811 OLG Koblenz, FF 2003, 138.

812 Zutreffend *Rauscher*, DNotZ 2004, 524, (541 f.). *Rauscher* konstruiert gar eine Defensive des vermögenden Partners, weil diesen keine wirtschaftlichen Vorteile erwarteten und er die Vermögensbeteiligung seines Partners verständiger Weise begrenzen bzw. sicherstellen wolle, dass er nicht aus wirtschaftlichem Interesse geheiratet werde.

813 BVerfG, FamRZ 2001, 343 (347, unter B I 2 c).

Wie schnell Gerichte allerdings wirtschaftliche Abhängigkeit konstatieren, belegt etwa das Urteil des OLG München vom 1.10.2002[814]. Obwohl die Frau bei Vertragsschluss den unabdingbaren Anspruch auf Familienunterhalt hatte und zudem vollen Anspruch auf Versorgungsausgleich, Zugewinnausgleich und nachehelichen Unterhalt, verwies das Gericht zur Begründung der Unterlegenheit der Frau auf ihre völlige wirtschaftliche Abhängigkeit[815]. Indes bestand für die Frau keinerlei ökonomischer Zwang, einen Ehevertrag zu unterzeichnen.

Nur am Rande sei angemerkt, dass das OLG Stuttgart in seinem Urteil vom 28.11.1991[816] augenscheinlich von einem anderen Sachverhalt ausging als das BVerfG in seinem Urteil vom 6.2.2001[817]. Das OLG schilderte, die spätere Ehefrau sei vor der Eheschließung berufstätig und damit wirtschaftlich unabhängig gewesen. Sie habe ihre Berufstätigkeit auch während der Ehe im Wesentlichen beibehalten. Weder die Sittenwidrigkeit des Vertrages habe sie bewiesen, noch die Tatsache, dass sie aus wirtschaftlicher Abhängigkeit unterschrieben habe[818]. Das BVerfG hingegen spricht von einer „geringen Höhe ihres Einkommens", von einer „vergleichsweise schlechten wirtschaftlichen Lage" der Frau[819]. Sollte das BVerfG andere Tatsachen zugrunde gelegt haben als das OLG Stuttgart, wäre es als Superberufungsinstanz tätig geworden[820].

Nicht weniger bedenklich erscheint die Argumentation des OLG Celle in seinem Urteil vom 24.6.2004[821]. Im zugrunde liegenden Fall hatte der Mann die Eheschließung mit der von ihm schwangeren Frau vom Abschluss des Ehevertrages abhängig gemacht. Der Mann arbeitete im elterlichen Juweliergeschäft, in dem auch die Frau nach einigen Monaten der Arbeitslosigkeit Arbeit fand. Sie bezog dort bei Vertragsschluss ein monatliches Nettoeinkommen von ca. 1.166 DM. Als Ausgleich für eine Unterhaltsvereinbarung, nach der der Mann der Frau im Falle einer Scheidung Betreuungsunterhalt nur bis zum sechsten Geburtstag etwaiger Kinder zahlen sollte, sollte die Frau schon während der Ehe pro angefangenem Ehejahr einen Betrag von 3.000,- DM erhalten. Das OLG Celle befand, die Frau sei wirtschaftlich unterlegen gewesen, da sie im Juweliergeschäft der künftigen Schwiegereltern abhängig beschäftigt gewesen sei, so dass ohne Eheschließung im Falle des Scheiterns der Beziehung auch ihre berufliche Existenz auf dem Spiel gestanden hätte. Ihre abgeschlossene Berufsausbildung führe zu keinem anderen Ergebnis, da sie ihren Beruf bei Betreuung des Kindes

814 OLG München, FamRZ 2003, 35 = NJW 2003, 592 = MittBayNot 2003, 136 = DNotI-Report 2003, 4.

815 OLG München, FamRZ 2003, 35 (36, li. Sp. unter I. 2 a).

816 OLG Stuttgart, FamRZ 1992, 716 = NJW-RR 1993, 133.

817 BVerfG, FamRZ 2001, 343 = NJW 2001, 957.

818 OLG Düsseldorf, FamRZ 1992, 716 (717).

819 BVerfG, FamRZ 2001, 343 (347).

820 Vgl. *Armasow*, RNotZ 2001, 196 (202).

821 OLG Celle, FamRZ 2004, 1489, vgl. Seite 162.

wenn überhaupt nur eingeschränkt hätte ausüben könnte. Der Einwand des Mannes, die Frau habe bei Vertragsschluss über Vermögen in Höhe von 80.000,- DM verfügt, habe „wegen Unerheblichkeit keiner weiteren Klärung“ bedurft. Diese Summe wäre nicht derart umfangreich gewesen, dass man von einer wirtschaftlichen Unabhängigkeit der Frau hätte ausgehen können.

(4) Aufteilung von Erwerbs- und Familienarbeit

Das BVerfG berücksichtigt bei der Prüfung der ungleichen Verhandlungsposition die von den Parteien beabsichtigte Aufteilung von Erwerbs- und Familienarbeit[822]. An die familiäre Lebensgestaltung knüpfen auch zahlreiche Literaturstimmen eine Ungleichgewichtslage an. *Büttner* etwa erwog schon vor den Entscheidungen des BVerfG, strukturell unterlegen könne sein, wer wegen der Kinderbetreuung oder sonst im Interesse des Ehepartners mit dessen Einverständnis seine Berufstätigkeit aufgebe und deshalb keine eigenständige eheangemessene soziale Sicherung mehr erreichen könne[823]. Auch für *Waldner*[824] bedingt die Betreuung der Kinder eine Unterlegenheit. Der Elternteil, an dem die Kinderbetreuung "hängen bleibe", gerate in eine Ausnahmesituation. Lebensführung und Lebensplanung müssten umgestellt werden, die ökonomische Perspektive sei ungünstig. Dadurch entstehe ein solcher psychischer Druck, dass der Betroffene seine Interessen nicht sachgerecht wahrnehmen könne und zwangsläufig der Unterlegene sei.

Dem kann in dieser Pauschalität nicht zugestimmt werden. Denn Folge wäre, dass bei allen Einverdienerehen – und dieser Ehetypus ist durchaus noch verbreitet – der die Kinder betreuende Elternteil unterlegen wäre. Doch gibt es viele Frauen (und auch Männer), die sich in der Rolle des Kindererziehenden sehr wohl fühlen. Ihnen allen eine psychische Zwangslage sowie die Unfähigkeit zu attestieren, die eigenen Interessen sachgerecht wahrzunehmen, wäre schlechterdings unvertretbar.

Richtig ist hingegen, dass die gerichtliche Überprüfung einer ehevertraglichen Vereinbarung berücksichtigen muss, was die Ehegatten zur Aufteilung der Familien- und Erwerbstätigkeit vereinbarten. Doch muss dies in jedem Einzelfall konkret geprüft werden und zudem in eine Gesamtbetrachtung einfließen. Als pauschales Indiz für Unterlegenheit lässt sich die Übernahme von Kindererziehung und Haushaltsführung jedenfalls nicht heranziehen.

Bedenklich ist insoweit das Sittenwidrigkeitsurteil des OLG Düsseldorf vom 1.7.2004[825] im Hinblick auf den Ehevertrag eines Bauleiters mit einer Bürokauffrau, mit dem der nachehelicher Unterhalt ausgeschlossen und Gütertrennung

822 BVerfG, FamRZ 2001, 343 (347, B I 2 c).

823 *Büttner*, FamRZ 1998, 1 (5).

824 *Waldner*, Eheverträge, S. 31, Rn. 20.

825 OLG Düsseldorf, NJW-RR 2005, 1.

vereinbart worden war. Das Gericht stellte maßgeblich auf einen eigens so überschriebenen Abschnitt im Vertrag ab, der die „eheliche Rollenverteilung“ regelte. Die bei Vertragsschluss schwangere Frau sollte ihre Erwerbstätigkeit vorübergehend aufgeben und sich nur um den Haushalt und die Kinder kümmern. Eine eventuelle spätere Wiederaufnahme der Erwerbstätigkeit hatte sie an den Interessen der Familie zu orientieren. Nach Ansicht des OLG Düsseldorf benachteiligte der Vertrag die Frau „unerträglich stark“, sie habe nur stark beschnitte Rechte und im Übrigen Pflichten gehabt. Aufgrund der Rollenverteilung sei die Frau niemals in der Lage gewesen, den Einkommensunterschied zu ihrem Mann aufzuholen.

(5) Berufliche Qualifikation und Perspektive

Das BVerfG berücksichtigt weiter die berufliche Qualifikation und Perspektive des Verzichtenden[826]. Wie schon die Vermögenslage könnten sie die Unterlegenheit im Einzelfalle ausgleichen[827].

Zur Begründung der Unterlegenheit zog das AG Schwäbisch Hall in seinem Urteil vom 28.2.2003[828] die fehlende berufliche Perspektive einer brasilianischen Staatsbürgerin heran. Während der Mann seit Jahren gearbeitet habe, sei die Frau noch nicht einmal in das Berufsleben eingetreten. Das Gericht führte aus, die Frau habe weder auf dem deutschen noch auf dem brasilianischen Markt eine realistische Chance gehabt, ihren Lebensunterhalt neben der Betreuung des Kindes sicherzustellen. Diese Argumentation erscheint jedoch mehr als zweifelhaft im Hinblick auf die Feststellungen des Gerichts, die Frau habe ihr Studium zur Betriebswirtin und Bauingenieurin in Brasilien noch vor der Hochzeit abgeschlossen und studienbegleitend Deutsch gelernt. Die Frau sei gebildet und der deutschen Sprache hinreichend mächtig gewesen, ihre Deutschkenntnisse im normalen Sprachgebrauch seien gut gewesen.

Eine positive Prognose hinsichtlich der beruflichen Perspektive fällte das OLG Koblenz, das mit Beschluss vom 23.6.2003[829] einen ehevertraglichen Globalverzicht für wirksam erklärte. Obwohl die Frau als Russin mit Heiratsvisum bei Vertragsschluss fast mittellos und nicht berufstätig gewesen war, stellte das Gericht keine unangemessene Benachteiligung im Sinne der Rechtsprechung des BVerfG fest. Die Vertragsparteien hätten nämlich eine beiderseitige Berufstätigkeit geplant, entsprechend habe die Frau sogleich die Anerkennung ihrer Berufsausbildung und eine Arbeitsgenehmigung beantragt und Sprachkurse besucht.

826 BVerfG, FamRZ 2001, 343 (346, B I 2 c).
827 BVerfG, FamRZ 2001, 343 (347).
828 AG Schwäbisch Hall, FamRZ 2003, 1284.
829 OLG Koblenz, FamRZ 2004, 200 = NJW 2003, 2920.

Auch das OLG Köln traf mit Urteil vom 3.7.2001[830] eine positive Berufsprognose für die Frau. Gegenstand war ein Verzicht auf Versorgungsausgleich als Bestandteil eines Globalverzichts, der sechs Tage vor der Eheschließung – die Frau war schwanger – unterzeichnet worden war. Das OLG Köln erklärte, eine gerichtliche Inhaltskontrolle finde in Respektierung des Grundsatzes der Vertragsfreiheit grundsätzlich nicht statt[831]. Auch eine im Sinne des BVerfG auf ungleicher Verhandlungsposition beruhende einseitige Dominanz und eine ungleiche Lastenverteilung seien im konkreten Fall nicht festzustellen. Die Frau sei Studienrätin und – wenn auch beurlaubt – Beamtin auf Lebenszeit. Nach Ende der Kindesbetreuungsphase werde sie aller Voraussicht nach problemlos die erforderliche Wartezeit vollenden und damit eigene Versorgungsanwartschaften erwerben können. Der Mann hingegen habe keine nennenswerten Versorgungsanwartschaften erworben. Dass die Frau bei Vertragsschluss schwanger gewesen sei und dass der Mann die Heirat vom Abschluss des Ehevertrages abhängig gemacht habe, reiche zur Bejahung einer Sittenwidrigkeit allein nicht aus.

Die berufliche Selbständigkeit der Frau war für OLG Celle, Urteil vom 25.2.2004[832], ein gewichtiger Anhaltspunkt dafür, eine „Scheidungsfolgenvereinbarung"[833] mit Globalverzicht und Ausgleichszahlung in Höhe von 20.000 DM für wirksam zu erachten. Die Parteien hätten während der Ehe über etwa gleich hohe Einkünfte verfügt und seien im Scheidungsverfahren auch davon ausgegangen, Anwartschaften in etwa gleicher Höhe erworben zu haben. Dass der Vertrag Ausdruck gestörter Vertragsparität sei, sei angesichts der Berufstätigkeit der Frau nicht erkennbar.

Eine solche positive Prognose wäre durchaus auch im Fall des OLG München, Urteil vom 1.10.2002, möglich gewesen. Die Frau hatte als Kunsthistorikerin eine gute berufliche Ausbildung und war in der Lage, auch nach der Scheidung und dem Abschluss der Kindererziehung eine anspruchsvolle Tätigkeit aufzunehmen.

Die abgeschlossene Berufsausbildung der Frau reichte auch dem OLG Celle in seinem Urteil vom 24.6.2004[834] nicht aus, um die Prüfung der Sittenwidrigkeit positiv zu beeinflussen. Im zugrunde liegenden Fall arbeitete der Mann im elterlichen Juweliergeschäft als Augenoptiker, die Frau hatte ihr Kunstgeschichtestudium abgebrochen und eine Lehre zur Goldschmiedin absolviert. Nach einigen Monaten der Arbeitslosigkeit zog die Frau beim Mann ein und arbeitete

830 OLG Köln, FamRZ 2002, 828.

831 OLG Köln, FamRZ 2002, 828 (829).

832 OLG Celle, NJW 2004, 1961 = FamRZ 2004, 1202.

833 Nach der Legaldefinition des § 1408 I BGB handelte es sich eigentlich um einen Ehevertrag.

834 OLG Celle, FamRZ 2004, 1489, vgl. Seite 162.

fortan im Betrieb seiner Eltern als Goldschmiedin mit monatlichem Nettogehalt von ca. 1.166 DM. Als sie schwanger wurde, machte der Mann die Eheschließung vom Abschluss des Ehevertrages abhängig. Das OLG Celle erklärte den gesamten Vertrag für sittenwidrig, u.a. wegen wirtschaftlicher Unterlegenheit der Frau. Da sie im Juweliergeschäft der künftigen Schwiegereltern abhängig beschäftigt gewesen sei, habe ohne Eheschließung ihre berufliche Existenz auf dem Spiel gestanden. Die abgeschlossene Berufsausbildung der Frau führe zu keinem anderen Ergebnis, da sie ihren Beruf bei Betreuung des Kindes wenn überhaupt nur eingeschränkt hätte ausüben könnte.

Die aufgeführten Urteile zeigen, dass die Art und Weise, mit der die Instanzgerichte die berufliche Qualifikation und Perspektive des benachteiligten Vertragspartners in die Argumentation einbinden, ausgesprochen uneinheitlich ist. Ob die Prognose des Gerichts positiv oder negativ ausfällt, ist kaum vorhersehbar. So wird z.B. bei Vereinbarungen mit Schwangeren für die Prognose teils auf die Möglichkeit abgestellt, *nach* der Kindererziehung eine Beruftätigkeit zu ergreifen (OLG Köln, Urteil vom 3.7.2001[835]), teils auf die Möglichkeit, *neben* der Kindererziehung erwerbstätig zu sein (OLG Celle, Urteil vom 24.6.2004[836]). Überdies erscheint es mehr als bedenklich, die Wirksamkeit einer familienrechtlichen Vereinbarung davon abhängig zu machen, ob ein Richter im Hinblick auf die heutige Arbeitsmarktlage eher zur großen Gruppe der Pessimisten oder aber zu den wenigen Optimisten gehört. Letztlich hängt der tatsächliche Eintritt des prognostizierten Ereignisses von zukünftigen, nicht beeinflussbaren äußeren Umständen ab und ist daher über die Maßen unsicher. Richterliche Prognose zu den beruflichen Perspektiven können daher zur Bestimmung einer Ungleichgewichtslage, die eine Einschränkung der Vertragsfreiheit rechtfertigen könnte, keinen zuverlässigen Maßstab bieten.

(6) Unterschiedliche intellektuelle Fähigkeiten

Als Rechtfertigung für eine Inhaltskontrolle werden weiter intellektuelle Differenzen diskutiert. In der instanzgerichtlichen Rechtsprechung waren sie, soweit ersichtlich, bisher nie entscheidungserheblich. Das OLG München erklärte in seinem Beschluss vom 18.7.1997[837], intellektuelle Unterlegenheit könne im Falle eines starken Missverhältnisses zwischen Leistung und Gegenleistung Sittenwidrigkeit begründen. Eine solche Unterlegenheit sah das Gericht aber im konkreten Fall als nicht gegeben an. Auch das OLG Brandenburg erläuterte in seinen Beschlüssen vom 28.7.2002[838] und 4.10.2002[839], Sittenwidrigkeit könne gegeben sein, wenn zu einer einseitig belastenden Vereinbarung die intellektuel-

---

835 OLG Köln, FamRZ 2002, 828.

836 OLG Celle, FamRZ 2004, 1489, vgl. Seite 162.

837 OLG München, FamRZ 1997, 1539 (1540).

838 OLG Brandenburg, FamRZ 2003, 764.

839 OLG Brandenburg, FamRZ 2003, 1289 (1290).

le Überlegenheit des begünstigten Partners hinzutrete. Beide Male war dies nach den Feststellungen des Gerichts jedoch nicht der Fall.

In der Literatur hält insbesondere *Bergschneider* eine Inhaltskontrolle von Eheverträgen bei deutlicher intellektueller Unterlegenheit eines Partners für erforderlich[840]. Ebenso führt *Ritgen* aus, dass nicht selbstbestimmt handele, wer seinem Vertragspartner intellektuell weit unterlegen sei und die Tragweite der Verpflichtung nicht überblicken könne[841].

Ritgen ist darin zuzustimmen, dass eine Vereinbarung nur dann Bestand haben kann, wenn beide Vertragspartner selbstbestimmt handeln. Unterschiedliche intellektuelle Fähigkeiten schließen jedoch selbstbestimmtes Handeln nicht aus und rechtfertigen damit auch keine auf Imparität gestützte Kontrolle. Die Rechtsunsicherheit, die die Figur der strukturellen Unterlegenheit ohnehin schon mit sich bringt, würde ins Unerträgliche gesteigert, zumal intellektuelle Fähigkeiten nicht praktikabel messbar sind. Sollen Notare vor jedem Vertragsschluss auf der Durchführung eines Intelligenztests bestehen? Welche Art von Intelligenz wäre entscheidend? Will man einen Freibrief schaffen für geistig Minderbegabte, sich bei Bedarf vom Vertrag lösen zu können? Folge wäre ein Verstoß gegen das geltende Recht der §§ 104 ff. BGB sowie die Schaffung geschäftsfähiger Bürger zweiter Klasse[842]. Dabei ist nicht einmal der Schluss zwingend, dass ein intellektuell unterlegener Vertragspartner seine Interessen nicht durchsetzen kann. Dementsprechend ist es richtig und ausreichend, wenn sich Notare gemäß § 11 I BeurkG lediglich über die Geschäftsfähigkeit der Erschienenen vergewissern müssen und die Beurkundung nur verweigern dürfen, wenn an der Geschäftsunfähigkeit kein vernünftiger Zweifel mehr möglich ist[843].

(7) Sprachunkundigkeit

Als weiterer Anknüpfungspunkt für eine Inhaltskontrolle kommt die Sprachunkundigkeit eines Vertragspartners in Betracht. In der Literatur erachtete etwa *Bergschneider* eine Inhaltskontrolle des Vertrages für indiziert, wenn bei Eheverträgen mit Ausländerinnen eine Ausnutzung von Sprachunkundigkeit und rechtlicher Unerfahrenheit festgestellt sei[844].

Die Rechtsprechung allerdings gelangte zu einer solchen Feststellung so gut wie nie. Im Fall des OLG Köln, Urteil vom 16.5.2001[845], behauptete die Frau, der deutschen Sprache nicht so mächtig gewesen zu sein, dass sie das, was sie unterschrieben habe, hätte verstehen können. Insbesondere habe sie nicht gewusst, was der Güterstand der Zugewinngemeinschaft oder Gütertrennung bedeute.

840 *Bergschneider*, FamRZ 2001, 1337 (1339).

841 *Ritgen*, JZ 2002, 114 (119).

842 Vgl. *Coester-Waltjen*, AcP 190 (1990), 1 (20).

843 Huhn/von Schuckmann/*Renner*, § 11 BeurkG, Rn. 14.

844 *Bergschneider*, FamRZ 2002, 458 (459); vgl. *ders.*, FamRZ 2003, 377 (378).

845 OLG Köln, FamRZ 2002, 457 (458).

Das OLG Köln versagte der Frau sowohl die Berufung auf § 138 BGB als auch auf die §§ 119, 123 BGB. Wenn die Frau Einzelheiten – sei es wegen mangelnder Beherrschung der deutschen Sprache oder wegen der verwendeten Fachbegriffe – nicht verstanden habe, sei es ihre Sache gewesen, den Notar darauf hinzuweisen und nachzufragen. Wer einen Vertrag schließe, dessen Inhalt er nicht voll verstehe, der handele auf eigene Gefahr.

Auf die bloße Möglichkeit der Irrtumsanfechtung verwies auch das OLG München in seinem Urteil vom 25.9.2002 eine Britin, die vorgetragen hatte, bei Vertragsschluss sprachunkundig gewesen zu sein[846].

Das OLG Düsseldorf erklärte in seinem Urteil vom 27.3.2003[847] eine Vereinbarung zweier türkischer Staatsbürger über Gütertrennung, Ausschluss von Versorgungsausgleich und nachehelichem Unterhalt für wirksam. Die Frau hatte geltend gemacht, bei der Beurkundung „nichts, aber auch gar nichts verstanden" zu haben. Der Mann habe ihre Sprachunkenntnis ausgenutzt. Das OLG Düsseldorf stellte darauf ab, dass der Vertragsinhalt in einem Vorgespräch beim Notar erörtert und der Entwurf der Frau zugeleitet worden sei. Sie habe daher ausreichend Gelegenheit zur Prüfung des Vertragsinhalts gehabt. Gegen die sprachliche Unkenntnis spreche auch, dass die Frau bereits seit 12 Jahren in Deutschland lebe und der Notar festgestellt habe, dass „beide Erschienenen zur Überzeugung des amtierenden Notars der deutschen Sprache hinreichend mächtig gewesen sind, so dass ein Dolmetscher nicht hinzugezogen werden musste".

Ähnlich wies auch das OLG Nürnberg mit Beschluss vom 1.9.2004[848] den Vortrag einer philippinischen Frau auf ihre unzureichenden Deutschkenntnisse mit Hinweis auf die im Vertrag getroffenen Feststellungen zurück.

Völlig im Gegensatz dazu steht die Argumentation des AG Schwäbisch Hall in seinem Urteil vom 28.2.2003[849]. Die Frau war brasilianische Staatsbürgerin und hatte einige Monate vor ihrer Hochzeit im Dezember 1990 ihr Studium in Brasilien beendet. Sie war nunmehr Betriebswirtin und Bauingenieurin.
Studienbegleitend hatte sie Deutsch gelernt. Obwohl das Gericht feststellte, dass die Klägerin gebildet und der deutschen Sprache hinreichend mächtig gewesen sei, stützte es seine Erkenntnis, die Frau habe sich bei Vertragsabschluss in einer ungleichen Verhandlungsposition befunden, insbesondere auf eine vermeintliche Unerfahrenheit und auf Sprachschwierigkeiten der Frau.
Sie sei sich bei Vertragsschluss zwar „sicherlich bewusst" gewesen, „einen ihr nachteiligen Vertrag abzuschließen". Auch wenn ihre Deutschkenntnisse im normalen Sprachgebrauch gut seien, habe sie aber komplexe Sachverhalte nicht erfassen und Fachbegriffe wie Zugewinn- und Versorgungsausgleich nicht

846 OLG München, FamRZ 2003, 376 (377).
847 OLG Düsseldorf, FamRZ 2003, 1287.
848 OLG Nürnberg, FamRZ 2005, 454.
849 AG Schwäbisch Hall, FamRZ 2003, 1284.

verstehen können. Die Belehrung im Rahmen der notariellen Beurkundung habe dem nicht abhelfen können. Dass ihr die Begriffe eingehend erklärt worden seien, sei nicht nachgewiesen.

Richtig ist, dass mangelnde Sprachfähigkeiten eines Vertragspartners den Vertragsjuristen alarmieren müssen. § 16 BeurkG sieht vor, dass einem sprachunkundigen Beteiligten die Niederschrift zu übersetzen ist. Ein Beteiligter ist sprachunkundig, wenn er die deutsche Sprache nicht wenigstens so versteht, dass er dem Vorlesen der Niederschrift folgen kann (passive Sprachkenntnis) und eindeutig zum Ausdruck bringen kann, dass er sie genehmigt. Demgegenüber ist es unerheblich, ob er auch imstande ist, sich in der deutschen Sprache auszudrücken (aktive Sprachfähigkeit)[850]. Die im Einzelfall schwierige Entscheidung steht sowohl den Beteiligten als auch dem beurkundenden Notar zu[851].

Im Falle einer notariellen Beurkundung hat der Notar also für Sprachunkundige einen Dolmetscher hinzuzuziehen. Vorbildlich wäre es, dem Sprachunkundigen vor der Beurkundung eine Übersetzung des Vertragsentwurfs zuzuleiten[852]. Soweit dann nicht etwa wie im Fall des OLG Nürnberg, Urteil vom 12.11.2002[853], die Inkompetenz des Dolmetschers nachgewiesen ist, ist damit die „Schwachstelle Sprachunkundigkeit" ausgeräumt.

Zutreffend verwarf daher das OLG Koblenz in seinem Beschluss vom 23.6.2003[854] den Einwand einer Russin, sie habe den Vertragsinhalt aufgrund damaliger mangelnder Sprachkenntnisse nicht erfassen können. Die Frau hatte nämlich bereits 16 Tage vor der Hochzeit mit einer Dolmetscherin und ihrem künftigen Mann einen Notar aufgesucht, um den Inhalt des geplanten Vertrages zu besprechen. Am Tag vor der Beurkundung hatte sie eine russische Übersetzung des Vertragsentwurfs erhalten und mit Anmerkungen versehen. Beim Notartermin hatte sie Fragen gestellt, die der Notar beantwortet hatte. Bevor sie unterschrieben hatte, hatte ihr eine Dolmetscherin den gesamten Text übersetzt. Damit hatte die Frau hinreichend Gelegenheit, sich mit dem Inhalt des Vertrages auseinanderzusetzen.
Ist das sprachliche Verständnis hingegen ausreichend und lehnen die Beteiligten die Hinzuziehung eines Dolmetschers ab, trifft den vermeintlich Sprachunkundigen Selbstverantwortung. Wer Fachbegriffe und Einzelheiten nicht versteht, muss nachfragen und ist nicht anders zu behandeln als jeder Deutsche[855]. Die Irrtumsregeln der §§ 119 ff. BGB gewähren dann ausreichenden Schutz.

---

850 Vgl. nur *Winkler*, § 16 BeurkG, Rn. 7.

851 *Wachter*, ZNotP 2003, 408 (418).

852 So auch die Empfehlung von *Bredthauer*, NJW 2004, 3072 (3074).

853 OLG Nürnberg, FamRZ 2003, 634 = RNotZ 2003, 187; vgl. Anmerkung *Grziwotz*, FamRZ 2003, 637.

854 OLG Koblenz, FamRZ 2004, 200 (201).

855 Zutreffend *Bergschneider*, FamRZ 2004, 1286 (1287): „Welcher deutsche Ehegatte hat mit den Begriffen Zugewinn- und Versorgungsausgleich keine Probleme?".

(8) Vertragsinhalt

Verfehlt ist letztlich auch der Ansatz, vom Vertragsinhalt auf eine Unterlegenheit zu schließen. Dies tat das BVerfG mit der Erklärung, der Inhalt des Ehevertrages bringe eine „Unterlegenheitsposition der nicht verheirateten Schwangeren zum Ausdruck“[856]. Auch das AG Schwäbisch Hall erklärte in seinem Urteil vom 28.2.2003[857], die ungleiche Verhandlungsposition der Frau bei Abschluss der Scheidungsfolgenvereinbarung mit Totalverzicht spiegele sich schon im Vertragsinhalt wider. Ohne dass ein sachlicher Grund ersichtlich gewesen wäre, habe die Frau auf sämtliche Rechte verzichtet, obwohl sie nach dem Willen der Parteien das damals vierjährige Kind weiterbetreuen sollte und noch keine Berufserfahrung gehabt habe.

Wer aber den Vertragsinhalt zum Indiz für Unterlegenheit macht, kann bestimmte Inhalte nur durch Dominanz der anderen Vertragspartei erklären. Schlussfolgerte man bei jedem Globalverzicht auf eine Unterlegenheit des Benachteiligten beim Vertragsschluss, erfüllte jeder Globalverzicht die Voraussetzungen des BVerfG, nämlich Unterlegenheit und einseitige vertragliche Belastung. Kaum ein Globalverzicht hielte dann der Inhaltskontrolle stand. Die Vorschriften zur Vertragsfreiheit im Ehevertragsrecht wären ihrer Daseinsberechtigung enthoben. Dem „Schwächeren“ wären rationale und verständige Gründe für seinen Konsens abgesprochen – eine unzulässige Einmischung in die Privatautonomie.

Bei gegenseitigen Globalverzichten müsste zudem konsequenterweise auch der später Begünstigte als unterlegen angesehen werden, schlösse man tatsächlich rein vom Vertragsinhalt auf eine Unterlegenheit bei Vertragsschluss. Im übrigen stellte das AG Schwäbisch Hall in der genannten Entscheidung auch nicht allein auf den Vertragsinhalt ab, sondern berücksichtigte die Kindesbetreuung sowie die berufliche Perspektive der Frau.

(9) Zusammenfassende Kritik

Zum Kriterium der Ungleichgewichtslage, die eine Einschränkung der Vertragsfreiheit rechtfertigen könnte, lassen sich nach allem zufrieden stellende allgemeingültige Kriterien nicht finden.

In jedem Falle abzulehnen ist *Schwenzers* „strukturelle Unterlegenheit“ der Frau, die darauf beruhen soll, dass Männer häufig besser ausgebildet seien als Frauen, mehr verdienten, häufiger in Führungspositionen arbeiteten und allgemein durchsetzungsfreudiger seien. Frauen hingegen stünden in Streitfragen eher zurück als Männer, seien allgemein kompromissbereiter und seien somit generell in einer unterlegenen Verhandlungsposition. Diese Unterlegenheit der Frau sei generell und rechtfertige daher eine generelle Kontrolle familienrechtli-

856 BVerfG, FamRZ 2001, 343 (347 unter I. 2 d).

857 AG Schwäbisch Hall, FamRZ 2003, 1284 (1285).

cher Verträge[858]. Abgesehen von der völlig unzulässigen Pauschalität ist Schwenzers These auch deshalb entschieden abzulehnen, weil im Falle ihrer konsequenten Anwendung sämtliche Verträge zwischen Männern und Frauen einer Inhaltskontrolle zu unterziehen wären.

Aber auch *Büttners* „strukturelle Unterlegenheit in der Lebenslage"[859] bzw. *Dauner-Liebs* Unterlegenheit infolge von klassischer Rollenverteilung[860] überzeugen nicht. Denn ebenso wenig, wie eine strukturelle Unterlegenheit pauschal für alle Frauen angenommen werden kann, nur weil sie Frauen sind, sind alle werdenden Mütter strukturell unterlegen, nur weil sie schwanger sind, und schon gar nicht alle Frauen, nur weil sie Kinder erziehen anstatt Karriere zu machen.

Auch das für das BVerfG zentrale Indiz der Schwangerschaft ist als genereller Anknüpfungspunkt für eine allgemeine geschwächte Verhandlungsposition der Frau nicht geeignet. Richtig ist zwar, dass schwangere Frauen psychisch und physisch belastet sind, wenn sie den Vater des Kindes heiraten möchten, dieser dazu aber nur mit Ehevertrag bereit ist. Aber trotz hierdurch bedingter Einbußen an Rationalität ist es nicht gerechtfertigt, jeden in diesem Zustand geschlossenen Ehevertrag der Inhaltskontrolle zu unterwerfen. Die Analyse der bereits veröffentlichten instanzgerichtlichen zeigte allerdings zum einen, dass eine Schwangerschaft bei Abschluss des Vertrages in einer Vielzahl von Fällen zum Anlass genommen wurde, sich auf eine entsprechende Unterlegenheit zu berufen und den Vertrag anzugreifen. Zum anderen wurde deutlich, dass für manche Gerichte die Schwangerschaft offensichtlich zum Regelfall der Unterlegenheit geworden ist. Entscheidungsgründe, in denen die Schwangerschaft ergebnisoffen im Rahmen einer umfassenden Beurteilung gegen andere Kriterien abgewogen wurde, sind selten. Und so fällt auf, dass auch das BVerfG nur allgemein die Situation von Schwangeren beschrieb, auf die konkrete Situation der Beschwerdeführerin hingegen kaum einging.

Abgesehen davon ist es mit dem von Artikel 3 II GG geprägten Bild der eigenverantwortlichen und gleichberechtigten Frau unvereinbar, die Frau in einer normalen Situation ihres Frau-Seins in die Nähe der Geschäftsunfähigkeit zu rücken. Allein aufgrund der Schwangerschaft der Frau ist der Vertragsschluss daher in keinem Falle anstößig. Ergibt sich aus der Existenzabhängigkeit der Frau oder den sonstigen Umständen eine Zwangslage, kann auch ohne die Indizwirkung der Schwangerschaft eine Einzelfallprüfung anhand von § 138 BGB ausreichenden Schutz gewährleisten.

Ebenso wenig bietet eine eventuelle Einkommens- und Vermögensdisparität ein zuverlässiges Kriterium zur Bestimmung einer Unterlegenheit. Der Wunsch einer Frau, durch den Ehevertrag wirtschaftliche Absicherung in der Ehe zu

858 *Schwenzer*, AcP 196 (1996), 88 ff.
859 *Büttner*, FamRZ 1998, 1 (5).
860 *Dauner-Lieb*, AcP 201 (2001), 295 (321 f.), *dies*., FF 2001 128, (139).

erfahren, kann kein Ungleichgewicht begründen. Schlösse man zudem von einer ungleichen Vermögensverteilung stets auf eine unterlegene Verhandlungsposition, müssten sämtliche Verträge zwischen Arm und Reich in Zweifel gezogen werden. Es entstünden Geschäftsfähige zweiter Klasse. Es kann daher nicht überzeugen, wenn die instanzgerichtliche Rechtsprechung eine Frau etwa schon deshalb als unterlegen bezeichnete, weil der Mann überdurchschnittlich gut verdiene und daher eine „gute Partie" sei, während die Frau als Friseurin aus eher „einfachen Verhältnissen" stamme.

Auch das Kriterium der Aufteilung von Erwerbs- und Familienarbeit bedingt nicht automatisch eine ungleiche Verhandlungsposition. Willigt z.B. einer der beiden Partner ein, die berufliche Tätigkeit für eine Hausfrauen-/ Hausmannstätigkeit aufzugeben, so handelt er im Allgemeinen aus freiem Willen. Viele Frauen und auch Männer fühlen sich aber in dieser von ihnen selbst gewählten Rolle äußerst wohl. Ihnen eine psychische Zwangslage sowie Unfähigkeit, die eigenen Interessen sachgerecht wahrzunehmen, zu attestieren, wäre unvertretbar.

Auch ein Ungleichgewicht hinsichtlich der beruflichen Qualifikation und Perspektive muss als zuverlässiger Beurteilungsmaßstab für ein vertragliches Ungleichgewicht ausscheiden. Dies belegen auf der einen Seite die gegensätzlichen Argumentationsansätze der Instanzgerichte. Auf der anderen Seite können berufliche Zukunftsperspektiven in den seltensten Fällen zuverlässig prognostiziert werden.

Unterschiedliche intellektuelle Fähigkeiten sind als Beurteilungsmaßstab ebenfalls nicht haltbar. Denn Intelligenz ist über die Maßen facettenreich und kaum praktikabel messbar. Könnte man sich aufgrund vermeintlicher geistiger Mängel vom Vertrag lösen, verstieße dies gegen das geltende Recht der §§ 104 ff. BGB und öffnete der Rechtsunsicherheit Tür und Tor.

Auch eine eventuelle Sprachunkundigkeit ist kein allgemeingültiger Maßstab für eine unausgewogene Verhandlungsposition. Zwar ist einem sprachunkundigen Beteiligten nach § 16 BeurkG die Niederschrift zu übersetzen, so dass bei der Beurkundung ein Dolmetscher hinzuzuziehen ist. Ist das sprachliche Verständnis allerdings ausreichend und lehnen die Beteiligten die Hinzuziehung eines Dolmetschers ab, obliegt dem vermeintlich Sprachunkundigen eine Selbstverantwortung. Wer Fachbegriffe und Einzelheiten nicht versteht, muss nachfragen und ist nicht anders zu behandeln als jeder Deutsche. In diesem Falle bleibt nur die Möglichkeit der Irrtumsanfechtung.

Abschließend ist festzustellen, dass auch der bloße Vertragsinhalt nicht als Kriterium für eine allgemein ungleiche Verhandlungsposition gelten kann. Zwar entschied das AG Schwäbisch Hall in seinem Urteil vom 28.2.2003, dass ein Totalverzicht eine Unterlegenheitsposition belege. Ließe man dies jedoch in jedem Fall gelten, könnte gar kein Globalverzicht mehr vereinbart werden. Die

Vorschriften zur Vertragsfreiheit im Ehevertragsrecht wären obsolet. Starken, selbstbewussten Partnern wäre die Möglichkeit, Vorkehrungen für eine klare und vollständige Trennung voneinander zu treffen, vollständig verbaut.

Zusammenfassend ist festzuhalten, dass die zwischen Vertragsschließenden auftretenden Machtlagen derart vielfältig und komplex sind, dass sie weder messbar noch definierbar sind[861]. Keines der vorgeschlagenen Kriterien ist daher geeignet, gestörte Vertragsschlusssituationen abstrakt zu kennzeichnen. Dies gilt umso mehr, als diese Kriterien auch untereinander gewichtet werden müssten. Eine Schematisierung und Typisierung ist mithin nicht möglich. Das Fazit muss daher lauten, dass das Erklärungsmuster der strukturellen Unterlegenheit als Rechtfertigung für eine Beschränkung der Vertragsfreiheit ungeeignet ist. Bezeichnenderweise problematisierte auch der BGH in seinem Urteil vom 11.2.2004 die strukturelle Unterlegenheit bzw. vertragliche Disparität beim Vertragsabschluss mit keinem Wort.

b) Der Einfluss von Verfahrens- und Formfragen

Abgesehen von dieser an den Anknüpfungspunkten einer Ungleichgewichtslage orientierten Diskussion wird im Folgenden der mögliche Einfluss von Verfahrens- und Formfragen auf die Intensität einer richterlichen Kontrolle erörtert. Eingegangen wird dabei nacheinander auf eine etwaige Vertretung einer Partei bei Abschluss des Vertrages, auf die Frage der Prüfungsintensität bei privatschriftlichen bzw. notariellen Vereinbarungen sowie auf die Diskussion um die Einführung einer Beweislastumkehr.

(1) Vertretung bei Vertragsschluss

In jedem Fall verstärkt berücksichtigt werden muss es, wenn einer der Vertragspartner bei der Beurkundung der Vereinbarung vertreten wurde[862]. Denn wie bereits oben ausgeführt[863], umgeht eine solche Vertretung bei Abschluss des Ehevertrages den Schutzzweck der Beurkundung.

(2) Privatschriftform versus notarielle Beurkundung

Zu untersuchen ist weiter, welchen Einfluss die gewählte Form – mündliche Abrede, Privatschriftform oder notarielle Beurkundung – auf die richterliche Kontrolle einer familienrechtlichen Vereinbarung hat. Das BVerfG führte in seinem Urteil vom 6.2.2001 aus, Unterhaltsvereinbarungen seien auch deshalb einer besonderen richterlichen Inhaltskontrolle zu unterziehen, weil der Gesetzgeber anders als bei Vereinbarungen über Zugewinn oder Versorgungsausgleich

861 Vgl. selbst *Hönn*, JuS 1990, 953 (956): „Es gibt auch gar keine Methode, Machtgleichheit festzustellen"; vgl. auch *Preis*, S. 288.

862 So auch *Gerber*, DNotZ-Sonderheft 1998, 288 (294); *Grziwotz*, FamRB 2002, 26 (Fußnote 3); zum Erfordernis der bloß gleichzeitigen, nicht aber persönlichen Anwesenheit vgl. Seite 121.

863 Siehe Seite 121.

davon abgesehen habe, durch Formerfordernisse oder Verfahrensregelungen einen gewissen Übervorteilungsschutz zu bieten[864]. Das BVerfG gibt damit zu erkennen, dass privatschriftliche oder gar mündliche Abreden schon aus Formgründen anfälliger seien als notarielle oder gerichtlich protokollierte Vereinbarungen. Nachdem Gegenstand dieses Urteils eine privatschriftliche Unterhaltsvereinbarung war, unterwarf das BVerfG in seinem Beschluss vom 29.3.2001 jedoch auch einen notariell beurkundeten Ehevertrag der Inhaltskontrolle. Für das BVerfG steht die notarielle Form einer Inhaltskontrolle also nicht von vornherein entgegen. In Betracht kommt allerdings, die Kontrolle notariell beurkundeter Vereinbarungen weniger intensiv ausfallen zu lassen als diejenige privatschriftlicher Vereinbarungen.

Dem entspricht es, dass die instanzgerichtliche Rechtsprechung die Bedeutung der notariellen Beurkundung bisher stets unterstrichen hat. Nach früherer Ansicht des BGH etwa schützte die Belehrungspflicht des Notars aus § 17 BeurkG davor, dass der Ehevertrag aus Unerfahrenheit oder Gesetzesunkenntnis abgeschlossen werde[865]. Dem schloss sich in jüngerer Zeit z.B. das OLG Köln mit Urteil vom 3.7.2001[866] an.

Die Belehrung und die damit verbundene Information der verzichtenden Frau war auch für das OLG München ausschlaggebend dafür, in seiner Entscheidung vom 30.4.1997[867] die Sittenwidrigkeit eines Ehevertrages zu verneinen. Hier war der Vertrag erst beim dritten Beurkundungsversuch zustande gekommen. Der erste Notar hatte die Beurkundung abgelehnt, beim zweiten Versuch scheiterte die Beurkundung aufgrund der Belehrungen einer Notarvertreterin. Die beim dritten Versuch schließlich entstandene Urkunde enthielt einen ausdrücklichen Hinweis auf die mögliche Sittenwidrigkeit.

Im Hinblick auf die notarielle Beurkundung verneinte auch das OLG Köln[868] mit Urteil vom 16.5.2001 die Sittenwidrigkeit eines Ehevertrages. Die Frau hatte vorgetragen, bei Abschluss der notariellen Vereinbarung der deutschen Sprache nicht so mächtig gewesen zu sein, als dass sie das, was sie unterschrieben habe, hätte verstehen können. Sie habe überhaupt nicht gewusst, was unter dem Güterstand der Zugewinngemeinschaft oder der Gütertrennung zu verstehen sei. Das OLG Köln konstatierte, dass die nach § 1410 BGB erforderliche notarielle Beurkundung vor Übervorteilung schütze. Wenn die Frau Einzelheiten wegen ihrer mangelnden Deutschkenntnisse oder wegen der juristischen Fachbegriffe nicht verstanden habe, hätte sie den Notar darauf hinweisen und nachfragen müssen.

864 BVerfG, FamRZ 2001, 343 (346, unter B I 2 a).
865 BGH, FamRZ 1996, 1536, Beschluss vom 18.9.1996.
866 OLG Köln, FamRZ 2002, 828 (829).
867 OLG München, Prot. v. 30.4.1997, Az.: 16 UF 1270/96 (unveröffentlicht).
868 OLG Köln, FamRZ 2002, 457.

Dieser Rechtsprechung setzte der BGH mit seinem Urteil vom 11.2.2004 nun ein Ende. Der BGH befand, die Inhaltskontrolle werde nicht dadurch entbehrlich, dass der belastete Ehegatte durch einen Notar hinreichend belehrt worden sei[869]. Dass das Gesetz die notarielle Form nur für Vereinbarungen zum Zugewinn und zum Versorgungsausgleich vorschreibe, nicht aber für Vereinbarungen zum Unterhalt, kritisiert der BGH nicht. Diese Tatsache dient ihm vielmehr zur Begründung seiner Erkenntnis, dass sich Formfragen auf die Kontrollintensität nicht auswirkten.

Auch in der Literatur ist die Ansicht verbreitet, dass die notarielle Belehrung eine Unwirksamkeit des Vertrages nicht verhindern könne[870]. Notariell oder gerichtlich beurkundete Verträge seien gleichermaßen der vollen Inhaltskontrolle zu unterziehen. *Schwenzer*[871] gar ist der Ansicht, die notarielle Beurkundung sei grundsätzlich ungeeignet, ein strukturelles Ungleichgewicht zwischen den Vertragspartnern auszugleichen. Auch *Schnitzler* bemerkt, in Anbetracht der aktuellen Diskussion um Eheverträge und ihre Wirksamkeit sei zu bezweifeln, dass gerade Notare besonders geeignet seien, Ehescheidungen durchzuführen[872]. *Waldner* betont, grundrechtswidrige Eheverträge würden nicht dadurch verfassungskonform, dass ein Notar die Beteiligten berate. Die notarielle Belehrung schneide allein den Einwand ab, ein Beteiligter sei überrumpelt worden oder habe die Tragweite seiner Erklärungen nicht erfasst[873]. Ähnlich meint *Dauner-Lieb*, die notarielle Belehrung könne nur eine intellektuelle Unterlegenheit infolge Gesetzesunkenntnis oder Unerfahrenheit kompensieren, nicht aber eine objektiv bedingte Schutzbedürftigkeit[874]. *Goebel* gar scheint jegliche Funktion der notariellen Belehrung in Zweifel zu ziehen. Seiner Ansicht nach gibt es im Bereich ehevertraglicher Vereinbarungen, wo „romantische Liebe“ und starke Gefühle im Spiel seien, starke Rationalitätsabstriche im vertraglichen Aushandeln, die auch durch ein noch so hohes Maß an Information nicht wieder aufgefangen werden könnten[875].

---

869 BGH, FamRZ 2004, 601 (606) unter III 3; im Anschluss daran ebenso OLG Celle, NJW-RR 2004, 1585; für *Dauner-Lieb*, FF 2001, 129 (130); ist damit ein „listige[r] Versuch einer Schadensbegrenzung“ gescheitert; *dies.* auch zustimmend in FF 2004, 65 (67).

870 *Bergschneider*, FamRZ 2001, 1337; *Büttner*, FamRZ 1998, 1 (8); *Kleffmann*, FuR 2002, 203 (210); *Wiedemann*, JZ 1994, 411 (412).

871 *Schwenzer*, AcP 196 (1996) 88 (110).

872 *Schnitzler*, FF 2004 , 1.

873 *Waldner*, FamRB 2002, 216 (218); vgl. *ders.*, Eheverträge, S. 95 Rn. 88: Die Vorstellung, Sittenwidrigkeit sei infolge der Belehrung des Notars über die Tragweite der Erklärungen ausgeschlossen, zeige unangebrachte Überheblichkeit.

874 *Dauner-Lieb*, AcP 201 (2001), 295 (321).

875 *Goebel*, FamRZ 2003, 1513 (1518).

Anderen Literaturstimmen zufolge kann eine notarielle Beurkundung eine Unwirksamkeit des Vertrages sehr wohl verhindern. So vertrat *Reinartz* schon im Jahr 1977, die Belehrung über die rechtliche Tragweite der Vereinbarung stehe einer Sittenwidrigkeit wegen geschäftlicher Unerfahrenheit entgegen[876]. Auch in jüngerer Zeit befanden zahlreiche Autoren, die notarielle Beurkundung und die aus § 17 BeurkG folgende Belehrungspflicht des Notars schützten regelmäßig davor, dass der Ehevertrag aus Unerfahrenheit oder Unkenntnis über die Folgen übereilt abgeschlossen werde[877].

Nach Ansicht von *Nachreiner*[878] etwa kann der Notar ein anfängliches Ungleichgewicht durch Information und Aufklärung ausgleichen, eine eventuelle Unterlegenheit also verringern. Ähnlich meint *Münch*, die notarielle Beurkundung könne eine intellektuelle Ungleichgewichtslage ausgleichen. Wer sich auf die Belehrung hin jedoch nicht vertieft mit den Folgen des Vertrages befasse, seine Interessenlage überprüfe und gegebenenfalls einen eigenen Parteivertreter einschalte oder aber den Gesamtvertrag in dann voller Kenntnis seiner Bedeutung unterzeichne, müsse sich später auch am Vertrag festhalten lassen[879]. Für *Langenfeld* scheidet eine Unterlegenheit aus, wenn die Frau – schwanger oder nicht – durch einen Notar belehrt worden sei und ohne Zeitdruck unterschrieben habe[880]. Denn auch ein unausgewogener Vertrag könne wirksam abgeschlossen werden, wenn man seinen Inhalt richtig verstehe und ihn akzeptiere, um gewisse Ziele zu erreichen, hier die gewünschte Eheschließung[881].

Richtig ist, dass die notarielle Belehrung einer Unwirksamkeit insofern entgegensteht, als dass sie der Gesetzesunkenntnis der Beteiligten abhilft und insbesondere Unerfahrenen die Tragweite ihrer Erklärung vor Augen führt. Zutreffend wies daher etwa das OLG Nürnberg mit Beschluss vom 1.9.2004[882] den Einwand der Frau, sie habe kein Verständnis für das geltende Familienrecht gehabt, im Hinblick auf die Belehrungen des Notars zurück.

---

876 *Reinartz*, NJW 1977, 81 (83).

877 *Gerber*, FS 50 Jahre BGH, 2000, S. 49 (52); vgl. auch *Lenz*, MittBayNot 1999, 152 (156); *Münch*, DNotZ 2004, 901 (911); *Rauscher*, DNotZ 2004, 524, (540 f.); *Schervier*, MittBayNot 2001, 213 (215); vgl. weiter *Grziwotz*, FamRB 2002, 26 (Fußnote 5); vgl. *ders.*, DNotZ-Sonderheft 1998, 228 (260), der den der Sinn der notariellen Form insgesamt in Frage gestellt sieht.

878 *Nachreiner*, MittBayNot 2001, 356 (359 f.).

879 *Münch*, DNotZ 2004, 901 (912).

880 *Langenfeld*, DNotZ 2001, 272 (279); vgl. schon *ders.*, FS Schippel, 1996, zur Verneinung der Sittenwidrigkeit bei erfolgter Belehrung nach § 17 BeurkG.

881 *Langenfeld*, DNotZ 2001, 272 (279).

882 OLG Nürnberg, FamRZ 2005, 454.

Die Kenntnis der Entscheidungsgrundlagen ist Voraussetzung für eine freie Willensbetätigung. Und selbst wenn *Schubert* zutreffend darauf hinweist, dass auch die intensivste Belehrung oft nicht von der Unterschrift abhalte[883], sind Vereinbarungen doch wirksam, wenn die Beteiligten deren Inhalt und Tragweite richtig erfasst haben. Abgeschnitten ist damit in jedem Fall der Einwand, man habe nicht gewusst, worauf man sich eingelassen habe.

Auf der anderen Seite aber kann die Tätigkeit des Notars eine Unwirksamkeit der Vereinbarung nicht stets verhindern. Denn die Belehrung beschränkt sich auf den Vertragsinhalt und seine Auswirkungen; von den Motiven der Beteiligten und von eventuell bestehenden Zwangslagen hat der Notar trotz Nachfrage oftmals keine Kenntnis. Ist gar das Kindeswohl betroffen, kann die notarielle Beurkundung erst recht keinen Bestandsschutz garantieren. Über die bloße Tendenz hinaus, dass notariell beurkundete Verträge weniger anfällig sind als privatschriftliche, lässt sich die Bedeutung der notariellen Beurkundung für die Intensität einer gerichtlichen Kontrolle nicht verallgemeinern. Entscheidend sind vielmehr stets die Umstände des Einzelfalles.

(3) Erfordernis einer Beweislastumkehr?

Derjenige, der sich auf Sittenwidrigkeit beruft, muss die Umstände darlegen und beweisen, aus denen er die Sittenwidrigkeit herleitet[884]. Auch wer einen Ehevertrag über die Ausübungskontrolle nach § 242 BGB angreifen will, muss die Voraussetzungen eines rechtsmissbräuchlichen Verhaltens darlegen und beweisen. Der BGH verlangt jeweils eine Gesamtschau der getroffenen Vereinbarung, insbesondere im Hinblick auf die Gründe und Umstände ihres Zustandekommens sowie auf die beabsichtigte und verwirklichte Gestaltung des ehelichen Lebens[885]. Fehlen – wie zumeist – hinreichende Erläuterungen im Ehevertrag, entstehen Beweisprobleme.

Vielfach wird daher eine Beweislastumkehr gefordert. So sind *Schwab, Bergschneider, Münch* und *Mayer* der Ansicht, eine besonders krasse Benachteiligung begründe die Vermutung für eine ungleiche Verhandlungsposition[886]. Dies folge aus den allgemeinen Grundsätzen zu § 138 BGB, wonach bei einem besonders groben Missverhältnis auf eine unterlegene Verhandlungsposition zu

883 *Schubert*, FamRZ 2001, 733 (736).

884 BGH, FamRZ 1983, 137 (140); BGH, FamRZ 1985, 788 (789); OLG Hamm, FamRZ 1986, 471 (472); Münch-Komm/*Maurer*, § 1585 c Rn. 40; Palandt/*Heinrichs*, § 138 Rn. 23; *Waldner*, FamRB 2002, 216 (218).

885 BGH, FamRZ 2004, 601 (604 unter III).

886 *Schwab*, DNotZ-Sonderheft 2001, 9 (15); *ders.*, FamRZ 2001, 349; *Bergschneider*, FamRZ 2001, 1337 (1339); *ders.*, FF 2002, 70; *Borth*, FamRZ 2004, 609 (611); *Mayer*, FPR 2004, 363 (365); *Münch*, MittBayNot 2003, 107 (109); vgl. auch *Schubert*, FamRZ 2001, 734, (735): Das subjektive Element sei schon aufgrund der objektiven Sittenwidrigkeit gegeben.

schließen sei. Sei die Beweislast damit umgekehrt, reiche es aus, wenn sich ein Ehegatte auf die Indizien der Benachteiligung und der Dominanz berufe. Der andere müsse diese belastenden Momente dann entkräften[887], z.B. unter Berufung auf die Vermögenslage oder die beruflichen Qualifikationen und Perspektiven des Verzichtenden.

Eine Beweislastumkehr für Globalverzichte befürwortet auch der 15. Deutsche Familiengerichtstag[888]. Bei Globalverzichten bestehe eine widerlegliche Vermutung für eine auf Dominanz beruhende Ausnutzung einer ungleichen Verhandlungsposition.

Eine Umkehr der Darlegungs- und Beweislast für Globalverzichte erwog früher auch schon *Büttner*[889]. Werde vorsorgend oder auch nach längerer Ehe mit ehebedingter Bedürfnislage ohne Gegenleistung auf Zugewinn, Versorgungsausgleich und Unterhalt verzichtet, bestehe eine tatsächliche Vermutung, dass dieses Rechtsgeschäft unter Ausnutzung der schwächeren Position des Übervorteilten zustande gekommen sei. Es müsse dann nicht der Benachteiligte eine Zwangslage beweisen, sondern der Begünstigte, dass er trotz des äußeren Anscheins keine Zwangslage ausgenutzt habe.

Noch weitergehend fordert *Bergschneider* im Anschluss an das Urteil des BGH vom 11.2.2004, bei einem Verzicht auf Betreuungsunterhalt müsse der begünstigte Ehegatte darlegen, dass der betreuende Elternteil im Hinblick auf seinen Beruf die Kindesbetreuung mit einer Erwerbstätigkeit verbinden könne, ohne dass das Kind Erziehungseinbußen erleide oder aber dass sich die Ehegatten verständigt hätten, Dritte in die Betreuung einzubeziehen[890].

Diese Ansätze zur Begründung einer Beweislastumkehr können aber nicht überzeugen. Wie bereits erläutert[891] ist es bei familienrechtlichen Vereinbarungen gerade nicht zulässig, von einem groben Missverhältnis zwischen Leistung und Gegenleistung darauf zu schließen, der begünstigte Vertragspartner habe einen den Vertragspartner hemmenden Umstand zum Nachteil des anderen bewusst oder grob fahrlässig ausgenutzt[892].
Auch Zumutbarkeitskriterien führen nicht weiter. Der Gedanke der Gefahrenbereiche, Sphären bzw. der größeren Sachnähe, aus dem etwa im Bereich der Produkthaftung oder der Arzthaftung eine Beweislastumkehr hergeleitet wird, lässt sich auf familienrechtliche Vereinbarungen nicht übertragen. Denn hier geht es nicht um deliktische Haftung, sondern um vertragliche Vereinbarungen,

887 *Bergschneider*, FamRZ 2001, 1337 (1339); *Münch*, MittBayNot 2003, 107; vgl. auch *Rauscher*, DNotZ 2002, 751 (760).
888 *Brudermüller/Schürmann*, FuR 2004, 18 (20).
889 *Büttner*, FamRZ 1998, 1 (6).
890 *Bergschneider*, FamRZ 2004, 807 f..
891 Siehe Seite 70.
892 BGH, FamRZ 2003, 846 (848); BGH, FamRZ 1985, 788 (789).

die vom Gesetz ausdrücklich ermöglicht werden. Der Beweis einer geschwächten Verhandlungsposition ist für den Benachteiligten nicht schwieriger zu führen als für den Begünstigten der Beweis ausgewogener Verhandlungsstärke. Die Überschaubarkeit der Umstände unterscheidet sich nicht. Eine Beweislastumkehr ist daher abzulehnen.

2. Einseitige vertragliche Lastenverteilung

Nachdem im vorangegangenen Abschnitt mögliche Anknüpfungspunkte für die ungleiche Verhandlungsposition sowie der Einfluss von Verfahrens- und Formfragen auf die Prüfungsintensität beschrieben wurden, folgt nun die Betrachtung der zweiten Voraussetzung der Inhaltskontrolle anhand der gestörten Vertragsparität – der einseitigen vertraglichen Lastenverteilung[893]. Unklar ist hier insbesondere, anhand welchen Maßstabes dieses Merkmal bestimmt werden soll. Der Darstellung der in Literatur und Rechtsprechung erörterten Kriterien folgt eine zusammenfassende Kritik.

a) Mögliche Maßstäbe

Zur Konkretisierung der einseitigen vertraglichen Lastenverteilung werden in Literatur und Rechtsprechung verschiedene Lösungsmöglichkeiten erörtert. Eingegangen wird im Folgenden unter dem Stichwort „Äquivalenz" zunächst auf die Frage, ob Vorteile, die der Frau aus der Eheschließung erwachsen, vertragliche Belastungen ausgleichen können. Ausführlich beleuchtet wird daraufhin die Idee, einen Anspruch auf gleiche Teilhabe am gemeinsam Erwirtschafteten zum Maßstab für die Beurteilung einer einseitigen Belastung zu erheben. Abschließend wird erörtert, ob die gesetzlichen Scheidungsfolgen als Maßstab für eine einseitige vertragliche Belastung herangezogen werden kann.

(1) Äquivalenz – das Eheversprechen als Gegenleistung?

Anlässlich der Rechtsprechung des BVerfG zu den Verwandtenbürgschaften erklärte *von Westphalen* das Äquivalenzprinzip zum Maßstab für eine ungleiche Belastung, also das Gleichgewicht von Leistung und Gegenleistung[894]. Verschöben sich bei Beachtung von Äquivalenz und Markt die Gewichte erheblich zum Nachteil der faktisch unterlegenen Partei, sei deren Belastung „ungewöhnlich". Auf Eheverträge indes lassen sich die Begriffe von Markt und Preis, von Leistung und Gegenleistung schwerlich übertragen.

Doch wird immer wieder diskutiert, ob die Vorteile, die der Frau aus der Eheschließung erwachsen, vertragliche Belastungen ausgleichen können. Das BVerfG beantwortet diese Frage mit einem klaren Nein. Die Ehe verteile Rechte und Pflichten gleichmäßig auf Mann und Frau; ihre Leistungen füreinander

893 Vgl. BVerfG, FamRZ 2001, 343 (347).

894 *Von Westphalen*, MDR 1994, 5 (7).

seien gleichrangig. Das Eheversprechen als solches begründe keine einseitige Belastung eines der Vertragspartner[895]. Zwar übernähmen Ehepartner mit der Eheschließung gegenüber ihrem bisherigen Stand als Ledige neue Pflichten. Dies gelte jedoch für beide Partner gleichermaßen. Entsprechend befand das OLG Celle mit Urteil vom 24.6.2004[896], das im Ehevertrag enthaltene Eheversprechen wiege eine einseitige Belastung nicht auf. *Waldner*[897] möchte daher vorsorgende Eheverträge nicht an der Situation des benachteiligten Partners ohne die Eheschließung messen, sondern am gesetzlichen Leitbild der Ehe entsprechend den gesetzlichen Vorschriften.

Formal-abstrakt betrachtet ist es richtig, dass beide Partner mit der Ehe gleiche Rechte und Pflichten übernehmen. Fraglich ist jedoch, ob sich bei konkret-wirtschaftlicher Betrachtung ein anderes Ergebnis ergibt. Denn es ist nicht von der Hand zu weisen, dass die Eheschließung die Lage gerade einer schwangeren Frau in der Regel erheblich verbessert, und zwar auch dann, wenn die gesetzlichen Scheidungsfolgen ausgeschlossen sind[898]. Zu berücksichtigen sind nämlich der Anspruch auf Familienunterhalt[899], das Ehegattenerbrecht[900], die Familienversicherung bei der Krankenversicherung und die Witwenrente. So wollen denn auch *Röthel* und *Armasow* diese aus der Eheschließung folgenden Rechte und Ansprüche in die Lastenabwägung einbeziehen[901].

Doch kann nicht außer Acht gelassen werden, dass die Ehe auch dem Mann Vorteile bringt. Sie verbessert insbesondere seinen Status gegenüber zu erwartenden Kindern[902]. Und selbst wenn der Mann in der Regel die Rolle des „Ernährers" übernimmt, so steht dem doch im Rahmen von Hausfrauenehen der wirtschaftliche Wert von Kindererziehung und Hausarbeit gegenüber[903]. Weiter profitiert der Mann gleichermaßen vom Ehegattenerbrecht und der Familienver-

---

895 BVerfG, FamRZ 2001, 343 (347) mit Verweis auf BVerfG, FamRZ 1974, 579; vgl. auch OLG Koblenz, FF 2003, 138 (139); OLG Düsseldorf, FamRZ 2004, 461 (463).

896 OLG Celle, FamRZ 2004, 1489.

897 *Waldner*, FamRB 2002, 216 (217); vgl. *ders.*, Eheverträge, S. 31, Rn. 20.

898 Vgl. *Langenfeld*, FamRZ 1994, 201 (204); *Lenz*, MittBayNot 1999, 152 (156); *Rauscher*, FuR 2001, 155 (156); vgl. schon *Grziwotz*, FamRZ 1997, 585 (587).

899 Vgl. § 1360 BGB.

900 Vgl. § 1931 BGB.

901 *Röthel*, NJW 2001, 1334 (1335); vgl. *Armasow*, RNotZ 2001, 196 (201): die Frau bekam, was sie wollte, nämlich einen Ehemann.

902 Nach alter Rechtslage vor Geltung des Kindschaftsrechtsreformgesetzes hatte der nichteheliche Vater keine Möglichkeit, die elterliche Sorge zu erlangen, sogar die Umgangsmöglichkeit war beschränkt. Aber auch unter Geltung des Kindschaftsrechtsreformgesetzes hat der nichteheliche Vater kein Sorgerecht ohne gemeinsame Sorgeerklärung; vgl. jüngst das Urteil des BVerfG vom 29.1.2003 (BVerfG, FamRZ 2003, 285) und der Beschluss vom 23.4.2003 (BVerfG, FamRZ 2003, 1447) zur Verfassungsgemäßheit des § 1626 a II BGB.

903 Vgl. BVerfG, FamRZ 2002, 527.

sicherung, im Falle der Erwerbstätigkeit der Frau möglicherweise ebenso von der Witwerrente und bei Hausmannsehen auch vom Familienunterhalt. Sowohl mit der formal-abstrakten Betrachtungsweise des BVerfG wie auch bei wirtschaftlicher Betrachtung ist damit der Schluss, dass die Vorteile der Eheschließung Belastungen durch einen Ehevertrag ausgleichen könnten, nicht in jedem Fall gerechtfertigt.

(2) Anspruch auf gleiche Teilhabe am gemeinsam Erwirtschafteten

Diskutiert wird weiter, einen Anspruch auf gleiche Teilhabe am gemeinsam Erwirtschafteten zum Maßstab für die Beurteilung einer einseitigen Belastung zu erheben. Dargestellt wird zunächst die Herleitung dieses Anspruchs auf gleiche Teilhabe durch das BVerfG, um anschließend seine einfachgerichtliche Umsetzung aufzuzeigen. Nach der Erörterung der in der Literatur zum Teilhabeanspruch entstandenen Denkansätze erfolgt eine zusammenfassende Kritik in Bezug auf die Eignung dieses Kriteriums für die Beurteilung einer einseitigen vertraglichen Belastung.

(a) Herleitung aus Artikel 6 in Verbindung mit 3 II GG

Zur grundrechtlichen Herleitung des Anspruchs auf gleiche Teilhabe sind die Beschlüsse des BVerfG vom 5.2.2002 und vom 20.5.2003 maßgeblich.

(aa) Der Beschluss des BVerfG vom 5.2.2002

Der Beschluss des BVerfG vom 5.2.2002[904] betraf die lange Zeit umstrittene Rechtsprechung zur Anrechnung nachehelicher Erwerbseinkünfte. Meinungsverschiedenheiten herrschten über die Frage, wie das Einkommen des Unterhaltsberechtigten zu berücksichtigen sei, wenn dieser erst nach der Scheidung eine Berufstätigkeit (wieder) aufgenommen oder etwa eine vorherige Teilzeitarbeit aufgestockt hatte. Die vom BVerfG überprüften Urteile gingen davon aus, dass derartiges Einkommen die ehelichen Lebensverhältnisse nicht geprägt habe und deshalb bei der Errechnung des Familieneinkommens nicht zu berücksichtigen sei. Vielmehr wurde es auf den nach dem Familieneinkommen errechneten Unterhaltsanspruch bedarfsmindernd angerechnet.

Diese sogenannte Anrechnungsmethode lehnte das BVerfG nun ab mit der Folge, dass nun auch für nacheheliche Erwerbseinkünfte die Differenzmethode[905] gilt. Dies überraschte nicht mehr, nachdem auch der BGH kurz zuvor mit Urteil

904 BVerfG, FamRZ 2002, 527 = NJW 2002, 1185.

905 Findet die Differenzmethode Anwendung, wird von dem bereinigten Erwerbseinkommen des mehrverdienenden Ehegatten das bereinigte Erwerbseinkommen des weniger verdienenden Ehegatten abgezogen und die Differenz nach dem Schlüssel 3/7 für den Berechtigten und 4/7 für den Verpflichteten verteilt, vgl. etwa BGH, FamRZ 1981, 539 (541).

vom 13.6.2001[906] seine Rechtsprechung zur Anrechnungsmethode geändert hatte[907]. Das BVerfG befand, die alte Rechtsprechung verstoße gegen Artikel 6 GG in Verbindung mit dem Gleichheitsgrundsatz. Ausgangspunkt war auch hier der Schutz der Ehe als Lebensgemeinschaft gleichberechtigter Partner. Das BVerfG erklärte, Familienarbeit und Erwerbsarbeit seien unabhängig von ihrer ökonomischen Bewertung als gleichwertig anzusehen. Dies verkenne die angegriffene Rechtsprechung, wenn sie den schon während der Ehezeit erwerbstätigen Ehegatten dadurch bevorzuge, dass ihn als Unterhaltsverpflichteten die Arbeitsaufnahme des anderen einseitig entlaste. Die neue Berufstätigkeit des vorher nicht erwerbstätigen Ehegatten sei „Surrogat" der bisher geleisteten Haushaltsführung und Kinderbetreuung.

Seien die Leistungen gleichwertig, die Ehegatten im Rahmen der von ihnen in gemeinsamer Entscheidung getroffenen Arbeits- und Aufgabenzuweisung erbrächten, so hätten beide Ehegatten grundsätzlich Anspruch auf gleiche Teilhabe am gemeinsam Erwirtschafteten, das ihnen zu gleichen Teilen zuzuordnen sei. Dies gelte nicht nur während der bestehenden Ehe, sondern wirke auch nach der Trennung und der Scheidung auf die Beziehung der Ehegatten hinsichtlich Unterhalt, Versorgung und Aufteilung des gemeinsamen Vermögens[908]. Insbesondere aber bestimme der Anspruch auf gleiche Teilhabe am gemeinsam Erarbeiteten auch die unterhaltsrechtlichen Beziehungen der geschiedenen Eheleute.

(bb) Der Beschluss des BVerfG vom 20.5.2003

Das Prinzip des Anspruchs auf gleiche Teilhabe am gemeinsam Erwirtschafteten erhärtete das BVerfG mit seinem Kammerbeschluss vom 20.5.2003[909] zum Ausschluss des Versorgungsausgleichs bei Eingreifen der Härteklausel des § 1587c Nr. 1 BGB.

Auch dieser Entscheidung stellt das BVerfG die These von der Ehe als Lebensgemeinschaft gleichberechtigter Partner voran, die von Artikel 6 I in Verbindung mit Artikel 3 II GG geschützt werde. Im übrigen wiederholte das BVerfG die Idee vom Anspruch auf gleichberechtigte Teilhabe, ohne allerdings nochmals im Einzelnen hierauf einzugehen. Der Anspruch auf Versorgungsausgleich sei als Fortsetzung des Unterhaltsanspruchs zu begreifen, für den dann dieselben Regeln gelten sollen.

---

906 BGH, FamRZ 2001, 986 = NJW 2001, 2254 = FuR 2001, 306 = DNotZ 2002, 440; fortgeführt in BGH, FamRZ 2001, 1687 (1691); BGH, FamRZ 2001, 1693 f.; BGH, NJW 2002, 436 (438).

907 Kritisch *Rauscher*, FuR 2001, 385 ff.: „einseitige Begünstigung von während der Ehe nicht erwerbstätigen Ehegatten"; abwägend *Diederichsen*, FuR 2001, 289 (296).

908 BVerfG, FamRZ 2002, 527 (529 unter I 1 c).

909 BVerfG, NJW 2003, 2819.

(b) Übertragung auf familienrechtliche Verträge

In der einfachgerichtlichen Rechtsprechung liegen bislang vier Entscheidungen vor, die den Gedanken des Anspruchs auf gleiche Teilhabe am gemeinsam Erwirtschafteten auf familienrechtliche Verträge übertragen.

(aa) OLG München, Urteil vom 1.10.2002

Wesentlich ist das bereits dargestellte Urteil des 4. Zivilsenats des OLG München (Augsburg) vom 1.10.2002[910]. Der Sachverhalt ist oben auf Seite 154 beschrieben. Das Gericht hielt den gesamten Ehevertrag für unwirksam. Indem es eine längere Passage des Beschlusses des BVerfG vom 5.2.2002 zur Gleichstellung von Familien- und Erwerbstätigkeit zitierte, machte es deutlich, den Anspruch auf gleiche Teilhabe am gemeinsam Erwirtschafteten für alle drei Bereiche Unterhalt, Versorgungsausgleich und Güterrecht zugrunde zu legen. Den Ausschluss des Zugewinnausgleichs erklärte das Gericht für unwirksam, weil der Mann seine dominierende Lage als Inhaber eines Vermögens und Bezieher eines weit überdurchschnittlichen Einkommens gegenüber der vermögenslosen und praktisch einkommenslosen Frau zu deren Nachteil ausgenutzt habe[911]. Das Gericht sah hierdurch die Grundrechte der Frau verletzt. Sie sei aus ihrer Rolle als gleichberechtigter Ehegatte verdrängt worden, der Mann habe sie von der gleichen Teilhabe am gemeinsam Erwirtschafteten ausgeschlossen. Der Vertrag trage in keiner Weise dem Umstand Rechnung, dass die Frau durch Haushaltsführung und Kinderbetreuung dem Mann erst ermöglicht habe, sich voll seiner Berufstätigkeit zu widmen.

(bb) AG Schwäbisch Hall, Urteil vom 28.2.2003

Mit ausdrücklichem Bezug auf die soeben genannte Entscheidung des OLG München sanktionierte offensichtlich auch das AG Schwäbisch Hall in seinem Urteil vom 28.2.2003 die Abweichung von der Halbteilung[912]. Zum Sachverhalt vgl. oben Seite 158. Das Gericht zitierte die Entscheidung des BVerfG vom 6.2.2001 und das Urteil des OLG München vom 1.10.2002, wonach der Anspruch der Ehegatten auf gleiche Teilhabe am gemeinsam Erwirtschafteten auch nach der Trennung und der Scheidung für Unterhalt, Altersversorgung und Aufteilung des gemeinsamen Vermögens gelte.

(cc) AG Tempelhof-Kreuzberg, Urteil vom 11.3.2003

Das Recht auf gleiche Teilhabe am gemeinsam Erwirtschafteten zog ferner das AG Tempelhof-Kreuzberg in seinem Urteil vom 11.3.2003 als Argument für die Gesamtnichtigkeit eines Ehevertrages heran[913]. Der Sachverhalt ist auf Seite 159

910 OLG München, FamRZ 2003, 35 = NJW 2003, 592 = MittBayNot 2003, 136 = DNotI-Report 2003, 4.

911 OLG München, FamRZ 2003, 35 (36) unter I. 2 c).

912 AG Schwäbisch Hall, FamRZ 2003, 1284 (1285).

913 AG Tempelhof-Kreuzberg, FF 2003, 139.

dargestellt. Das AG Tempelhof-Kreuzberg argumentierte, die Frau sei durch die vereinbarte Gütertrennung und durch den Ausschluss des Versorgungsausgleichs trotz der von ihr geleisteten Familienarbeit von der Teilhabe am während der Ehe erwirtschafteten Vermögenszuwachs ausgeschlossen.

(dd) BGH, Beschluss vom 6.10.2004 (OLG München)
Auch der BGH nahm jüngst in seinem Beschluss vom 6.10.2004 (OLG München)[914] - der Sachverhalt ist auf Seite 181 f. dargestellt – den Teilhabegedanken im Zusammenhang mit dem Versorgungsausgleich auf, indem er den Versorgungsausgleich als „gleichberechtigte Teilhabe beider Ehegatten am beiderseits erworbenen Versorgungsvermögen" bezeichnete. Weitere Ausführungen sind in der Entscheidung jedoch nicht zu finden.

(c) Literatur: Verfassungswidrigkeit der Zugewinngemeinschaft
In der Literatur verstand etwa *Maier* das Gebot gleicher Teilhabe als Grenze der Privatautonomie[915]. Der im Verfassungsrecht wurzelnde unterhaltsrechtliche Grundsatz der gleichen Teilhabe am gemeinsam Erwirtschafteten zwinge dazu, das gemeinsame Einkommen hälftig zu teilen. Dieser Anspruch erstrecke sich auf sämtliche Einkünfte aus Erwerbstätigkeit, Vermögen und sonstigen Leistungen, insbesondere auch auf wiederkehrenden Leistungen wie Renten[916]. Darüber hinaus gelte der Anspruch auf gleiche Teilhabe auch im Güterrecht[917]. Auch *Schwab* mutmaßte, der Grundsatz gleicher Teilhabe greife wenn schon im Unterhaltsrecht, dann umso mehr auch im sonstigen Vermögensrecht[918].

Für *Dauner-Lieb* ist die Grenze der Privatautonomie erreicht, wenn die Gleichwertigkeit von Einkommenserzielung auf der einen und Haushaltsführung und Kinderbetreuung auf der anderen Seite nicht mehr gewährleistet sei[919]. Ob die Ehegatten überhaupt berechtigt seien, ihre Beiträge eigenverantwortlich in Abweichung von der Gleichwertigkeitsprämisse zu bewerten, sei zu bezweifeln[920]. Wer sich für eine Einverdienerehe entscheide, trage nach der Scheidung in nachehelicher Solidarität Verantwortung und könne sich nicht vorab ehevertraglich von dieser Verantwortung freizeichnen. Vorsorgliche Totalverzichte ohne sachlichen Grund oder angemessene Kompensation seien daher korrekturbedürftig[921].

914 BGH, FamRZ 2005, 26 = NJW 2005, 137.
915 *Maier*, NJW 2002, 3359 (3365), der Autor ist Richter am 4. Zivilsenat des OLG München mit Sitz in Augsburg, das das oben erwähnte Urteil vom 1.10.2002 erlassen hat.
916 *Maier*, NJW 2002, 3359 (3360 ff.).
917 *Maier*, NJW 2002, 3359 (3364) mit Verweis auf *Scholz*, FamRZ 2002, 733.
918 *Schwab*, FF 2004, 97 (98).
919 *Dauner-Lieb*, FF 2003, 117 (118); vgl. auch *dies.*, ZFE 2003, 300 (302).
920 *Dauner-Lieb* in FF 2004, 65 (66 f.).
921 *Dauner-Lieb*, FF 2002, 151 (153).

Scholz[922] und *Dauner-Lieb*[923] schlossen gar vom grundsätzlichen Anspruch beider Ehegatten auf gleiche Teilhabe am gemeinsam Erwirtschafteten auf die Verfassungswidrigkeit des Güterstandes der Zugewinngemeinschaft. Der gesetzliche Güterstand führe während der Ehe nämlich gerade keine gleiche Teilhabe herbei, sondern schaffe einen Ausgleich erst im Scheidungsfall. Er sei daher durch eine neu konzipierte Errungenschaftsgemeinschaft zu ersetzen. Der nicht erwerbstätige Ehegatte wäre in diesem Falle „dinglich am Einkommen, de facto also am Zugewinn (der Errungenschaft) des anderen beteiligt“ [924].

(d) Zusammenfassende Kritik zum Teilhabeanspruch als Maßstab einseitiger vertraglicher Lastenverteilung

Die Annahme, das vom BVerfG in seinem Beschluss vom 5.2.2002 konstatierte Recht auf gleiche Teilhabe am gemeinsam Erwirtschafteten begrenze die Ehevertragsfreiheit, ist abzulehnen. Denn das BVerfG fordert nicht, dass in jedem Fall alles nach Köpfen geteilt wird. Der Beschluss betraf vielmehr nur die Berechnung des nachehelichen Unterhaltanspruchs. Ein genereller Teilhabeanspruch bei Unterhalt, Versorgungsausgleich und Ehegüterrecht ist aus dem Beschluss des BVerfG zur Gleichstellung der Familienarbeit nicht herzuleiten.

Richtet man etwa das Augenmerk auf die dogmatische Rechtfertigung des Zugewinnausgleichs, die in dem Gedanken liegt, auch der nicht erwerbstätige Ehegatte, der auf eigene Vermögensbildung verzichte, trage durch die Haushaltsführung zum Ehevermögen bei, fällt doch auf, dass der Zugewinnausgleich auch dann stattfindet, wenn sich die Ehegatten die Haushaltsarbeit gleichberechtigt teilen. Der Grundsatz gleicher Teilhabe kann die güterrechtliche Dispositionsfreiheit der Ehegatten also nicht einschränken.

Deshalb ist auch das dispositive Recht - das das BVerfG nicht in Frage stellt - verfassungskonform, wenn es mit den Wahlgüterständen ausdrücklich, ohne Begründungszwang und ohne Pflicht zur Kompensation Abweichungen zulässt. So erklärte auch die Bundesregierung auf Anfrage der FDP am 18.7.2003, es bestehe kein Bedürfnis, das geltende Recht hin zu einer Teilhabe- oder Errungenschaftsgemeinschaft zu ändern[925]. Jede Abweichung von der gleichen Teilhabe als unangemessene Benachteiligung zu erachten, ist daher unvertretbar. Sollen die Vorschriften des BGB über die Vertragsfreiheit im Eherecht noch einen Sinn behalten, muss eine vertragliche Abweichung von der Halbteilung möglich sein[926].

922 *Scholz*, FamRZ 2002, 733.
923 *Dauner-Lieb*, FF 2002, 151 (153).
924 *Scholz*, FamRZ 2002, 733.
925 BT-Drucks. 15/1435 vom 18.7.2003, S. 2.
926 Vgl. insbesondere *Münch*, MittBayNot 2003, 107 (109); *ders.*, ZNotP 2004, 122 (123); ebenso *Brandt*, MittBayNot 2004, 221 (225).

Nach wie vor gilt, dass das Wesen der Ehe weder eine wirtschaftliche Lebensgemeinschaft erfordert noch bei ihrer Auflösung eine Beteiligung an den während der Ehe eingetretenen vermögensrechtlichen Veränderungen[927].

Erfreulicherweise schob auch der BGH in seinem Urteil vom 11.2.2004[928] der Hinwendung zum Halbteilungsgrundsatz einen Riegel vor, nachdem nach dem Urteil des OLG München vom 1.10.2002[929] zu befürchten war, das Halbteilungsprinzip würde zum unabänderlichen Dogma. Der BGH erklärte, die vom BVerfG für das Recht des nachehelichen Unterhalts betonte Gleichwertigkeit von Erwerbstätigkeit und Familienarbeit habe keine bestimmte Strukturierung der ehelichen Vermögenssphäre zur Folge[930]. Der Halbteilungsgrundsatz sei zumindest im Hinblick auf die Vermögenssphäre wegen § 1360 S. 2 BGB einschränkend zu interpretieren. Zutreffend stellt der BGH klar, gleichwertig seien nur die Beiträge der Ehegatten zum Familienunterhalt, nicht aber der wirtschaftliche Wert von Erwerbseinkommen und Haushaltsführung. Zwar sehe der gesetzliche Güterstand eine gleiche Teilhabe der Ehegatten am gemeinsam Erwirtschafteten vor. Dem liege die typisierende Vorstellung zugrunde, dass die Ehegatten in ökonomisch gleichwertiger Weise zur Vermögensbildung beitrügen. Doch sei diese Gleichwertigkeit nur fiktiv und hindere die Ehegatten nicht, durch Vereinbarungen zum Güterstand ihre interne Vermögensordnung an ihre individuelle Eheform anzupassen und dabei die gesetzliche Typisierung durch eigene ökonomische Bewertungen zu ersetzen.

Auch das Gebot der ehelichen Solidarität fordere keine wechselseitige Vermögensbeteiligung. Die Verantwortung der Ehegatten füreinander greife bei aktuellen Bedürfnislagen, die indes über das Unterhaltsrecht abgegolten würden. Das auf Gewinnbeteiligung zielende Güterrecht indes knüpfe nicht an Bedarfslagen an und habe daher keine unterhaltsrechtliche Funktion. Der BGH deutet zwar die Möglichkeit einer hilfsweisen Korrektur grob unbilliger Versorgungslagen im Güterrecht an, betont aber auch in der Subsumtion des entschiedenen Falles[931] den Vorrang unterhaltsrechtlicher Lösungen.

927 Vgl. BGH, FamRZ 1985, 788 (790); OLG Zweibrücken, FamRZ 1996, 869 (870); vgl. auch *Grziwotz*, DNotZ-Sonderheft 1998, 228 (259); *ders.*, FamRZ 1997, 585 (587); *Brandt*, MittBayNot 2003, 278 (279).

928 Siehe näher Seiten 175 ff..

929 Siehe näher Seiten 154 ff..

930 BGH, FamRZ 2004, 601 (605) unter III 2 c.

931 BGH, FamRZ 2004, 601 (608) unter IV 2 b.

(3) Gesetzliche Scheidungsfolgen

Nachdem die vorangegangene Betrachtung gezeigt hat, dass auch der Teilhabeanspruch als Maßstab für eine einseitige vertragliche Lastenverteilung ausscheiden muss, kommen als Kriterium letztlich nur noch die gesetzlichen Scheidungsfolgen in Betracht. So führte das *BVerfG* aus, der Effekt einseitiger Benachteiligung könne sich umso mehr verstärken, je mehr im Ehevertrag gesetzliche Pflichten abbedungen oder zusätzliche Pflichten übernommen würden[932].

Auch in der Literatur neigen viele dazu, die gesetzlichen Scheidungsfolgenregeln als Maßstab für die Beurteilung der einseitigen Lastenverteilung heranzuziehen. So stellt sich *Waldner* die gesetzliche Regelung als grundrechtskonformer Ausgangspunkt dar[933]. Ähnlich folgt für *Krafka* aus dem Bekenntnis des BVerfG zum geschriebenen Recht, dass die richterliche Inhaltskontrolle umso stärker greife, je weiter sich die Beteiligten von der gesetzlichen Regelung zu Lasten des abstrakt Schwächeren entfernten[934].

Unklar ist indes, wo die maßgeblichen Grenzen verlaufen sollen. *Dauner-Lieb* kreierte hierzu den Begriff des „Kernbereichs des gesetzlichen Scheidungsfolgensystems" – denjenigen Begriff, den später der BGH in seiner Entscheidung vom 11.2.2004 aufnahm. Sei dieser Kernbereich berührt, liegt für *Dauner-Lieb* eine einseitige Belastung im Sinne des BVerfG vor[935]. In diesem Kernbereich sei die Ehevertragsfreiheit teleologisch zu reduzieren, zwingende Normen seien zu formulieren[936]. Zum Kernbereich zählten Unterhaltsregelungen, die an ehebedingte Bedürftigkeit anknüpften, möglicherweise auch der Versorgungsausgleich. Der Zugewinnausgleich dagegen betreffe nicht ohne weiteres den Kernbereich des gesetzlichen Scheidungsfolgensystems.

Dem entgegen hält *Schwab* gerade die Gütertrennung für problematisch, insbesondere wenn sie nach längerer Ehezeit rückwirkend vereinbart wird[937]. Wieder anders hegt *Nachreiner*[938] Bedenken insbesondere beim Unterhaltsverzicht, da mittelbar auch gemeinsame Kinder betroffen seien, während der Ausschluss des Versorgungsausgleichs meist erst im Rentenalter relevant werde und nur den verzichtenden Ehegatten treffe.

Diese unterschiedliche Ansätze und Konzepte verdeutlichen vor allem eines: Als Maßstab für eine objektive Inhaltskontrolle ist das dispositive Gesetzesrecht ungeeignet.

---

932 BVerfG, FamRZ 2001, 343 (347).
933 *Waldner*, FamRB 2002, 216 (217).
934 *Krafka*, DNotZ 2002, 677 (681 f.).
935 *Dauner-Lieb*, AcP 201 (2001), 295 (320).
936 *Dauner-Lieb*, AcP 201 (2001), 295 (323, 331).
937 *Schwab*, DNotZ-Sonderheft 2001, 9 (17).
938 *Nachreiner*, MittBayNot 2001, 356 (360).

Das gesetzliche Scheidungsfolgensystem ist nämlich viel zu wenig ausdifferenziert, um den verschiedenen Ehe- und Familientypen gerecht werden zu können[939]. Es bezieht sich nach wie vor auf den Ehetyp der Hausfrauenehe. Insbesondere Zugewinngemeinschaft und Versorgungsausgleich knüpfen hieran an. Allenfalls bei dieser klassischen Einverdienerehe kann das Gesetzesrecht Maßstab für eine besonders einseitige vertragliche Lastenverteilung sein, wenn und soweit es um den Ausgleich ehebedingter Nachteile geht. Bei der Doppelverdienerehe[940] indes, bei der sich beide Ehegatten voll beruflich verwirklichen, sind Berufswahl und -erfolg nicht ehebedingt, so dass Zugewinn- und Versorgungsausgleich zu einer kaum zu rechtfertigenden Nivellierung zwischen den Ehegatten führen. Entsprechend erklärte das BVerfG, eine ungleiche Belastung scheide aus, wenn beide Partner einer etwa gleichwertigen Tätigkeit nachgingen und sich Haus- und Familienarbeit teilen wollten[941]. Richtigerweise erachtete somit das AG Warendorf in seinem Urteil vom 16.7.2002[942] eine Gütertrennungsvereinbarung mit Unterhaltsausschluss für wirksam, in der die Ehegatten beiderseitige Selbständigkeit angestrebt hatten. Das Gericht befand, der Ausschluss wirke zugunsten und zulasten beider Vertragsparteien. Zwischen Selbständigen seien Gütertrennung und Unterhaltsausschluss üblich und nicht einseitig belastend.

Der BGH konstatierte in seinem Urteil vom 11.2.2004[943] mithin zutreffend, dass das geltende Recht einen unverzichtbaren Mindestgehalt an Scheidungsfolgen nicht kenne. Auch wenn sich der BGH mit seinem Urteil vom 11.2.2004 mit dem Entwurf seiner Kernbereichslehre um eine Bewertung der Scheidungsfolgen bemühte, ist eine generelle Gewichtung der Regelungsgegenstände doch unmöglich. Wie weit der Kernbereich tatsächlich reicht, wo genau seine Grenzen verlaufen und welche Regelungsmöglichkeiten mehr oder weniger weit vom Kernbereich entfernt liegen, kann schlichtweg nicht festgelegt werden. Dass der BGH durch nahezu „vereinbarungsfeste Kernbereiche" gewisse Scheidungsfolgen offenbar völlig von einer vertraglichen Regelung ausnehmen will, findet im Gesetz schlichtweg keine Grundlage. Die im Urteil vom 11.2.2004 entwickelte Kernbereichslehre schränkt die Vertragsfreiheit daher unzulässig weit ein.

---

939 Vgl. *Langenfeld*, Handbuch, Rn. 18; *Rauscher*, DNotZ 2002, 751 (759); *Schwenzer*, AcP 196 (1996), 88 (112).

940 Vgl. das von *Langenfeld* entworfene Konzept der Ehevertragstypen, etwa FamRZ 1987, 9 (11 ff.).

941 BVerfG, FamRZ 2001, 343 (347, B I 2 d).

942 AG Warendorf, FamRZ 2003, 609; zustimmend auch *Brudermüller*, NJW 2003, 3166 (3167).

943 Siehe näher Seiten 175 ff..

b) Zusammenfassende Kritik zum Merkmal der einseitigen vertraglichen Lastenverteilung

Im vorangegangenen Abschnitt ist untersucht worden, inwiefern die als Maßstab für eine einseitige vertragliche Lastenverteilung diskutierten Kriterien als Voraussetzung für eine inhaltliche Kontrolle familienrechtlicher Verträge tauglich sind.

Der Ansatz der Äquivalenz kann dabei nicht überzeugen. Die aus dem Eingehen einer Ehe resultierenden Vorteile können nicht als adäquate Gegenleistung für einen ehevertraglich begründeten Verzicht verstanden werden. Die Ehe bringt nämlich für Mann und Frau in gleicher Weise Rechte und Pflichten mit sich. Auch eine ökonomische Betrachtung lässt keinen allgemeinen Schluss auf eine einseitige vertragliche Lastenverteilung zu. Denn die möglichen wirtschaftlichen Auswirkungen einer Ehe sind zu vielfältig und hängen zu sehr von individuellen Voraussetzungen und auch der Rollenverteilung ab. Das Kriterium der Äquivalenz bedingt daher weder ein Muss zur Inhaltkontrolle noch ihre generelle Entbehrlichkeit.

Auch das Prinzip der gleichen Teilhabe am gemeinsam Erwirtschafteten begrenzt die Freiheit familienrechtlicher Verträge nicht. In seinem Beschluss vom 5.2.2002 forderte das BVerfG nicht, dass in jedem Fall eine Halbteilung herbeizuführen sei. Der Beschluss betraf vielmehr nur die Berechnung des nachehelichen Unterhaltanspruchs. Auch der Beschluss vom 20.5.2003 präzisierte lediglich die Auslegung der Härtefallklausel zum Versorgungsausgleich (§ 1587c Nr. 1 BGB) und ist nicht verallgemeinerbar. Ein genereller Teilhabeanspruch für Unterhalt, Versorgungsausgleich und Güterrecht ist aus den Beschlüssen des BVerfG nicht herzuleiten. Familienrechtliche Vereinbarungen, die von der gleichen Teilhabe abweichen, bleiben daher weiter zulässig.

Ebenso wie das Äquivalenzprinzip oder der Anspruch auf gleiche Teilhabe scheiden schließlich auch die gesetzlichen Scheidungsfolgen als allgemeingültiger Maßstab für eine einseitige Lastenverteilung aus. Zwar führte das *BVerfG* aus, der Effekt einseitiger Benachteiligung könne sich umso mehr verstärken, je mehr im Ehevertrag gesetzliche Pflichten abbedungen oder zusätzliche Pflichten übernommen würden[944]. Die daraufhin von *Dauner-Lieb* entwickelte und vom BGH in seiner Entscheidung vom 11.2.2004 aufgegriffene Lehre vom Kernbereich der Scheidungsfolgen wird jedoch nicht allen Einzelfällen gerecht. Nach wie vor bezieht sich nämlich das gesetzliche Scheidungsfolgensystem auf die Einverdienerehe. Allenfalls für diesen Ehetypus kann es daher als Maßstab für eine einseitige vertragliche Lastenverteilung dienen. Dies anerkennend räumte der BGH in seinem Urteil vom 11.2.2004[945] ein, dass das geltende Recht einen unverzichtbaren Mindestgehalt an Scheidungsfolgen nicht kenne. Eine generelle

944 BVerfG, FamRZ 2001, 343 (347).

945 Siehe näher Seiten 175 ff..

Gewichtung der einzelnen Regelungsgegenstände bleibt jedoch gemessen an der Vielfalt der möglichen Ehekonstellationen unmöglich.

Objektive Kriterien, an denen die Angemessenheit einer vertraglichen Regelung gemessen werden könnte, existieren mithin nicht. Fehlen jedoch verallgemeinerungsfähige Kriterien, kann vom Vertragsinhalt nicht auf Fremdbestimmung geschlossen werden. Und selbst wenn sich einigermaßen zuverlässig bestimmen ließe, wann Leistung und Gegenleistung in einem objektiv angemessenen Verhältnis stehen, kann nicht jede Abweichung eine Inhaltskontrolle rechtfertigen. Denn wie noch auszuführen sein wird, schützt die Vertragsfreiheit nur die rechtsgeschäftliche Selbstbestimmung und nicht die Gerechtigkeit[946].

3. Zusammenfassung zur an Artikel 2 I GG orientierten Inhaltskontrolle

Voraussetzungen für eine Inhaltskontrolle von Eheverträgen sind nach dem BVerfG eine erkennbar ungleiche Verhandlungsposition und eine einseitige vertragliche Belastung des schwächeren Vertragspartners. Diese beiden Voraussetzungen sind in den voranstehenden Kapiteln detailliert auf ihre möglichen Anknüpfungspunkte bzw. Maßstäbe hin analysiert worden. Berücksichtigt wurden sowohl die Stimmen in der Literatur als auch die Argumentationen der bereits vorliegenden instanzgerichtlichen Rechtsprechung. Überprüft wurde jeweils, inwiefern sich allgemeingültige, eine generelle Inhaltskontrolle von Eheverträgen rechtfertigende Kriterien ableiten lassen.

In Hinblick auf die ungleiche Verhandlungsposition, für die das BVerfG eine Indizienüberprüfung anregt, lässt sich zusammenfassend festhalten, dass keines der in Frage kommenden Kriterien für sich allein stehend und für jede denkbare Ehe- und Vertragskonstellation eine generelle Inhaltskontrolle rechtfertigen kann. Die zwischen Ehevertragsschließenden auftretenden Machtlagen weisen ein derart hohes Maß an Vielfältigkeit und Komplexität auf, dass sie weder mess- noch definierbar sind. Keines der untersuchten Kriterien ist daher geeignet, gestörte Vertragsabschlusssituationen abstrakt zu kennzeichnen, zumal diese Kriterien auch noch untereinander gewichtet werden müssten.

Auch für die einseitige vertragliche Lastenverteilung lässt sich kein allgemeingültiges Beurteilungskriterium finden. Weder schließt beispielsweise das Äquivalenzprinzip – die Wertung des Eheversprechens als äquivalentes Gegengewicht zu einem Verzicht – formal-abstrakt eine Inhaltskontrolle aus, noch können generelle, das Gleichgewicht betreffende wirtschaftliche Auswirkungen eines Eheversprechens festgestellt werden. Auch der in den Entscheidungen des BVerfG vom 5.2.2003 und 20.5.2003 zugrunde gelegte Anspruch auf gleiche Teilhabe am gemeinsam Erwirtschafteten bezieht sich ausschließlich auf die

946 Siehe näher Seiten 230 ff.

Berechnung des nachehelichen Unterhalts sowie präzisierend auf eine Härtefallregelung zum Versorgungsausgleich und ist nicht verallgemeinerbar. Das gesetzliche Scheidungsfolgensystem schließlich basiert nach wie vor auf dem Modell der Einverdienerehe und kann allenfalls für diese Ehekonstellation einen Maßstab ungleich verteilter vertraglicher Lasten bieten.

Beide Voraussetzungen sind demnach für eine an Artikel 2 I GG orientierte Inhaltskontrolle familienrechtlicher Verträge ungeeignet.

E. Stellungnahme zu etwaigen verfassungsrechtlichen Grenzen familienrechtlicher Verträge

In den vorangegangenen Abschnitten wurden zunächst die Ursprünge des Begriffs der gestörten Vertragsparität und die bisher ergangenen einfachgerichtlichen Entscheidungen zur Inhaltskontrolle familienrechtlicher Vereinbarungen dargestellt. Anschließend wurden die beiden Elemente der gestörten Vertragsparität – „ungleiche Verhandlungsposition" und „einseitige vertragliche Lastenverteilung" – anhand von Literatur und bisheriger Rechtsprechung auf ihre Eignung als Kriterien zu Inhaltskontrolle familienrechtlicher Verträge analysiert. In diesem Abschnitt erfolgt nun eine zusammenfassende Stellungnahme. Eine kritische Auseinandersetzung erfolgt zunächst im Hinblick auf das Verhältnis von Zivil- und Verfassungsrecht, anschließend im Hinblick auf die Figur der gestörten Vertragsparität an sich.

I. Das Verhältnis zwischen Zivilrecht und Verfassungsrecht

Das Verhältnis von Zivil- und Verfassungsrecht ist kritisch zu beleuchten in Bezug auf ein mögliches getrenntes Verständnis, auf eine mögliche Stellung des BVerfG als Superrevisionsinstanz sowie in Bezug auf die Gefahr der Durchbrechung des Gewaltenteilungsgrundsatzes und des Gesetzesvorbehalts.

1. Trennung von Zivilrecht und Verfassungsrecht

Fraglich ist zunächst, ob den Grundrechten tatsächlich der behauptete Einfluss auf das Vertragsrecht zuzubilligen ist. Enthalten die Grundrechte tatsächlich objektive Grundsatznormen und Wertentscheidungen, die „für alle Bereiche des Rechts" und „selbstverständlich auch [für] das Bürgerliche Recht"[947] gelten? Denn auch wenn die heute herrschende Meinung in Literatur und Rechtsprechung die Theorie der mittelbaren Drittwirkung vertritt, darf ihre Aussage nicht als selbstverständlich hingenommen werden. Vor dem Hintergrund der Diskussion um „Grundrechtstotalitarismus" oder „Selbstbehauptung des Zivilrechts"[948] finden sich auch kritische Stimmen, die Gehör verdienen.

Gegen die Geltung der Grundrechte im Privatrechtsverkehr spricht nach wie vor das argumentum e contrario aus der Aufzählung der Bindungsadressaten in Artikel 1 III GG. Hiernach sind nur Gesetzgebung, vollziehende Gewalt und Rechtsprechung an die Grundrechte gebunden, nicht aber Privatrechtssubjekte. Diesen Umkehrschluss erhärtet zusätzlich die ausdrückliche Bindungsregelung in Artikel 9 III 2 GG.

Nicht außer Acht gelassen werden kann weiter, dass der Verfassungsgeber von 1949 den Grundrechtsabschnitt gerade nicht als Grundwerteordnung konzipierte,

---

947 So BVerfG, NJW 1958, 257.

948 So der Titel des Aufsatzes von *Simon*, AcP 204 (2004), 264 zur Begrenzung der deliktischen Haftung Minderjähriger.

sondern lediglich Abwehrrechte des Bürgers gegen den Staat schaffen wollte[949]. Schutzgüter waren nur die Individualrechte des Bürgers; Gemeinwohlbelange dagegen, die in eine objektive Werteordnung einzufließen haben, standen nicht im Blickpunkt.

Argumentiert wird weiter, dass die Grundrechte schon tatbestandlich nicht auf Vertragskonstellationen passten[950]. Denn ihre Abwehrrichtung gegen Hoheitsträger lasse sich auf das Verhältnis von Privatrechtssubjekten nicht übertragen. Eindimensional als Abwehrrechte konzipiert, könnten Grundrechte nicht zwischen den Grundrechtspositionen zweier Personen ausgleichen.

Zu Recht geriet auch der Werte-Topos an sich ins Zentrum der Kritik. *Isensee* nannte ihn „diffus“[951], *Zöllner* bezeichnete ihn als „außerordentlich unbestimmt und mit intellektueller Redlichkeit nur schwer nachvollziehbar“[952]. Zuzustimmen ist darüber hinaus insbesondere der Feststellung *Diederichsens*, eine durch das Grundgesetz vermittelte Werteordnung könne längst nicht vollständig sein[953]. Denn die Grundrechte bilden kein geschlossenes Wertesystem, sondern nur eine „offene Reihe“[954]. Sie können daher nur „punktuelle Gewährleistungen“ liefern, nicht aber Grundlinien der Privatrechtsordnung[955]. Für *Diederichsen* muss das BVerfG, das sich durch die Qualifikation der Grundrechte als objektive Wertentscheidungen „zum Herrn auch über das Zivilrecht“ gemacht habe[956], nicht „über alles und jedes“ entscheiden, sondern könnte Entscheidungen auch mit der Begründung ablehnen, dass möglicherweise andere Grundwerte eingriffen, die aber nicht in der Verfassung niedergeschrieben seien[957]. Gerade angesichts der vagen Formulierungen des Grundrechtskatalogs[958] könnte sich das BVerfG auch häufiger zu der Erklärung durchringen, das Grundgesetz gebe zum jeweiligen Regelungsproblem gerade keine Wertung vor.

Für ein getrenntes Verständnis von Grundrechten und Privatrecht spricht zudem, dass die begrifflichen Wertungsinhalte beider Rechtsgebiete separat nebeneinander stehen. Ehe, Eigentum und Ähnliches waren schon lange Grundwerte der bürgerlichen Privatrechtsordnung, ehe sie der Verfassungsgeber von 1949 von

949 *Böckenförde*, S. 22 f.
950 Vgl. *Diederichsen*, Rangverhältnisse, S. 39 (79 f.); *Zöllner*, AcP 196 (1996), 1 (8).
951 *Isensee*, FS Großfeld, 1999, S. 485 (498).
952 *Zöllner*, AcP 196 (1996), 1 (9).
953 *Diederichsen*, Jura 1997, 57 (61); *ders.*, Rangverhältnisse, S. 39 (77 f., 80 f.).
954 *Raiser*, Grundgesetz und Privatrechtsordnung, S. B 14.
955 *Hesse*, Verfassungsrecht und Privatrecht, S. 29 unten.
956 *Diederichsen*, Jura 1997, 57 (58).
957 *Diederichsen*, Jura 1997, 57 (61).
958 *Diederichsen*, a.a.O.; vgl. *ders.*; Rangverhältnisse, S. 39 (86 f.). In Rangverhältnisse, S. 39 (84) führt *Diederichsen* zusätzlich an, das sonst im Zivil-, Straf- und öffentlichen Recht geltende Verhältnis von Allgemeinem und Besonderem werde umgedreht, wenn das allgemeine Grundgesetz vor das besondere Zivilrecht gestellt werde.

Programmsätzen in Grundrechte umwandelte und ehe das BVerfG aus den Abwehrrechten Grundwerte machte. Während das BVerfG unter „Eigentum" auch „vermögenswerte Rechtspositionen"[959] subsumiert und sogar ein „Mieter-Eigentum" anerkennt[960], bleibt es für das Zivilrecht sinnvoll, Schuld- und Sachenrecht zu trennen. Und auch die Vertragsfreiheit wurde durch das „Recht auf freie Entfaltung der Persönlichkeit" oder durch die „Ehe als gleichberechtigte Partnerschaft" keine andere.

Das Privatrecht ist nach alledem grundsätzlich autark. Es konnte Wertungsfragen schon vor Geltung des Grundgesetzes lösen und kann es auch heute noch. Beizupflichten ist insofern *Isensee*[961], demzufolge es nicht die Verfassung, sondern das einfache Gesetz ist, das der Vertragsfreiheit Grundlage und Gestalt gibt sowie Grenzen aufstellt. Es ist daher bedenklich, wenn das BVerfG – womöglich politisch motiviert[962] – in die fachgerichtliche Entwicklung eingreift, zivilrechtliche Kontroversen entscheidet und bestimmte Positionen zum Quasi-Verfassungsrang überhöht[963]. Dies gilt nicht zuletzt auch deshalb, weil derartig verfassungsrechtlich festgeschriebene zivilrechtliche Positionen der normalen Entwicklung des Rechts entrückt sind und nur vom Bundesverfassungsgericht selbst oder vom verfassungsändernden Gesetzgeber revidiert werden können[964]. Um die fortschreitende Entwicklung zu einem verfassungsgerichtlichen Jurisdiktionsstaat zu vermeiden, ist daher eine Rückbesinnung auf die Abwehrfunktion der Grundrechte unerlässlich[965].

2. Das BVerfG als Superrevisionsinstanz?

Das BVerfG ist keine Superrevisionsinstanz. Das BVerfG selbst formuliert, es sei „nach den ihm durch Verfassung und Gesetz zuerkannten Funktionen und seiner gesamten Organisation [...] weder dazu berufen noch in der Lage, einen in gleichem Maße zeit- und sachnahen vorläufigen Individualrechtsschutz zu gewährleisten wie die Fachgerichtsbarkeit. Der ihm übertragene Grundrechtsschutz setze die Existenz einer die Grundrechte achtenden und schützenden Fachgerichtsbarkeit voraus, die im Allgemeinen dafür sorge, dass Grundrechtsverletzungen und deren Folgen ohne Anrufung des Bundesverfassungsgerichts abgeholfen wird." Diesen Rechtsschutz im Rechtswege vermöge „das Bundesverfassungsgericht nicht zu ersetzen, sondern allenfalls nach dem Prinzip der Subsidiarität zu ergänzen".

959 BVerfG, NJW 1969, 309; NJW 1971, 2163; NJW 1980, 383; NJW 1980, 692.

960 BVerfG, NJW 1993, 2035 ff.

961 *Isensee*, FS Großfeld, 1999, S. 485 (498).

962 Dazu der Richter am BVerfG *Steiner*, AnwBl 2004, 673 (674): „Dass Karlsruhe Politik macht, ist ein so ferner Vorwurf nicht".

963 *Isensee*, JZ 1996, 1985 (1090 f.): Auch das BVerfG ist an das einfache Recht gebunden.

964 *Isensee*, FS Großfeld, 1999, S. 485 (488 f.).

965 Vgl. *Böckenförde*, S. 66 f.

Doch neigt das BVerfG dazu, seine Jurisdiktion ständig auszuweiten und allzu häufig Verfassungsverletzungen zu wittern[966]. In seinem Streben nach äußerster Einzelfallgerechtigkeit läuft es bisweilen Gefahr, im Rahmen der sogenannten Konkretisierung der Wertordnung des Grundgesetzes politische Entscheidungen zu treffen, die die Grenzen der Auslegung sprengen. Auf diese Weise droht das Gericht, das von sich weist, Superrevisionsinstanz zu sein, zu einer regulären Instanz zu werden. *Sonnenschein*[967] etwa berichtet in seinem Aufsatz mit dem Titel „Die Rechtsprechung des BVerfG zum Mietrecht", allein für die Zeit bis August 1992 die stolze Zahl von 85 veröffentlichten Entscheidungen des BVerfG zu Fragen des Mietrechts gefunden zu haben. *Diederichsen* und *Aubel* nennen das BVerfG daher spöttisch „oberstes Zivilgericht"[968], der frühere Präsident des Bundesverwaltungsgerichts *Sendler* bezeichnet es gar als „oberstes Amtsgericht" für Eigenbedarfsklagen[969], *Isensee* spricht vom „höchsten deutschen Nachlassgericht"[970]. Zum Bereich des Familienrechts fragt *Schnitzler* kritisch, ob die Erwerbsobliegenheit eines Mannes, der Kindesunterhalt zahlen soll, unbedingt vom BVerfG entschieden werden und ob das BVerfG tatsächlich Prozesskostenhilfe bewilligen müsse[971].
Diese Tendenz zunehmender Einflussnahme des BVerfG auf die Zivilgerichtsbarkeit führt zu einer Abwertung der Zivilgerichtsbarkeit – einer Entwicklung, der das BVerfG als Hüter des Rechtsstaats gerade entgegenwirken müsste.

Zuzugestehen ist allerdings, dass die vom BVerfG für das Zivilrecht in Anspruch genommene „Kontrolldichte" auch häufig zu Urteilen und Beschlüssen führte, die sachlich richtiger erscheinen als die vorweg ergangenen instanzgerichtlichen Entscheidungen[972]. Doch muss sich das BVerfG davor hüten, zum Nothelfer abgelegener Einzelfälle zu werden[973]. Dass am Ende die Billigkeit siegt, kann nicht alleiniges Ziel sein. Denn in einem Rechtsstaat müssen rechtliche Entscheidungen rational und dogmatisch nachvollziehbar sein[974].

966 *Honsell*, NJW 1994, 565 (566) vermisst den gebotenen „judicial self-restraint".

967 *Sonnenschein*, NJW 1993, 161.

968 *Diederichsen*, AcP 198 (1998), 171; vgl. *ders.*, Rangverhältnisse, S. 39 (67, 93): oberstes Gericht in Zivilrechtsstreitigkeiten; *Aubel*, NJW 2003, 3657 (3660); vgl. auch *Schnitzler/Hohmann-Dennhardt*, FF 2004, 233.

969 *Sendler*, NJW 1994, 1518 (1519).

970 *Isensee*, DNotZ 2004, 754 (755).

971 *Schnitzler*, FF 2004, 97 (98); vgl. auch *ders./Hohmann-Dennhardt,* FF 2004, 233.

972 Vgl. etwa BVerfG, NJW 1994, 36 zur Mithaftung vermögensloser Angehöriger; BVerfG, NJW 1986, 1859 Haftung des Minderjährigen bei Fortführung eines ererbten Geschäfts; BVerfG, NJW 1989, 891 Recht auf Kenntnis der eigenen Abstammung.

973 *Hesse/Kaufmann*, JZ 1994, 219 (220) und *Isensee*, FS Großfeld, 1999, S. 485 (487 f.) sprechen von der „Helfer-Attitüde" heutiger Richter, die sich nicht damit begnügen wollen, Recht zu sprechen; *Zöllner*, AcP 196 (1996), 1 (3 f.) nennt die Einzelfallgerechtigkeit „teuer erkauft".

974 *Isensee*, FS Großfeld, 1999, S. 485 (488) mit dem interessanten Verweis auf den Großen Kurfürsten Heinrich von Kleists: „Den Sieg mag ich nicht, der, ein Kind des Zu-

Bemerkenswert ist insofern die Äußerung der Richterin am BVerfG *Hohmann-Dennhardt*, sie „begrüße es sehr, dass der BGH nun einen dogmatischen Weg aufgezeigt" habe, wie die verfassungsgerichtlichen Vorgaben des BVerfG in der fachgerichtlichen Praxis umgesetzt werden können[975].

Auch wenn es das natürliche Streben eines Juristen ist, zu helfen, wenn jemand Opfer einer ausgesprochen unausgewogenen Vereinbarung ist, hat doch das BVerfG kein sozialhelferisches Mandat, Minderheiten zu schützen oder soziale Schwäche auszugleichen. Es hat allein die Verfassung zu deuten, in der sozial Schwache und Starke zu ihrem Recht kommen[976]. Humanitäre und wohlwollende Bemühungen in Ehren – Aufgabe der Justiz ist nicht Ausgleich und Hilfe, sondern Rechtspflege.

3. Durchbrechung von Gewaltenteilung und Gesetzesvorbehalt

Bedenklich sind die Entscheidungen des BVerfG nicht zuletzt unter dem Aspekt der Gewaltenteilung, der in Artikel 20 II 2 GG verfassungsrechtlich verankert ist[977]. Das BVerfG führt die Inhaltskontrolle von Eheverträgen auf grundrechtliche Schutzpflichten zurück. Primärer Adressat grundrechtlicher Schutzpflichten ist aber der Gesetzgeber[978]. Ihm obliegt es, den Rechtsgehalt der Grundrechte in den zivilrechtlichen Bestimmungen zu konkretisieren und grundrechtlich geschützte Positionen gegeneinander abzugrenzen. Es ist der Gesetzgeber, der eine Disparität gegebenenfalls zum Anlass nehmen müsste, eine typisierende Regelung zum Schutz des Schwächeren zu treffen.

Dagegen ist es nicht die Aufgabe eines Richters, aufgrund eigener Deutung der gesellschaftlich-sozialen Lage eine Disparität festzustellen[979] und mit seinem Einschreiten wirtschaftliche Macht zu kontrollieren[980]. Der Richter darf kein „sozialpolitischer Zensor"[981] sein, der seine eigenen Vorstellungen von Vertragsgerechtigkeit durchsetzt. Er ist auch kein „Ersatzgesetzgeber"[982].

---

falls, mir von der Bank fällt; das Gesetz will ich, die Mutter meiner Krone, aufrechthalten, die ein Geschlecht von Siegen mir erzeugt!".

975 *Schnitzler/Hohmann-Dennhardt*, FF 2004, 233 (235).

976 *Isensee*, JZ 1996, 1085 (1092); *ders.*, FS Großfeld, 1999, S. 485 (513).

977 Zum Gewaltenteilungsgrundsatz vgl. *Jarass/Pieroth*, Art. 20 Rn. 23; *Maunz/Dürig/Herzog*, Art. 20 Anm. V.

978 *Hesse*, Grundzüge des Verfassungsrechts, Rn. 355; *Hillgruber*, AcP 191 (1991), 69 (76 f.); *Isensee*, FS Großfeld, 1999, S. 485 (502, 505); *Röthel*, NJW 2001, 1334 (1335); *Schnapp/Kaltenborn*, JuS 2000, 937 (941).

979 *Isensee*, FS Großfeld, 1999, S. 485 (507); vgl. auch *Zöllner*, AcP 196 (1996), 1 (2).

980 Vgl. *Eckert*, AcP 199 (1999), 337 (349).

981 *Isensee*, FS Großfeld, 1999, 485 (507).

982 Vgl. hierzu *Steiner*, AnwBl 2004, (674).

Unter diesem Gesichtspunkt läuft das BVerfG Gefahr, am Vorbehalt des Gesetzes vorbei zu agieren. Zwar verweist es zur „Inhaltskontrolle“ pro forma auf die Generalklauseln des Zivilrechts[983]. Doch erklärt es nicht, inwiefern diese Generalklauseln eine Ermächtigung zur Inhaltskontrolle bilden können. Das Risiko, das Vertragsrecht unmittelbar an Deduktionen aus der Verfassung zu messen und die Grundrechte als Basis für einen Helferwillen zu nutzen, hat sich etwa mit dem Urteil des OLG München vom 1.10.2002[984] realisiert.

Zu einer anderen Beurteilung führen auch nicht die Ausführungen *Hesses*, das Verfassungsrecht sei für das Privatrecht Schrittmacher und Impulsgeber, da es rasch auf Wandlungen der Wirklichkeit reagiere und wegen seiner weiten und offenen Normen schneller und leichter in der Lage sei, geänderten Voraussetzungen und Bedürfnissen in der Gesellschaft Rechnung zu tragen[985]. Denn es ist nicht von der Hand zu weisen, dass nicht das Verfassungsrecht schnell reagiert, sondern seine Interpreten[986]. So gibt denn auch die Staatsrechtslehre zu, dass erst die Verfassungsgerichtsbarkeit die Grundrechte überhaupt handhabbar mache[987]. An die Stelle dogmatisch kontrollierter Fortbildung des Privatrechts tritt also die – womöglich politisch orientierte - Interpretation von Verfassungsrichtern[988]. Was aber geschieht, wenn diese Richter einmal ihre Meinung ändern? Während die Instanzgerichte ihre Rechtsprechung ohne große Probleme umstellen und der Gesetzgeber seine Normen im Rahmen der Verfassung ändern kann, wird es dem BVerfG schwer fallen, einen getroffenen Standpunkt, den es etwa mit dem Schutz der Familie begründet, wieder zu revidieren.

Das Zivilrecht mit Grundrechtsbegriffen zu steuern, birgt die Gefahr von Doktrinarismus, dogmatischer Unsicherheit und nicht zuletzt von Rechtsunsicherheit in sich[989]. Ziel muss daher sein, sich auf das Wesentliche einer Verfassungsgerichtsbarkeit im Zivilrecht zurückzubesinnen, nämlich auf die Sicherung von Grundrechten nur in echten Extremfällen[990].

---

983 Die Umsetzung der verfassungsrechtlichen Vorgaben bleibe als Frage des einfachen Rechts den Zivilgerichten überlassen, vgl. BVerfG, NJW 1994, 36 (39, unter C II 2 c); vgl. BVerfG, FamRZ 2001, 343 (345 unter B I 1 a). Die Literatur schlussfolgert überwiegend, dass die Gerichte zwischen der Nichtigkeit nach § 138 I BGB und der Korrektur nach § 242 BGB wählen können, so etwa *Dauner-Lieb*, AcP 201 (2001), 295 (324); *Langenfeld*, DNotZ 2001, 272 (276 f.); *Schwab*, FamRZ 2001, 349 (350).

984 OLG München, FamRZ 2003, 35 = NJW 2003, 592 = MittBayNot 2003, 136.

985 *Hesse*, Verfassungsrecht und Privatrecht, S. 41.

986 Ob tatsächlich von „schnell“ geredet werden kann, sei dahingestellt.

987 *Hesse*, Verfassungsrecht und Privatrecht, S. 21.

988 So *Zöllner*, AcP 196 (1996), 1 (4).

989 *Diederichsen*, Jura 1997, 57; vgl. auch *Isensee*, JZ 1996, 1085 (1090).

990 *Diederichsen*, Jura 1997, 57 (64); vgl. *ders.*, Rangverhältnisse, S. 39 (76, 96).

II. Kritik an der Figur der gestörten Vertragsparität

Die Figur der gestörten Vertragsparität ist als Anknüpfungspunkt für eine Inhaltskontrolle abzulehnen.

1. „Strukturelle" Unterlegenheit - ein unscharfer Begriff

Schon der vom BVerfG verwandte Begriff der „strukturellen Unterlegenheit" ist unscharf. Weder das BVerfG noch die Verfechter der strukturellen Unterlegenheit definieren, wann eine Unterlegenheit strukturell ist. Schlägt man im Brockhaus[991] nach, so ist dort Struktur als „Gefüge, innerer Aufbau, gegliederter Zusammenhang" definiert. Weiter heißt es, in der Soziologie verstehe man unter Struktur die Sozialstruktur als relativ stabiles Ordnungsgefüge eines sozialen Systems. Die Wirtschaftsstruktur sei das Verhältnis der Teile einer Volkswirtschaft zueinander und zur Gesamtwirtschaft und werde bestimmt durch die Gliederung der Bevölkerung, die natürliche Ausstattung eines Gebiets, den Stand von Technik und Wissenschaft, die rechtliche Ordnung und andere. Jede einzelne Wissenschaft hat demnach ihren eigenen Strukturbegriff. Die Rechtswissenschaft hingegen entwickelte bisher keinen eigenen Strukturbegriff[992].

Schwenzer[993] verweist zum Begriff auf zwei Aufsätze[994], der eine verfasst von *Norbert Reich* und *Klaus Tonner*, der andere von *Jutta Li*mbach995, der ehemaligen Vorsitzenden des BVerfG. Die genannten Aufsätze behandeln Fragen des Verbraucherschutzes und des AGB-Gesetzes, erklären den Begriff „strukturell" aber nicht. Beide erwähnen lediglich das „strukturelle" Machtgefälle zwischen Unternehmern und Verbrauchern996. Limbach befasst sich kritisch mit *Norbert Reich,* der in seinem Buch „Markt und Recht" von 1977 den „Markt als sozialökonomisches Grundphänomen der bürgerlich-kapitalistischen Gesellschaft und ihres Rechts" erörtert. Marktmacht sei nicht nur eine Panne der Marktwirtschaft, sondern regelmäßiges Phänomen des Marktes. Der Konsument könne diesen Machtstrukturen nichts Gleichwertiges entgegensetzen und sei daher strukturell unterlegen[997].

Diese Quelle des vom BVerfG verwandten Begriffs der „strukturellen" Unterlegenheit befremdet. Wird als strukturell das typische Rollengefüge zwischen Verbraucher und Unternehmer bezeichnet, wäre die Unterlegenheit der Ehefrau gegenüber dem Ehemann strukturell, wenn sie aus ihrer typischen Rolle als Ehe-

---

991 Vgl. www.brockhaus.de.

992 Vgl. *Adomeit*, NJW 1994, 2467 (2468); *Gerber*, FS 50 Jahre BGH, 2000, S. 49 (55).

993 *Schwenzer*, AcP 196 (1996), 88 (102, Fußnote 49).

994 *Reich/Tonner*, JA 1977, 145 ff.; *Limbach*, JuS 1985, 10 ff.

995 Auf den Aufsatz von *Limbach* beruft sich auch das BVerfG in seiner Entscheidung zur Inhaltskontrolle von Verwandtenbürgschaften vom 19.10.1993, BVerfG, NJW 1994, 36 (39).

996 *Limbach*, JuS 1985, 10 (13); *Reich/Tonner*, JA 1977, 145 (146).

997 *Reich*, S. 181 f., vgl. auch S. 197.

frau oder zumindest als Frau folgte. Dies ist selbstverständlich zu pauschal und nicht mehr zeitgemäß.

Hesse/Kauffmann[998] versuchen den Strukturbegriff damit zu verteidigen, dass er universell verwendbar sei und universell verwandt werde. Politiker der Rechten und Linken gebrauchten ihn ebenso wie Wissenschaftler verschiedener Disziplinen. Damit habe der Begriff längst einen Abstraktionsgrad erreicht, der ihn für alle Fachvertreter verwendbar mache. Das ist sicher richtig. Doch füllt die Tatsache, dass ein Begriff häufig und in unterschiedlichen Zusammenhängen verwandt wird, denselben nicht mit Inhalt, sondern bezeugt im Gegenteil meist seine Inhaltslosigkeit. Damit ist *Isensee* beizupflichten, „das modische Beiwort „strukturell" lasse sich [...] getrost ignorieren"[999]. Dies erkannte wohl auch der BGH, der die „strukturelle Unterlegenheit" in seinem Urteil vom 11.2.2004 mit keinem Wort mehr erwähnte, sondern nur noch auf eine evident einseitige Lastenverteilung abstellte, die der individuellen Gestaltung der Lebensverhältnisse nicht mehr gerecht werde und die hinzunehmen für den belasteten Ehegatten bei verständiger Würdigung des Wesens der Ehe unzumutbar erscheine[1000].

2. Vertragsfreiheit und Vertragslegitimation

Schlagendes Argument gegen die Theorie von der strukturellen Unterlegenheit ist indes die Vertragsfreiheit an sich. Die Vertragsfreiheit ist Bestandteil der Privatautonomie, der „Selbstgestaltung der Rechtsverhältnisse durch den Einzelnen nach seinem Willen"[1001]. Als grundlegendes Prinzip unserer Rechtsordnung und als Teil des Rechts auf allgemeine Handlungsfreiheit bzw. des Rechts auf freie Entfaltung der Persönlichkeit ist sie gerade durch Artikel 2 I GG verfassungsrechtlich gewährleistet[1002]. Der Vertrag und die Vertragsfreiheit sind die entscheidenden privatrechtlichen Rechtsinstitute für eine liberale, auf Marktwirtschaft aufbauende Gesellschaft[1003].

Das hier zugrunde gelegte Verständnis von der Vertragsfreiheit soll im Folgenden näher erläutert werden. Hierzu ist es unerlässlich, zunächst die gegensätzlichen Positionen zur Legitimation des Vertrages darzustellen. Während zum Teil

---

998 *Hesse/Kauffmann*, JZ 1995, 219.

999 *Isensee*, FS Großfeld, 1999, S. 485 (489); vgl. auch *Zöllner*, AcP 196 (1996), 1 (27).

1000 BGH, FamRZ 2004, 601 (604) unter III 2).

1001 *Flume*, FS 100 Jahre DJT, 1960, S. 135 (136, 141); *Hönn*, Jura 1984, 57; *ders.*, JuS 1990, 953; *Medicus*, AT, Rn. 174, S. 74.

1002 BVerfG, NJW 1994, 36 (38); BVerfG, FamRZ 1982, 769 (771); *Armasow*, RNotZ 2001, 196 (201); *Diederichsen*, Rangverhältnisse, S. 39 (79); *ders.*, Jura 1997, 57 (60); *Flume*, FS 100 Jahre DJT, 1960, S. 135 (140); *Jarass/Pieroth*, Art. 2 Rn. 4; Mangoldt/Klein/Starck/*Starck*, Art. 2 Rn. 136; *Nachreiner*, MittBayNot 2001, 356 (357); Palandt/*Heinrichs*, Einf vor § 145 Rn. 7; *Zöllner*, AcP 196 (1996), 1 (25); ohne Verweis auf Art. 2 I GG *Canaris*, FS Lerche, 1993, S. 873 (874).

1003 *Hönn*, JuS 1990, 953 (956); *Schwenzer*, AcP 196 (1996), 88 (101); vgl. auch *Wiedemann*, JZ 1994, 411.

vor dem Hintergrund des Gedankens der „Richtigkeitsgewähr" erörtert wird, wann ein Vertrag eine „richtige" Regelung herbeiführe, fordern andere eine „Vertragsgerechtigkeit", streben also nach dem „gerechten" Vertrag. Im Anschluss an die Darstellung dieser Positionen wird erläutert, warum es nach der hier vertretenen Ansicht weder auf die Richtigkeit noch auf die Gerechtigkeit[1004] der Vereinbarung ankommt, sondern allein darauf, dass die Parteien selbstbestimmt handelten.

a) Schmidt-Rimpler: Objektive Richtigkeitsgewähr

Teile der Literatur betonen zur Legitimation des Vertrages die Richtigkeitsgewähr des Vertragsmechanismus. Es war *Schmidt-Rimpler*[1005], der im Jahr 1941 die Lehre von der Richtigkeitsgewähr aus der Taufe hob. Für ihn war Grundlage der rechtlichen Anerkennung des Vertrages nicht der Wille der Parteien als solcher, nicht die „Willensherrschaft". Der Vertrag sei vielmehr ein Mechanismus, um ohne hoheitliche Gestaltung eine richtige Regelung herbeizuführen[1006]. Grundsätzlich wohnte dem Vertragsschluss wegen der notwendigen Zustimmung des von einer unrichtigen Willenserklärung Betroffenen - automatisch - eine objektive Richtigkeitsgewähr inne. Denn ein objektiv unrichtiger Wille einer Partei werde durch das entgegengesetzte Interesse der anderen korrigiert.

Doch erklärte *Schmidt-Rimpler*, diese Richtigkeitsgewähr sei nur eine sehr begrenzte. Auch die Alternative der hoheitlichen Gestaltung[1007] weise nämlich erhebliche Fehlerquellen auf[1008]. So könne sie persönliche Initiative und Verantwortungsfreude unterdrücken[1009] und im Falle einer nachträglichen Kontrolle zu Vertragsuntreue verführen[1010]. Dennoch solle man ehrlich und bewusst zu hoheitlicher Gestaltung schreiten und den Vertrag da ausschalten, wo er von vornherein keine genügende Richtigkeitsgewähr biete – dies sei der Fall bei typischer Machtungleichheit[1011].

1004 Eine ausführliche Analyse des Gerechtigkeitsbegriffs speziell im Unterhaltsrecht stellt *Diederichsen* in FuR 2002, 289 ff.

1005 *Schmidt-Rimpler*, AcP 147 (1941), 130 (149 ff.).

1006 *Schmidt-Rimpler*, AcP 147 (1941), 130 (155 f.); später rechtfertigte sich *Schmidt-Rimpler* (in FS Raiser, 1974, S. 8 f.), er habe das Willenselement zurückgedrängt, um „den Vertrag vor dem Zugriff des autoritären Staates zu bewahren, dessen Streben [...] auf Ausschaltung, mindestens Zurückdrängung der Vertragsordnung zugunsten hoheitlicher Gestaltung gerichtet war [...]."

1007 *Schmidt-Rimpler*, AcP 147 (1941), 130 (165).

1008 *Schmidt-Rimpler*, AcP 147 (1941), 130 (169).

1009 *Schmidt-Rimpler*, AcP 147 (1941), 130 (170).

1010 *Schmidt-Rimpler*, AcP 147 (1941), 130 (167): „Verlockung, von einem unbequem gewordenen Geschäft durch Behauptung der Unrichtigkeit loszukommen".

1011 *Schmidt-Rimpler*, AcP 147 (1941), 130 (157); *ders.*, FS Raiser, 1974, S. 13.

Den Gedanken der Richtigkeitsgewähr nahmen im Anschluss an *Schmidt-Rimpler* zahlreiche Autoren auf, so insbesondere *Fastrich* und *Coester-Waltjen*[1012].

b) Raiser: Materielle Vertragsgerechtigkeit

Dem Standpunkt *Schmidt-Rimplers* trat insbesondere *Raiser* entgegen. Mit Nachdruck forderte er im Jahr 1960 eine „materielle Vertragsgerechtigkeit" als „Herzstück einer juristischen Vertragslehre"[1013]. Allein die Zustimmung des anderen Vertragsteils könne keine Vertragsgerechtigkeit gewährleisten, vielmehr sei der Schutz von Gesellschafts- und Wirtschaftsverfassung vonnöten[1014]. Wo die wirtschaftlichen Gesetze des Markes nicht verhindern könnten, dass die Starken die Schwachen ausbeuteten, müsse das Recht Abhilfe schaffen[1015].

Materielle Vertragsgerechtigkeit fordern auch *Bartholomeyczik, Zweigert* und *Kötz*. Für *Bartholomeyczik* kann eine annähernde Äquivalenz von Leistung und Gegenleistung nur gesichert werden, wenn die Vertragspartner annähernde Waffengleichheit besitzen – fehle sie, sei Einzelfallgerechtigkeit nur durch Vertragskorrektur zu erreichen[1016].

Nach Ansicht von *Zweigert* und *Kötz* setzt Vertragsfreiheit ökonomische und soziale Gleichheit der Vertragspartner voraus. Da sie damit nur in einer utopischen Gesellschaft aus ökonomisch gleichstarken Vertragsparteien funktionieren könne, sei die Vertragsfreiheit nur ein Traumschloss[1017]. Materiales Funktionsprinzip des Vertragsrechts sei daher heute die Vertragsgerechtigkeit[1018]. Jüngst verfocht auch *Mayer* eine materielle Gerechtigkeitskontrolle. Sie erfasse die Fälle, in denen der Vertrag von Anfang an an inhaltlichen Mängeln, „gemessen an einer – wie immer auch bestimmten – Gerechtigkeit" leide[1019].

Speziell gegen die Anwendung des Richtigkeitsgedankens *Schmidt-Rimplers* auf Eheverträge spricht sich *Goebel* aus. Das Konzept der Richtigkeitsgewähr passe allenfalls auf Verträge in der Wirtschaft, wo Zweckrationalität herrsche, nicht aber auf solche mit Bezug auf die Ehe, in der affektiv gehandelt werde. Die ehevertragliche Aushandlungsprozedur sei schon deshalb kaum richtigkeitsverbürgend, weil es sich eben um Eheverträge handele[1020].

1012 *Coester-Waltjen*, AcP 190 (1990), 1 (15); *Fastrich*, S. 51 ff.; vgl. auch *Schmidt-Salzer*, NJW 1971, 173; *L. Schmidt*, 1997, S. 63.

1013 *Raiser*, FS 100 Jahre DJT, 1960, S. 101 (129).

1014 *Raiser*, FS 100 Jahre DJT, 1960, S. 101 (118 f.; 131 f.).

1015 *Raiser*, JZ 1958, 1 (6 ff.).

1016 *Bartholomeyczik*, AcP 166 (1966), 30 (33).

1017 *Zweigert*, FS Rheinstein, 1969, S. 493 (503 f.); vgl. *Zweigert/Kötz*, § 24 III, S. 323 f.; vgl. auch *Schwenzer*, AcP 196 (1996), 88 (101).

1018 *Zweigert*, FS Rheinstein, 1969, S. 493 (503 f.); vgl. *Zweigert/Kötz*, § 24 III, S. 324.

1019 *Mayer*, FPR 2004, 363 (365).

1020 *Goebel*, FamRZ 2003, 1513 (1518 f.).

c) Selbstbestimmung als Schlüssel zur Vertragslegitimation und -freiheit

Für die Legitimation eines Vertrages kommt es nach der hier vertretenen Ansicht weder auf seine wie auch immer geartete Richtigkeit noch auf seine Gerechtigkeit an. Die Legitimation des Vertrages liegt vielmehr im selbstbestimmt ausgeübten Willen der Parteien. Artikel 2 I GG schützt nämlich nur die rechtsgeschäftliche Selbstbestimmung, nicht die Gerechtigkeit[1021]. Insofern führt das BVerfG zutreffend aus, die Geltung eines privatautonom vereinbarten Vertrages setze voraus, dass die Bedingungen freier Selbstbestimmung gegeben seien[1022]. Das vertraglich Vereinbarte gilt deshalb, weil die Vertragsschließenden in Selbstbestimmung vereinbart haben, dass es so Rechtens sein soll[1023]. Beruht die Vereinbarung auf Selbstbestimmung, entzieht sie sich einem rechtlichen Urteil über ihre Richtigkeit[1024]. Ebenso wenig steht die Vertragsfreiheit unter Gerechtigkeits- oder Sozialverträglichkeitsvorbehalt[1025].

Im Folgenden wird aufgezeigt, dass ein durch selbstbestimmtes Handeln zustande gekommener Vertrag sehr wohl auch dann Bestand haben kann,

- wenn zwischen den Vertragspartnern ein Ungleichgewicht herrscht,
- wenn der Vertrag einseitig vorgegeben wird und
- wenn der Vertrag inhaltlich unausgewogen ist.

(1) Selbstbestimmung auch bei Ungleichgewicht

Verfehlt ist es, eine Verknüpfung zwischen dem Gleichgewicht der Vertragspartner und ihrer Selbstbestimmung herzustellen. Denn Selbstbestimmung setzt Gleichgewicht gerade nicht voraus. Falsch ist damit der Schluss, Privatautonomie verlange Selbstbestimmung, Selbstbestimmung verlange Gleichgewicht, bei Ungleichgewicht gebe es daher keine Privatautonomie[1026]. Vielmehr sieht das Bürgerliche Gesetzbuch die Selbstbestimmung des Vertragsschließenden als gewährleistet an, wenn seine Willenserklärung irrtumsfrei zustande kam und weder durch Täuschung beeinflusst noch durch Drohung erzwungen wurde[1027]. Dementsprechend erklären *Baumann*[1028] und *Armasow*[1029] eine Verzichtsvereinbarung zu Recht für zulässig, wenn der Betreffende die Tragweite des Vertrages erkennt und das Risiko überblickt.

1021 So auch *Hillgruber*, AcP 191 (1991), 69 (85); vgl. auch *Canaris*, FS Lerche, 1993, S. 873 (886); *Fastrich*, S. 53 f.

1022 BVerfG, NJW 1990, 1469 (1470 unter C.I.3.).

1023 Vgl. schon *Flume*, BGB AT, Bd. II, 1965, S. 7.

1024 *Flume*, FS 100 Jahre DJT, 1960, S. 135 (141 ff.); *ders.*, BGB AT, Bd. II 1965, S. 8.

1025 *Ritgen*, JZ 2002, 114 (117).

1026 Vgl. *Zöllner*, AcP 196 (1996), 1 (25).

1027 *Hillgruber*, AcP 191 (1991), 69 (75); vgl. auch *Fastrich*, S. 216.

1028 Staudinger/*Baumann*, § 1585 c Rn. 162.

1029 *Armasow*, RNotZ 2001, 196 (198, 203).

(2) Selbstbestimmung auch bei einseitiger Vorgabe
Falsch ist weiter die Annahme, nur ein ausgehandelter und von gegenseitigem Nachgeben geprägter Vertrag könne Bestand haben[1030]. Zum einen wäre es unpraktikabel zu messen, inwieweit die jeweilige Partei ihre Vorstellungen durchsetzen konnte, so dass sie Vertragswirklichkeit wurden[1031]. Zum anderen erlaubt der Vertragsinhalt keinen Rückschluss auf die Übermacht einer Vertragspartei. Setzt etwa der Verkäufer eines Hausgrundstücks gegen den Willen des Käufers einen Haftungsausschluss durch, belegt dies noch lange nicht seine Überlegenheit. Setzt der Käufer eine Haftungsklausel durch, ist der Verkäufer ihm deshalb nicht unterlegen[1032].

Selbst wenn man annimmt, dass der Vorformulierende typischerweise nur seine eigenen Interessen eingebracht habe, bleibt dem anderen doch, vom Vertrag Abstand zu nehmen. Selbst eine – wie auch immer geartete – „Unterlegenheit" führt nur in wenigen Ausnahmefällen dazu, dass sich der Vertragspartner wirklich zwingend auf den Vertrag einlassen muss. In aller Regel ist es aber für ihn vorteilhafter, den Vertrag zu schließen, als ihn abzulehnen. Dass dies angesichts von Familienunterhalt etc. auch für einen vorsorgenden Ehevertrag gilt, wurde bereits dargelegt. Damit beruht zumindest der endgültige Vertragsschluss auf selbstbestimmtem Konsens. Selbst einseitige Vorgaben schließen daher die Selbstbestimmung nicht aus, solange der letzte und juristisch maßgebende Konsens freiwillig war[1033].

(3) Selbstbestimmung auch bei unausgewogenem Vertrag
Verträge müssen auch nicht inhaltlich ausgeglichen sein oder gleichwertige Positionen begründen. Entsprechend wies schon *Dürig* auf die zivilrechtliche Freiheit hin, sich ungleich behandeln zu lassen, andere ungleich zu behandeln, von anderen vertragliche Verzichte auf Grundfreiheiten anzunehmen sowie Erfüllung eines Vertrages trotz dabei auftretender Freiheitsbeschränkungen zu verlangen[1034]. Für die Wirksamkeit eines Vertrages ist also nicht „das Äquivalenzprinzip die Meßlatte"[1035]. Auch die Richterin am BVerfG *Hohmann-Dennhardt* warnte jüngst, dass das Abstellen allein auf den Vertragsinhalt zu der Gefahr einer übermäßigen Einschränkung der Vertragsfreiheit führe[1036].

1030 So aber *E. Schmidt*, DRiZ 1991, (82); dagegen *Coester-Waltjen*, AcP 190 (1990), 1 (21); vgl. auch *Fastrich*, S. 221 f.; *L. Schmidt*, 1997, S. 68.
1031 *Fastrich*, S. 222 f.; *Zöllner*, AcP 196 (1996), 1 (14).
1032 Vgl. Beispiel bei *Zöllner*, AcP 196 (1996), 1 (26).
1033 *Zöllner*, AcP 196 (1996), 1 (32); vgl. auch *Coester-Waltjen*, AcP 190 (1990), 1 (20 f.).
1034 *Dürig*, FS Nawiasky, 1956, S. 157 (160).
1035 So aber von *Westphalen*, MDR 1994, 5 (7); wohl auch *L. Schmidt*, S. 28.
1036 *Schnitzler/Hohmann-Dennhardt*, FF 2004, 233 (235).

In einer Rechtsordnung, die darauf aufbaut, dass der Einzelne seine Angelegenheiten privatautonom und frei gestalten kann, kann jeder Bürger auf Wohltaten, die das Gesetz für ihn vorsieht, auch verzichten. Ebenso gibt die Vertragsfreiheit Ehegatten die individuelle Freiheit, sich ungleich behandeln zu lassen[1037]. Denn Vertragsfreiheit bedeutet, auch einen unausgewogenen Vertrag wirksam abschließen zu können, wenn man seinen Inhalt richtig versteht und ihn akzeptiert, um gewisse Ziele zu erreichen, hier etwa die gewünschte Eheschließung[1038]. Es gibt keinen Grund, einem volljährigen, geschäftsfähigen Ehepartner die Nachteile eines Vertrages zu ersparen, den er frei und ohne Zwang eingegangen ist[1039]. Wer sich unter fairen Bedingungen in Kenntnis eines bestimmten Risikos auf einen Vertrag eingelassen hat, muss sich daran festhalten lassen, wenn sich das Risiko verwirklicht. Eheschließungswillige und Ehegatten können daher miteinander Verträge schließen, die außergewöhnliche Inhalte haben und die die Interessen nicht gerecht ausgleichen. Eine Inhaltskontrolle allein auf Grundlage eines Gerechtigkeitspostulats verbietet sich.

Verfehlt ist es daher, wenn das BVerfG das Indiz der Schwangerschaft verstärkt sieht durch den Inhalt des Ehevertrages, der „eine solche Unterlegenheitsposition der nicht verheirateten Schwangeren zum Ausdruck bringt“[1040]. Wer nämlich den Inhalt zum Indiz für Unterlegenheit macht, wird sich bestimmte Inhalte in weiterer Konsequenz nur noch durch Dominanz der anderen Vertragspartei erklären können. Damit spricht er dem „Schwächeren“ rationale und verständige Gründe für seinen Konsens ab – eine unzulässige Einmischung in die Privatautonomie.

Festzuhalten ist damit, dass auch ein objektiv unvernünftiger, ungerechter oder unangemessener Vertrag nicht von vornherein verfassungsrechtlich bedenklich ist[1041]. Ob der Vertrag zu einem angemessenen Interessenausgleich führt, ist unerheblich, solange ihn beide Vertragsparteien in freier Selbstbestimmung so gewollt haben. Nachteile, die sich für den rechtsgeschäftlich Handelnden aus der Vereinbarung ergeben, sind als Ausdruck seiner Selbstbestimmung zu werten. Wer bewusst einen ungünstigen Vertrag schließt, hat nicht nur die Möglichkeit der Selbstbestimmung, sondern übt sie gerade aus[1042].

1037 Vgl. *Langenfeld*, Handbuch, Rn. 7.

1038 *Langenfeld*, DNotZ 2001, 272 (279); Staudinger/*Baumann*, § 1585 c Rn. 161.

1039 *E. Koch*, JR 1993, 197 (198).

1040 BVerfG, FamRZ 2001, 343 (347 unter I. 2 d).

1041 Vgl. *Fastrich*, S. 224; *Ritgen*, JZ 2002, 114 (119 f.) zur Änderung des Urheberrechtsgesetzes.

1042 *Hönn*, Kompensation gestörter Vertragsparität, S. 97.

3. Wirklich gleiche Verhandlungsstärke – eine Utopie

Nach der soeben erfolgten Erläuterung der Legitimation eines Vertrages anhand des selbstbestimmt ausgeübten Willens der Parteien ist gegen die Figur der gestörten Vertragsparität weiter anzuführen, dass eine wirklich gleiche Verhandlungsstärke der Vertragsparteien eine Utopie ist[1043]. Die intellektuellen Fähigkeiten, individuellen Bedürfnisse und wirtschaftlichen Situationen der Teilnehmer am Rechtsverkehr sind typischerweise verschieden. Gleiche Übersicht, gleiche Durchsetzungskraft oder gleiche Fähigkeit, von einem Begehren abzulassen, wenn die geforderte Gegenleistung zu hoch erscheint, sind nur philosophisch vorstellbar. Nicht umsonst wurde daher zivilrechtshistorisch bei der Entdeckung des Vertrages als Rechtsinstitut bewusst von naturgegebener Verhandlungsstärke durch Intelligenz, Erfahrung, Charakterbild, wirtschaftliche Abhängigkeit und Marktüberlegenheit abgesehen. Die Theorie der gestörten Vertragsparität ist mithin von romantisch-utopischen Idealen geprägt[1044], die das Zivilrecht nicht erfüllen kann. Das Kriterium der strukturell ungleichen Verhandlungsstärke misst die ganze Vielfalt und Buntheit des Lebens und der Welt von Vertragsverhandlungen an Größen, die kaum feststellbar sind und keine praktikable Lösung bieten[1045].

Wer sämtliche Unterschiede wirklich berücksichtigen will, macht Zivilgerichte zu Genehmigungsbehörden[1046] und weckt Assoziationen zum Sozialismus, der den Vertrag als Machtinstrument der herrschenden Klasse ansieht und die Vertragsfreiheit an der Realität der sozialen Ungleichheit scheitern lässt[1047]. Gleichheit ist jedoch nicht Voraussetzung dafür, dass die Vertragsfreiheit gilt, sondern allenfalls dafür, dass Vertragsfreiheit optimal ausgeübt wird. Insofern hat die Parität vielleicht rechtspolitische, moralische und politische Relevanz, nicht aber juristische[1048]. Juristisch ist die Imparität nur unter den bewährten engen Voraussetzungen des § 138 BGB zu berücksichtigen.

Ungeeignet ist das Kriterium der gestörten Vertragsparität letztlich auch deshalb, weil weder ein wirtschaftliches, soziales, intellektuelles oder sonstiges Gefälle zwangsläufig dazu führen muss, dass der Vertrag als Mechanismus versagt. Vielmehr gibt es genauso gut Imparitätslagen, die zu optimalen Verhandlungsergebnissen führen wie Gleichgewichtslagen, aus denen heraus untragbare Vertragsinhalte entstehen[1049].

1043 Vgl. *Fastrich*, S. 218; *Spieß*, DVBl.1994, 1222 (1228).

1044 *Adomeit*, NJW 1994, 2467 (2468).

1045 *Adomeit*, NJW 1994, 2467 (2468); vgl. auch *Röthel*, NJW 2001, 1334: der Topos der „strukturellen Unterlegenheit“ sei für Eheverträge inadäquat und missverständlich.

1046 *Adomeit*, NJW 1994, 2467: Die Rechtsprechung des BVerfG führe weg vom Reich der Privatautonomie ins Reich der Kontrolle.

1047 Vgl. *Isensee*, FS Großfeld, 1999, 485 (504).

1048 Zutreffend *Isensee*, FS Großfeld, 1999, 485 (506).

1049 *Fastrich*, S. 219; *Wiedemann*, JZ 1990, 695 (697).

4. Allgemeine Vorschriften als ausreichende Grenze

Letztlich war es nicht nötig, die behandelten Fälle mit Hilfe der Grundrechte zu lösen. Denn die Grenzen vertraglicher Vereinbarungen ergeben sich aus den allgemeinen Vorschriften, und über deren Einhaltung können die ordentlichen Gerichte ausreichend wachen[1050]. Insbesondere die zivilrechtlichen Generalklauseln können in den gewohnten Bahnen unauffällig helfen.

Die Grundrechte indes garantieren nicht die inhaltliche Richtigkeit von Verträgen[1051]. Sie bilden die Grundlage der Privatautonomie, nicht deren Schranke. Sie gewähren einen Mindeststandard individueller Freiheit, reduzieren die Freiheit aber nicht auf diesen Mindeststandard. Sie stehen freiverantwortlich getroffenen Bindungen, die Teil der personellen Freiheit sind, nicht entgegen.

5. Gefährdung der Rechtssicherheit

Die Kontrolle von Verträgen anhand des Unterlegenheitsbegriffs gefährdet darüber hinaus die Rechtssicherheit. Denn leicht lässt sich der Begriff der strukturellen Unterlegenheit auf unzählige Verträge übertragen. Und tatsächlich fordert *Wiedemann* im Anschluss an den Bürgschaftsbeschluss des BVerfG eine Kontrolle jedes Rechtsgeschäfts (!) – Verträge wie Gesellschafterbeschlüsse – auf eine inhaltliche und verfahrensmäßige Schieflage[1052]. Damit liefe jede bürgerlichrechtliche Vertragsklausel Gefahr, am Vorbehalt der sozialen Ungleichgewichtslage gemessen zu werden[1053]. Unterlegen wäre etwa der Verbraucher gegenüber dem Gewerbetreibenden[1054] - man denke an unzählige Versicherungsverträge -, der kleine Handwerker gegenüber dem Großauftraggeber, der Arbeitnehmer gegenüber dem Arbeitgeber, der Patient gegenüber dem Arzt, der Mandant gegenüber dem Rechtsanwalt. Und wendete sich das Blatt bei einem Überangebot an Ärzten und Anwälten? Wären dann Patient bzw. Mandant die Überlegenen? Es kann nicht sein, dass sich der vermeintlich schwächere Vertragspartner in all diesen Fällen auf die Verletzung seiner Grundrechte berufen kann. Kein Vertragspartner könnte sich mehr auf die Gültigkeit des Vertrages verlassen. Bis zur Grenze des § 138 BGB sind daher Schieflagen in Kauf zu nehmen, damit die Vertragsfreiheit das leisten kann, was Aufgabe und Sinn des Privatrechts ist, nämlich die eigene Rechts- und Vermögenssituation berechenbar gestalten und erhalten zu können[1055].

1050 *Armasow*, RNotZ 2001, 196 (203); vgl. *Gerber*, FS 50 Jahre BGH, 2000, S. 49 (59 f.) und *Adomeit*, NJW 1994, 2467.

1051 Vgl. *Isensee*, JZ 1996, 1085 (1090).

1052 *Wiedemann*, JZ 1994, 411 (412 f.)

1053 *Isensee*, JZ 1996, 1085 (1089).

1054 So tatsächlich *Wiedemann*, JZ 1994, 411 (412 f.)

1055 vgl. *Zöllner*, FS Lange, 1992, S. 973 (989).

Folgt man den Aussagen des BVerfG in seinem Urteil vom 6. Februar 2001, hätte die Frau den Vertrag nicht unterschreiben dürfen, weil er verfassungswidrig war[1056]. Dann hätte es höchstwahrscheinlich keine Hochzeit gegeben, die Frau wäre ledig geblieben und hätte das Kind allein aufziehen müssen. Man hätte ihr also raten müssen, den Vertrag zu unterzeichnen, von den Vorteilen der Ehe zu profitieren und den Vertrag im Falle der Scheidung für verfassungswidrig erklären zu lassen. *Zöllner* spricht in ähnlichem Zusammenhang treffend vom „April-April-Syndrom", bei dem „der Vertragsschließende vorgibt, ihm eigentlich nicht schmeckende Bedingungen zu akzeptieren", aber hinterher erklärt, „es so natürlich nicht gewollt zu haben"[1057].

In der zivilrechtlichen Auseinandersetzung wäre jeder Vertragspartei zu raten, sich selbst als die unterlegene auszugeben, die andere als die mächtigere, um auf diese Weise das Unterlegenheitsprivileg zu ergattern. Die jeweils erforderliche Prüfung würde die Gerichte überfordern und unlösbare Rechtssicherheitsprobleme mit sich bringen.

Betrachtet man vor diesem Hintergrund die ersten Entscheidungen der Oberlandesgerichte nach Erlass der Entscheidungen des BVerfG, so wird deutlich, dass die vom BVerfG für die Inhaltskontrolle entwickelten Kriterien zu einer floskelhaften Wendung degradiert sind und eine weit reichende Inhaltskontrolle nach Billigkeitsgesichtspunkten vorgenommen wird. Die Rechtsunsicherheit wurde also Realität.

6. Entscheidung des Gesetzgebers

Die Entscheidung des Gesetzgebers ist eindeutig. Zwischen den Polen der Ehevertragsfreiheit auf der einen Seite und dem Anspruch auf Schutz vor unangemessener Benachteiligung durch den Ehevertrag auf der anderen Seite hat der Gesetzgeber der Ehevertragsfreiheit weitgehenden Vorrang gegeben. Er machte die Wirksamkeit von Eheverträgen gerade nicht von ihrer Ausgewogenheit abhängig. Die besondere Inhaltskontrolle, die er in § 1587 o BGB für Scheidungsvereinbarungen vorschrieb, ordnete er für Eheverträge nach § 1408 BGB bewusst nicht an.

So hielt es denn auch das BVerfG in seinem Beschluss vom 4.5.1982 für gerechtfertigt, dass der Gesetzgeber den Ausschluss des Versorgungsausgleiches gemäß § 1408 II 1 BGB im Gegensatz zu Vereinbarungen nach § 1587 o I BGB nicht unter gerichtlichen Genehmigungsvorbehalt stellte[1058].

1056 *Armasow*, RNotZ 2001, 196 (202).
1057 *Zöllner*, AcP 196 (1996), 1 (31 f.).
1058 BVerfG, FamRZ 1982, 769 (773 f.).

7. Plädoyer für Freiheit und Eigenverantwortung

Es ist zweifellos ein achtenswertes Ziel, in Notlagen zu helfen. Und in der Tat ist in Fällen, in denen eine Zwangslage ausgenutzt wurde oder in denen die Kindesinteressen betroffen sind, ein Einschreiten erforderlich.

Das Gesetz will aber nicht denjenigen schützen, der zu träge ist, seine eigenen Interessen wahrzunehmen oder denjenigen, der sich verrechnet hat. Der Grad ist schmal dahin, den Bürger trotz seines aktiven und passiven Wahlrechts vor seiner eigenen Torheit zu schützen[1059]. Damit drohte eine zunehmende Infantilisierung der Gesellschaft[1060].

Zuzustimmen ist *Rauscher* darin, dass es mit einer auf eigenverantwortlicher Lebensgestaltung aufgebauten freien Gesellschaft unvereinbar ist, immer mehr soziales Schutzdenken in Privatbeziehungen hineinzutragen[1061]. Die Gefahr liegt im Grundverdacht der Fehlfunktion der Privatautonomie, dem Verdacht, dass die Bürger bei Abschluss individueller Verträge nicht selbst auf sich Acht geben können. Doch lohnt es, weiter an die Selbstverantwortung des klugen und eigennützigen Individuums zu glauben[1062]. Das BVerfG möchte die Ehe als „gleichberechtigte Partnerschaft" schützen. Gleichberechtigung hat jedoch mit Selbständigkeit zu tun. Durch bevormundende Schutzmaßnahmen erreicht man sie nicht.

Es sind die Vertragsparteien, die den Vertrag in den Händen halten. Zwar hat die Privatautonomie dem Bürger nicht die Möglichkeit zu garantieren, sich durch Verträge zu ruinieren[1063]. Doch kann dies Folge der Ausübung der Vertragsfreiheit sein. Soweit dies in Selbstbestimmung geschieht, ist es nicht Aufgabe der Grundrechte, davor zu schützen.

Hinzu kommt, dass sich die Richtigkeit oder Gerechtigkeit einer Vereinbarung nicht allgemeingültig festlegen lässt - gibt es doch nicht wenige Verträge, die dem einen als Sinnerfüllung seines Lebens gelten, während schon der Nachbar nur den Kopf schütteln oder lächeln kann. Ein jeder empfindet die Vor- und Nachteile eines Vertrages unterschiedlich. Eine hypothetische Vernunft, die von dritter Seite nachvollzogen werden könnte, kennt die Vertragsautonomie nicht[1064].

1059 Vgl. *Hesse/Kauffmann*, JZ 1995, 219 (220): „Kultur zunehmender Besorgtheit um alles und jedes und um alle und jeden".

1060 *Depenheuer*, S. 35 (43); vgl. auch *Brandt*, MittBayNot 2004, 221 (228).

1061 *Rauscher*, DNotZ 2002, 751 (757).

1062 Dagegen *Zweigert/Kötz*, § 24 III, S. 324.

1063 *Wiedemann*, JZ 1990, 695 (697); *ders.*, JZ 1994, 411 (412).

1064 *E. Schmidt*, DRiZ 1991, 81 (85).

Vielmehr umfasst die Vertragsfreiheit auch die Freiheit zu Unvernunft und Irrationalität[1065]. Dies gilt gerade für den Bereich der familienrechtlichen Vereinbarungen, wo insbesondere Verzichtsvereinbarungen oftmals nicht auf rationalen, sondern auf emotionalen Gründen wie Schuldgefühlen, Dankbarkeit und Stolz basieren. Ein Richter aber könnte nur vermögensrechtliche Rationalität nachvollziehen und überprüfen. Nirgends gilt daher der Satz „stat pro ratione voluntas“ mit mehr Berechtigung.

Auch die Wechselwirkungslehre rechtfertigt kein anderes Ergebnis. Sie möchte kollidierende Grundrechtspositionen so begrenzen, dass sie für die Beteiligten möglichst weitgehend wirksam werden (praktische Konkordanz)[1066]. Doch haben die Parteien die Konkordanz durch ihren Vertrag bereits hergestellt. Eigenverantwortung kann nicht ersetzt werden durch die Verantwortung, die aus der Ehe als Institution folgt.

Ebenso wenig überzeugt es, auf staatliche Schutzpflichten zurückzugreifen und sie auf den rechtsgeschäftlichen Bereich zu übertragen. Denn es fehlt an der grundrechtstypischen Gefahrenlage, der Verletzung eines Rechtsguts, auf das die Schutzpflicht antwortet. Wer nicht durch Täuschung oder Drohung, unter Ausnutzung einer Zwangslage oder sonst sittenwidrig zur Unterzeichnung eines Ehevertrages bewegt wird, würde allenfalls vor sich selbst geschützt, weil er dem Risiko der Vertragsfreiheit nicht gewachsen ist. Doch ist Selbstbestimmung ohne Selbstverantwortung nicht denkbar. Das Prinzip der Eigenverantwortlichkeit ist den Grundrechten immanent[1067]. Einen Grundrechtsschutz vor sich selbst kann es in diesem Sinne daher nicht geben[1068].

1065 Völlig zu Recht *Zöllner*, FS Lange, 1992, S. 973 (986); zustimmend *Coester-Waltjen*, FS 50 Jahre BGH, 2000, S. 985 (1002); vgl. *dies.*, AcP 190 (1990), 1 (14 f.) und sogar *Schwenzer*, AcP 196 (1996), 88 (103).

1066 BVerfG, NJW 1994, 36 (38); vgl. auch *Rüfner*, GS Martens, 1987, S. 215 (224).

1067 Vgl. hierzu das Elfes-Urteil, BVerfGE 6, 32 (40): Durch die wertgebundene Ordnung des Grundgesetzes „soll die Eigenständigkeit, die Selbstverantwortlichkeit und die Würde des Menschen in der staatlichen Gemeinschaft gesichert werden“.

1068 Vgl. *Isensee/Kirchhof*, S. 215, Rn. 131; *Hillgruber*, AcP 191 (1991) 69 (85); zum Grundrechtsverzicht als Erklärungsmodell *Zöllner*, AcP 196 (1996), 1 (12 f.); a.A. *Wiedemann*, JZ 1994, 411.

6. Teil: Zusammenfassung

In dieser Arbeit wurden die Inhalte und Grenzen familienrechtlicher Verträge analysiert. Anlass waren die Entscheidungen des BVerfG vom 6.2.2001[1069] und vom 29.3.2001[1070] zur Inhaltskontrolle von Eheverträgen. Nachdem Eheverträge, Trennungs- und Scheidungsfolgenvereinbarungen bis zum Jahr 2001 vor allem anhand von § 138 BGB und § 242 BGB kontrolliert worden waren, stellte das BVerfG im Jahr 2001 mit den Artikeln 2 I, 6 II und IV GG weitere, grundrechtliche Grenzen auf und schränkte die Vertragsfreiheit auf diese Weise zusätzlich ein.
Nach Aussage des BVerfG müssten die Gerichte einen Ehevertrag, der nicht Ausdruck einer gleichberechtigten Lebenspartnerschaft, sondern Ergebnis einer auf ungleichen Verhandlungspositionen basierenden einseitigen Dominanz eines Ehepartners sei, auf seinen Inhalt kontrollieren und ggf. mit Hilfe der zivilrechtlichen Generalklauseln korrigieren. Werde der Ehevertrag vor der Ehe und im Zusammenhang mit einer Schwangerschaft geschlossenen, gebiete dies auch der Anspruch der werdenden Mutter auf Schutz und Fürsorge aus Artikel 6 IV GG. Eine Grenze von Freistellungsvereinbarungen zum Kindesunterhalt bilde Artikel 6 II 1 GG, der vor verantwortungsloser Ausübung des Elternrechts schütze.

Die Entscheidungen des BVerfG zur Inhaltskontrolle von Eheverträgen spiegeln eine deutliche Tendenz in der aktuellen Rechtsentwicklung zur Betonung des Schwächerenschutzes und der Inhaltskontrolle stark belastender Verträge wider. Kernfrage war, ob auch im Bereich familienrechtlicher Verträge das Pendel von Freiheit und Eigenverantwortlichkeit in Richtung Gleichheit und Schutz des Schwächeren schwingen sollte.

Der Prüfungsweg der Arbeit verlief dergestalt, dass nach einer Einleitung zunächst die Begrifflichkeiten der familienrechtlichen Vereinbarung erläutert und dann die Regelungsgegenstände und Regelungsmöglichkeiten dargestellt wurden.

Der folgende, vierte Teil der Arbeit widmete sich den bis zu den Entscheidungen des BVerfG im Jahre 2001 geltenden zivilrechtlichen Schranken der Vertragsfreiheit. Diese wurden getrennt nach allgemeinen und speziellen zivilrechtliche Schranken untersucht.
Im Rahmen der allgemeinen Schranken, die grundsätzlich für jeden zivilrechtlichen Vertrag gelten, wurde vor allem erörtert, in welcher Form familienrechtliche Vereinbarungen am Maßstab der Sittenwidrigkeit (§ 138 I BGB) oder am Grundsatz von Treu und Glauben (§ 242 BGB) zu messen sind.

1069 BVerfG, FamRZ 2001, 343 = NJW 2001, 957 = FF 2001, 59 = FuR 2001, 163 = MDR 2001, 392.

1070 BVerfG, FamRZ 2001, 985 = NJW 2001, 2248 = FF 2001, 128 = MittBayNot 2001, 485.

Ausführlich betrachtet wurden zunächst die anzulegenden Maßstäbe, um anschließend anhand von Fallgruppen die Rechtsprechung und Literatur zu analysieren. Es zeigte sich, dass die Sittenwidrigkeit einer familienrechtlichen Vereinbarung vor allem in den Fällen zu bejahen ist, in denen Zwangslagen – z.B. durch Überrumpelung – ausgenutzt werden. Hinzu kommen die Fälle, in denen die wirtschaftlichen Folgen der Scheidung zulasten des Sozialhilfeträgers geregelt werden oder in denen die Vereinbarung das Sorge- oder Umgangsrecht kommerzialisiert. Abzustellen ist dabei stets auf den Gesamtcharakter der Vereinbarung unter Berücksichtigung von Inhalt, Beweggrund und Zweck zum Zeitpunkt des Vertragsschlusses.

Im Rahmen des ebenfalls hoch praxisrelevanten Instituts der unzulässigen Rechtsausübung kommt es dagegen maßgeblich darauf an, dass die Berufung auf die Vereinbarung zu dem Zeitpunkt unbillig erscheint, in dem der Anspruch geltend gemacht wird. Dies vor allem dann der Fall, wenn eine eigene Erwerbstätigkeit den betreuenden Elternteil zwingen würde, die ihm obliegende Pflege und Erziehung gemeinschaftlicher Kinder einzuschränken und das Kindeswohl dadurch beeinträchtigt würde.

Unter dem Gliederungspunkt der speziellen zivilrechtlichen Schranken wurden sodann diejenigen Grenzen erörtert, die ausschließlich für familienrechtliche Verträge gelten. Praktisch relevant sind hier vor allem die einjährige Sperrfrist vor Stellung des Scheidungsantrags für einen Ausschluss des Versorgungsausgleichs (§ 1408 II 2 BGB), das gerichtliche Genehmigungserfordernis für Vereinbarungen zum Versorgungsausgleich im Zusammenhang mit einer Scheidung (§ 1587 o II 3 BGB) sowie die Unzulässigkeit eines Verzichts auf Unterhalt für die Zukunft beim Kindesunterhalt, beim Familien- und Getrenntlebensunterhalt, §§ 1614, 1360 a III, 1361 IV 2 BGB. Nach der Darstellung dieser grundsätzlich unstreitigen speziellen Schranken wurde ausführlich auf notwendige Verschärfungen bei den Verfahrens- und Formvorschriften familienrechtlicher Verträge eingegangen. So sollte der Zwang zur notariellen Beurkundung auf Unterhaltsvereinbarungen ausgedehnt werden und die persönliche Anwesenheit beider Vertragspartner bei Vertragsschluss zwingend sein. Vor der Beurkundung sollte zudem eine Überlegungsfrist entsprechend § 17 II a, S. 2 Ziff. 2, 2. HS BeurkG eingeführt werden.

Im anschließenden fünften Teil der Arbeit wurde untersucht, ob und inwieweit die Grenzen familienrechtlicher Verträge unter Einfluss des Verfassungsrechts enger zu ziehen sind. Anhand eines geschichtlichen Überblicks wurde zunächst das Verhältnis von Zivilrecht und Verfassungsrecht dargestellt, um darauf aufbauend das vom BVerfG in seinen Entscheidungen von 2001 zugrunde gelegte Verständnis vom Verhältnis der beiden Rechtsgebiete darzulegen - das BVerfG bekannte sich einmal mehr zur Theorie der mittelbaren Drittwirkung.

Im Anschluss an eine detaillierte Darstellung der beiden Entscheidungen des BVerfG zur Inhaltskontrolle von Eheverträgen wurde Artikel 6 II GG als unstreitig zulässige Grenze für Freistellungsvereinbarungen beleuchtet.

Dahingegen war eine Grenzziehung durch Artikel 2 I GG insbesondere anhand der Figur der gestörten Vertragsparität nach ausführlicher Analyse abzulehnen. Betrachtet wurden zunächst die Ursprünge der Figur der gestörten Vertragsparität in der überwiegend arbeitsrechtlichen Literatur sowie die Entscheidungen des BVerfG zu den Handelsvertretern und den Bürgschaften einkommens- und vermögensloser Familienangehöriger. Im Folgenden wurde sodann die Umsetzung der Grundsätze des BVerfG zur Inhaltskontrolle von Eheverträgen in der instanzgerichtlichen Rechtsprechung untersucht. Bis zum Abschluss der Arbeit lagen hierbei 30 Entscheidungen vor. Ihre Analyse ergab zum Teil ausgesprochen gegensätzliche Argumentationen, die insgesamt eine erhebliche Rechtsunsicherheit widerspiegeln.

Aufbauend auf den Entscheidungsgründen der instanzgerichtlichen Urteile und unter Berücksichtigung der Literaturstimmen wurden sodann die beiden Voraussetzungen der Inhaltskontrolle familienrechtlicher Vereinbarungen beleuchtet, die „ungleiche Verhandlungsposition" und die „einseitige vertragliche Lastenverteilung". Die Untersuchung der Anknüpfungspunkte und Maßstäbe, die das BVerfG, die Instanzgerichte und die Literatur zur Prüfung dieser Voraussetzungen heranzogen, brachte dabei zu Tage, dass sich sowohl zur Bestimmung einer Ungleichgewichtslage als auch zur Bestimmung der einseitigen vertraglichen Belastung keine zuverlässigen Kriterien finden lassen, die eine Einschränkung der Vertragsfreiheit rechtfertigen könnten.

Die den fünften Teil abschließende Stellungnahme riet zunächst im Sinne einer „Selbstbehauptung des Zivilrechts"[1071] zu einem getrennten Verständnis von Zivil- und Verfassungsrecht. Erläutert wurde, dass die begrifflichen Wertungsinhalte der beiden Rechtsgebiete separat nebeneinander stehen und dass das Privatrecht in der Lage ist, Wertungsfragen auch ohne die Grundrechte zu lösen. Aufgezeigt wurde zudem, dass eine Erhöhung zivilrechtlicher Positionen zu Quasi-Verfassungsrang dazu führt, dass die derartig verfassungsrechtlich festgeschriebene Positionen der normalen Rechtsentwicklung entrückt und nur schwer reversibel sind. Das Zivilrecht mit Grundrechtsbegriffen zu steuern, begründet letztlich die Gefahr von Doktrinarismus und dogmatischer Unsicherheit. Ziel muss es daher sein, die Verfassungsgerichtsbarkeit im Zivilrecht zurückzubesinnen auf die Sicherung von Grundrechten nur in echten Extremfällen. Nicht zuletzt droht anderenfalls das BVerfG entgegen aller Beteuerungen zu einer Superrevisionsinstanz zu werden.

1071 So der Titel des Aufsatzes von *Simon*, AcP 204 (2004), 264 zur Begrenzung der deliktischen Haftung Minderjähriger.

Ausgeführt wurde weiter, dass die Figur der gestörten Vertragsparität der gerade durch Artikel 2 I GG verfassungsrechtlich gewährleisteten Vertragsfreiheit widerspricht. Eine Analyse der verschiedenen Ansatzpunkte zur Legitimation eines Vertrages ergab, dass ausschlaggebend weder eine wie auch immer geartete „Richtigkeit" der Vereinbarung ist, noch – wie vom BVerfG vertreten – eine wie auch immer zu bestimmende „Gerechtigkeit". Allein entscheidend ist vielmehr, dass die Parteien selbstbestimmt handelten. Ein durch selbstbestimmtes Handeln zustande gekommener Vertrag hat dabei sehr wohl auch dann Bestand, wenn zwischen den Vertragspartnern ein Ungleichgewicht herrscht. Denn Selbstbestimmung setzt Gleichgewicht gerade nicht voraus. Ebenso wenig ist selbstbestimmtes Handeln ausgeschlossen, wenn der Vertrag einseitig vorgegeben wird. Denn nur in echten Ausnahmefällen muss sich der Vertragspartner wirklich zwingend auf den Vertrag einlassen, in aller Regel verspricht der Vertragschluss für das Individuum mehr Vor- als Nachteile, so dass die persönliche Entscheidungsbilanz positiv ausfällt.

Unzulässig ist es letztlich auch, im Falle eines inhaltlich unausgewogenen Vertrages auf fehlende Selbstbestimmung zu schließen. Nähme man jede Unausgewogenheit zum Anlass, den Vertrag anzugreifen, spräche man dem „Schwächeren" verständige Gründe für sein Handeln und die Fähigkeit zum selbstbestimmten Handeln ab. Gerade aber im Bereich familienrechtlicher Vereinbarungen sind insbesondere Verzichtsvereinbarungen oftmals emotional bedingt und beruhen auf Schuldgefühlen, Dankbarkeit und Stolz. Gerichtlich überprüfbar wäre aber nur eine vermögensrechtliche Rationalität. Wer also bewusst einen ungünstigen Vertrag schließt, übt seine Selbstbestimmung gerade aus. Daher muss sich jeder, der sich frei und ohne Zwang in Kenntnis eines bestimmten Risikos auf einen Vertrag einlässt, daran auch festhalten lassen, wenn sich das Risiko verwirklicht.

Die Figur der gestörten Vertragsparität ist weiter deshalb abzulehnen, weil wirklich gleiche Verhandlungsstärken der Vertragsparteien nur philosophisch vorstellbar sind. Intellektuelle Fähigkeiten, individuelle Bedürfnisse und wirtschaftliche Macht sind zwangsläufig unterschiedlich. Berücksichtigte man jegliche Ungleichheit, stünde nahezu jede bürgerlichrechtliche Vertragsklausel unter dem Verdacht der Unwirksamkeit. Kein Vertragspartner könnte sich mehr auf die Gültigkeit des Vertrages verlassen. Die Rechtsunsicherheit wäre unermesslich.

Anstatt also immer mehr soziales Schutzdenken in die Ehe hineinzutragen, sollte die „gleichberechtigte Partnerschaft" Ehe im Sinne einer Gemeinschaft von Individuen begriffen werden, die frei, selbständig und selbstverantwortlich handeln.

Der Grundsatz der Privatautonomie ist daher für familienrechtliche Vereinbarungen nicht über die bereits bestehenden Grenzen hinaus einzuschränken. Eine Ehe in Freiheit muss auch Gestaltungsfreiheit umfassen. Orientiert an individueller Freiheit und Eigenverantwortung muss es den Ehegatten freistehen, ihre Ehe frei von fortwirkenden wirtschaftlichen Pflichten zu gestalten.
Nur in Extremfällen sind familienrechtliche Vereinbarungen einer individuellen Inhaltskontrolle zu unterziehen. Hierfür reichen die Grenzen der §§ 138 und 242 BGB in ihrem bisherigen Verständnis vollkommen aus. Die Entscheidung des Gesetzgebers zugunsten der Ehevertragsfreiheit ist insoweit eindeutig.

Wird ausnahmsweise eine Zwangslage, Leichtsinn oder Unerfahrenheit ausgenutzt, greift § 138 BGB schützend ein. Das Argument der negativen Eheschließungsfreiheit bleibt dabei insoweit bestehen, als dass aus der Freiheit, die Ehe überhaupt zu schließen, weiterhin die Freiheit folgt, das Eheversprechen von einem Ehevertrag abhängig zu machen. Wenn das BVerfG formuliert, dass aus der Eheschließungsfreiheit keine unbegrenzte Ehevertragsfreiheit folge, so ist dies zutreffend, allerdings nur in der Hinsicht zu verstehen, dass im Einzelfall gegebenenfalls überprüft werden kann, ob die Umstände des Vertragsschlusses sowie der Vertragsinhalt dem Sittenwidrigkeitsmaßstab standhalten. Eine generelle Inhaltskontrolle hingegen ist nicht angezeigt.

Über die so verstandenen Grenze des § 138 I BGB hinaus kann § 242 BGB weiterhin flexible und einzelfallgerechte Lösungen gewährleisten, wenn die Berufung auf eine Verzichtsvereinbarung insbesondere das Kindeswohl zu gefährden droht.

Eine weiter greifende Inhaltskontrolle indes droht die Selbstbestimmung und Selbstverantwortung als tragende Prinzipien der Privatautonomie zu untergraben. Der Staat darf keinen Schutz aufdrängen, sondern hat privatautonom getroffene Entscheidungen zu respektieren. Denn letztlich muss doch immer in Betracht gezogen werden, dass beide Parteien die Regelung tatsächlich so wollten, wie sie sie vereinbarten. Möglicherweise ist der Wunsch eines Vertragspartners, und sei es auch der „schwächere“, sich vom Vertrag zu lösen, nur Ausdruck gewandelter Motivation und beruht nicht darauf, dass er an der Wahrnehmung seines Grundrechts auf Vertragsfreiheit gehindert war.

Es bleibt damit zu hoffen, dass die künftige Rechtsprechung den Wahrheitsgehalt von *Münchs* Aussage, riskanter als die Eingehung einer Ehe sei nur die Beurkundung eines Ehevertrages, nicht verfestigen wird.

Literaturverzeichnis

Adomeit, Klaus, Die gestörte Vertragsparität - ein Trugbild, in NJW 1994, Seiten 2467-2469

Anschütz, Gerhard, Die Verfassung des Deutschen Reiches vom 11. August 1919, Ein Kommentar für Wissenschaft und Praxis, 14. Auflage, Berlin 1933

Anthes, Jochen, Vorurteile gegenüber ledigen Müttern, in: Sozialforschung und soziale Demokratie, Festschrift für Otto Blume zum 60. Geburtstag, Bonn, 1979, Seiten 157-165

Armasow, Martin, Das Urteil des BVerfG vom 6. Februar 2001 - 1 BvR 2001 - zum nachehelichen Unterhaltsverzicht und zur Freistellung von Unterhaltsansprüchen, in RNotZ 2001, Seiten 196-203

Arndt, Herbert / Lerch, Klaus / Sandkühler, Gerd, Kommentar zur BNotO, 4. Auflage, Köln 2000 (zit.: Arndt/Lerch/Sandkühler-*Bearbeiter*)

Aubel, Tobias, Einkommenssteuerrecht vor Unterhaltsrecht - das BVerfG als oberstes Zivilgericht?, Besprechung von BVerfG, Beschl. v. 7.10.2003, in NJW 2003, Seiten 3657-3662

Bärmann, Johannes, Das neue Ehegüterrecht, in AcP 157 (1958/1959), Seiten 145-214

Bartholomeyczik, Horst, Äquivalenzprinzip, Waffengleichheit und Gegengewichtsprinzip in der modernen Rechtsentwicklung, in AcP 166 (1966), Seiten 30-75

Bergschneider, Ludwig, Anmerkung zu OLG Koblenz, Urteil vom 13.1.2004, in FamRZ 2004, Seiten 807-808

ders., Anmerkung zu OLG Brandenburg, Beschluss vom 29.9.2002, FamRZ 2003, 1966

ders., Anmerkung zu AG Schwäbisch Hall, Urteil vom 28.2.2003, in FamRZ 2003, Seiten 1286-1287

ders., Anmerkung zu OLG München, Urteil vom 1.10.2002, in FamRZ 2003, Seiten 38-39

ders., Anmerkung zu OLG München, Urteil vom 25.9.2002, in FamRZ 2003, Seiten 377-378

ders., Anmerkung zu OLG Naumburg, Urteil vom 20.8.2001, in FF 2002, Seite 70

ders., Anmerkung zu OLG Köln, Urteil vom 16.5.2001, in FamRZ 2002, Seiten 458-459

ders., Anmerkung zu OLG Köln, Urteil vom 21.5.1999, in FamRZ 2000, Seiten 609-610

ders., Eheverträge und Scheidungsfolgenvereinbarungen, - Wirksamkeit und richterliche Inhaltskontrolle - Überlegungen für die Praxis -, in FamRZ 2004, Seiten 1757-1765
ders., Vereinbarungen zum Versorgungsausgleich, in MittBayNot 1999, Seiten 144-151
ders., Zur Inhaltskontrolle bei Eheverträgen, Das Urteil des BVerfG vom 6.2.2001 und seine Konsequenzen für die Praxis, in FamRZ 2001, Seiten 1337-1340
ders., Zur richterlichen Inhaltskontrolle von Eheverträgen - Eine Anmerkung aus rechtsphilosophischer Sicht, in FF 2003, Seiten 118-119
Böckenförde, Ernst-Wolfgang, Zur Lage der Grundrechtsdogmatik nach 40 Jahren Grundgesetz, München-Nymphenburg, 1990
Bogs, Harald, Verfassungs- und Systemaspekte zu Gestaltung und Praxis des Versorgungsausgleichs, in FamRZ 1978, Seiten 81-90
Bohrer, Michael, Notarsperre für Verbraucherverträge?, in DNotZ 2002, Seiten 579-593
Borth, Helmut, Anmerkung zu BGH, Urteil vom 11.2.2004, in NJW 2004, Seiten 609-612
Bosch, Friedrich Wilhelm, Anmerkung zu OLG Hamm, Urteil vom 28.9.1982, in FamRZ 1982, Seiten 1216-1217
ders., Unterhaltsverzichtsvereinbarungen, Kritische Anmerkungen insbesondere zu § 1585 c BGB und zur Anwendung dieser Norm, in Festschrift für Walther Habscheid zum 65. Geburtstag, Bielefeld 1989, Seiten 23-45 (zit.: *Bosch*, FS Habscheid, 1989)
Bosch, Friedrich Wilhelm / Habscheid, Walther, Nochmals: Vertragspflicht und Gewissenskonflikt, in JZ 1956, Seiten 297-303
Brambring, Günter, Ehevertrag und Vermögenszuordnung unter Ehegatten, 5. Auflage, München 2003
Brandt, Eva Maria, Anmerkung zu BGH, Urteil vom 11.2.2004, in MittBayNot 2004, Seiten 278-282
dies., Vertragsfreiheit bei Eheverträgen?, in MittBayNot 2004, Seiten 221-228
Bredthauer, Jürgen, Der Ehevertrag in der Praxis, in NJW 2004, Seiten 3072-3076
Brox, Hans, Erbrecht, 21. Auflage, Köln / Berlin / München 2004
Brudermüller, Gerd, Die Entwicklung des Familienrechts seit Mitte 2002, in NJW 2003, Seiten 3166-3173
Brudermüller, Gerd / Schürmann, Heinrich, Empfehlungen des 15. Deutschen Familiengerichtstages, in FuR 2004, Seiten 18-23
Büttner, Helmut, Anmerkung zu BGH, Beschluss vom 6.10.2004, in FF 2005, Seiten 48-49
ders., Anmerkung zu BVerfG, Urteil vom 6.2.2001, in FF 2001, Seiten 65-66
ders., Ehevertragliche Gestaltungsmöglichkeiten, in FamRZ 1998, Seiten 1-8

ders., Unfair zu Gretchen, in FamRZ 1997, Seiten 600-601
ders., Unterhalt für die nichteheliche Mutter, in FamRZ 2000, Seiten 781-786
Büttner, Helmut / Niepmann, Birgit, Die Entwicklung des Unterhaltsrechts seit Mitte 2000, in NJW 2001, Seiten 2215-2229

Canaris, Claus-Wilhelm, Verfassungs- und europarechtliche Aspekte der Vertragsfreiheit in der Privatrechtsgesellschaft, in: Wege und Verfahren des Verfassungslebens, Festschrift für Peter Lerche zum 65. Geburtstag, München, 1993, Seiten 873-891 (zit.: Canaris, FS Lerche, 1993)
ders., Grundrechte und Privatrecht, in AcP 184 (1984), Seiten 201-246
Coester-Waltjen, Dagmar, Die Inhaltskontrolle von Verträgen außerhalb des ABGB, in AcP 190 (1990), Seiten 1-33
dies., Liebe - Freiheit - gute Sitten, Grenzen autonomer Gestaltung der Ehe und ihrer Folgen in der Rechtsprechung des Bundesgerichtshofs, in „50 Jahre Bundesgerichtshof", Festgabe aus der Wissenschaft, Band I. Bürgerliches Recht, Seiten 985-1008, München 2000 (zit.: *Coester-Waltjen*, FS 50 Jahre BGH, 2000)
Coing, Helmut, Allgemeine Rechtsgrundsätze in der Rechtsprechung des Reichsgerichts zum Begriff der „guten Sitten", in NJW 1947, Seiten 213-217

Dauner-Lieb, Barbara, Anmerkung zu BVerfG, Beschluss vom 29.3.2001, in FF 2001, Seiten 129-130
dies., Eheverträge im Spannungsfeld zwischen Privatautonomie und verfassungsrechtlicher Aufwertung der Familienarbeit, in FF 2002, Seiten 151-154
dies., Reichweite und Grenzen der Privatautonomie im Ehevertragsrecht, in AcP 201 (2001), Seiten 295-332
dies., Richterliche Überprüfung von Eheverträgen nach dem Urteil des BGH vom 11.2.2004 XII ZR 265/02, in FF 2004, Seiten 65-69
dies., Vorsicht Falle - Eheverträge als Herausforderung für die Beratungspraxis, in ZFE 2003, Seiten 300-303
dies. / Sanders, Anne, Eheverträge, was hat noch Bestand?, in FF 2003, Seiten 117-118
Deisenhofer, Ulrich, Anmerkung zu OLG Köln, Urteil vom 21.5.1999, in FamRZ 2000, Seiten 1368-1369
Depenheuer, Otto, Vertragsfreiheit und grundrechtliche Schutzpflichten, in: Partner im Gespräch 49 (1996), Berchtesgaden, Seiten 35-50,
Dethloff, Nina, Anmerkung zu BGH, Urteil vom 18.9.1996, in JZ 1997, Seiten 414-415

Diederichsen, Uwe, Das Bundesverfassungsgericht als oberstes Zivilgericht - Ein Lehrstück der juristischen Methodenlehre, in AcP 198 (1998), Seiten 171-260

ders., Die Rangverhältnisse zwischen den Grundrechten und dem Privatrecht, in: Rangordnung der Gesetze: 7. Symposium der Kommission "Die Funktion des Gesetzes in Geschichte und Gegenwart" am 22. und 23. April 1994, Göttingen, 1995, Seiten 39-97 (zit.: *Diederichsen*, Rangverhältnisse)

ders., Die Selbstbehauptung des Privatrechts gegenüber dem Grundgesetz, in Jura 1997, Seiten 57-64

ders.,Teilhabegerechtigkeit in der Ehe, in FamRZ 1992, Seiten 1-12

ders., Unterhaltsgerechtigkeit, in FuR 2002, Seiten 289-299

Dölle, Hans, Familienrecht, Darstellung des deutschen Familienrechts mit rechtsvergleichenden Hinweisen, Band I, Karlsruhe 1964

Dühring, Eugen, Cursus der Nationalökonomie und Sozialökonomie, nebst einer Anleitung zum Studium und zur Beurtheilung von Volkswirthschaftslehre und Socialismus, 4. Auflage, Leipzig 1925

ders., Cursus der Philosophie als streng wissenschaftlicher Weltanschauung und Lebensgestaltung, Leipzig 1875

Dürig, Günter, Grundrechte und Privatrechtsprechung, in: Vom Bonner Grundgesetz zur gesamtdeutschen Verfassung, Festschrift für Hans Nawiasky zum 75. Geburtstag, München 1956, Seiten 157-190

Ebel, Wilhelm, Curiosa iuris germanici, Göttingen 1968

Eckert, Jörn, Sittenwidrigkeit und Wertungswandel, in AcP 199 (1999), Seiten 337-359

Eichenhofer, Eberhard, Ausschluss des Versorgungsausgleichs durch Ehevertrag, in DNotZ 1994, Seiten 213-230

Eylmann, Horst / Vaasen, Hans-Dieter, Bundesnotarordnung, Beurkundungsgesetz, Kommentar, München 2000 (zit.: Eylmann/Vaasen/*Bearbeiter*)

Erman, Walter, Kommentar zum Bürgerlichen Gesetzbuch, Band 1 (§§ 1-853), Band 2 (§§ 854-2385), 11. Auflage, Münster / Aschendorff / Köln 2004 (zit.: Erman/*Bearbeiter*)

Fastrich, Lorenz, Richterliche Inhaltskontrolle im Privatrecht, Habilitationsschrift, München 1992

Finger, Peter, Vertraglicher Ausschluss des Versorgungsausgleichs und § 1408 Abs. 2 BGB - insbesondere: Rücknahme und Abweisung des Scheidungsantrags, in FUR 2002, Seiten 149-156

Flume, Werner, Allgemeiner Teil des bürgerlichen Rechts, Zweiter Band, Das Rechtsgeschäft, Berlin / Heidelberg / New York 1965 (zit.: *Flume*, BGB AT, Bd. II, 1965) *ders.*, Rechtsgeschäft und Privatautonomie, in: Hundert Jahre Deutsches Rechtsleben, Festschrift zum hundertjährigen Bestehen des Deutschen Juristentages, 1860-1960, Karlsruhe 1960, Seiten 135-238 (zit.: *Flume*, FS 100 Jahre DJT, 1960)

Frey, Oliver, Der Verzicht auf nachehelichen Unterhalt, Dissertation, Bielefeld 1988

Gerber, Wolfgang, Beitrag zur Podiumsdiskussion, in Sonderheft zum 25. Deutschen Notartag 1998, DNotZ 1998, Seiten 281, 288-295 (zit.: *Gerber*, DNotZ-Sonderheft 1988)

ders., Vertragsfreiheit und richterliche Inhaltskontrolle bei Eheverträgen, in „50 Jahre Bundesgerichtshof“, Festschrift aus Anlas des fünfzigjährigen Bestehens von Bundesgerichtshof, Bundesanwaltschaft und Rechtsanwaltschaft beim Bundesgerichtshof, Seiten 49-66, Köln 2000 (zit.: *Gerber*, FS 50 Jahre BGH, 2000)

Gernhuber, Joachim, Eherecht und Ehetypen, Vortrag gehalten vor der Berliner Juristischen Gesellschaft am 11. Februar 1981, Berlin, 1981 (zit.: *Gernhuber*, Eherecht und Ehetypen)

ders., Lehrbuch des Familienrechts, 3. Auflage 1980 (zit.: *Gernhuber*, Familienrecht)

Gernhuber, Joachim / Coester-Waltjen, Dagmar, Lehrbuch des Familienrechts, 4. Auflage, München 1994 (zit.: *Gernhuber/Coester-Waltjen*)

Gierke, Otto von, Die soziale Aufgabe des Privatrechts, 2. Auflage, Frankfurt 1948

Goebel, Joachim, In guten, nicht in schlechten Tagen? - Sechs Thesen zur richterlichen Kontrolle von Unterhaltsverzichten -, in FamRZ 2003, Seiten 1513-1520

Göppinger, Horst, Anmerkung zu BGH, Urteil vom 15.10.1986, in JR 1987, Seiten 113-114

Göppinger, Horst / Wax, Peter / Hoffmann, Jörg, Unterhaltsrecht, 7. Auflage, Bielefeld 1999 (zit.: Göppinger/Wax/*Bearbeiter*)

Göppinger, Horst / Börger, Ulrike / Miesen, Dieter, Vereinbarungen anlässlich der Ehescheidung, 7. Auflage, München 1998 (zit.: Göppinger/Börger/*Bearbeiter*)

Gordon, Michael, Das Wesen der Ehe, die wechselnde Auffassung vom Wesen der Ehe im Wandel der Verfassungsepochen des 20. Jahrhunderts, Dissertation, Berlin 1978

Götz, Volkmar, Die Verwirklichung der Grundrechte durch die Gerichte im Zivilrecht, in: Vierzig Jahre Grundrechte in ihrer Verwirklichung durch die Gerichte, herausgegeben von Wolfgang Heyde und Christian Starck, München, 1990, Seiten 35-84 (zit.: *Götz* in Heyde/Starck)

Grziwotz, Herbert, Anmerkung zu OLG Nürnberg, Urteil vom 12.11.2002, in FamRZ 2003, Seiten 637-638
ders., Anmerkung zu BVerfG, Urteil vom 6.2.2001, in MDR 2001, Seiten 393-395
ders., Anmerkung zu OLG Schleswig, Urteil vom 15.1.1999, in MittBayNot 1999, Seiten 385-387
ders., Das Ende der Vertragsfreiheit im Ehevermögens- und Scheidungsfolgenrecht?, in FamRZ 1997, Seiten 585-589
ders., „Ehe mit beschränkter Haftung?" - Gesamtverzichtsverträge im Ehevermögensrecht, in MDR 1998, Seiten 1327-1331
ders., Eheverträge, in: Beck'sches Notarhandbuch, 3. Auflage, München 2000, Seiten 595-626 (zit.: *Grziwotz*, Beck'sches Notarhandbuch)
ders., Möglichkeiten und Grenzen von Vereinbarungen unter Ehegatten, in MDR 1998, Seiten 1075-1080
ders., Nichteheliche Lebensgemeinschaft, 3. Auflage, München 1999 (zit.: *Grziwotz*, Nichteheliche Lebensgemeinschaft)
ders., Salvatorische Klauseln in Eheverträgen - Helfen Sie noch?, in FF 2004, Seiten 275-277
ders., Sittenwidrigkeit und Ausübungskontrolle als Grenzen von Eheverträgen, in FF 2001, Seiten 41-45
ders., Vertragsobjekt Ehe und Partnerschaft, Vortrag, in Sonderheft zum 25. Deutschen Notartag 1998, DNotZ 1998, Seiten 228-280 (zit.: *Grziwotz*, DNotZ-Sonderheft 1998)
ders., Was geht noch? - Ehevertragsgestaltung nach Karlsruhe, in FamRB 2002, Seiten 26-28
Guckelberger, Annette, Die Drittwirkung der Grundrechte, in JuS 2003, Seiten 1151-1157

Hager, Johannes, Grundrechte im Privatrecht, in JZ 1994, Seiten 373-383
Hahne, Meo-Micaela, Grenzen ehevertraglicher Gestaltungsfreiheit, Vortrag auf der Jahresversammlung des Rheinischen Notarvereins in Düsseldorf am 8. November 2003, in DNotZ 2004, Seiten 84-95
Hampel, Herbert, Unterhaltsverzicht unter Ehegatten bei bestehender oder später eintretender Hilfsbedürftigkeit der Frau, in FamRZ 1960, Seiten 421-428
Haußleiter, Martin / Schiebel, Barbara, Vom Ungang mit Eheverträgen, in NJW Spezial, Heft 1/2004, Seiten 7-8
Heidrich, Tanja / Heins, Detlef, Anmerkung zu BVerfG, Urteil vom 6.2.2001, in NotBZ 2001, Seiten 140-144
Henrich, Dieter, Familienrecht, 5. Auflage, Berlin / New York 1995
Herb, Wolfgang, Der Verzicht auf nachehelichen Unterhalt - insbesondere zu Lasten der Sozialhilfeträger, Dissertation, Tübingen 1988

ders., Unzulässige Rechtsausübung durch Berufung auf einen nachehelichen Unterhaltsverzicht, in NJW 1987, Seiten 1525-1529

Hess, Burkhard, Nachehelicher Unterhalt zwischen Vertragsfreiheit und sozialrechtlichem Allgemeinvorbehalt, in FamRZ 1996, Seiten 981-988

Hesse, Hans Albrecht / Kauffmann, Peter, Die Schutzpflicht in der Privatrechtsprechung, in JZ 1995, Seiten 219-223

Hesse, Konrad, Grundzüge des Verfassungsrechts, 20. Auflage, Heidelberg 1995 (zit.: *Hesse*, Grundzüge des Verfassungsrechts)

ders.,Verfassungsrecht und Privatrecht, Vortrag vom 13. Juni 1988, Heidelberg 1988 (zit.: *Hesse*, Verfassungsrecht und Privatrecht)

Hillgruber, Christian, Grundrechtsschutz im Vertragsrecht, in AcP 191 (1991), Seiten 69-86

Hönn, Günther, Entwicklungslinien des Vertragsrechts, in JuS 1990, Seiten 953-962

ders., Kompensation gestörter Vertragsparität, Ein Beitrag zum inneren System des Vertragsrechts, München, 1982 (zit.: *Hönn*, Kompensation gestörter Vertragsparität)

ders., Zur Problematik der Privatautonomie, in Jura 1984, Seiten 57-74

Honsell, Heinrich, Bürgschaft und Mithaftung einkommens- und vermögensloser Familienmitglieder, in NJW 1994, Seiten 565-566

Hornhardt, Rudolf von, Anmerkung zu OLG Köln, Beschluss vom 5.2.1981, in DNotZ 1981, Seiten 447-451

Huhn, Diether / von Schuckmann, Hans-Joachim, Beurkundungsgesetz und Dienstordnung für Notare, 4. Auflage, Berlin 2003 (zit.: Huhn/von Schuckmann/*Bearbeiter*)

Isensee, Josef, Bundesverfassungsgericht - quo vadis? in JZ 1996, Seiten 1085-1093

ders., Inhaltskontrolle des Bundesverfassungsgerichts über Verfügungen von Todes wegen - zum „Hohenzollern-Beschluss" des BVerfG -, in DNotZ 2004, Seiten 754-766

ders., Vertragsfreiheit im Griff der Grundrechte - Inhaltskontrolle von Verträgen am Maßstab der Verfassung, in Festschrift für Bernhard Großfeld zum 65. Geburtstag, Heidelberg 1999, Seiten 485-514 (zit.: *Isensee*, FS Großfeld, 1999)

Isensee, Josef / Kirchhof, Paul, Handbuch des Staatsrechts der Bundesrepublik Deutschland, Band V: Allgemeine Grundrechtslehren, Heidelberg 1992

Jarass, Hans D. / Pieroth, Bodo, Grundgesetz für die Bundesrepublik Deutschland, Kommentar, 7. Auflage, München 2004

Jauernig, Othmar / Berger, Christian, Bürgerliches Gesetzbuch, Kommentar, 11. Auflage, München 2004

Johannsen, Kurt / Henrich, Dieter, Eherecht: Scheidung, Trennung, Folgen, Kommentar, 4. Auflage, München 2003 (zit.: Johannsen/Henrich/*Bearbeiter*)

Kalthoener, Elmar / Büttner, Helmut, Die Entwicklung des Unterhaltsrechts bis Mitte 1991, in NJW 1991, Seiten 2678-2687

dies., Die Entwicklung des Unterhaltsrechts bis Anfang 1993, in NJW 1993, Seiten 1826-1835

Kanzleiter, Rainer, Formfreiheit der Vollmacht zum Abschluss eines Ehevertrags?, in NJW 1999, Seiten 1612-1614

Kleffmann, Norbert, Die Entwicklung des Unterhaltsprozessrechts im Jahr 2001, in FuR 2002, Seiten 203-210

Kniebes, Sigrid / Kniebes, Manfred, Der Versorgungsausgleich nach dem 1. Eherechtsreformgesetz in der Praxis des Notars, in DNotZ 1977, Seiten 269-294

Knur, Alexander, Zugewinngemeinschaft, Ehevertrag und Verfügung von Todes wegen, in DNotZ 1957, Seiten 451-483

Koch, Elisabeth, Anmerkung zu BGH, Urteil vom 9.7.1992, in JR 1993, Seiten 197-198 (zit.: *E. Koch*, JR 1993, 197)

dies., Die Entwicklung der Rechtsprechung zum Zugewinnausgleich, in FamRZ 2003, Seiten 197-210

dies., Die Entwicklung der Rechtsprechung zum Zugewinnausgleich, in FamRZ 2004, Seiten 993-998

Koch, Matthias, Sittenwidrigkeit von Unterhaltsverzichten und die Rückgriffsmöglichkeiten in Anspruch genommener Dritter, Dissertation, Münster 1986 (zit.: *M. Koch*, Sittenwidrigkeit)

Köhler, Helmut, BGB, allgemeiner Teil, ein Studienbuch, 24. Auflage, München 1998

ders., Grundprobleme der Lehre von der Geschäftsgrundlage, in JA 1979, Seiten 498-506

Kornexl, Thomas, Ehevertragsgestaltung als Störfallvorsorge, in FamRZ 2004, Seiten 1609-1613

Krafka, Alexander, Der Umgang des Notars mit aktuellen Rechtsanwendungen, in DNotZ 2002, Seiten 677-693

Lange, Heinrich / Kuchinke, Kurt, Erbrecht, Ein Lehrbuch, 5. Auflage, München 2001

Langenfeld, Gerrit, Ehevertragsgestaltung nach Ehetypen, in FamRZ 1987, Seite 9-14

ders., Einführung zum Vortrag von Dr. Dr. Herbert Grziwotz, in Sonderheft zum 25. Deutschen Notartag 1998, DNotZ 1998, Seite 228 (zit.: *Langenfeld* in DNotZ-Sonderheft 1998)

ders., Handbuch der Eheverträge und Scheidungsvereinbarungen, 4. Auflage, München 2000 (zit.: *Langenfeld*, Handbuch)
ders., Möglichkeiten und Grenzen notarieller Vertragsgestaltung bei Eheverträgen und Scheidungsvereinbarungen, in Sonderheft zum 22. Notartag 1985, DNotZ 1985, Seiten 167-184 (zit.: *Langenfeld,* DNotZ-Sonderheft 1985)
ders., Münchener Vertragshandbuch, Band 4, 2. Halbband, 4. Auflage, München 1998 (zit.: *Langenfeld*, Münchener Vertragshandbuch)
ders., Vereinbarungen über den nachehelichen Unterhalt in der Praxis, in NJW 1981, Seiten 2377-2381
ders., Von der Inhaltskontrolle zur Ausübungskontrolle, in Festschrift für Helmut Schippel zum 65. Geburtstag, München 1996, Seiten 251-266
ders., Zur gerichtlichen Kontrolle von Eheverträgen, in DNotZ 2001, Seiten 272-280
ders., Zur Praxis des Ehevertrages, in FamRZ 1994, Seiten 201-207
ders., Zur Rückabwicklung von Ehegattenzuwendungen im gesetzlichen Güterstand, in NJW 1986, Seite 2541-2544
Larenz, Karl, Lehrbuch des Schuldrechts, Band I, Allgemeiner Teil, 14. Auflage, München 1987 (zit.: *Larenz*, Schuldrecht Bd. I)
Larenz, Karl / Wolf, Manfred, Allgemeiner Teil des Bürgerlichen Rechts, 8. Auflage, München, 1997 (zit.: *Larenz/Wolf*, BGB AT)
Lenz, Gerhard, Vereinbarungen über den Anspruch auf Betreuungsunterhalt, in MittBayNot 1999, Seiten 152-158
Limbach, Jutta, Das Rechtsverständnis in der Vertragslehre, in JuS 1985, Seiten 10-15
Lüderitz, Alexander, Familienrecht, 27. Auflage, München 1999
Luthin, Horst, Handbuch des Unterhaltsrechts, 10. Auflage, München 2004 (zit.: *Luthin/Bearbeiter*)

Maier, Winfried, Die gleiche Teilhabe der Ehegatten am gemeinsam Erwirtschafteten im Unterhaltsrecht, in NJW 2002, Seiten 3359-3365
Mangoldt, Hermann von / Klein, Friedrich, Das Bonner Grundgesetz, Kommentar, Band 1, 2. Auflage, Berlin 1957 (zit. Mangoldt/Klein/*Bearbeiter*, Bd. 1, 1957)
Mangoldt, Hermann von / Klein, Friedrich / Starck, Christian, Das Bonner Grundgesetz, Kommentar, Band 1: Präambel, Artikel 1 bis 19, 4. Auflage, München 1999 (zit. Mangoldt/Klein/Starck/*Bearbeiter*)
Maunz, Theodor / Dürig, Günter / Herzog, Roman, Grundgesetz, Kommentar Band 2: Artikel 12-20, München, Stand Februar 2003 (zit.: Maunz/Dürig/*Bearbeiter*)
Mayer, Jörg, Zur Inhaltskontrolle von Eheverträgen, in FPR 2004, Seiten 363-371

Meder, Stefan, Der Unterhaltsverzicht im Spannungsfeld von Privatautonomie und öffentlichem Interesse, in FuR 1993, Seiten 12-22

Medicus, Dieter, Der Grundsatz der Verhältnismäßigkeit im Privatrecht, in AcP 192 (1992), Seiten 35-70

ders., Allgemeiner Teil des BGB, 8. Auflage, Heidelberg 2002 (zit.: *Medicus*, AT)

Menger, Anton, Das bürgerliche Recht und die besitzlosen Volksklassen, unveränderter Nachdruck der 4. Auflage von 1908, Tübingen 1968

Mestmäcker, Ernst-Joachim, Über die normative Kraft privatrechtlicher Verträge, in JZ 1964, Seiten 441-446

Mikat, Paul, Schranken der Vertragsfreiheit im Ehegüterrecht, in Festschrift für Wilhelm Felgentraeger zum 70. Geburtstag, Göttingen 1969, Seiten 323-352

Mülke, Horst, Zur Verwaltungsbeschränkung des § 1365 Abs. 1 BGB, in AcP 161 (1962), Seiten 129-162

Münch, Christof, Inhaltskontrolle von Eheverträgen - Das Urteil des BGH v. 11.2.2004 - XII ZR 265/02, in ZNotP 2004, Seiten 122-131

ders., Inhaltskontrolle von Eheverträgen - Erste Umsetzungen der Entscheidungen des BVerfG in die obergerichtliche Praxis, in MittBayNot 2003, Seiten 107-112

ders., Notar und Parität, - Die Bedeutung notarieller Beurkundung im Rahmen der Inhaltskontrolle von Eheverträgen -, in DNotZ 2004, Seiten 901-914

Münch, Ingo von / Kunig, Philip, Grundgesetz-Kommentar, Bd. 1: (Präambel bis Art. 19), 5. Auflage, München 2000 (zit.: *Münch/Kunig*)

Münchener Kommentar zum Bürgerlichen Gesetzbuch, Kommentar, herausgegeben von Kurt Rebmann, Franz Jürgen Säcker und Roland Rixecker
Band 1: Einleitung und Allgemeiner Teil, §§ 1-240, AGB-Gesetz, 4. Auflage, München 2001,
Band 2 a: Schuldrecht Allgemeiner Teil, §§ 241-432, 4. Auflage, München 2003; Band 5, 1. Halbband, §§ 1297-1588, 2. Auflage, München 1989
Band 7: Familienrecht I, §§ 1297-1588, 4. Auflage, München 2000
(zit.: Münch-Komm/*Bearbeiter)*

Nachreiner, Andreas, Familienrechtliche Verträge zwischen Urkundsgewährungsanspruch und Ablehnungspflicht, in MittBayNot 2001, Seiten 356-361

Niepmann, Birgit, Aktuelle Entwicklungen im Familienrecht, in MDR 2003, Seiten 841-848

Nipperdey, Hans Carl, Grundrechte und Privatrecht, Krefeld 1961 (zit.: *Nipperdey*, Grundrechte und Privatrecht)

ders., Boykott und freie Meinungsäußerung, in DVBl. 1958, Seiten 445-452

Palandt, Otto / Diederichsen, Uwe, Bürgerliches Gesetzbuch, Kommentar, 64. Auflage, München 2005 (zit.: Palandt/*Bearbeiter*); 60. Auflage, München 2001 (zit.: Palandt/*Bearbeiter*, 60. Auflage)

Papier, Hans-Jürgen, Ehe und Familie in der neueren Rechtsprechung des BVerfG, in NJW 2002, Seiten 2129-2133

Peschel-Gutzeit, Lore Maria / Jenckel, Anke, Gleichstellung von ehelichen und nichtehelichen Kindern - Altfälle, in FuR 1996, Seiten 129-137

Petersen, Inga, Der Verzicht auf den Scheidungsunterhalt - unter besondere Berücksichtigung des Betreuungsunterhalts gemäß § 1570, Dissertation, Münster 1998

Picker, Eduard, Die Regelung der „Arbeits- und Wirtschaftsbedingungen" - Vertragsprinzip oder Kampfprinzip?, in ZfA 1986, Seiten 199-339

Pietzcker, Jost, Drittwirkung - Schutzpflicht - Eingriff, in: Das akzeptierte Grundgesetz, Festschrift für Günter Dürig zum 70. Geburtstag, München 1990, Seiten 345-363

Preis, Ulrich, Grundfragen der Vertragsgestaltung im Arbeitsrecht, Neuwied / Kriftel / Berlin, 1993

Raiser, Ludwig, Vertragsfunktion und Vertragsfreiheit, in: Hundert Jahre Deutsches Rechtsleben, Festschrift zum hundertjährigen Bestehen des Deutschen Juristentages, 1860-1960, Karlsruhe, 1960, Seiten 101-134 (zit.: *Raiser*, FS 100 Jahre DJT, 1960)

ders., Das Recht der Allgemeinen Geschäftsbedingungen, Hamburg 1935 (zit.: *Raiser,* Recht der Allgemeinen Geschäftsbedingungen)

ders., Vertragsfreiheit heute, in JZ 1958, Seiten 1-8

ders., Grundgesetz und Privatrechtsordnung, Festvortrag in: Verhandlungen des 46. Deutschen Juristentages, Essen 1966, Band II, Teil B, Seiten 5-31, München / Berlin 1967 (zit.: *Raiser*, Grundgesetz und Privatrechtsordnung)

Rakete-Dombek, Ingeborg, Das Ehevertragsurteil des BGH - Oder: Nach dem Urteil ist vor dem Urteil, Besprechung von BGH, Urt. V. 11.2.2004, in NJW 2004, Seiten 1273-1277

Rauscher, Thomas, Ehevereinbarungen: Die Rückkehr der Rechtssicherheit - zu BGH v. 11.2.2004 - XII ZR 265/02 -, in DNotZ 2004, Seiten 524-547

ders., Ein Bärendienst für die Freiheit der Eheschließung, - Gedanken zum Urteil des BVerfG 1 BvR 12/92 vom 6.2.2001 -, in FuR 2001, Seiten 155-157

ders., Veränderungen in der Bemessung des Ehegattenunterhalts, Anmerkung zu der Entscheidung des Bundesgerichtshofes vom 13.6.2001, in FuR 2001, Seiten 385-390

ders., Grenzen der Vertragsfreiheit im Unterhaltsrecht - Konsequenzen aus der Rechtsprechung des BVerfG,in DNotZ 2002, 751-767

Reich, Norbert, Markt und Recht, Theorie und Praxis des Wirtschaftsrechts in der Bundesrepublik Deutschland, Neuwied / Darmstadt 1977

Reich, Norbert / Tonner, Klaus, AGB-Gesetz und Verbraucher-Kaufverträge, in JA 1977, Seiten 145-150
Reinartz, Bertold, Vertragliche Gestaltung des Versorgungsausgleichs, in NJW 1977, Seiten 81-85
Richter, Gerhard, Anmerkung zu BGH, Urteil vom 24.4.1985, in JR 1986, Seiten 18-19
Ritgen, Klaus, Vertragsparität und Vertragsfreiheit, in JZ 2002, Seiten 114-121
Rittner, Fritz, Über das Verhältnis von Vertrag und Wettbewerb, Vortrag gehalten am 21.9.1987 vor der Zivilrechtslehrervereinigung in Innsbruck, in AcP 188 (1988), Seiten 101-139
Röthel, Anne, Richterliche Inhaltskontrolle von Eheverträgen, in NJW 2001, Seiten 1334-1335
Rüfner, Wolfgang, Drittwirkung der Grundrechte, Versuch einer Bilanz, in Gedächtnisschrift für Wolfgang Martens, Berlin / New York 1987, Seiten 215-230 (zit.: *Rüfner*, GS Martens, 1987)
Ruland, Franz, Der Versorgungsausgleich, in NJW 1976, Seiten 1713-1721

Schervier, Joachim, Anmerkung zu BVerfG, Urteil vom 6.2.2001, in MittBayNot 2001, Seiten 213-215
ders., Anmerkung zu BVerfG, Beschluss vom 29.3.2001, in MittBayNot 2001, Seiten 486-488
Schippel, Helmut, Die Gestaltung des Ehevertrages als Beispiel vorsorgender Rechtspflege, in Jura 1999, Seiten 57-62
Schmidt, Eike, Inhaltskontrolle von Schuldverträgen, in DRiZ 1991, Seiten 81-88 (zit.: *E. Schmidt*, DRiZ 1991)
Schmidt, Lars, Der Beitrag der höchstrichterlichen Rechtsprechung zur Inhaltskontrolle von Verträgen in Fällen gestörter Vertragsparität, Dissertation, Jena 1997 (zit.: *L. Schmidt*, 1997)
Schmidt-Rimpler, Walter, Grundfragen einer Erneuerung des Vertragsrechts, in AcP 147 (1941), Seiten 130-197
ders., Zum Vertragsproblem, in: Funktionswandel der Privatrechtsinstitutionen, Festschrift für Ludwig Raiser zum 70. Geburtstag, Tübingen, 1974, Seiten 3-26 (zit.: *Schmidt-Rimpler*, FS Raiser, 1974)
Schmidt-Salzer, Joachim, Rechtspolitische Grenzen der zivilrechtlichen Vertragsfreiheit, in NJW 1971, Seiten 173-176
Schnapp, Friedrich E. / Kaltenborn, Markus, Grundrechtsbindung nichtstaatlicher Institutionen, in JuS 2000, 935-943
Schnitzler, Klaus, Entwicklung im Familienrecht in Vergangenheit und Zukunft - Verträge und BGH - FamRZ und Fachzeitschriften; Interview mit Herrn Professor Schwab am 23.4.2003 in Bonn, in FF 2004, Seiten 97-99
ders., „Scheidung light" mit Notaren - schon wieder?, in FF 2004, Seite 1

ders. / Hohmann-Dennhardt, Christine, Verfassungsrecht und Familienrecht - § 1615 l BGB - Eheverträge, Sorge- und Umgangsrecht, in FF 2004, Seiten 233-236

Scholz, Harald, Anmerkung zu BVerfG, Beschluss vom 5.2.2002, in FamRZ 2002, Seiten 733-735

Schröder, Bettina, Die autonome Gestaltung des Güterstandes durch die Ehegatten, Dissertation, Würzburg 1996

Schubert, Peter, Wirksamkeit von Unterhaltsverzichts- und –freistellungserklärungen, - zugleich Anmerkung zum Urteil des BVerfG vom 6.2.2001 - 1 BvR 12/92 -, in FamRZ 2001, Seiten 733-739

Schulze, Reiner / Dörner, Heinrich, Bürgerliches Gesetzbuch, Handkommentar, 3. Auflage, Baden Baden 2003 (zit: Hk-BGB/*Bearbeiter*)

Schwab, Dieter, Anmerkung zu BVerfG, Urteil vom 6.2.2001, in FamRZ 2001, Seiten 349-350

ders., Elterliche Sorge bei Trennung und Scheidung der Eltern, FamRZ 1998, Seite 457-473

ders., Entwicklung im Familienrecht in Vergangenheit und Zukunft - Verträge und BGH - FamRZ und Fachzeitschriften, in FF 2004, Seiten 97-99

ders., Familiäre Solidarität, in FamRZ 1997, Seiten 521-528

ders., From Status to Contract? - Aspekte der Vertragsfreiheit im Familienrecht im Lichte seiner Reformen -, in Sonderheft „100 Jahre Deutsche Notar-Zeitschrift“, DNotZ 2001, Seiten 9-42 (zit.: *Schwab*, DNotZ-Sonderheft 2001)

ders., Gestaltungsfreiheit und Formbindung im Ehevermögensrecht und die Eherechtsreform, in Sonderheft „75 Jahre Deutsche Notar-Zeitschrift“, DNotZ 1977, Seiten 51-68 (zit.: *Schwab,* DNotZ-Sonderheft 1977)

ders., Handbuch des Scheidungsrechts, bearbeitet von Helmut Borth und anderen, 5. Auflage, München 2004 (zit.: Schwab/*Bearbeiter*, Handbuch des Scheidungsrechts)

Schwenzer, Ingeborg, Vertragsfreiheit im Ehevermögens- und Scheidungsfolgenrecht, in AcP 196 (1996), Seiten 88-113

Sendler, Horst, Über richterliche Kontrolldichte in Deutschland und anderswo, in NJW 1994, Seiten 1518-1520

Simon, Thomas, „Grundrechtstotalitarismus“ oder „Selbstbehauptung des Zivilrechts“, in AcP 204 (2004), Seiten 264-293

Soergel, Theodor, Bürgerliches Gesetzbuch, Kommentar
Band 1, Allgemeiner Teil (§§ 1-240), 12. Auflage, Stuttgart / Berlin / Köln / Mainz 1988; Band 2, Allgemeiner Teil 2 (§§ 104-240), 13. Auflage, Stuttgart / Berlin / Köln / Mainz 1999; Band 2, Schuldrecht I (§§ 241-432), 12. Auflage, Stuttgart / Berlin / Köln 1990; Band 7, Familienrecht I (§§ 1297-1588), 12. Auflage, Stuttgart / Berlin / Köln 1988; Band 8, Familienrecht II (§§ 1589-1921), 12. Auflage, Stuttgart / Berlin / Köln 1987; Band

9, Erbrecht (§§ 1922-2385), 12. Auflage, Stuttgart / Berlin / Köln 1992 (zit.: Soergel/*Bearbeiter*)

Sonnenschein, Jürgen, Die Rechtsprechung des BVerfG zum Mietrecht, in NJW 1993, Seiten 161-173

Spieß, Gerhard, Inhaltskontrolle von Verträgen - das Ende privatautonomer Vertragsgestaltung? in DVBl. 1994, Seiten 1222-1229

Stach, Simone, Eheverträge - Gesetz und Rechtstatsachen -, Dissertation, Berlin 1988

Staudinger, Julius, Kommentar zum Bürgerlichen Gesetzbuch, Erstes Buch, Allgemeiner Teil, §§ 134-163, 13. Auflage, Berlin 2003, §§ 164-240, 13. Auflage, Berlin 2001; Viertes Buch, Familienrecht, Einl. §§ 1297 ff.; 1297-1302, NeLebGem (Anhang zu 1297 ff); §§ 1303-1362, 13. Auflage, Berlin 2000; §§ 1363-1563, 12. Auflage, Berlin 1985; §§ 1363-1563, 13. Auflage, Berlin 1994; §§ 1569-1586 b, 12. Auflage, Berlin 1999 (zit.: Staudinger/*Bearbeiter*)

Stein, Lorenz von, Geschichte der sozialen Bewegung in Frankreich von 1789 bis auf unsere Tage (1859), Band I: Der Begriff der Gesellschaft und die soziale Geschichte der Französischen Revolution bis zum Jahre 1830; Band II: Die industrielle Gesellschaft, der Sozialismus und Kommunismus Frankreichs vom 1830 bis 1848, unveränderter Nachdruck der Ausgabe von 1921, Darmstadt 1959

Steiner, Udo, Regieren Richter die Deutschen?, in AnwBl 2004, Seiten 673-676

Vollkommer, Gregor / Vollkommer, Max, Anmerkung zu BGH, Urteil vom 1.4.1998, in JZ 1999, Seiten 522-524 (zit.: *Vollkommer*, JZ 1999)

Vortmann, Jürgen, Zur Wirksamkeit des Unterhaltsverzichts von Ehegatten, in JA 1986, Seiten 401-406

Wachter, Thomas, Überlegungen zur künftigen Gestaltung von Eheverträgen, in ZNotP 2003, Seiten 408-424

Wagner, Adolph, Finanzwissenschaft und Staatssozialismus, 1887, aus: Zeitschrift für die gesamte Staatswissenschaft, 1887, Frankfurt am Main 1948

Waldner, Wolfram, Eheverträge, Scheidungs- und Partnerschaftsvereinbarungen für die notarielle und anwaltliche Praxis, Berlin 2001 (zit.: *Waldner*, Eheverträge)

ders., Für einen Wechsel der Perspektive bei der Gestaltung von Eheverträgen, in FamRB 2002, Seiten 216-219

Wendl, Philipp / Staudigl, Siegfried, Das Unterhaltsrecht in der familiengerichtlichen Praxis, 4. Auflage, München 1997 (zit.: Wendl/Staudigl/*Bearbeiter*)

Westphalen, Friedrich Graf von, Das Recht des Stärkeren und seine grundgesetzliche Beschränkung, in MDR 1994, Seiten 5-8

Wieacker, Franz, Das Sozialmodell der klassischen Privatrechtsgesetzbücher und die Entwicklung der modernen Gesellschaft, Vortrag gehalten vor der Juristischen Studiengesellschaft in Karlsruhe am 12. Dezember 1952, Karlsruhe 1953

Wiedemann, Herbert, Anmerkung zu BVerfG, Beschluss vom 7.2.1990, in JZ 1990, Seiten 695-697

ders., Anmerkung zu BVerfG, Beschluss vom 19.10.1993, in JZ 1994, Seiten 411-413

Wiethaup [Vorname nicht angegeben], Sittenwidrigkeit von Unterhaltsverzichten, in MDR 1954, Seiten 9-10

Wilhelm, Birgit, Der Befreiungsanspruch, in FUR 2000, Seiten 353-357

Winkler, Karl, Beurkundungsgesetz, Kommentar, 15. Auflage, München 2003

Wolf, Manfred, Gesetz und Richterrecht bei Allgemeinen Geschäftsbedingungen, in JZ 1974, Seiten 465-470

Zöllner, Wolfgang, Regelungsspielräume im Schuldvertragsrecht,Bemerkungen zur Grundrechtsanwendung im Privatrecht und zu den sogenannten Ungleichgewichtslagen, in AcP 196 (1996), Seiten 1-36

ders., Vermögensrechtliche Folgenvereinbarungen für den Scheidungsfall, in Festschrift für Hermann Lange zum 70. Geburtstag, Stuttgart / Berlin / Köln 1992, Seiten 973-991 (zit.: *Zöllner*, FS Lange, 1992)

ders., Vertragsfreiheit und Bindung an den Typus im ehelichen Güterrecht, in FamRZ 1965, Seiten 113-121

Zweigert, Konrad, „Rechtsgeschäft" und „Vertrag" heute, in: Ius privatum gentium, Festschrift für Max Rheinstein zum 70. Geburtstag, Band 2, Tübingen 1969, Seiten 493-504 (zit.: *Zweigert*, FS Rheinstein, 1969)

Zweigert, Konrad / Kötz, Hein, Einführung in die Rechtsvergleichung auf dem Gebiet des Privatrechts, 3. Auflage, Tübingen 1996 (zit.: *Zweigert/Kötz*)

Familienrechtliche Untersuchungen

Herausgegeben von Andreas Roth

Band 1 Florian Thamm: Unterhalt für die Vergangenheit. Die Entwicklung des Schuldnerschutzes im Unterhaltsrecht. 2003.

Band 2 Stefan Rudolf Kranz: Elterliche Kooperation und Sorgerechtsvereinbarungen bei der Abgabe von Sorgeerklärungen und bei Trennung der Eltern. Eine Untersuchung unter besonderer Berücksichtigung der Familienmediation. 2003.

Band 3 Sandra Kern-Eimann: Das neue Ehebild des EheschlRG. Eine Untersuchung anhand der Scheineheregelungen. 2003.

Band 4 Sebastian Wolfgang Idel: Der Familienbegriff grund- und einfachrechtlicher Normen. 2005.

Band 5 Christian Ziegler: Das Gewaltschutzgesetz aus zivilrechtlicher Sicht. 2005.

Band 6 Sonja Böhm: Garantenpflichten aus familiären Beziehungen. Zur Deutung des § 13 Abs. 1 StGB als Blankettvorschrift. 2006.

Band 7 Jana Traulsen: Inhalt und Grenzen familienrechtlicher Verträge. Unter besonderer Berücksichtigung der Figur der gestörten Vertragsparität. 2006.

www.peterlang.de

FSC
www.fsc.org
MIX
Papier | Fördert
gute Waldnutzung
FSC® C083411

Kolibri 360 GmbH
Ferdinand-Jühlke-Straße 7
99095 Erfurt, Deutschland
produktsicherheit@kolibri360.de

Druck:
CPI Druckdienstleistungen GmbH
im Auftrag der
Kolibri 360 GmbH
Ferdinand-Jühlke-Str. 7
99095 Erfurt